2025 최신개정판

LOGIN 전산회계 2급

도서출판 어울림
www.aubook.co.kr

머리말

회계는 기업의 언어입니다. 회계를 통해서 많은 이용자들이 정보를 제공받고 있습니다.

이 책은 회계이론에 저자의 풍부한 실무경험을 바탕으로 하여 집필된 책이므로, 회계를 공부하고자 하는 모든 분들에게 매우 유용할 것으로 확신합니다.

회계는 매우 논리적인 학문입니다.

회계를 잘하시려면
왜(WHY) 저렇게 처리할까? 계속 의문을 가지세요!!!

1. 이해하시려고 노력하세요.
   (처음 접한 회계의 용어는 매우 생소할 수 있습니다.
   생소한 단어에 대해서 네이버나 DAUM의 검색을 통해서 이해하셔야 합니다.)
2. 그리고 계속 쓰세요.(특히 분개)
3. 이해가 안되면 암기하십시오.
   2, 3회독 후 다시 보시면 이해가 될 것입니다.

전산회계를 공부하시는 수험생들 중 대다수는 이론실력이 없는 상태에서 전산프로그램 입력연습에 많은 시간을 할애합니다.

그런 수험생들을 보면 너무 안타깝습니다. 특히 전산회계는 회계이론의 기초가 바탕이 되지 않은 상태에서 입력에 치중해 시험을 대비한 수험생이라면 십중팔구 실패의 쓴맛을 보게 될 것입니다. 전산프로그램 입력 실기보다는 이론공부에 치중하세요. 기초 이론을 튼튼히 해야 응용력이 생깁니다. 또한, 난이도에 상관없이 자신감도 붙게 됩니다. 더더욱 중급 · 고급과정에 도전할 수험생이라면 더 말할 나위 없이 중요한 것이 기초이론 공부입니다. 그러므로 전산회계 2급은 이론공부에 90%, 실기연습에 10% 정도로 할애하여 공부하셔도 충분합니다.

무엇보다도 전산프로그램 입력은 단순 반복적인 작업입니다.

회계실력과 무관하나, 전산회계시험에 합격하기 위해서는 회계이론에 입각한 입력을 하셔야만 합니다.

수험생 여러분!!

무엇보다도 이론에 힘을 쓰시고, 최종적으로 기출문제와 모의고사로 60분 이내에 입력하시는 연습을 하시면 수험생 모두 100% 합격할 것이라 확신합니다.

회계는 여러분 자신과의 싸움입니다. 자신을 이기십시요!!!

마지막으로 이 책 출간을 마무리해 주신 도서출판 어울림 임직원에게 감사의 말을 드립니다.

2025년 1월

김 영 철

다음(Daum)카페 **"로그인과 함께하는 전산회계/전산세무"**

1. **실습 데이터(도서출판 어울림에서도 다운로드가 가능합니다.)**
2. 오류수정표 및 추가 반영사항
3. Q/A게시판

로그인카페

NAVER 블로그 "로그인 전산회계/전산세무/AT"

1. **핵심요약**
2. **오류수정표 및 추가반영사항**

국가직무능력 표준(NCS)

1. 정의

국가직무능력표준(NCS, national competency standards)은 산업현장에서 직무를 수행하기 위해 요구되는 지식 · 기술 · 소양 등의 내용을 국가가 산업부문별 · 수준별로 체계화한 것으로 산업현장의 직무를 성공적으로 수행하기 위해 필요한 능력(지식, 기술, 태도)을 국가적 차원에서 표준화한 것을 의미

2. 훈련이수체계

수준		회계 · 감사	세무
6수준	전문가	사업결합회계	세무조사 대응 조세불복 청구 절세방안 수립
5수준	책임자	회계감사	법인세 신고 기타세무신고
4수준	중간 관리자	비영리회계	종합소득세 신고
3수준	실무자	원가계산 재무분석	세무정보 시스템 운용 원천징수 부가가치세 신고 법인세 세무조정 지방세 신고
2수준	초급자	전표관리 자금관리 재무제표 작성 회계정보 시스템 운용	전표처리 결산관리
–		직업기초능력	
수준 / 직종		**회계 · 감사**	**세무**

3. 회계 · 감사직무

(1) 정의

회계 · 감사는 기업 및 조직 내 · 외부에 있는 의사결정자들이 효율적인 의사결정을 할 수 있도록 유용한 정보를 제공하며, 제공된 회계정보의 적정성을 파악하는 업무에 종사

(2) 능력단위요소

능력단위(수준)	수준	능 력 단 위 요 소	교재 내용
전표관리	3	회계상 거래 인식하기	회계란?
		전표 작성하기	계정과목별이해
		증빙서류 관리하기	
자금관리	3	현금시재관리하기	계정과목별이해(자산)
		예금관리하기	
		법인카드 관리하기	계정과목별이해(부채)
		어음수표관리하기	계정과목별이해(자산)
원가계산	4	원가요소 관리하기(3)	
		원가배부하기(3)	
		원가계산하기	
		원가정보활용하기	
결산관리	4	결산분개하기(3)	결산 및 재무제표 작성
		장부마감하기(3)	
		재무제표 작성하기	
회계정보 시스템 운용	3	회계 관련 DB마스터 관리하기	프로그램 설치 및 실행 프로그램 첫걸음
		회계프로그램 운용하기	
		회계정보활용하기	
재무분석	5	재무비율 분석하기(4)	
		CVP 분석하기(4)	
		경영의사결정 정보 제공하기	
회계감사	5	내부감사준비하기	
		외부감사준비하기(4)	
		재무정보 공시하기(4)	
사업결합회계	6	연결재무정부 수집하기(4)	
		연결정산표 작성하기(5)	
		연결재무제표 작성하기	
		합병 · 분할회계 처리하기	
비영리회계	4	비영리대상 판단하기	
		비영리 회계 처리하기	
		비영리 회계 보고서 작성하기	

합격수기

DAUM카페 "로그인과 함께하는 전산회계/전산세무"에 있는 수험생들의 공부방법과 좌절과 고통을 이겨내면서 합격하신 경험담을 같이 나누고자 합니다.

"한달 공부하고 전산회계 1급 100점 2급 100점 받았네요~ ^^"

혜선 님

방금 합격자 발표 떠서 올립니다.

사실 두개 다 100점인걸 시험 당일에 알았었지만 혹시라도 채점 실수 있을까봐 조마조마 하다가 방금 100점 확인하고 후기 올립니다.

저는 세 아이의 엄마입니다.

저는 회계 전공도 아니었고 평범한 가정주부입니다.

아이 셋과 집안일에 하루종일 정신없이 치여살다가

막내가 유치원에 다니면서 갑자기 회계세무가 공부해보고 싶어졌어요.

물론 학교 다닐때 제일 싫어하던 과목이 수학이어서 왠지 세무회계라면 학을 뗄것 같았지만 내가 안 해본걸 해보고 싶다... 그런 마음이 컸던것 같아요.

다행히 발전센터에서 거의 무료로 진행하는 회계강의 프로그램에 참가하게 되었고 7월 중순부터 하루 4시간씩 차변대변부터 시작하며 공부했네요.

처음엔 차변이 뭔지 대변이 뭔지도 헷갈리고

계정과목은 왜그리도 많은지 도대체 이걸 언제 다 외워..ㅠㅠ 했었는데

어느덧 한달이 지나고 바로 8월 특별회차 시험을 보게 되었어요.

특별회차 보기 열흘전부터는 강사님이 나눠준 기출문제 위주로 풀었구요

기출을 풀면서 1급 특유의 말장난?에도 익숙해지기 시작했어요.

일주일 남기면서부터는 2급은 기출문제 풀면 98,97 점이었지만

유독 1급은 이론에서 3문제씩은 틀리더라구요.. ㅜㅜ

방법은 1회독 2회독이었습니다. 말장난 잦은 부분은 더 유의해서 봤어요..

사실.. 솔직히 얘기하면 회계는 그리 열심히 공부하지 않았어요...

이렇게 말하면 욕먹을려나요..ㅠㅠ

하기 싫어 안한게 아니라 할 시간이 모자르더라구요..

수업시간 하루 4시간만 정말 집중해서 듣고 집에 가서 복습은 30분이 다였어요.

왜냐하면 전 애가 셋이고, 아이 셋이 전부 여름방학을 해서 집에 가면 밥차리고 집안일 하고.. 뒤치닥거리하고.. 거기다 올해 여름은 정말 덥더군요... 도저히 공부할 날씨가 아니었어요.

하루종일 시달리고 책상에만 앉아도 땀이 주루룩... 결국 힘빠져서 포기....ㅜㅜ

공부할 시간은 커녕 잠잘 시간도 부족했어요..ㅜㅜ

거기다 여름휴가까지 겹쳐서...에고공..

ㅎㅎ 어쩌다 보니 얘기가 새어나갔는데 사실 그렇게 익숙해졌던 회계도 세무에 비하면 아무것도 아니더라구요... 지금 다시 한달후에 세무 시험을 도전할 생각인데 이건 정말 레벨이 다르네요..ㅠㅠ

회계에 대해선 100프로 안다고 생각했었는데 세무 1급에 있는 기업회계 부가세 법인세는 차원이 다르네요.

회계가 커피라면 세무는 티오피에 에스프레소 완샷한 느낌...ㅠㅠ

거기다 이번엔 아무런 도움도 없이 올 독학이라;;; ㅜㅜ

솔직히 하루에도 포기하고 싶은 마음이 5번씩 불뚝불뚝 솟아오릅니다.

소득세 부가세 지랄맞은 법인세;;;;;

하루 공부시간은 2시간도 못되는데 시간은 자꾸만 흘러가네요..

오늘, 이 점수를 발판삼아 다시 노력해보겠습니다.

한달후에 후기를 다시 올릴수 있길 바랍니다...

어쩌다 보니 후기가 아닌 다짐이 되어버렸네요..

암튼 제가 이 후길 올린 이유는요...ㅎㅎ

저같은 아줌마도 하니 다른 분들도 다 하실수 있다고.. 힘내시라구요~ ^^

저도 다시 맘잡고 홧팅하겠습니다~

10월엔 모두 좋은 성적 받으시길 바래요... *^^*

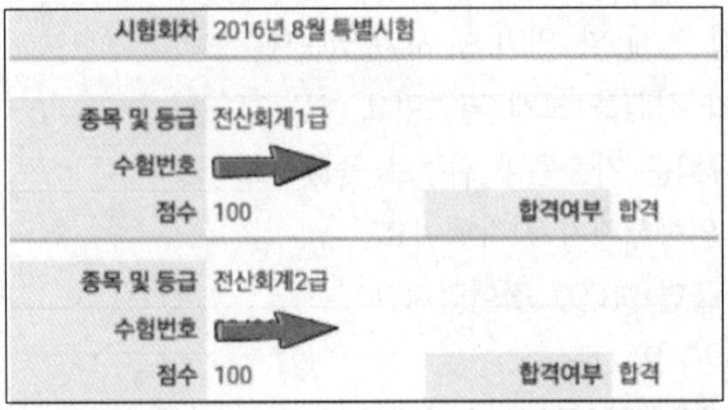

시험회차	2016년 8월 특별시험		
종목 및 등급	전산회계1급		
수험번호	[redacted]		
점수	100	합격여부	합격
종목 및 등급	전산회계2급		
수험번호	[redacted]		
점수	100	합격여부	합격

"전교꼴찌의 전산회계2급 도전"

형민킴 님

안녕하세요 저는 25살 대학생입니다. 제가 이렇게 무언가에 목표를 잡고 공부를 하면서 자격증을 취득할거라곤 25년을 살면서 단 한번도 생각을 한 적이 없어서 글을 어떻게 써야 될지 모르지만 합격수기를 남겨봅니다!

저는 인생을 살면서 공부의 중요성을 느끼지 못한 체 살아왔습니다. 심지어 고등학생 땐 **전교 1등보다 어렵다는 전교꼴찌까지 해봤구요… 공부가 하기 싫어 음대에 음악(실용음악과)으로 제 인생을 도전해보겠다고 합리화를 시키면서 진학을 했습니다.** 2017년 7월에 음악을 시작한 것에 후회는 없지만 여태 공부를 안 해왔던 것에 대한 후회가 조금씩 생기기 시작했습니다. 문득 제 머릿속엔 드디어! '커서 뭐하지…?' 라는 생각이 들었습니다…ㅎㅎ 점점 생각이 깊어지면서 공부를 해야겠다고 마음을 먹었지만… 아무리 생각해도 무슨 공부를 해야 할 지 모르겠더라구요ㅜㅜ 사실 어떻게 제가 이 공부를 시작한지도 모르겠어요… **그냥 아무 생각없이 "그래 이거 도전해보자!"** 하면서 공부를 시작하게 되었어요. **시험이 4주 남은 시점(여름방학 기간 동안)에서 설레는 마음으로 책을 열어보니..** 아니 이게 뭔 소리야… 분개는 뭐고 전기는 뭐지…? T계정은 또 뭐야!!! 하면서 눈 앞이 캄캄해 졌습니다. 공부하는 법도 모르는데 생전 처음 보는 단어까지 접하니 시작하기도 전에 후회를 하고 그냥 접을까 라는 생각이 들었습니다ㅡ.ㅡ 하지만 이왕 마음 먹은 거 한번 해보자 라는 마음을 갖고 공부를 시작했습니다. 전산회계2급은 인강이 무료라서 맘 편히 한번을 통으로 듣기 시작했습니다. **이해가 안되도 그냥 넘어가고 계속 읽고 듣고 쓰고 하면서 그렇게 책 한권을 다 훑어보고 이제 자세히 짚고 넘어가면서 공부를 시작했습니다.** 그래도 이해가 안되더라구요… 그래서 계속 읽고 받아 쓰기 시작했습니다. 시간이 지나고 **책을 서너번 통독하니깐 약간의 개념이 정리가 되기 시작했습니다.** 저는 공부를 해보지 않아서 여러 방법을 시도해 보기로 하고 저만의 공부법을 찾기 위해 노력을 했으나 아직도 찾지는 못했습니다. 하지만 제가 공부한 방법을 설명해 드릴게요!

1. 이론이 최우선!

실무는 기계적인 연습 또한 필요하지만 이론을 바탕으로 하기에 이론을 완벽히 숙지하자! 라는 생각으로 시험1주일 전까지는 실무를 하지 않았습니다.

2. 눈으로 읽는게 끝이 아니다!

눈으로 글자를 읽는 건 이해와 습득이 아니라 단순한 정리라고 생각해요. 저는 책을 보지않고 어떠한 단어를 주어졌을 때 그 개념을 글로 완벽히 설명할 수 있을 정도로 쓰고 또 쓰고 계속 썼습니다.

3. 분개와 전기가 시험의 결과를 결정한다!

나중에 실무를 공부해 보시면 아실 겁니다. **무료인강에서도 강사님은 분개를 끊임없이 강조합니다.** 그럴만한 이유가 있고 실무에선 그게 전부이기 때문인 것 같습니다.

4. 여유를 갖자!

처음 접해보는 단어는 당연히 이해가 안되는 건 당연한 거에요! 너무 조급하게 생각하시지 마시고 편안한 마음으로 충분한 시간을 두고 천천히 읽고 또 읽어보세요! 그럼 언젠가 나도 모르는 사이에 개념이 정리가 되어 있을거에요!

이렇게 공부를 하고 **시험 1주일 전부터 실무를 시작했는데 실무는 하루 만에 끝나더라구요.. 정말 쉬웠어요**… 그때부터 자신감이 생기기 시작했습니다.

이론을 완벽히 숙지를 하니 합격 불합격 문제가 아니라 100점인지 아닌지가 제 관심사였고 시험이 남은 4일 정도는 정말 하루에 2시간씩만 기출문제를 풀었습니다. 시험당일엔 시험을 30분도 안돼서 다 마치고 멍 때리다가 시간을 맞춰 나왔어요! 합격자 발표일에 확인을 하니 아깝게도 95점을 받아 합격을 했어요! 정말 난이도는 최하인 시험일지 몰라도 약간의 재미가 붙었어요!!! **10월달에 있을 시험엔 전산회계1급, 세무2급, TAT2급을 동시에 준비해 보려고 해요! 제 공부법은 저만의 공부법일뿐 여러분한테는 맞지 않을 수 있으니…** 너무 따라 하진 마시고 여러분들도 본인만의 공부법을 찾아서 공부해보세요! 다들 화이팅입니다~!

73회 전산회계 2급 95점이라는 점수에 합격을 했습니다.ㅎㅎ

p.s **책을 많이 읽으세요! 저는 책을 많이 읽지 않아서 아주 기본적인 단어들도 이해하는데 많은 시간을 소모해서 애먹었습니다.ㅋㅋ**

"합격했어요. 저처럼 처음 시작하시는 분들만(?) 보시고 힘내세요."

공부하자(이재임) 님

저는 회계와는 전혀 상관이 없는 전공입니다.

분개의 'ㅂ' 자도 모르는 상태에서 공부를 시작했어요.

이 분야에 관심을 갖게 된 이유는 혹시 나중에라도 세금, 세법에 대해 알고 있으면 무언가 도움이 되지 않을까 싶어서 알아보던 중 여성인력개발센터에서 "실전 경리실무"라는 강의를 듣게 되었지요.

회계, 채무, 채권, 부가가치세, 세금계산서, 급여대장, 원천징수, 연말정산 등.. 들어는 봤지만 생소한 용어들.. 세금계산서는 받아만 보았지 작성하는 방법이나 신고하는 방법을 처음 배웠어요. 재미있더군요.

그동안 내가 받은 급여의 자세한 내역이나 연말정산을 받는 이유 그리고 기준들에 대해서 배우면서 회계라는 공부가 점점 재미있게 느껴졌어요. 강사님께서 전산회계 2급은 독학으로도 할 수 있으니 한 번 도전해보라며 로그인 책을 추천해주셨고 덕분에 이 카페도 알게 되었네요.

4월 중에는 3시간씩 총 9번의 수업을 들었고(여성인력개발센터) 복습 철저히 했어요.

강의 내용을 복습하면서 잘 모르는 게 있으면 바로 로그인 책, 로그인 카페에서 찾아봤습니다.

4월 말 강의가 끝난 후 5월부터는 로그인 책을 더 비중있게 보면서 본격적으로 시험대비를 시작했어요.

〈이론공부〉

카페에 올려진 "로그인 회계 기초 원리(이론-직강)" 동영상들을 반복해서 봤어요.

김영철 세무사님이 수업시간에 학생들에게 직접 강의하는 동영상인데 이건 내가 봐도 되는 동영상인가(회계원리면 더 어려운건가?) 혼자 생각하다가.. 전산회계 2급 책과는 다른 교재로 진도가 나가는 것 같아 책의 내용과 맞는 동영상들만 찾아가면서 하나하나 공부했어요.

혼자 동영상보며 질문에 대답하기도 하고, 모르는 건 3번씩 보면서 쉽게 익혀지지 않는 용어를 외웠어요.

중간중간 예제풀이 할 때는 멈춰놓고 내가 먼저 풀어보고 세무사님 풀이과정을 듣고 넘어가고요.

독학하면서 "자산" 부분이 가장 진도도 안나가고 헷갈렸는데요, 모르는 건 꼭 이해하고 넘어가거나 표시해놓고 다시 공부하면서 반복했습니다.

동영상은 필요한 부분을 찾아서 보신다면 독학하는데 도움이 정말 많이 됩니다.

〈실무공부〉

역시 카페의 도움을 많이 받았습니다. 감사합니다.

LOGIN 실무동영상 - 전산회계 2급 실무

이 게시판에 올라와있는 동영상을 보고 프로그램 다운 & 설치 했어요.

처음부터 아주 쉽게 설명을 해주셔서 어렵게 느껴지지 않았어요.

요약에 잘 되어있어서 예제풀이하고 나중에 요약을 쭉 다시 한 번 읽어보면서 공부했어요. 시험 볼 때 실수만 하지 않으면 되겠다 싶었습니다.

〈모의고사&기출문제〉

시험 1주일 전부터는 모의고사와 기출문제 위주로만 공부했어요.

카페에 올라와있는 기출문제/동영상에서 다운받아서 실제 시험보는 것처럼 문제 풀고 수험번호랑 감독관번호 답안까지 전부 입력하는 시간재면서 했습니다.

기출문제 오답노트 따로 만들어서 틀린 문제 적어두고 시험날 가져가서 그 것만 봤어요.

다른 분들은 저와는 다르게 이 분야 전공도 하시고, 더 어려운 공부를 하시지만 모두 시작은 같았을 거라 생각합니다.

독학으로 처음 시작하시는 분들 힘내시라고 용기내어 후기 작성해 봅니다.

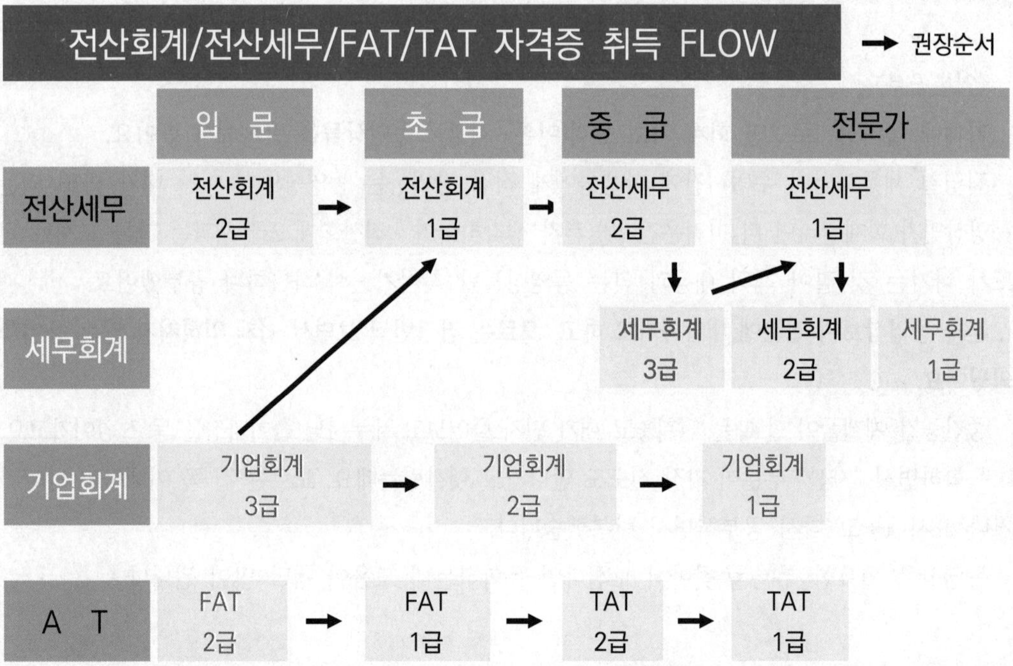

[2025년 전산세무회계 자격시험(국가공인) 일정공고]

1. 시험일자

회차	종목 및 등급	원서접수	시험일자	합격자발표
118회	전산세무 1,2급 전산회계 1,2급	01.02~01.08	02.09(일)	02.27(목)
119회		03.06~03.12	04.05(토)	04.24(목)
120회		05.02~05.08	06.07(토)	06.26(목)
121회		07.03~07.09	08.02(토)	08.21(목)
122회		08.28~09.03	09.28(일)	10.23(목)
123회		10.30~11.05	12.06(토)	12.24(수)
124회		**2026년 2월 시험예정**		

2. 시험종목 및 평가범위

등급	평가범위	
전산회계 2급	이론	회계원리(30%)
	실무	기초정보의 등록 · 수정(20%), 거래자료의 입력(40%), 입력자료 및 제장부 조회(10%)

3. 시험방법 및 합격자 결정기준

1) 시험방법 : 이론(30%)은 객관식 4지 선다형 필기시험으로,
실무(70%)는 수험용 표준 프로그램 KcLep(**케이 렙**)을 이용한 실기시험으로 함.
2) 응시자격 : 제한없음**(신분증 미소지자는 응시할 수 없음)**
3) 합격자 결정기준 : 100점 만점에 70점 이상

4. 원서접수 및 합격자 발표

1) 접수기간 : 각 회별 원서접수기간내 접수
(수험원서 접수 첫날 00시부터 원서접수 마지막 날 18시까지)
2) 접수 및 합격자발표 : 자격시험사이트(http://www.license.kacpta.or.kr)

차 례

제2편 실무능력

제3편 모의고사 (1회~4회)

제4편 기출문제

최신기출 4회와 2024년~2021년 시행된 기출문제 중 합격률이 낮은 6회분 수록

1분강의 QR코드 활용방법

본서 안에 있는 QR코드를 통해 연결되는 유튜브 동영상이 수험생 여러분들의 학습에 도움이 되기를 바랍니다.

방법 1

❶ 스마트폰에서 다음(Daum)을 실행한 후 검색창의 오른쪽 아이콘 터치

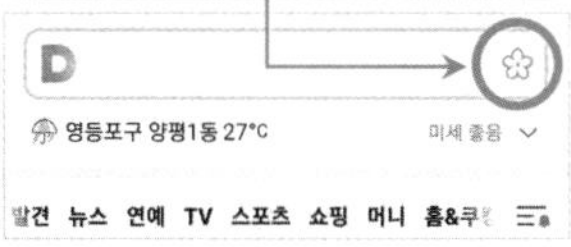

❷ '코드검색'을 터치하면 카메라 앱이 실행됨

❸ 도서의 QR코드를 촬영하면 유튜브의 해당 동영상으로 자동 연결

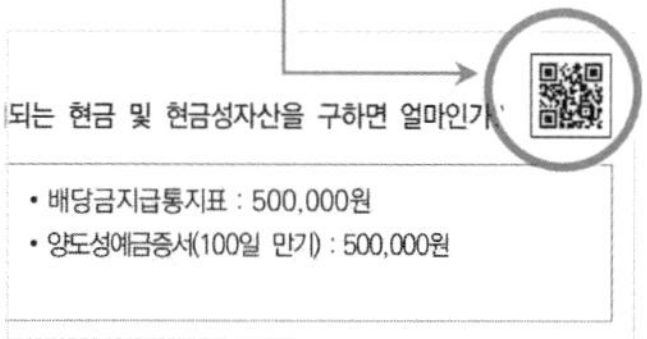

방법 2

카메라 앱을 실행하고, QR코드를 촬영하면 해당 유튜브 영상으로 이동할 수 있습니다.

개정세법 반영

유튜브 상단 댓글에 고정시켰으니, 참고하시기 바랍니다.

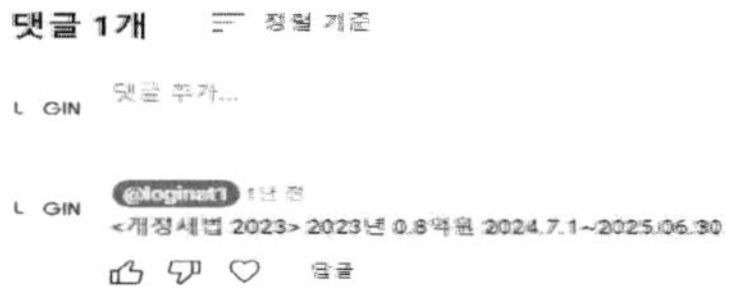

✔ 과도한 데이터 사용량이 발생할 수 있으므로, Wi-Fi가 있는 곳에서 실행하시기 바랍니다.

Part Ⅰ

회계원리

Chapter

재무회계 기본개념 1

Login

로그인 전산회계 2급

NCS회계 - 3 **전표관리 – 회계상거래 인식하기**

제1절 회계란?

1. 회계의 개념 및 목적

기업의 경영활동에서 일어나는 자산과 부채 및 자본의 증감변화를 일정한 원리에 의하여 기록·계산·정리하고 이를 이해관계자에게 제공하는 것이다.

즉, 이는 ① 재무적 성격을 갖는 거래나 사건(기업의 회계자료)을 일정한 원리에 따라 기록·분류하여 재무제표를 작성하며

② 이를 회계정보이용자들의 경제적 의사결정에 유용한 정보를 제공하는 것이다.

(1) 기업의 재무상태를 파악한다. - 재무상태표

재무상태란 "회사 경영시 필요한 자금을 어떻게 구해서 어떻게 사용되었는가?"를 말한다. 즉 **재무상태는 자산·부채·자본**을 의미한다.

(2) 기업의 경영성과를 파악한다. -손익계산서

경영성과란 기업이 영업주기내에 활동한 결과를 말한다. 기업의 목적은 수익을 창출해서 최종적으로 이익을 회사의 주인인 주주에게 돌려주어야 한다.

결국 기업의 **경영성과는 수익에서 비용을 차감하는 손익(이익 또는 손실)**을 말한다.

2. 회계의 분류 : 정보이용자에 따른 분류

- **이해관계자** : 회사의 경영활동에는 주주, 채권자, 경영자등 다양한 이해관계자들과 관련되어 있고 이들은 직간접적으로 회사와 이해관계를 가지고 있다. 이와 같이 기업의 외부에 있는 이해관계자를 외부 이해관계자라 하고, 기업의 내부에 있는 이해관계자를 내부이해관계자라 한다.

〈이해관계자의 정보 이용〉

이해관계자		정 보 이 용	회계의 구분
내부	경영자(이 사)	올해의 실적과 내년도 계획은?	관리회계
	종 업 원	올해 성과급과 내년도 임금상승은? 회사의 성장가능성은?	
외부	주 주	올해 실적과 실적에 따른 배당금은? 주식의 주가상승?	재무회계
	채권자(은 행)	돈을 빌려주어도 원금상환과 이자 상환이 가능한 회사일까?	
	채권자(거래처)	이 회사와 거래를 해도 안전할까?	
	정 부 기 관	세금은 얼마나 걷을 수 있을까?	

(1) 재무회계

재무회계는 투자자, 채권자, 정부, 소비자 등 기업의 **외부이해관계자**들의 의사결정에 유용한 재무적 정보를 제공하는 것을 목적으로 하는 회계이다. 재무회계는 주로 기업외부의 투자자를 위한 회계이며, 모든 기업에 공통적으로 적용되는 **기업회계기준을 적용하여 재무제표 작성을 중심**으로 한다.

첫째, 재무회계는 기업 외부의 이해관계자들에게 객관적이고 일관성 있는 회계정보를 제공해주기 위해 '일반적으로 인정된 회계원칙'에 따라 회계정보를 제공한다.

둘째, 재무회계는 기업의 경영활동에 대한 정보를 제공하는 재무보고서로 재무제표는 기업회계기준에 의거하여 일정한 형식에 따라 작성되며 정기적으로 정보이용자들에게 제공된다.

(2) 관리회계

관리회계는 **기업내부의 경영자**가 합리적인 의사결정에 필요한 정보를 제공하는 것을 목적으로 하는 회계를 말한다.

제2절 회계의 기본적 개념

1. 기업의 유형

기업은 개인기업과 법인기업으로 분류되지만, 회계처리 관점에서는 개인기업, 조합기업, 주식회사 등으로 구분할 수 있다. 회계처리는 기업형태와 관계없이 거의 동일하나 자본의 회계처리만 다르다. 여기서 우리는 개인기업과 법인기업에 대해서 알아보자.

(1) 개인기업

한사람이 기업을 소유하는 기업형태를 말한다. 개인기업에서는 기업과 기업주가 동일인이다. 따라서 개인기업은 규모도 작고, 이해관계자들이 법인기업보다 적다는 특징이 있다. 전산회계 2급에서는 개인기업에 대한 회계처리가 시험에 출제된다.

[개인기업]

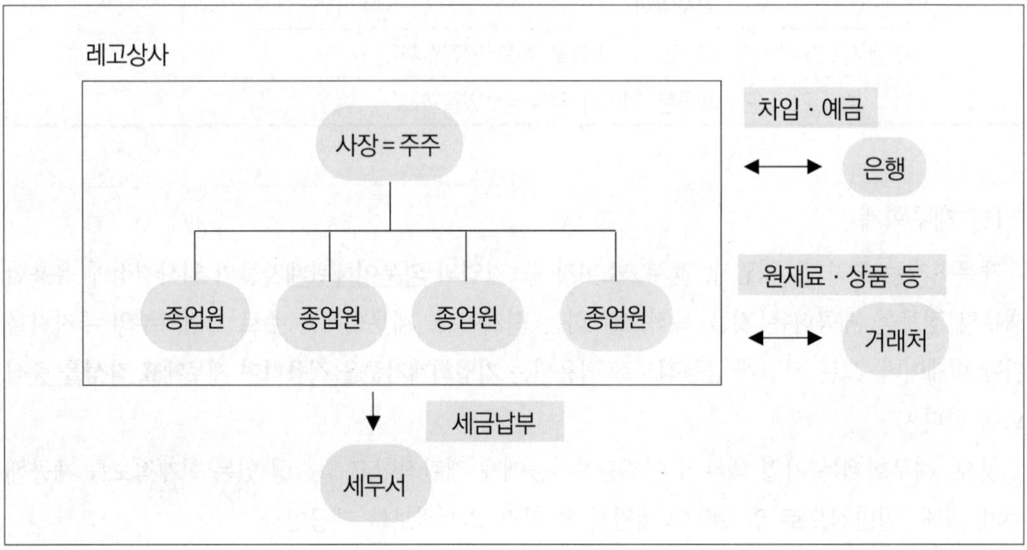

(2) 법인기업(주식회사)

주식회사는 여러 사람으로부터 자본을 모으는 데 가장 편리한 기업형태로서, 오늘날 대부분의 기업은 주식회사의 형태이다. 자본금을 균등한 주식으로 분할하여 출자자, 즉 주주가 주식회사의 주인인데 다음과 같은 특징이 있다.

① 주식회사는 주식을 발행하여 자본을 조달한다. 따라서 **불특정 다수인으로부터 대규모의 자본 조달이 가능**하다.

② 주식회사의 주인인 주주의 책임은 유한책임을 진다. 즉 **출지한 금액(주주가 납입한 금액)을 한도로 책임을 진다.**

③ 소유와 경영이 분리되어 있다. 주주는 적게는 1명부터 수천 명, 수만 명 그 이상이 될 수 있다. 그러므로 주주 전원이 회사의 경영에 참여할 수는 없다.
그래서 주주는 회사의 경영을 전문가에게 위임하고, 주식의 시세차익이나 배당에 관심을 갖는다.

④ 주식회사의 기관에는 주주총회, 이사회, 감사로 구성된다.
주주총회는 주식회사의 최고 의사결정기관이고, 이사회는 주주로 부터 경영에 관한 일체의 권한을 위임받아 실질적으로 기업을 운영하는 기관이다.
감사는 이사회의 구성원인 이사의 업무집행을 감시하는 기관이다.

[법인기업 – 주식회사]

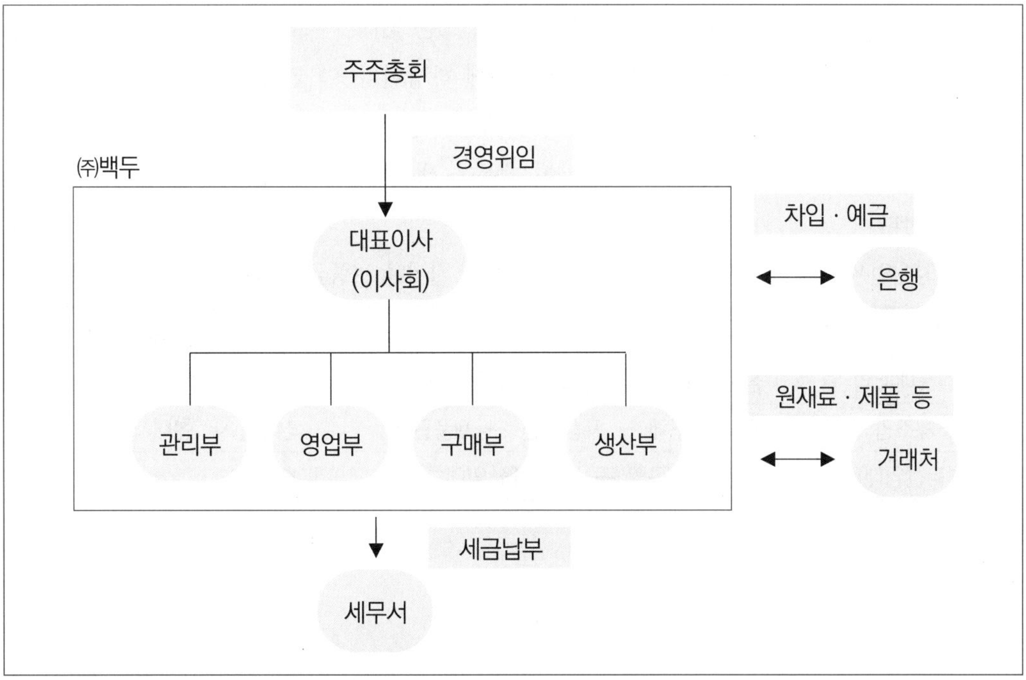

2. 기업의 종류(영업활동별)

기업은 이익을 얻고자 여러 가지 활동을 하는데 이러한 활동은 기업의 설립목적에 따라 다르다. 기업은 주요 영업활동에 따라 상품매매기업, 제조기업, 서비스제공기업으로 분류해 볼 수 있다.

(1) 상품매매기업(상기업)

물건(상품)을 구입해서 그 물건을 구입한 가격보다 높게 판매하여 이익을 얻는 것을 주요활동으로 하는 기업이다. 예를 들면 이마트가 대표적인 상기업에 해당한다.

(2) 제조기업(제조업)

원재료를 구입하여 이를 가공해서 물건(제품)을 만들어 판매하는 것을 주요활동으로 하는 기업이다. 예를 들면 삼성전자가 대표적인 제조기업에 해당한다.

(3) 서비스제공기업

서비스제공기업은 보이지 않는 용역(서비스)을 제공하는 것을 주요활동으로 하는 기업을 말한다. 예를 들면 병원, 호텔, 부동산임대업 등을 예로 들 수 있다.

3. 상거래(회사의 주목적사업으로 판단)

상거래란 물품 또는 서비스를 대상으로 하여, 매매 또는 임대차 계약을 하는 행위를 말하는데, 회사마다 **주목적 사업**이 회사의 정관(회사의 헌법에 해당한다.)에 기재되어 있다.

상품매매기업은 상품을 매입해서 고객들에게 매매하는 업을 주업으로 하고,

제조업은 원재료를 구매하여 가공을 통하여 제품을 생산하고, 이러한 제품을 판매하는 업을 주업으로 한다.

부동산임대업은 부동산을 임대하여 주고 임차인에게 월세나 보증금을 받는 업을 주업으로 한다.

업 종	주목적 사업(상거래)	예
상품매매업	상품구매 → 상품진열 → 상품판매	마트, GS25, 코스트코
제조업	원재료 구매 → 제품생산 → 제품판매	삼성전자, 현대자동차
부동산임대업	부동산을 구입 → 부동산을 임대	상가

〈상품매매업 : 상기업〉

[마트]

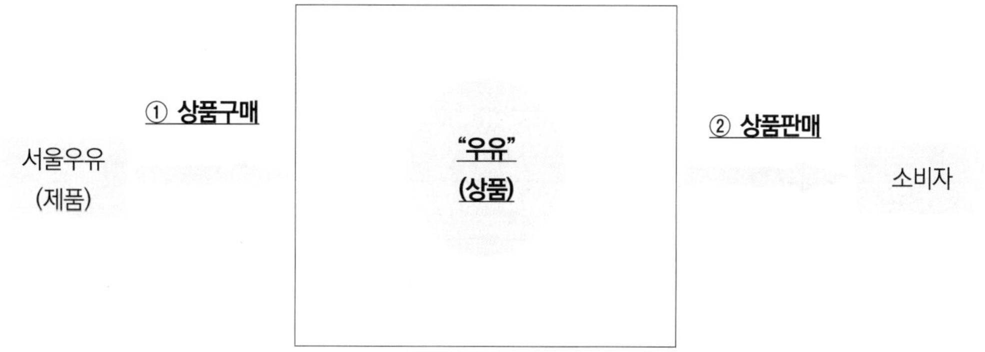

〈제조기업〉

[삼성전자]

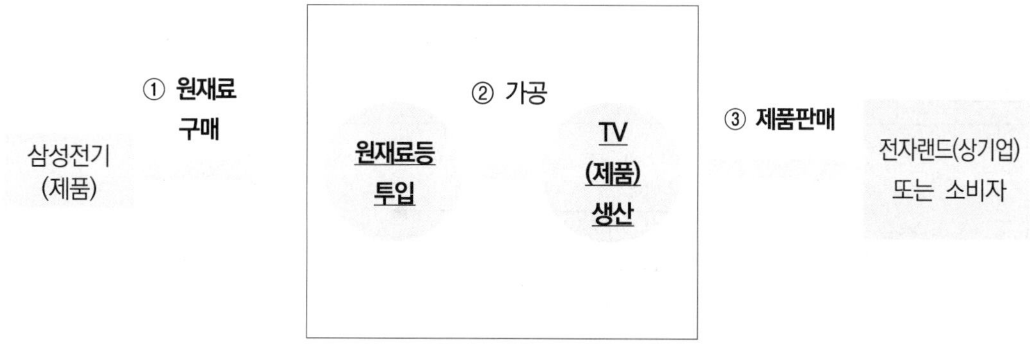

4. 채권 및 채무

(1) 채권

기업이 영업활동을 수행하는 과정에서 재화나 용역을 외상으로 판매하고 그 대가로 미래에 현금을 수취할 권리를 획득하는 경우와 다른 기업에 자금을 빌려주고 그 대가로 차용증서를 수취하는 경우 등 **미래에 현금 등을 받을 권리를 채권**이라 하고 이러한 권리를 가지고 있는 자를 채권자라 한다.

(2) 채무

기업이 영업활동을 수행하는 과정에서 재화나 용역을 외상으로 매입하거나 다른 기업으로부터 자금을 차입한 경우에 **미래에 현금 등을 지급해야 할 의무를 채무**라 하고 이러한 의무를 가지고 있는 자를 채무자라 한다.

모든 **외상거래 또는 자금거래에 있어서 채권과 채무가 동시에 발생**하게 된다.

〈외상거래〉

판매자가 재화를 외상으로 판매하고 나중에 현금 등을 받을 권리가 있는 거래를 말한다.

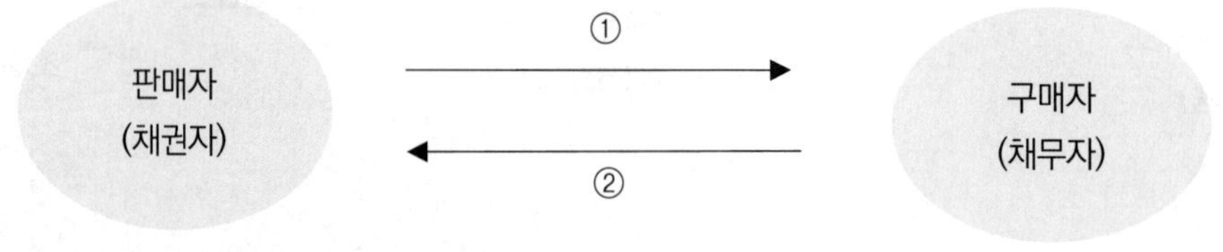

① 판매자가 재화 등을 구매자에게 외상 판매
② 나중에 구매자가 재화의 대가를 지급

〈자금대여거래〉

자금을 빌리려는 자가 차용증서를 작성하여 자금을 빌리고, 향후 원금과 이자를 상환하는 거래를 말한다.

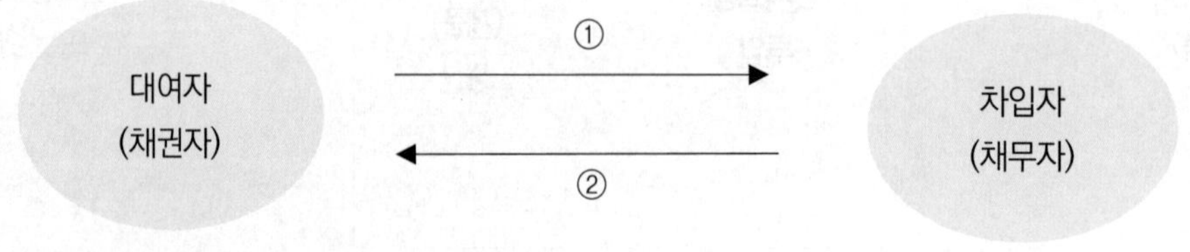

① 대여자가 자금을 대여(차입자는 차용증서 작성)
② 향후 원금과 이자를 상환

5. 회계의 기본적 개념

(1) 자 산

일상생활에서 재산이라는 말을 흔히 사용한다. 재산은 개인이 가지고 있는 금전적 가치가 있는 물건 및 권리를 말한다. 이러한 재산을 회계에서는 자산이라고 한다. 즉 **자산이란 기업이 소유하고 있는 물건 및 권리로서 금전적 가치**가 있는 것이다. 기업의 가지고 있는 대표적인 자산항목을 보면 다음과 같다.

현　　　금	일상적으로 통용되는 화폐 등	
예　　　금	은행 등에 일시적으로 예치한 금액(보통예금, 정기적금, 정기예금)	
매 출 채 권 (상 거 래)	외상매출금	외상으로 **상품을 판매한 경우** 판매대금을 받을 권리
	받 을 어 음	**상품을 판매**하고 그 대금으로 받은 어음을 말한다. ☞ 어음 : 발행하는 사람이 일정한 금액을 일정한 시기와 장소에서 지급할 것을 약속한 유가증권을 말한다.
미　수　금 (상거래이외)	**상품이외의 물건**을 외상으로 판매하고 받을 돈을 말하는데, 회사가 사용하던 차량(영업용)을 외상으로 판매한 경우에 미수금이라는 채권을 사용한다.	
선　급　금	상품을 사기 전에 미리 지급한 계약금	
대　여　금	타인에게 빌려준 돈	
상　　　품	판매할 목적으로 다른 사람으로부터 구입한 물건	
제　　　품	판매할 목적으로 자기가 제조하여 만든 물건	
원　재　료	제품을 제조할 목적으로 구입한 원료, 재료	
토　　　지	영업활동을 위하여 소유하고 있는 땅	
건　　　물	영업활동을 위하여 소유하고 있는 공장이나 창고, 영업소 등의 건물, 본사의 빌딩	
비　　　품	회사에서 사용하는 책걸상, 복사기 등(내용연수가 1년 이상인 것)	
임차보증금	부동산을 사용하기 위하여 임차인이 임대인에게 지급하는 보증금을 말한다.	

정기적금 및 정기예금

- 정기적금 : 은행에 계약한 기간 동안 매월 단위로 일정금액을 납입해 만기에 목돈(원금+이자)을 찾는 상품입니다.
- 정기예금 : 은행에 계약한 기간 동안 목돈을 예치하고 그 계약기간이 지나면 원금과 그에 대한 이자를 받는 상품입니다.

정기적금은 목돈을 모으는 금융상품이고, 정기예금은 목돈을 불리고자 하는 금융상품입니다.

매출채권 VS 미수금, 매입채무 VS 미지급금

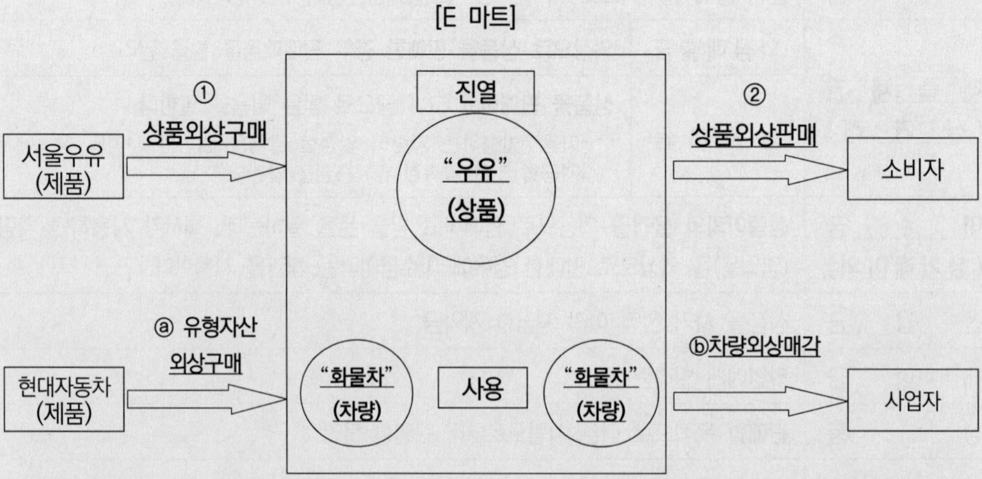

		외상매입(구입)	외상매출(매각)
상거래	**회사의 고유목적사업** (상품의 매입 · 판매)	① 매입채무	② 매출채권
상거래 이외	고유목적사업이외 (유형자산 등의 구입 · 매각)	ⓐ 미지급금	ⓑ 미수금

부동산의 임대 및 임차

부동산을 빌려주는 것을 임대라고 하며, 빌리는 것을 임차라 한다.

예를 들어 대학생이 보증금 1,000만원에 월세 500,000원에 원룸을 빌리기로 계약하였다고 가정하자. 계약기간동안 학생(임차인)은 원룸을 사용할 권리가 있고, 계약 만료시에 원룸을 비워주고 보증금을 받을 권리가 있다. 또한 매월 지급하는 월세는 집주인(임대인) 입장에서는 수익이 되고, 학생(임차인) 입장에서는 비용이 된다.

	임대인(집주인)	임차인(학생)
보증금 10,000,000원	임대보증금(부채)	임차보증금(자산)
월 세 500,000원	임 대 료(수익)	임 차 료(비용)

(2) 부 채

일상생활에서 빌린 돈(빚)과 같은 것이며, **기업이 미래에 변제하여야 하는 경제적 가치(금전 등)**를 말한다. 즉, 부채는 다른 사람으로부터 빌린 돈으로서 앞으로 갚아야 할 것을 말한다. 기업이 가지고 있는 대표적인 부채항목을 보면 다음과 같다.

매입채무 (상 거 래)	**외상매입금**	**상품을 외상으로 매입**한 경우 상품대금을 지급할 의무
	지 급 어 음	**상품을 매입하고** 그 대금으로 어음을 준 경우
미지급금 (상거래 이외)	**상품 이외의 물건**을 외상으로 구입하고 지급할 금액을 말하는데, 회사가 영업목적으로 차량을 외상으로 구입한 경우에 미지급금이라는 채무를 사용한다.	
선수금	상품을 사고자 하는 사람에게 미리 받은 계약금	
차입금	타인으로부터 빌린 돈	
임대보증금	임대인이 부동산 등을 임차인에게 빌려주고 받은 보증금을 말한다.	

(3) 자 본

자본이란 부채이외의 자금 중 기업 자신이 조달한 것을 회계에서 자본이라고 한다.
즉, 기업의 자산은 다음과 같이 표시할 수 있다.

기업의 자산 = 타인으로부터 빌린 자금(부채) + 자신의 조달한 자금(자본)

이 식을 회계용어로 표현하면

자산 = 부채(타인자본) + 자본(자기자본)

자금의 사용

자금의 조달

즉, 자본은 기업의 재산에 대한 소유주 지분 또는 기업의 순자산(순재산)을 의미하는 것으로서 자기자본이라고도 한다.

자산 - 부채 = 자본(= 순자산, 자기자본)

(4) 수 익

기업의 궁극적인 목적은 이익을 만들어 내고 만들어진 이익을 회사의 주인인 주주에게 배분하기 위해서 여러가지 활동을 한다. 즉 제품을 만들기 위하여 원재료 등을 구입하는 구매 활동, 구입한 원재료를 가공하여 완제품을 만드는 생산활동, 완제품을 판매하는 판매활동, 이러한 활동을 지원하는 일반관리활동, 그리고 주영업목적 이외의 부수적인 활동 등을 수행하게 되며 이러한 기업의 모든 활동을 통해 이익이 창출된다.

수익(revenue)이란 일정기간 동안 기업이 **모든 활동을 통하여 벌어들인 수입**으로서 고객에게 상품을 판매하거나 서비스를 제공하고 받은 것으로서 자본을 증가시키는 것을 말한다.

수익에 대표적인 항목을 보면 다음과 같다.

상 품 매 출	상품을 판매하고 받은 대가
(수입)임대료	부동산을 빌려 주고 받은 대가
이 자 수 익	현금을 은행에 예금하거나, 타인에게 빌려주고 받은 이자

(5) 비 용

비용(expense)이란 **수익을 얻는 과정에서 소비 또는 지출한 경제가치**를 말한다. 즉, 비용은 수익을 얻기 위하여 소비 · 지출한 것으로서 기업의 자본을 감소시키는 원인이 된다. 비용에 대표적인 항목을 보면 다음과 같다.

상품매출원가	상품매출에 직접 대응되는 상품원가로서 회사가 구입한 상품의 원가
급 여	종업원에게 지급하는 근로대가
(지급)임차료	부동산 등을 빌린 경우에 지급하는 월세
이 자 비 용	은행에서 차입하거나 타인에게 돈을 빌리고 지급하는 이자
세금과공과금	국세, 지방세 등 세금과 각종 공과금
○ ○ 비	○○비는 대부분 비용에 해당한다.

(6) 이익(또는 손실)

경영성과

수익 - 비용 = 손익(= 이익 또는 손실)

수익에서 비용을 차감한 결과를 말하며 이는 두 가지 결과로 나타난다.

① 이익 : 수익이 비용을 초과한 경우 → **순자산(자본) 증가의 결과를 가져온다.**

② 손실 : 비용이 수익을 초과한 경우 → **순자산(자본) 감소의 결과를 가져온다.**

<예제 1 - 1> 자산, 부채, 수익, 비용

다음 항목(계정과목)에 대해서 자산, 부채, 수익, 비용으로 구분하세요.

① 보통예금	(　　)	⑯ 상품매출	(　　)
② 상품	(　　)	⑰ 상품매출원가	(　　)
③ 임차료	(　　)	⑱ 급여	(　　)
④ 임대료	(　　)	⑲ 이자수익	(　　)
⑤ 외상매입금	(　　)	⑳ 단기대여금	(　　)
⑥ 이자비용	(　　)	㉑ 장기차입금	(　　)
⑦ 세금과공과	(　　)	㉒ 복리후생비	(　　)
⑧ 미지급금	(　　)	㉓ 기부금	(　　)
⑨ 기업업무추진비	(　　)	㉔ 소모품	(　　)
⑩ 지급어음	(　　)	㉕ 토지	(　　)
⑪ 임차보증금	(　　)	㉖ 소모품비	(　　)
⑫ 제품	(　　)	㉗ 선급금	(　　)
⑬ 차량운반구	(　　)	㉘ 광고선전비	(　　)
⑭ 받을어음	(　　)	㉙ 선수금	(　　)
⑮ 외상매출금	(　　)	㉚ 여비교통비	(　　)

해답

① 보통예금	(자산)	⑯ 상품매출	(수익)
② 상품	(자산)	⑰ 상품매출원가	(비용)
③ 임차료	(비용)	⑱ 급여	(비용)
④ 임대료	(수익)	⑲ 이자수익	(수익)
⑤ 외상매입금	(부채)	⑳ 단기대여금	(자산)
⑥ 이자비용	(비용)	㉑ 장기차입금	(부채)
⑦ 세금과공과	(비용)	㉒ 복리후생비	(비용)
⑧ 미지급금	(부채)	㉓ 기부금	(비용)
⑨ 기업업무추진비	(비용)	㉔ 소모품	(자산)
⑩ 지급어음	(부채)	㉕ 토지	(자산)
⑪ 임차보증금	(자산)	㉖ 소모품비	(비용)
⑫ 제품	(자산)	㉗ 선급금	(자산)
⑬ 차량운반구	(자산)	㉘ 광고선전비	(비용)
⑭ 받을어음	(자산)	㉙ 선수금	(부채)
⑮ 외상매출금	(자산)	㉚ 여비교통비	(비용)

(7) 회계기간(회계연도)

기업의 경영활동은 시간의 흐름과 관계없이 지속적으로 진행된다.

그러므로 별도의 기간을 정하지 아니하면 기업의 주인인 주주에게 재무정보를 제공할 수 없다. 따라서 일정기간을 나누어야 하는데 이것을 회계기간이라고 한다.

일반적으로 기업은 1년을 단위로 회계기간을 나누어서 경영성과와 재무상태를 보고한다.

보통 1월 1일(기초)부터 12월 31일(기말)까지 1회계기간으로 한다.

또한 **상법과 세법, 기업회계기준에서의 회계연도는 1년을 초과하지 못하게 규정되어 있다.**

회계기간이 1월 1일부터 12월 31일까지라고 한다면

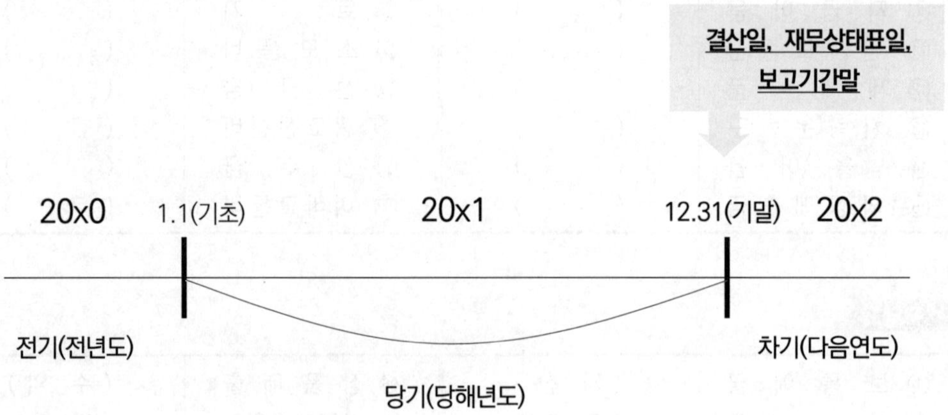

	전전기	전기	당기	차기	차차기
로그인 시리즈	20yo	20x0	**20x1**	20x2	20x3
	2023	2024	**2025**	2026	2027

(8) 회계단위

자산·부채·자본의 증감변화를 기록·계산하기 위한 **장소적 범위**로서, 기업은 경우에 따라서 본점과 지점·본사와 공장을 구별하여 각각 하나의 회계단위로 할 수도 있다.

(예) 삼성전자 수원사업장, 천안사업장, 평택사업장

연/습/문/제

객관식

01. 다음 중 회계의 기본 목적을 가장 잘 설명한 것은?

① 기업의 재무상태와 경영성과를 파악하고자 한다.
② 기업의 경영성과만 파악하고자 한다.
③ 기업의 재무상태만 파악하고자 한다.
④ 기업에서 단순히 장부 정리하는 작업이다

02. 회계기간에 관한 설명 중 틀린 것은?

① 회계기간은 원칙적으로 1년을 초과할 수 없다.
② 인위적으로 구분한 기간으로 회계연도라고도 한다.
③ 한 회계기간은 전기부터 차기까지를 의미한다.
④ 경영성과와 재무 상태를 파악하기 위한 시간적 개념이다.

03. 다음 중 매출채권(A)과 매입채무(B)로 옳게 짝지어진 것은?

① (A) 단기대여금 (B) 지급어음
② (A) 받을어음 (B) 외상매입금
③ (A) 지급어음 (B) 단기차입금
④ (A) 받을어음 (B) 단기차입금

04. 회계기간에 대한 설명 중 틀린 것은?

① 회계연도라고도 한다.
② 원칙적으로 1년을 초과할 수 없다.
③ 유동자산과 비유동자산의 구분기준이다.
④ 전기, 당기, 차기로 구분할 수 있다.

05. 다음 중 부채계정으로만 짝지어진 것은?

① 미수금, 미지급금　　② 선수금, 지급어음
③ 선급금, 지급어음　　④ 받을어음, 미지급금

06. 다음에서 (가), (나)에 해당하는 계정과목은?

> (가) 사무실에서 사용할 컴퓨터 구입에 따른 외상대금은?
> (나) 컴퓨터 판매회사의 판매용 컴퓨터 구입에 따른 외상대금은?

	(가)	(나)		(가)	(나)
①	외상매입금	미지급금	②	미지급금	외상매입금
③	미지급금	미수금	④	외상매출금	외상매입금

07. 다음 설명 중 밑줄 친 (가)와 관련 있는 계정과목으로만 나열된 것은?

> 자산은 기업이 경영활동을 하기 위하여 소유하고 있는 각종 재화와 채권(가)을 말한다.

① 단기대여금, 외상매출금　　② 선급금, 비품
③ 미수금, 상품　　④ 상품, 제품

08. 다음 (　) 안에 순차적으로 들어갈 내용으로 옳은 것은?

> 수익이란 기업실체의 경영활동과 관련된 재화의 판매 또는 용역의 제공 등에 대한 대가로 발생하는 자산의 (　) 또는 부채의 (　)이다.

① 유입, 증가　　② 유출, 감소　　③ 유출, 증가　　④ 유입, 감소

09. 비용에 관한 올바른 내용을 〈보기〉에서 모두 고른 것은?

> ㄱ. 자본 감소의 원인이 된다.
> ㄴ. 기업이 경영활동으로 지출하는 경제적 가치
> ㄷ. 기업이 일정시점에 소유하고 있는 재화나 권리
> ㄹ. 재화나 용역을 고객에게 제공하고 그 대가로 얻는 금액

① ㄱ, ㄴ　　② ㄱ, ㄹ　　③ ㄴ, ㄷ　　④ ㄷ, ㄹ

10. 대한컴퓨터의 아래 거래를 분개시 (가), (나)와 관련된 부채로 옳은 것은?

> 컴퓨터 (@700,000원) 10대 구입 (대금은 월말 지급)
> (가) 판매용 컴퓨터 9대
> (나) 직원 업무용 컴퓨터 1대

① (가) 미지급금 (나) 미지급금
② (가) 미지급금 (나) 외상매입금
③ (가) 외상매입금 (나) 미지급금
④ (가) 외상매입금 (나) 외상매입금

11. 자산, 부채, 자본에 대한 설명으로 적절하지 않은 것은?

① 기업이 경영활동을 위하여 소유하고 있는 각종의 재화와 채권을 자산이라 한다.
② 기업이 장래에 타인에게 갚아야 할 채무를 부채라 한다.
③ 기업의 부채에서 자본을 차감한 것을 자산이라 한다.
④ 자산, 부채, 자본은 기업의 재무상태를 나타낸다.

주관식

전산회계/세무시험에서 이론 문제는 객관식으로 출제되나, 수험생들의 학습효과를 배가시키기 위해서 계산문제는 주관식으로 편집했습니다.

01. 기업의 재무상태와 경영성과를 명백히 하기 위해 인위적으로 1년 이내의 기간적 범위를 정하는 것을 무엇이라 하는가?

02. 다음 표의 (가)에 들어갈 내용을 적으시오.

20x0년 (전기)	20x1년 (당기)	20x2년 (가)

03. 다음 ( ) 안에 들어갈 내용을 적으시오.

( )은(는) 순자산으로서 기업실체의 자산에 대한 소유주의 잔여청구권이다.

04. 다음 자료에 의한 으뜸상사의 총자산은 얼마인가?

- 상 품 : 60,000원
- 지급어음 : 10,000원
- 선 수 금 : 40,000원
- 외상매출금 : 35,000원
- 미 수 금 : 30,000원
- 비 품 : 15,000원
- 받을어음 : 20,000원

05. 다음 빈칸에 들어갈 금액을 적으시오.

회 사 명	자 산	부 채	자 본
일산물산	(A)	450,000원	550,000원
바로상사	900,000원	360,000원	(B)

06. 다음 자료에 의하여 매입채무를 계산하면 얼마인가?

- 외상매출금 : 500,000원
- 받을어음 : 200,000원
- 미 수 금 : 100,000원
- 외상매입금 : 500,000원
- 지급어음 : 300,000원
- 미지급금 : 100,000원

07. 자산과 자본이 다음과 같을 때 부채총액은 얼마인가?

- 상 품 : 200,000원
- 비 품 : 100,000원
- 차량운반구 : 150,000원
- 자본금 : 200,000원

연/습/문/제 답안

객관식

1	2	3	4	5	6	7	8	9	10	11				
①	③	②	③	②	②	①	④	①	③	③				

[풀이 - 객관식]

01. 기업의 재무상태와 경영성과를 파악하여 정보이용자들에게 유용한 정보를 제공하는 것을 목적으로 한다.

02. 한 회계기간은 당기만을 의미한다.

03. **매출채권(받을어음, 외상매출금), 매입채무(지급어음, 외상매입금)**

04. 유동자산과 비유동자산의 구분은 **원칙적으로 1년 이내 현금화여부로 구분된다.**

05. 받을어음, 미수금, 선급금은 자산이고, 지급어음, 미지급금, 선수금은 부채이다.

07. 채권은 매출채권(외상매출금, 받을어음)과 기타채권(미수금, 대여금)이 있다.

08. 수익은 **자산의 유입 또는 부채의 감소**이다.

09. 비용이란 기업이 일정 기간 동안 경영 활동을 통하여 지출하는 경제적 가치총액이며, 자본 감소의 원인이 된다.

11. 부채+자본=자산

주관식

01	회계연도	02	차기	03	자본
04	160,000원	05	A : 1,000,000원 B : 540,000원	06	800,000원
07	250,000원				

[풀이 - 주관식]

03. 자본은 기업실체의 자산 총액에서 부채 총액을 차감한 잔여액 또는 순자산으로서 기업실체의 자산에 대한 소유주의 잔여청구권이다.

04. 상품(60,000) + 미수금(30,000) + 비품(15,000) + 받을어음(20,000) + 외상매출금(35,000) = 160,000원

05. 자산(A) = 부채(450,000) + 자본(550,000) → 1,000,000원
자본(B) = 자산(900,000) - 부채(360,000) → 540,000원

06. 매입채무(800,000)는 외상매입금(500,000)과 지급어음(300,000)을 말한다.

07. 자산(450,000) - 자본(200,000) = 부채(250,000원)
자산 = 상품(200,000원) + 비품(100,000원) + 차량운반구(150,000원) = 450,000원

제3절 재무제표란

1. 의의

재무제표란 기업의 이해관계자들에 대하여 기업의 경영활동에 대한 회계정보를 일정한 양식에 따라 전달하기 위한 회계보고서를 말한다. 재무제표는 회계의 최종적 산물로서, 기업의 재무상태와 경영성과를 기업의 이해관계자에게 전달해 줌으로써 그들의 경제적인 판단이나 의사결정에 도움을 주는 역할을 한다. 우리나라의 기업회계기준에서는 기업들이 기본적으로 작성해야 할 재무제표의 종류를 다음과 같이 다섯 가지로 규정하고 있다.

〈재무제표의 종류와 체계〉

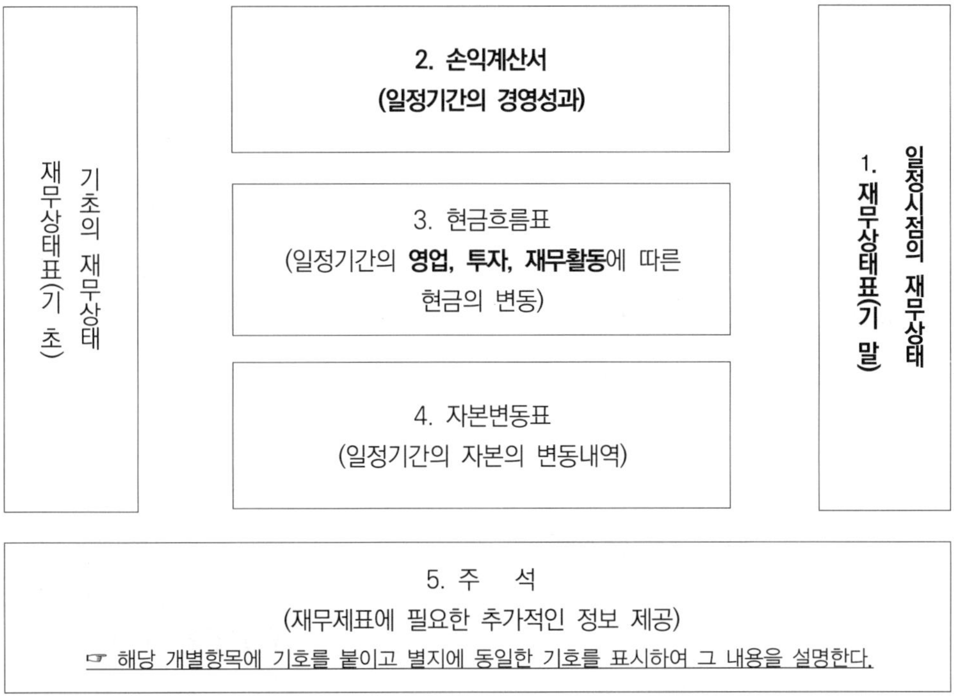

2. 재무상태표(대차대조표)

일반적으로 개인의 재산항목은 몇 개 되지 않으므로 재산목록을 작성하는데 큰 어려움은 없다. 그러나 기업은 수백 개 또는 수천 개의 자산을 가지고 있다. 기업이 모든 재산을 하나씩 써서 정리한다면 몇 백 장의 종이라도 모자랄 것이다.

따라서 기업의 재산을 나타낼 때에는 일정한 원리에 따라 체계적으로 나타낼 필요가 있다. 즉, 재무상태표(statement of financial position)는 일정시점에서 **기업의 재무상태인 자산과 부채 및 자본의 상태를 나타내는 회계보고서**를 말한다. 중소기업에서는 **대차대조표(balance sheet, B/S)**라고도 한다.

재무상태표 등식

자 산 = 부 채 + 자 본

(왼 쪽 – 차변) (오른쪽 – 대변)

자 산 (자금사용내역)	부 채 자 본	자금조달내역

(왼 쪽 – 차변) (오른쪽 – 대변)

재무상태표

레고상사 20X1년 12월 31일 현재 ← 일정시점 단위 : 원

자 산	금 액	부채 및 자본	금 액
현금 및 현금성자산	350,000	외상매입금	550,000
상품	400,000	단기차입금	800,000
비품	900,000	자본금	1,600,000
건물	1,350,000	**당기순이익**	50,000
	3,000,000		3,000,000

(당기순이익 ← 손익계산서에서 온다.)

레고상사의 20×1년 12월 31일 현재 재무상태를 보면 현금 350,000원, 상품 400,000원, 비품 900,000원, 건물 1,350,000원의 자산과 외상매입금 550,000원, 단기차입금 800,000원의 부채, 그리고 자본금은 1,600,000원이며 20×1년 1월 1일부터 12월 31일까지의 순이익이 50,000원임을 알 수 있다.

3. 손익계산서

손익계산서(income statement, I/S)는 일정기간 동안 기업의 경영성과를 나타내주는 재무보고서로, 기업의 경영활동으로부터 발생한 수익과 비용을 항목별로 분류하여 대응 · 표시함으로써 순손익을 계산하는 형식을 취하게 된다.

손익계산서는 한 회계기간 동안의 수익과 비용을 통하여 기업의 경영활동 과정과 순손익에 관한 정보를 제공해줄 뿐만 아니라 기초 및 기말시점의 재무상태의 변동원인에 대한 정보를 제공해준다.

즉, 손익계산서는 일정기간 동안 기업의 경영성과(수익, 비용, 손익)를 나타내주는 회계보고서를 말한다.

손익계산서 등식

총수익 - 총비용 = 순이익(순손실)

총비용 + 순이익 = 총수익

(왼 쪽-차변) **(오른쪽-대변)**

총비용	총수익
순이익	

(왼 쪽) (오른쪽)

손익계산서

일정기간

레고상사 20X1년 1월 1일부터 20X1년 12월 31일까지 단위 : 원

비 용	금 액	수 익	금 액
급 여 ┐	300,000	상 품 매 출 ┐ A	550,000
지 급 임 차 료 B	100,000	이 자 수 익 ┘	100,000
이 자 비 용 ┘	200,000		
당 기 순 이 익(A-B)	50,000		
	650,000		650,000

재무상태표에 반영된다.

레고상사의 20×1년 1월 1일부터 20×1년 12월 31일까지 상품매출 550,000원과 이자수익 100,000원이 발생되었고, 수익에 대한 비용으로 급여 300,000원, 임차료 100,000원, 이자비용 200,000원의 비용이 발생하여 20×1년도 1년간 50,000원의 당기순이익이 계산되었다.

4. 재무상태표와 손익계산서의 관계

재무상태표는 일정시점의 회사의 재무상태를 손익계산서는 일정기간동안의 경영성과를 나타낸다. 따라서 기초의 재무상태표에서 출발하여 1년 동안의 경영성과를 나타내는 손익계산서를 작성하게 되고 그 손익계산서를 토대로 기말 재무상태표가 작성되게 되는 것이다.

〈기초 재무상태표〉 ⇨ 〈기말 재무상태표〉

차 변	대 변
자산 2억원	부 채 : 1억원
	자본금 : 1억원

차 변	대 변
자산 3억원	부 채 : 1억원
	자본금 : 1억원
	순이익 : 1억원

⇧

〈1년간 손익계산서〉

수익 : 3억원

(−)비용 : 2억원

이익 : 1억원

1년간 경영성과

만약 추가적인 자본출자가 없다면 아래와 같은 식이 성립된다.

기초자본 + 당기순손익 = 기말자본

기말자본 − 기초자본 = 당기순손익

<예제1 - 2> 재무상태표와 손익계산서의 관계

레고상사의 20×1년 12월 31일 현재(기말) 재무상태와 경영성과는 다음과 같다. 20×1년 1월 1일 (기초) 자산 총액이 5,000,000원, (기초) 부채 총액이 3,000,000원이었다면 기말 자본 총액과 기말 부채 총액을 계산하시오.

• 자산총액 : 8,000,000원	• 부채총액 : ?
• 수익총액 : 3,000,000원	• 비용총액 : 2,000,000원

해답

〈기초 재무상태표〉 ⇨ 〈기말 재무상태표〉

〈기초 재무상태표〉

차 변	대 변
자산 5,000,000	부 채 : 3,000,000
	자 본 : 2,000,000

⇧

〈기말 재무상태표〉

차 변	대 변
자산 8,000,000	***부채 : 5,000,000***
	자본 : 3,000,000

〈1년간 손익계산서〉

수익 : 3,000,000
(−)비용 : 2,000,000

이익 : 1,000,000

5. 재무상태표 작성기준

재 무 상 태 표

레고상사 20X1년 12월 31일 현재 단위 : 원

과 목	금 액	과 목	금 액
자 산		부 채	
Ⅰ. 유동자산		Ⅰ. 유동부채	
(1) 당좌자산		Ⅱ. 비유동부채	
…		부 채 총 계	
(2) 재고자산			
		자 본	
Ⅱ. 비유동자산		Ⅰ. 자 본 금	
(1) 투자자산			
(2) 유형자산			
(3) 무형자산			
(4) 기타비유동자산		자 본 총 계	
자 산 총 계		부 채 와 자 본 총 계	

법인기업
1. 자본금
2. 자본잉여금
3. 자본조정
4. 기타포괄손익누계액
5. 이익잉여금

1. 구분표시의 원칙	재무상태표상에 자산 · 부채 및 자본을 종류별, 성격별로 적절히 분류하여 일정한 체계 하에 구분 · 표시함으로써 기업의 재무상태를 명확히 표시할 수 있도록 작성하여야 한다는 것을 말한다.
2. 1년 기준	자산과 부채는 결산일 **현재 1년 또는 정상적인 영업주기**를 기준으로 구분, 표시 → 자산(부채) 중 1년 내에 현금화(지급할)되는 것에 대해서 유동자산(유동부채)로 분류하고 그렇지 않는 것은 비유동자산(비유동부채)로 표시한다. ☞ 장 · 단기의 구분 : 보고기간말로부터 1년 이내일 경우 단기, 1년 이후일 경우 장기로 구분한다.
3. 유동성배열	**자산, 부채는 환금성이 빠른 순서로 배열**한다. 따라서 재무상태표의 자산은 당좌자산, 재고자산, 투자자산, 유형자산, 무형자산, 기타비유동자산의 순서로 배열한다.
4. 총액주의	자산, 부채는 순액으로 표기하지 아니하고 총액으로 기재한다. **[자산항목과 부채항목간의 상계금지]** (예) 당좌예금(자산)과 당좌차월(부채), 외상매출금(자산)과 선수금(부채) ☞ 상계 : 채권자와 채무자가 동종의 채권 · 채무를 가지는 경우에 그 채권과 채무를 비슷한 금액에 있어서 소멸시키는 의사표시를 말한다.

5. **미결산항목 및 비망계정(가수금, 가지급금 등)**은 그 내용을 나타내는 적절한 계정과목으로 표시하고 **재무제표상 표시해서는 안된다.**
☞ 비망(memorandum)계정 : 어떤 거래의 발생을 잠정적으로 기록하는 계정으로 향후 확정되면 대체된다.

<예제 1 - 3> 유동 · 비유동의 구분

레고상사는 스마트 폰을 구입하여 판매하는 기업이다. 다음 자산, 부채에 대해서 유동인지 비유동인지 구분하시오.

① 보통예금	(　　)	⑪ 임차보증금(임차기간 2년)	(　　)
② 상　　품	(　　)	⑫ 건　　물	(　　)
③ 선 수 금	(　　)	⑬ 차량운반구	(　　)
④ 단기대여금	(　　)	⑭ 받을어음	(　　)
⑤ 외상매입금	(　　)	⑮ 외상매출금	(　　)
⑥ 장기차입금	(　　)	⑯ 원 재 료	(　　)
⑦ 소 모 품	(　　)	⑰ 정기예금(만기6개월)	(　　)
⑧ 미지급금	(　　)	⑱ 정기적금(만기 2년)	(　　)
⑨ 선 급 금	(　　)	⑲ 미 수 금	(　　)
⑩ 지급어음	(　　)	⑳ 토　　지	(　　)

해답

원칙적으로 보고기간말(결산일)을 기준으로 1년 이내이면 유동, 1년 초과이면 비유동으로 구분한다.

	유동/비유동	판 단
① 보통예금	유동	보통예금은 수시로 현금화가 가능하다.
② 상 품	유동	판매과정을 거쳐 1년 이내에 현금화가 된다.
③ 선 수 금	유동	계약금은 일반적으로 1년 이내에 계약이 완료된다.
④ 단기대여금	유동	
⑤ 외상매입금	유동	일반적으로 1년 이내에 채무를 변제한다.
⑥ 장기차입금	비유동	
⑦ 소 모 품	유동	1년이내 소모될 것으로 예상되는 자산이다.
⑧ 미지급금	유동	일반적으로 1년 이내에 채무를 변제한다.
⑨ 선 급 금	유동	계약금은 일반적으로 1년 이내에 계약이 완료된다.
⑩ 지급어음	유동	일반적으로 1년 이내에 채무를 변제한다.
⑪ 임차보증금 (임차기간 2년)	비유동	임차기간이 2년이므로 비유동자산에 해당한다.
⑫ 건 물	비유동	1년을 초과하여 사용할 것이 예상되는 자산이다.
⑬ 차량운반구	비유동	1년을 초과하여 사용할 것이 예상되는 자산이다.
⑭ 받을어음	유동	1년 이내에 현금화가 된다.
⑮ 외상매출금	유동	1년 이내에 현금화가 된다.
⑯ 원 재 료	유동	제조와 판매과정을 거쳐 1년 이내에 현금화가 된다.
⑰ 정기예금 (만기6개월)	유동	1년 이내에 현금화가 된다.
⑱ 정기적금 (만기 2년)	비유동	1년 이후에 현금화가 된다.
⑲ 미 수 금	유동	1년 이내에 현금화가 된다.
⑳ 토 지	비유동	1년을 초과하여 사용할 것이 예상되는 자산이다.

6. 손익계산서 작성기준

손익계산서

레고상사 20X1년 1월 1일부터 20X1년 12월 31일까지 단위 : 원

과 목	금 액
Ⅰ. 매 출 액 Ⅱ. 매 출 원 가 Ⅲ. 매출총이익(Ⅰ－Ⅱ) Ⅳ. 판매비와 관리비 Ⅴ. 영업이익(영업손실)(Ⅲ－Ⅳ)	**영업관련(상거래)－계속 · 반복** **(회사의 고유목적사업)**
Ⅵ. 영업외수익 Ⅶ. 영업외비용	**영업외－일시 · 우발** **(부수적인 수익 또는 비용)**
Ⅷ. 소득세비용차감전순이익(Ⅴ＋Ⅵ－Ⅶ) Ⅸ. 소득세비용 Ⅹ. 당기순이익(당기순손실)(Ⅷ－Ⅸ) Ⅺ. 주당순손익	

☞ **영업수익은 매출액이고 영업비용은 매출원가와 판매비와 관리비가 해당한다.**

1. 구분계산의 원칙	손익은 매출총손익, 영업손익, 소득세(법인세)비용차감전순손익, 당기순손익, 주당순손익으로 구분하여 표시한다. **손익계산서는 영업관련손익, 영업외손익을 구분한다.**
2. 발생기준 (수익, 비용)	현금주의란 현금을 수취한 때 수익으로 인식하고 지출한 때 비용으로 인식하는 것을 말하는데, **발생주의란 현금 유 · 출입시점에 관계없이 당해 거래나 사건이 발생한 기간에 수익 · 비용을 인식하는 방법**을 말한다.
3. 실현주의(수익)	수익은 **실현시기(원칙 : 판매시점)**를 기준으로 계상한다. 즉, 수익은 ① 경제적 효익의 유입가능성이 매우 높고 ② 그 효익을 신뢰성있게 측정할 수 있을 때 수익을 인식하는 것을 의미한다.
4. 수익비용대응의 원칙(비용)	비용은 관련수익이 인식된 기간에 인식한다. 즉 비용은 수익을 창출하기 위하여 발생된 비용을 관련된 수익이 인식된 기간에 대응시켜야 한다는 원칙이다.
5. 총액주의	**수익과 비용은 총액으로 기재**한다. 대표적인 예로 이자수익과 이자비용을 상계하지 말고 영업외수익, 영업외비용으로 각각 기재하여야 한다.

<예제 1 - 4> 영업관련 · 영업외의 구분

레고상사는 스마트 폰을 구입하여 판매하는 기업이다. 다음의 수익과 비용에 대해서 **"영업수익"**, **"영업외수익"**, **"영업비용"**, **"영업외비용"**으로 구분하시오.

	구 분	판 단
① 임차료(매장임차)	(　　　)	
② 이지비용	(　　　)	
③ 세금과공과	(　　　)	
④ 기업업무추진비	(　　　)	
⑤ 상품매출원가	(　　　)	
⑥ 수도광열비	(　　　)	
⑦ 소모품비	(　　　)	
⑧ 보험차익(보험금수익)	(　　　)	
⑨ 광고선전비	(　　　)	
⑩ 여비교통비	(　　　)	
⑪ 임대료(일시적 임대)	(　　　)	
⑫ 급　　여	(　　　)	
⑬ 이자수익	(　　　)	
⑭ 복리후생비	(　　　)	
⑮ 상품매출	(　　　)	
⑯ 유형자산처분손실(승용차)	(　　　)	
⑰ 도서인쇄비	(　　　)	
⑱ 통　신　비	(　　　)	
⑲ 기부금	(　　　)	
⑳ 교육훈련비	(　　　)	

해답

회사의 고유목적사업(상품매매업)을 위한 수익과 비용은 영업관련이고, 이외는 영업외거래이다.

	구 분	판 단
① (지급)임차료	영업비용	판매장 임차는 영업관련 비용이다.
② 이 자 비 용	영업외비용	차입금에서 발생되는 이자비용은 회사의 고유목적사업과 무관하다. 그러나 금융업일 경우 영업비용에 해당한다.
③ 세금과공과	영업비용	
④ 기업업무추진비	영업비용	상품의 판매촉진을 위한 거래처 기업업무추진는 영업관련 비용이다.
⑤ 상품매출원가	영업비용	상품판매에 대응되는 원가로서 영업관련 비용이다.
⑥ 수도광열비	영업비용	수도요금,전기요금 등은 영업관련 비용이다.
⑦ 소 모 품 비	영업비용	사무용소모품 등은 영업관련 비용이다.
⑧ 보 험 차 익 (보험금수익)	영업외수익	재해등으로 수령한 보험금은 회사의 고유목적사업과 무관하다.
⑨ 광고선전비	영업비용	상품판매에 대한 광고비는 영업관련 비용이다.
⑩ 여비교통비	영업비용	출장비, 교통비는 영업관련 비용이다.
⑪ (수입)임대료	영업외수익	회사의 고유목적사업과 무관하다. 그러나 부동산임대업이면, 영업수익에 해당한다.
⑫ 급　　　여	영업비용	종업원에 대한 인건비는 영업관련 비용이다.
⑬ 이 자 수 익	영업외수익	예금 등에서 발생되는 이자수익은 회사의 고유목적사업과 무관하다. 그러나 금융업일 경우 영업수익에 해당한다.
⑭ 복리후생비	영업비용	종업원에 대한 복리후생비는 영업관련 비용이다.
⑮ 상 품 매 출	영업수익	상품판매에 대한 수입으로서 영업관련 수익이다.
⑯ 유형자산처분손실 (승용차)	영업외비용	재고자산(상품)이외의 자산처분으로 발생한 손실은 영업과 무관하다.
⑰ 도서인쇄비	영업비용	도서구입관련비용은 영업관련 비용이다.
⑱ 통　신　비	영업비용	전화요금 등은 영업관련 비용이다.
⑲ 기　부　금	영업외비용	업무와 관계없이 무상으로 제공하는 것이다.
⑳ 교육훈련비	영업비용	임직원을 위한 교육비는 영업관련 비용이다.

연/습/문/제

객관식

01. 재무상태표를 작성할 때 유의해야 할 사항 중 가장 적절하지 않은 것은?

① 자산은 유동자산 및 비유동자산으로, 부채는 유동부채 및 비유동부채로 구분한다.

② 자산은 현금화하는데 빠른 계정과목을 먼저 기재한다.

③ 부채는 상환기간이 늦은 계정과목을 먼저 기재한다.

④ 중요하지 않은 항목은 성격 또는 기능이 유사한 항목에 통합하여 표시할 수 있다.

02. 기업의 미래현금흐름과 수익창출능력 등의 예측에 유용한 정보를 제공하는 손익계산서에 표시되지 않는 것은?

① 매출총손익 ② 영업손익 ③ 당기순손익 ④ 경상손익

03. 다음 중 재무제표에 속하지 않는 것은?

① 재무상태표 ② 주석 ③ 현금흐름표 ④ 합계잔액시산표

04. 다음의 설명된 내용과 재무제표의 연결이 바르지 않은 것은?

① 기업의 일정시점의 재무상태를 나타내는 표 - 재무상태표

② 기업의 일정기간의 경영성과를 나타내는 표 - 이익잉여금처분계산서

③ 기업의 일정기간의 자본변동을 나타내는 표 - 자본변동표

④ 기업의 일정기간의 수익 · 비용을 나타내는 표 - 손익계산서

05. 재무제표에 대한 설명 중 옳은 것은?

① 재무상태표의 구성요소인 자산은 유동자산과 비유동자산으로 구분한다.
② 재무상태표의 구성요소인 부채는 유동부채와 고정부채로 구분한다.
③ 손익계산서는 일정시점의 기업의 재무상태를 나타낸다.
④ 재무상태표는 일정기간의 기업의 경영성과를 나타낸다.

06. 다음 대화 중 (가), (나)에 들어갈 올바른 것은?

> 학　생 : 재무제표의 종류는 무엇인가요?
> 선생님 : 재무제표는 재무상태표, (　가　), 현금흐름표, (　나　)로 구성되며, 주석을 포함한단다.

	(가)	(나)		(가)	(나)
①	손익계산서	자본변동표	②	정산표	손익계산서
③	합계시산	재고조사표	④	재고조사표	합계시산

07. 다음 중 재무제표에 함께 기재하지 않아도 되는 것은?

① 기업명　② 보고기간종료일 또는 회계기간
③ 대표자명　④ 보고통화 및 금액단위

08. 다음 〈보기〉에서 밑줄 친 (가)의 의미는?

> 재무상태표에 기재하는 자산과 부채의 항목 배열은 (가) 현금화가 빠른 것부터 먼저 기재하고 느린 것을 차례로 뒤에 기재하는 것을 말한다. 즉, 자산은 유동자산 · 비유동자산 순서로......(생략)

① 총액표시의 원칙　② 잉여금구분의 원칙
③ 유동성배열법의 원칙　④ 구분표시의 원칙

09. 재무상태표의 작성에 관한 내용 중 틀린 것은?

① 재무상태표 등식은 자산=부채+자본이다.
② 일정기간의 기업의 재무상태를 나타내는 회계보고서이다.
③ 외상매입금과 지급어음을 합하여 "매입채무"로 표시한다.
④ 재무상태표에는 표제, 상호, 작성연월일, 금액의 단위를 표시하여야 한다.

10. 재무제표의 일부인 주석에 대한 설명이 적절하지 않은 것은?

① 재무제표의 작성기준 및 중요한 거래와 회계사건의 회계처리에 적용한 회계정책을 표시한다.
② 재무제표의 본문에 표시되지 않는 사항으로 재무제표를 이해하는데 필요한 추가정보가 포함된다.
③ 기업회계기준에서 주석공시를 요구하는 사항을 표시한다.
④ 재무제표상의 해당과목과 밀접한 관련사항을 재무제표 본문에 괄호를 해서 기재한다.

11. 다음은 재무상태표의 기본구조에 대한 설명이다. 틀린 것은?

① 자산과 부채는 유동성이 낮은 항목부터 배열하는 것을 원칙으로 한다.
② 비유동자산은 투자자산, 유형자산, 무형자산, 기타비유동자산으로 구분한다.
③ 유동자산은 당좌자산과 재고자산으로 구분한다.
④ 자본은 자본금, 자본잉여금, 자본조정, 기타포괄손익누계액 및 이익잉여금으로 구분한다.

12. 다음 설명의 (가), (나)의 내용으로 옳은 것은?

전자제품 판매점에서 세탁기 판매액은 (가)이며, 세탁기를 운반하는 데 사용하는 화물차를 처분하면서 얻은 이익은 (나)이다.

① (가) 영 업 수 익, (나) 영업외수익
② (가) 영업외수익, (나) 영 업 수 익
③ (가) 영 업 비 용, (나) 영업외수익
④ (가) 영업외수익, (나) 영 업 비 용

13. 다음 일반 기업회계기준의 손익계산서 작성기준에 대한 설명 중 가장 잘못된 설명은?

① 수익은 실현시기를 기준으로 계상한다.
② 수익과 비용은 순액으로 기재함을 원칙으로 한다.
③ 비용은 관련 수익이 인식된 기간에 인식한다.
④ 수익과 비용의 인식기준은 발생주의를 원칙으로 한다.

14. 현행 일반기업회계기준에서 재무상태표를 작성할 때, 유의해야 할 사항 중 가장 적절하지 않은 것은?

① 자산은 현금화하는데 빠른 계정과목을 먼저 기재한다.
② 장기차입금을 단기차입금보다 먼저(위에) 표시한다.
③ 중요하지 않은 항목은 성격 또는 기능이 유사한 항목에 통합하여 표시할 수 있다.
④ 자산, 부채, 자본은 총액을 기재함을 원칙으로 한다.

15. 다음 중 유동자산 항목으로만 구성된 것은?

① 매출채권, 건물, 토지, 기계장치
② 상품, 선급금, 현금, 당좌예금
③ 현금, 받을어음, 미수금, 구축물
④ 매출채권, 미수이자, 건물, 투자유가증권

16. 다음 중 영업외비용 계정과목으로만 짝지어진 것은?

① 재해손실, 잡손실
② 가지급금, 가수금
③ 대손상각비, 가수금
④ 기업업무추진비, 잡손실

주관식

01. 다음 중 빈 칸에 들어갈 값으로 옳은 것은?

(단위 : 원)

기초			기말			당기 순손실
자산	부채	자본	자산	부채	자본	
1,300,000	㉮	740,000	㉯	950,000	㉰	150,000

02. 다음은 팔도상사의 재무자료이다. 아래의 자료를 이용하여 회계기간 중 발생한 비용총액을 계산하면 얼마인가?

- 전기말 자산총계 : 5,000,000원
- 전기말 부채총계 : 2,000,000원
- 당기말 자산총계 : 6,300,000원
- 당기말 부채총계 : 3,000,000원
- 당기중 수익총액 : 2,800,000원

03. 다음 자료에서 기초자산을 계산하면 얼마인가?

- 기초부채 : 70,000원
- 기말부채 : 50,000원
- 기말자산 : 90,000원
- 당기순이익 : 20,000원

04. 다음 자료에서 기말자산을 계산하면 얼마인가?

- 기초자산 : 90,000원
- 기초부채 : 40,000원
- 기말부채 : 30,000원
- 당기순손실 : 10,000원

05. 주어진 자료를 활용하여 빈 칸에 들어갈 금액을 계산하면?

기초자산	기초부채	기말자본	총수익	총비용
500,000원	200,000원	350,000원	250,000원	?

연/습/문/제 답안

객관식

1	2	3	4	5	6	7	8
③	④	④	②	①	①	③	③

9	10	11	12	13	14	15	16
②	④	①	①	②	②	②	①

[풀이 - 객관식]

01. 부채는 상환기간이 빠른 유동부채부터 먼저 기재한다.

02. 손익계산서 구분 계산의 원칙에 의하면 손익계산서 상의 이익은 매출총이익, 영업이익, 법인세차감전 순이익, 당기순익으로 구분 계산된다.

03. **재무제표는 재무상태표, 손익계산서, 현금흐름표, 자본변동표, 주석**을 의미한다.

04. 기업의 일정기간의 경영성과를 나타내는 표 - 손익계산서

05. ② 재무상태표의 구성요소인 부채는 유동부채와 비유동부채로 구분한다.
③ 재무상태표의 설명이다. ④ 손익계산서의 설명이다.

06. 재무제표에는 재무상태표, 손익계산서, 현금흐름표, 자본변동표, 주석으로 구성된다.

07. (재무제표의 예)

재무상태표

레고상사 20×1년 12월 31일 현재 단위 : 원

자 산	금 액	부채 및 자본	금 액

08. 유동성배열법이란 **현금으로 전환이 용이한 순서대로 배열**하는 것을 의미한다.

09. 재무상태표는 **일정시점**에서 기업의 재무상태인 자산과 부채 및 자본의 상태를 나타내주는 회계보고서이다.

10. 재무제표상의 해당과목 또는 금액에 기호나 번호를 붙이고 난외 또는 별지에 그 내용을 간결하게 설명하는 것을 주석이라 한다. ④ 주기에 대한 설명이다.

11. 자산과 부채는 **유동성이 높은 항목부터 배열**하는 것을 원칙으로 한다.
13. 수익과 비용은 총액으로 기재함을 원칙으로 한다.**(총액주의)**
14. 부채는 상환기간이 빠른 유동부채를 먼저 표시한다.
15. 상품, 선급금, 현금, 당좌예금은 유동자산이다.
16. 재해손실, 잡손실만 영업외비용으로 이루어져 있다.

주관식

01	㉮ 560,000원 ㉯ 1,540,000원 ㉰ 590,000원	02	2,500,000원	03	90,000원
04	70,000원	05	200,000원		

[풀이 - 주관식]

01. 자본 = 자산 + 부채, 기초자본 ± 당기순손익 = 기말자본

재무상태표(기초)			재무상태표(기말)	
자 산 1,300,000	*부 채 ㉮ 560,000*	수익 : ?	*자 산 ㉯ 1,540,000*	부 채 950,000
	자 본 740,000	(−)비용 : ?		*자 본 ㉰ 590,000*
계	계	당기순손실 : 150,000	계	계

- 당기순손실(150,000)

02. 기말자본(순자산) = 기초자본 + 당기순이익

재무상태표(기초)			재무상태표(기말)	
자 산 5,000,000	부 채 2,000,000	수익 : 2,800,000	자 산 6,300,000	부 채 3,000,000
	자본금 3,000,000	*(−)비용(?) : 2,500,000*		자본금 3,300,000
계	계	당기순이익 : 300,000	계	계

+ 당기순이익(300,000)

03.

재무상태표(기초)			재무상태표(기말)	
자 산(?)	부 채 70,000	수익 : ?	자 산	부 채 50,000
90,000	자본금 20,000	(-)비용 : ?	90,000	자본금 40,000
계	계	당기순이익 : 20,000	계	계

+당기순이익(20,000)

04. 기말자본 = 기초자본 - 당기순손실 = 50,000 - 10,000 = 40,000

재무상태표(기초)			재무상태표(기말)	
자 산	부 채 40,000	수익 : ?	*자 산(?)*	부 채 30,000
90,000	자본금 50,000	(-)비용 : ?	*70,000*	자 본 40,000
계	계	당기순손실 : 10,000	계	계

-당기순손실(10,000)

05.

재무상태표(기초)			재무상태표(기말)	
자 산	부 채 200,000	수익 : 250,000	자 산	부 채
500,000	자본금 300,000	*(-)비용 : 200,000*		자본금 350,000
계	계	당기순이익 : 50,000	계	계

+당기순이익(50,000)

제4절 회계의 기록

1. 회계의 기록대상 - 거래

거래란 기업의 경영활동에서 자산 · 부채 · 자본에 증감변화를 가져오는 모든 사항을 말하는데, 회계상 거래로 인식하기 위해서는

① 회사의 재산상태(자산 · 부채 · 자본)에 영향을 미쳐야 하고

② 그 영향을 금액으로 측정가능 하여야 한다.

주의할 점은 회계상 거래와 경영활동에서 사용하는 거래의 의미가 반드시 일치하지 않는다는 점이다.

〈일반적인 거래와 회계상 거래〉

<table>
<tr><td colspan="2">회계상의 거래</td><td></td></tr>
<tr><td></td><td colspan="2">일반적인 거래</td></tr>
<tr><td>• 화재, 도난, 분실 등
• 재고자산의 파손</td><td>• 상품의 판매와 구입
• 자산의 매매
• 자금 대여 및 차입</td><td>• 상품의 주문
• 고용계약
• 약속 등</td></tr>
</table>

2. 거래요소의 결합관계

(1) 거래의 이중성

회계상의 모든 거래는 원인과 결과라는 두 가지 속성이 함께 들어 있는데 이를 거래의 이중성 또는 양면성이라 한다. 회계상의 모든 거래는 차변요소와 대변요소로 결합되어 이루어진다.

그리고 차변요소의 금액과 대변요소의 금액도 항상 같다.

즉, 단식부기와 달리 복식부기에서는 하나의 **회계상 거래가 발생하면 반드시 왼쪽(차변)과 동시에 오른쪽(대변)에 기입한다.**

(2) 거래의 8요소와 결합관계

기업에서 발생하는 거래형태는 여러 가지가 있으나 결과적으로 자산의 증가와 감소, 부채의 증가와 감소, 자본의 증가와 감소, 수익과 비용의 발생이라는 8개의 요소로 결합된다. 이것을 거래의 8요소라고 한다.

〈재무상태표+손익계산서〉 (시산표)

차 변		대 변	
자산	⇧	부채	⇧
		자본	⇧
비용	⇧	수익	⇧
계	×××	계	×××

차변과대변은 언제나 일치한다.

재무상태표와 손익계산서를 합친표를 시산표라 하는데, 차변에는 자산, 비용 대변에는 부채, 자본, 수익을 기재한다. **따라서 자산의 증가는 차변에 기재하고 마찬가지로 자산의 감소는 대변에 기재하게 되는데 이러한 것을 조합하면 거래의 8요소**가 된다.

대차평균(대차균형)의 원리

거래가 발생하면 거래의 이중성에 의하여 차변과 대변에 기입되고, 금액도 일치하게 되며, 아무리 많은 거래가 발생하더라도 계정전체를 통하여 본다면 차・대변 합계액은 일치하게 되는데 이것을 대차평균의 원리라 한다. 이 대차평균의 원리에 의하여 복식회계는 자기검증 기능을 갖게 된다.

〈거래 8요소의 결합관계〉

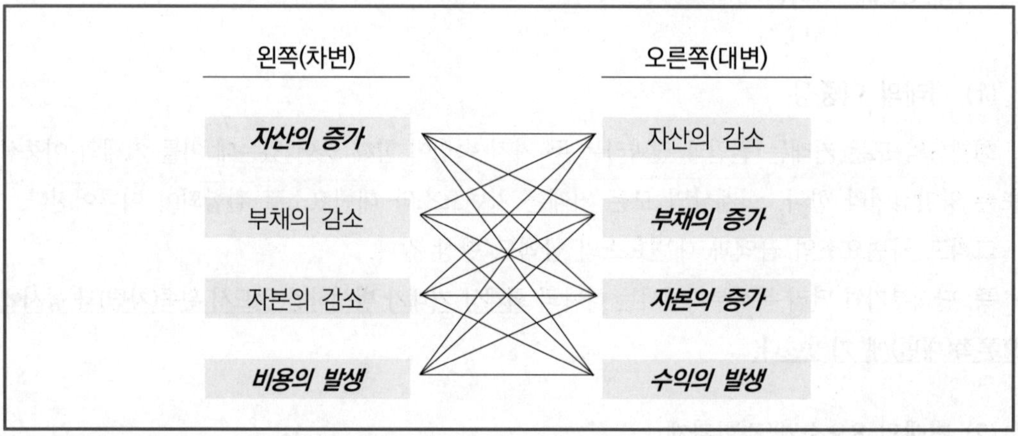

이론적으로 거래요소의 차변과 대변의 결합 형태는 총 16가지이다. 그러나 차변요소끼리만 결합하거나 대변요소끼리만 결합하는 경우는 발생하지 않는다는 것을 주의해야 한다.

〈거래의 8요소의 구체적 사례〉

회계상 거래	차 변		대 변	
1. 차량을 취득하고 현금을 100,000원 지급하다.	자산증가(차량)	100,000	자산감소(현금)	100,000
2. 토지를 50,000원에 매각하고 다음달에 받기로 하다	자산증가(받을권리)	50,000	자산감소(토지)	50,000
3. 은행으로부터 빌린 돈 10,000원을 현금으로 상환하다	부채감소(차입금)	10,000	자산감소(현금)	10,000
4. 상품을 10,000원어치 구입하고 다음달에 지급하기로 하다.	자산증가(상품)	10,000	부채증가(지급의무)	10,000
5. 건물을 임대하고 임대료 50,000원을 현금으로 받다.	자산증가(현금)	50,000	수익발생(임대료)	50,000
6. 종업원 급여 5,000원을 현금지급하다	비용발생(급여)	5,000	자산감소(현금)	5,000

3. 계정 및 계정과목

기업의 자산 · 부채 · 자본의 증감 변화를 항목별로 세분하여 기록 · 계산 · 정리하는 구분단위로서 회사에서 일어나는 거래들 중 유사한 것들만 모아서 분류해놓은 것을 계정이라 하고, 현금계정, 상품계정 등과 같이 계정에 붙이는 이름을 계정과목이라고 한다.

(1) 계정의 분류

재무상태표 계정	자산계정	현금, 매출채권(외상매출금, 받을어음), 미수금, 대여금, 상품, 건물, 임차보증금 등
	부채계정	매입채무(외상매입금, 지급어음), 미지급금, 차입금, 임대보증금 등
	자본계정	자본금 등
손익계산서 계정	수익계정	상품매출, 이자수익, 임대료 등
	비용계정	상품매출원가, 이자비용, 임차료, 급여, 여비교통비 등

(2) 계정의 기입방법

① 재무상태표 계정의 기입방법

자산의 증가는 재무상태표 계정의 왼쪽(차변)에 자산의 감소는 오른쪽(대변)에 기입하고, 부채와 자본 계정은 반대로 기입하면 된다.

결국 자산 계정의 잔액은 재무상태표의 자산에 부채 · 자본 계정의 잔액은 재무상태표의 부채 · 자본에 표시된다.

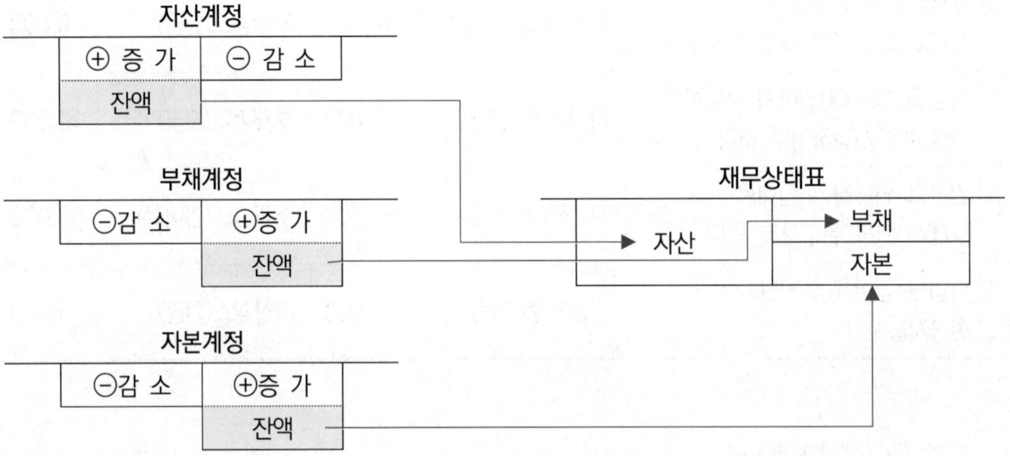

② 손익계산서 계정의 기입방법

수익의 증가는 손익계산서 계정 오른쪽(대변)에 소멸은 왼쪽(차변)에 기입하고, 비용 계정은 반대로 기입하면 된다. 결국 수익 계정의 잔액은 손익계산서의 수익에, 비용계정의 잔액은 손익계산서의 비용에 표시된다.

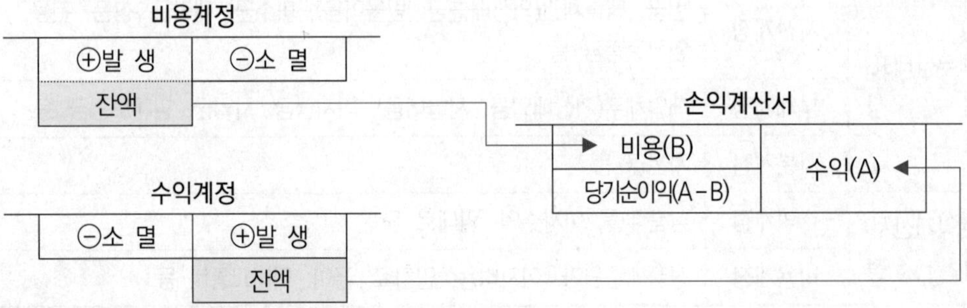

따라서 수익>비용이면 당기순이익
수익<비용이면 당기순손실이 된다.

이와 같이 계정기록방법을 요약하면
① 자산의 증가는 차변, 감소는 대변에
② 부채(자본)의 증가는 대변, 감소는 차변에
③ 수익의 발생은 대변, 소멸은 차변에
④ 비용이 발생은 차변, 소멸은 대변에

결국 거래의 8요소에 따라 회계상 거래를 계정에 기록하면 된다.

<예제 1 - 5> 계정의 기입 (차 · 대변)

레고상사는 스마트 폰을 구입하여 판매하는 기업이다. 다음 계정에 대해서 차변에 기입할지, 대변에 기입할지를 판단하시오.

계정 증감	차 · 대변	계정 증감	차 · 대변
① 현금의 증가		⑲ 미수금의 증가	
② 상품의 구입		⑳ 토지의 처분	
③ 선수금의 수취		㉑ 임차료의 발생	
④ 대여금의 증가		㉒ 이자비용의 발생	
⑤ 외상매입금의 감소		㉓ 지급어음의 감소	
⑥ 차입금 감소		㉔ 기업업무추진비의 발생	
⑦ 소모품 증가		㉕ 상품매출원가의 발생	
⑧ 미지급금의 감소		㉖ 여비교통비의 발생	
⑨ 선급금의 지급		㉗ 급여의 발생	
⑩ 지급어음의 발행		㉘ 통신비의 발생	
⑪ 임차보증금의 증가		㉙ 현금의 감소	
⑫ 건물의 구입		㉚ 차입금의 증가	
⑬ 차량운반구의 처분		㉛ 선수금의 감소	
⑭ 받을어음의 수취		㉜ 기부금의 발생	
⑮ 외상매출금의 감소		㉝ 임대료의 발생	
⑯ 상품매출의 발생		㉞ 유형자산처분손실의 발생	
⑰ 정기예금의 불입		㉟ 교육훈련비 소멸	
⑱ 이자수익의 발생		㊱ 비품의 매각	

해답

계정 증감	판 단	차 · 대변
① 현금의 증가	현금(자산)의 증가	차변
② 상품의 구입	상품(자산)의 증가	차변
③ 선수금의 수취	선수금(계약금 수취-부채)의 증가	대변
④ 대여금의 증가	대여금(자산)의 증가	차변
⑤ 외상매입금의 감소	외상매입금(부채)의 감소	차변
⑥ 차입금 감소	차입금(부채)의 감소	차변
⑦ 소모품 증가	소모품(자산)의 증가	차변
⑧ 미지급금의 감소	미지급금(부채)의 감소	차변
⑨ 선급금의 지급	선급금(계약금 지급-자산)의 증가	차변
⑩ 지급어음의 발행	지급어음(부채)의 증가	대변
⑪ 임차보증금의 증가	임차보증금(자산)의 증가	차변
⑫ 건물의 구입	건물(자산)의 증가	차변
⑬ 차량운반구의 처분	차량운반구(자산)의 감소	대변
⑭ 받을어음의 수취	받을어음(자산)의 증가	차변
⑮ 외상매출금의 감소	외상매출금(자산)의 감소	대변
⑯ 상품매출의 발생	상품매출(수익)의 발생	대변
⑰ 정기예금의 불입	정기예금(자산)의 증가	차변
⑱ 이자수익의 발생	이자수익(수익)의 발생	대변
⑲ 미수금의 증가	미수금(자산)의 증가	차변
⑳ 토지의 처분	토지(자산)의 감소	대변
㉑ 임차료의 발생	임차료(비용)의 발생	차변
㉒ 이자비용의 발생	이자비용(비용)의 발생	차변
㉓ 지급어음의 감소	지급어음(부채)의 감소	차변
㉔ 기업업무추진비의 발생	기업업무추진비(비용)의 발생	차변
㉕ 상품매출원가의 발생	상품매출원가(비용)의 발생	차변
㉖ 여비교통비의 발생	여비교통비(비용)의 발생	차변
㉗ 급여의 발생	급여(비용)의 발생	차변
㉘ 통신비의 발생	통신비(비용)의 발생	차변
㉙ 현금의 감소	현금(자산)의 감소	대변
㉚ 차입금의 증가	차입금(부채)의 증가	대변
㉛ 선수금의 감소	선수금(부채)의 감소	차변
㉜ 기부금의 발생	기부금(비용)의 발생	차변
㉝ 임대료의 발생	임대료(수익)의 발생	대변
㉞ 유형자산처분손실의 발생	유형자산처분손실(비용)의 발생	차변
㉟ 교육훈련비의 소멸	교육훈련비(비용)의 소멸(취소)	대변
㊱ 비품의 매각	비품(자산)의 감소	대변

4. 분개

분개란 거래가 발생하면 그 거래의 내용을 차변요소와 대변요소로 세분하여 어느 계정에 얼마의 금액을 각 계정에 적어 넣을 것인지 결정하는 절차를 말한다.

즉, 회계상 거래를 거래의 이중성에 따라 차변요소와 대변요소로 나누고 계정과목과 금액을 결정하는 것이다.

거래가 발생되면

① 회계상 거래파악

② 거래의 8요소에 따라 차대변 결정

③ 계정과목과 금액 순으로 분개를 한다.

예를 들면 기계를 구입하면서 현금 100,000원을 지급하였다면, 회사 재산의 증감을 가져오고 재산증감을 금액으로 측정할 수 있으므로 회계상 거래에 해당한다.

이 거래는 현금이라는 자산이 감소함과 동시에 기계라는 자산이 증가했다. 따라서 현금의 자산감소는 대변에, 기계의 자산의 증가는 차변에 기록하고 금액은 100,000원이다.

거래분석	기계 구입(자산증가)	현금의 지급(자산의 감소)
차 대 변 결 정	차변기록	대변기록
계 정 과 목 선 택	기계장치	현 금
금 액	100,000	100,000
분 개	(차) 기계장치 100,000	(대) 현 금 100,000

회사 거래의 대부분은 현금 또는 예금의 입출금거래가 가장 많다.

따라서 초보자는 현금(예금)의 유출은 대변에, 현금(예금)의 유입은 차변에 기재를 하고 다음 계정과목을 선택하면 된다. 분개의 실력은 많이 써봐야 된다. 눈으로만 보면서 분개를 연습하면 실패하므로 반복적으로 수기로 분개를 하여야 한다.

〈기초분개〉

현금(예금)의 유출	(차) ×××계정	**(대) 현금(또는 예금)**
현금(예금)의 유입	**(차) 현금(또는 예금)**	(대) ×××계정

5. 전기

전기란 분개한 것을 해당계정에 옮겨 적는 것을 말한다. 또한 이러한 계정들이 모여 있는 장부 즉 모든 계정들이 모여 있는 장부라는 뜻에서 총계정원장 또는 원장이라고 한다. 즉, 분개가 끝난 뒤 분개한 내용을 각 계정에 옮겨 기입하는 것을 전기라 하며, 전기하는 방법은 차변과목은 해당 계정 차변에, 대변과목은 해당 계정 대변에 금액을 기입하고, 과목은 상대계정과목을 기입한다.

그러면 다음 분개를 전기해보자.

기계를 구입하면서 현금 100,000원을 지급하였다면,

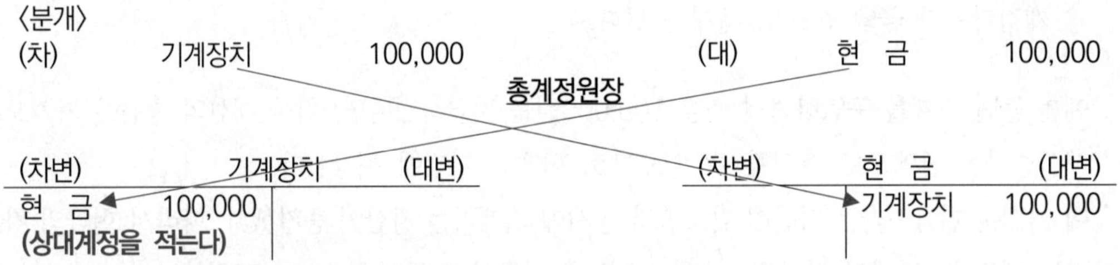

또한 총계정원장을 보고 역으로 분개를 할 수 있어야 한다.

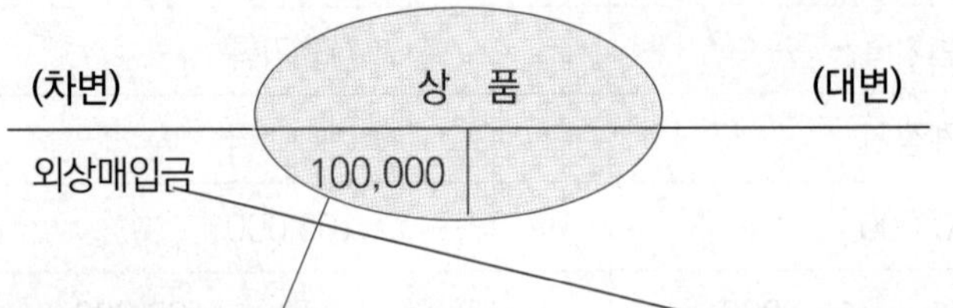

를 분개하여 보면

(차) 상 품 100,000 (대) 외상매입금 100,000

<예제 1 - 6> 분개에 대한 거래추정 및 전기

레고상사의 다음 분개에 대해서 거래내역을 추정하고 계정별로 전기하시오.

☞ 초보자는 전기를 이해 못하더라도 분개에 대해서 기계적으로 전기해보십시오.

1.	(차) 임 차 보 증 금	1,000,000	(대) 현 금	1,000,000
	(거래추정)			
2.	(차) 현 금	2,000,000	(대) 단 기 차 입 금	2,000,000
	(거래추정)			
3.	(차) 상 품	3,000,000	(대) 현 금	3,000,000
	(거래추정)			
4.	(차) 현 금	4,000,000	(대) 상 품 매 출	4,000,000
	(거래추정)			
5.	(차) 기업업무추진비	5,000,000	(대) 미 지 급 금	5,000,000
	(거래추정)			
6.	(차) 장 기 대 여 금	6,000,000	(대) 현 금	6,000,000
	(거래추정)			
7.	(차) 상 품	7,000,000	(대) 외 상 매 입 금	7,000,000
	(거래추정)			
8.	(차) 차 량 운 반 구	8,000,000	(대) 현 금 미 지 급 금	2,000,000 6,000,000
	(거래추정)			

[자산]

⊕	현 금	⊖

⊕	임차보증금	⊖

⊕	상 품	⊖

⊕	장기대여금	⊖

⊕	차량운반구	⊖

[부채]

⊖	단기차입금	⊕

⊖	미 지 급 금	⊕

⊖	외상매입금	⊕

[수익]

⊖	상 품 매 출	⊕

[비용]

⊕	기업업무추진비	⊖

해답

[거래에 대한 추정]

1.	(거래추정)	상가를 빌리고 보증금으로 현금 1,000,000원을 지급하다.
2.	(거래추정)	현금 2,000,000원을 단기차입(보고기간말로부터 1년 이내 상환)하다.
3.	(거래추정)	판매할 상품을 현금 3,000,000원에 구입하다.
4.	(거래추정)	상품을 판매하여 4,000,000원 현금을 수취하다.
5.	(거래추정)	거래처에 기업업무추진을 하여 외상으로 5,000,000원을 지출하다.
6.	(거래추정)	현금 6,000,000원을 장기대여(보고기간말로부터 1년 이후에 회수예정)를 하다.
7.	(거래추정)	상품을 7,000,000원에 구입하고 외상으로 하다.
8.	(거래추정)	승용차를 구입하고 현금 2,000,000원을 지급하고 나머지 6,000,000원은 나중에 주기로 하다.

[전기]

⊕	현 금		⊖
2. 단기차입금	2,000,000	1. 임차보증금	1,000,000
4. 상품매출	4,000,000	3. 상 품	3,000,000
		6. 장기대여금	6,000,000
		8. 차량운반구	2,000,000

⊕	임차보증금		⊖
1. 현 금	1,000,000		

⊕	상 품		⊖
3. 현 금	3,000,000		
7. 외상매입금	7,000,000		

⊕	장기대여금		⊖
6. 현 금	6,000,000		

⊕	차량운반구		⊖
8. 현 금	2,000,000		
8. 미지급금	6,000,000		

[부채]

단기차입금

⊖		⊕	
		2. 현 금	2,000,000

미지급금

⊖		⊕	
		5. 기업업무추진비	5,000,000
		8. 차량운반구	6,000,000

외상매입금

⊖		⊕	
		7. 상 품	7,000,000

[수익]

상품매출

⊖		⊕	
		4. 현 금	4,000,000

[비용]

기업업무추진비

⊕		⊖	
5. 미지급금	5,000,000		

<예제 1 - 7> 전기 및 분개

레고상사의 총계정원장에 전기한 내역에 대해서 분개하고 거래내역에 대해서 설명하시오.

현　　금

1.보통예금	100	2.기업업무추진비	200
3.외상매출금	300	4.이자비용	400

외상매출금

5.상품매출	500	3.현　　금	300
		6.보통예금	600

외상매입금

8.보통예금	800	7.상　　품	700

선　급　금

9.현　　금	900	10.원재료	900

(분개)

1.	(차)	(대)
	(거래내역)	
2.	(차)	(대)
	(거래내역)	
3.	(차)	(대)
	(거래내역)	
4.	(차)	(대)
	(거래내역)	
5.	(차)	(대)
	(거래내역)	
6.	(차)	(대)
	(거래내역)	
7.	(차)	(대)
	(거래내역)	
8.	(차)	(대)
	(거래내역)	
9.	(차)	(대)
	(거래내역)	
10.	(차)	(대)
	(거래내역)	

해답

1.	(차) 현 금	100	(대) 보 통 예 금	100
	(거래내역) 보통예금통장에서 현금 100원을 인출하다.			
2.	(차) 기업업무추진비	200	(대) 현 금	200
	(거래내역) 거래처를 접대하여 현금 200원을 사용하다.			
3.	(차) 현 금	300	(대) 외 상 매 출 금	300
	(거래내역) 거래처로부터 외상대금 300원을 회수하다.			
4.	(차) 이 자 비 용	400	(대) 현 금	400
	(거래내역) 차입금에 대한 이자 400원을 현금지급하다.			
5.	(차) 외 상 매 출 금	500	(대) 상 품 매 출	500
	(거래내역) 매출거래처에 상품 500원을 팔고 대금은 나중에 받기로 하다.			
6.	(차) 보 통 예 금	600	(대) 외 상 매 출 금	600
	(거래내역) 외상대금 600원에 대해서 보통예금계좌에 입금되다.			
7.	(차) 상 품	700	(대) 외 상 매 입 금	700
	(거래내역)상품을 700원에 구입하고 외상으로 하다.			
8.	(차) 외 상 매 입 금	800	(대) 보 통 예 금	800
	(거래내역) 외상매입대금 800원을 보통예금계좌에서 이체하여 지급하다.			
9.	(차) 선 급 금	900	(대) 현 금	900
	(거래내역) 계약금 900원을 거래처에 현금으로 지급하다.			
10.	(차) 원 재 료	900	(대) 선 급 금	900
	(거래내역) 계약이 이행되어 계약금이 원재료로 대체되다.			

6. 회계장부

기업의 경영활동에서 발생하는 각종 거래를 기록 · 계산 · 정리한 것을 장부라 한다.
회계장부는 일반적으로 주요장부와 보조장부로 구성된다.

(1) 주요장부 : **분개장, 총계정원장**

경영활동에서 일어나는 모든 거래를 총괄하여 기록, 계산하는 장부를 말한다.

(2) 보조장부 : 분개장이나 총계정원장 보다 구체적으로 기재한 것으로 주요 장부에 요약된 내용을 보충하기 위한 장부이다. 보조장부는 거래가 발생한 순서대로 기입하는 보조기입장과 총계정원장의 내역을 보충하여 기록해주는 보조원장이 있다.

회계 장부	주요장부	분개장	
		총계정원장(또는 원장)	
	보조장부	보조기입장	현금출납장, 예금출납장, 매입장, 매출장 등
		보조원장	상품재고장, 매입처원장, 매출처원장

7. 시산표(T/B, trial balance)

시산표란 총계정원장에 설정되어 있는 각 계정과목들을 일목요연하게 하나의 표에 집약시킨 것으로서, 차변의 총합계와 대변의 총합계가 일치하여야 한다는 **대차평균의 원리에 의해 오류를 찾아내는 자기검증의 기능**을 가지고 있다.
시산표는 매일(일계표),매월(월계표) 작성하기도 하며,
시산표의 계정과목은 자산 → 부채 → 자본 → 수익 → 비용계정의 순으로 배열한다.

(1) 유용성

① 분개와 전기과정의 금액적인 오류파악
② 재무제표의 요약(개괄적인 재무상태나 경영성과)

수작업으로 재무제표를 작성하던 과거에는 ①이 주목적이었으나, 전산프로그램으로 분개 시 차대변이 항상 일치하고 총계정원장에 전기 시에도 오류가 발생되지 않으므로 지금은 주로 요약된 재무제표를 사전에 검토하거나 회사의 개괄적인 재무상태나 경영성과를 파악하는데 사용된다.

(2) 시산표의 종류

① 합계시산표

② 잔액시산표

③ 합계잔액시산표(① 합계시산표와 ② 잔액시산표를 하나의 표에 나타낸 시산표이다.)

실무에서는 합계잔액 형식의 합계잔액시산표를 주로 사용한다.

(3) 시산표 등식

기말자산 = 기말부채 + 기말자본 (=기초자본 + 당기순손익)

기말자산 = 기말부채 + 기초자본 + 총수익 – 총비용

<u>기말자산 + 총비용 = 기말부채 + 기초 자본 + 총수익</u>

(4) 합계잔액시산표

합계잔액시산표

차변		계정과목	대변	
잔액	합계		합계	잔액
13,500,000	25,000,000	현금	11,500,000	
7,000,000	8,000,000	상품	1,000,000	
		* * * *		
		* * * *		
		* * * *		
		* * * *		
	1,000,000	외상매입금	8,000,000	7,000,000
		* * * * * *		
YYY	XXX	합계	XXX	YYY

차변합계 = 대변합계

차변잔액 = 대변잔액

8. 회계의 순환과정

회계의 순환과정이란 회계상 거래를 식별하여 장부상에 기록하고 최종적으로 정보이용자들에게 회계정보를 제공해 주는 수단인 재무제표를 완성하기까지의 모든 과정을 말한다.

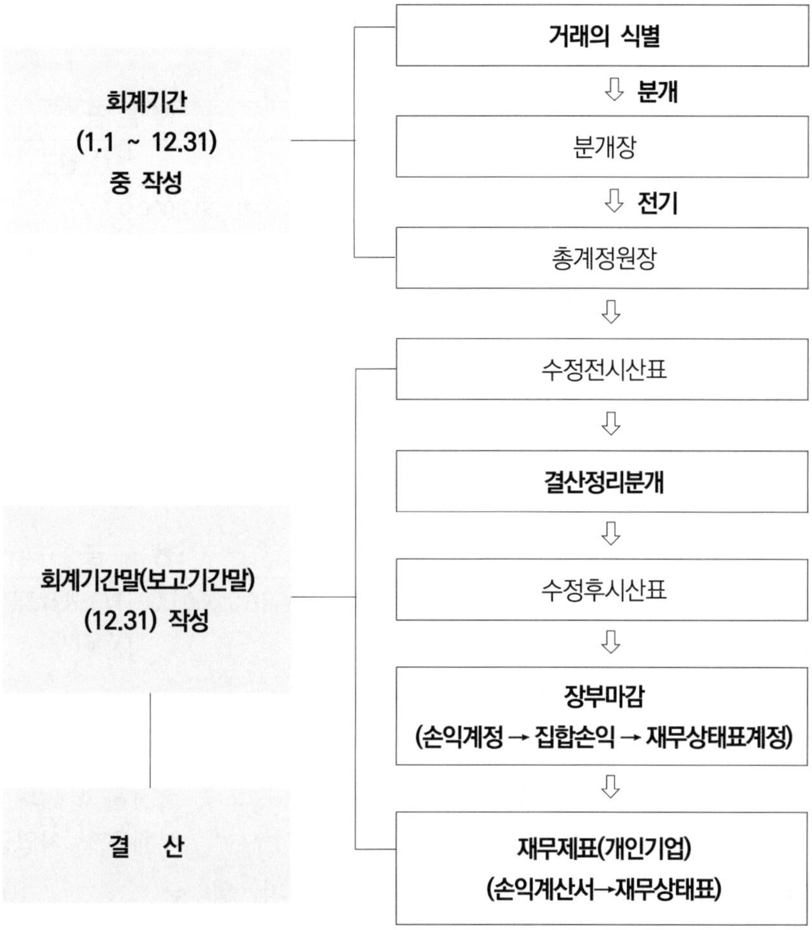

9. 분개와 전기의 사례연습

(1) 1월 1일 개인사업체인 통큰도너츠를 설립하고자 현금 10백만원을 출자하였다.

☞ 거래분석과 차대변 결정 : 자산증가(차변)와 자본증가(대변)

계정과목 결정 : 자산증가 - 현금 자본증가 - 자본금

〈분개〉 (차) 현 금 10,000,000 (대) 자 본 금 10,000,000

〈전기〉

현 금 (차변)	현 금 (대변)
1/1 자본금 10,000,000	
	잔액 10,000,000

자 본 금 (차변)	자 본 금 (대변)
	1/1 현금 10,000,000
잔액 10,000,000	

(2) 1월 3일 영업장개설을 위하여 건물을 빌리기로 하고 현금 8백만원을 지급하였다.

☞ 거래분석과 차대변결정 : 자산증가(차변)와 자산감소(대변)

계정과목결정 : 자산증가 - 임차보증금 자산감소 - 현금

〈분개〉 (차) 임차보증금 8,000,000 (대) 현 금 8,000,000

〈전기〉

임차보증금 (차변)	임차보증금 (대변)
1/3 현금 8,000,000	
	잔액 8,000,000

현 금 (차변)	현 금 (대변)
1/1 자본금 10,000,000	1/3 임차보증금 8,000,000
	잔액 2,000,000

(3) 1월 5일 영업자금이 부족하여 은행으로부터 현금 10백만원을 빌리다.

☞ 거래분석과 차대변결정 : 자산증가(차변)와 부채증가(대변)

계정과목결정 : 자산증가 - 현금 부채증가 - 차입금

〈분개〉 (차) 현 금 10,000,000 (대) 차 입 금 10,000,000

〈전기〉

현 금 (차변)	현 금 (대변)
1/1 자본금 10,000,000	1/3 임차보증금 8,000,000
1/5 차입금 10,000,000	
	잔액 12,000,000

차 입 금 (차변)	차 입 금 (대변)
	1/5 현 금 10,000,000
잔액 10,000,000	

(4) 1월 7일 도너츠(상품)를 본사로부터 현금 1백만원에 구입하였다.

☞ 거래분석과 차대변결정 : 자산증가(차변)와 자산감소(대변)

계정과목결정 : 자산증가 - 상품 자산감소 - 현금

〈분개〉 (차) 상 품 1,000,000 (대) 현 금 1,000,000

〈전기〉

상 품			
1/7 현금	1,000,000		
		잔액	1,000,000

현 금			
1/1 자본금	10,000,000	1/3 임차보증금	8,000,000
1/5 차입금	10,000,000	1/7 상품	1,000,000
		잔액	11,000,000

(5) 1월 13일 도너츠(상품)을 5백만원에 모두 현금 판매하였다.

☞ 거래분석과 차대변결정 (1) 자산증가(차변)와 수익발생(대변)

(2) 비용발생(차변)과 자산감소(대변)

계정과목결정 (1) 자산증가 – 현금 수익발생 – 상품매출

(2) 비용발생 – 매출원가 자산감소 – 상품

〈분개〉 (1) (차) 현 금(자산) 5,000,000 (대) 상 품 매 출(수익) 5,000,000

(2) (차) 매출원가(비용) 1,000,000 (대) 상 품(자산) 1,000,000

〈전기〉

현 금			
1/1 자본금	10,000,000	1/3 임차보증금	8,000,000
1/5 차입금	10,000,000	1/7 상품	1,000,000
1/13 상품매출	5,000,000		
		잔액	16,000,000

상품매출(수익)			
		1/13 현금	5,000,000
잔액	5,000,000		

매출원가(비용)			
1/13 싱품	1,000,000		
		잔액	1,000,000

상 품			
1/7 현금	1,000,000	1/13 매출원가	1,000,000
		잔액	0

매출인식(총액법 : 매출액과 매출원가를 모두 표시하는 방법)

기업회계기준에서는 매출을 인식할 때 총액법으로 인식하게 되어 있다. 총액법이란 수익과 비용을 별도로 각각 인식하는 것을 말한다. 위의 사례에서 보듯이 수익(매출)을 인식하는 분개와 비용(매출원가)을 인식하는 분개를 각각한다. **상품판매를 통해서 얻은 총수익(매출)과 그 과정에서 지출된 총비용(매출원가)이 모두 나타나기 때문에 보다 유용한 정보를 제공**한다.

손익계산서

통큰도너츠 20X1년 1월 1일부터 20X1년 1월 31일까지 단위 : 원

과 목	금 액
Ⅰ. 상품매출액	5,000,000
Ⅱ. 매 출 원 가	1,000,000
Ⅲ. 매출총이익(Ⅰ－Ⅱ)	4,000,000

매출인식(순액법 : 매출이익만을 표시하는 방법)

상기의 예를 순액법으로 분개하면

(차) 현 금	5,000,000	(대) 상 품	1,000,000
		상품매매이익	4,000,000

순액법으로 회계처리하면 정보이용자가 기업의 영업활동에 대한 충분한 정보를 얻을 수 없다. 따라서 기업회계기준은 영업활동에 대해서는 총액법으로 회계처리하고
영업활동이외(유형자산처분 등)에서는 순액법을 사용하도록 하고 있다.

(6) 1월 31일 종업원급여 1백만원, 상가 월세 1백만원, 차입금에 대한 이자비용 5십만원을 현금으로 지급하였다.

☞ 거래분석과 차대변결정 : 비용발생(차변)와 자산감소(대변)

계정과목결정 : 비용발생 - 급여, 임차료, 이자비용 자산감소 - 현금

〈분개〉	(차) 급 여	1,000,000	(대) 현 금	1,000,000
	(차) 임 차 료	1,000,000	(대) 현 금	1,000,000
	(차) 이 자 비 용	500,000	(대) 현 금	500,000

〈전기〉

현 금

차변	대변
1/1 자본금 10,000,000	1/3 임차보증금 8,000,000
1/5 차입금 10,000,000	1/7 상품 1,000,000
	1/31 급여 1,000,000
1/13 상품매출 5,000,000	1/31 임차료 1,000,000
	1/31 이자비용 500,000
	잔액 13,500,000

급 여

차변	대변
1/31 현금 1,000,000	
	잔액 1,000,000

임 차 료

1/31 현금 1,000,000	
	잔액 1,000,000

이자비용

1/31 현금 500,000	
	잔액 500,000

☞ 회계상 거래에 대해서 분개를 정확하게 하고 회계프로그램에 입력하면 분개장, 총계정원장, 손익계산서, 재무상태표가 자동생성된다.

〈총계정원장〉

현 금

1/1 자본금 10,000,000	1/3 임차보증금 8,000,000
1/5 차입금 10,000,000	1/7 상품 1,000,000
	1/31 급여 1,000,000
1/13 상품매출5,000,000	1/31 임차료 1,000,000
	1/31 이자비용 500,000
	잔액 13,500,000

상 품

1/7 현금 1,000,000	1/13 매출원가 1,000,000
	잔액 0

임차보증금

1/3 현 금 8,000,000	
	잔액 8,000,000

차 입 금

	1/5 현금 10,000,000
잔액 10,000,000	

자 본 금

	1/1 현금 10,000,000
잔액 10,000,000	

상품매출

	1/13 현금 5,000,000
잔액 5,000,000	

매출원가

1/13 상품 1,000,000	
	잔액 1,000,000

급 여

1/31 현금 1,000,000	
	잔액 1,000,000

임 차 료

1/31 현금 1,000,000	
	잔액 1,000,000

이자비용

1/31 현금 500,000	
	잔액 500,000

합계잔액시산표는 각 계정과목별로 T계정의 차변합계와 대변합계를 적고, 차변합계에서 대변합계를 차감하여 차변잔액, 대변잔액을 계산한다.

〈합계잔액시산표〉

차 변		계 정 과 목	대 변	
잔 액	합 계		합 계	잔 액
13,500,000 [Ⓐ－Ⓑ]	25,000,000 Ⓐ	현 금	11,500,000 Ⓑ	
0	1,000,000	상 품	1,000,000	
8,000,000	8,000,000	임 차 보 증 금		
		차 입 금	10,000,000	10,000,000
		자 본 금	10,000,000	10,000,000
		상 품 매 출	5,000,000	5,000,000
1,000,000	1,000,000	상 품 매 출 원 가		
1,000,000	1,000,000	급 여		
1,000,000	1,000,000	임 차 료		
500,000	500,000	이 자 비 용		
25,000,000	37,500,000	합 계	37,500,000	25,000,000

차변합계 = 대변합계
차변잔액 = 대변잔액

⇩

대차평균의 원리

⇩

시산표기능 : 전기의 금액적인 오류파악

〈손익계산서와 재무상태표 작성〉

월초 재무상태표

통큰도너츠　　20X1년 1월 1일 현재　　단위 : 원

자 산	금 액	부채 및 자본	금 액
현금	10,000,000	자본금	10,000,000
	10,000,000		10,000,000

손익계산서

통큰도너츠　　20X1년 1월 1일부터 20X1년 1월 31일 까지　　단위 : 원

비 용	금 액	수 익	금 액
상품매출원가	1,000,000②	상품매출	5,000,000①
급여	1,000,000②		
임차료	1,000,000②		
이자비용	500,000②		
당기순이익(① - ②)	1,500,000		
	5,000,000		5,000,000

월말재무상태표

통큰도너츠　　20X1년 1월 31일 현재　　단위 : 원

자 산	금 액	부채 및 자본	금 액
현금	13,500,000	차입금	10,000,000
임차보증금	8,000,000	자본금	10,000,000
		당기순이익	1,500,000
	21,500,000		21,500,000

기말자본 = 기초자본 ± 당기순손익

재무제표작성순서(개인기업) : 손익계산서 ⇨ 재무상태표

거래의 종류

거래 중에서 이익에 영향을 미치는 거래가 있고, 이익에 영향을 미치지 않는 거래가 있다. 이러한 관점에서 거래는 교환거래 · 손익거래 · 혼합거래로 나뉜다.

종류	내 용	사 례	
1. 교환거래	이익에 영향을 미치지 않는 거래	(차) 재무상태계정 ××	(대) 재무상태계정 ××
2. 손익거래	이익에 영향을 미치는 거래	(차) 손익계정 ××	(대) 재무상태계정 ××
		(차) 재무상태계정 ××	(대) 손익계정 ××
3. 혼합거래	교환거래와 손익거래가 혼합되어 있는 것 ⇒ 결국 이익에 영향을 미친다.	(차) 재무상태계정 ××	(대) 재무상태계정 ×× 손익계정 ××
		(차) 재무상태계정 ×× 손익계정 ××	(대) 재무상태계정 ××

기/초/분/개/전/기/연/습

☞ 분개와 전기를 하시고, 거래에 대해서 교환거래인지 손익거래인지 구분하시오.

01. (주)한강으로부터 외상매출금 10,000원을 현금으로 회수하였다.

☞ 거래분석과 차대변결정 : 자산증가(차변)와 자산감소(대변)

계정과목결정 : 현 금 외상매출금

〈분개〉

〈전기〉

( ) ( )

02. 컴퓨터용 책상(비품)을 20,000원에 구입하고 대금은 현금지급하였다.

☞ 거래분석과 차대변결정 :

계정과목결정 :

〈분개〉

〈전기〉

( ) ( )

03. 외상으로 30,000원 상당의 상품을 구입했다.

☞ 거래분석과 차대변결정 :

계정과목결정 :

〈분개〉

〈전기〉

( ) ( )

04. 거래처에 3개월이내 상환조건으로 현금 40,000원을 대여하였다.

☞ 거래분석과 차대변결정 :

계정과목결정 :

〈분개〉

〈전기〉

( ) ( )

05. 국민은행으로부터 50,000원(상환조건 3개월)을 차입하고 보통예금 통장에 입금하였다.

☞ 거래분석과 차대변결정 :

계정과목결정 :

〈분개〉

〈전기〉

( ) ( )

06. (주)한라에 상품을 60,000원에 판매하고 대금은 다음달 받기로 하였다. 수익인식만 하시오.

☞ 거래분석과 차대변결정 :

계정과목결정 :

〈분개〉

〈전기〉

( ) ( )

07. (주)섬진으로부터 상품 70,000원을 구입하고 대금 50%는 현금으로 지급하고 나머지는 다음달 말일에 주기로 하다.

☞ 거래분석과 차대변결정 :

계정과목결정 :

〈분개〉

〈전기〉

( ) ( )

( )

08. ㈜설악과 상품 구입계약을 체결하고 그 대금 중 일부인 80,000원을 현금으로 지급하다.

☞ 거래분석과 차대변결정 :

계정과목결정 :

〈분개〉

〈전기〉

( ) ( )

09. 계룡부동산에서 업무용 토지를 90,000원에 현금구입하다.

☞ 거래분석과 차대변결정 :

계정과목결정 :

〈분개〉

〈전기〉

( ) ( )

10. 판매장 설치를 위해 한국빌딩 소유의 빌딩 3층을 3년간 임차하여 사용하기로 계약하고 보증금 100,000원을 현금으로 지급하다.

☞ 거래분석과 차대변결정 :

계정과목결정 :

〈분개〉

〈전기〉

( ) ( )

11. ㈜청계의 외상매입금 잔액 10,000원을 전액 현금으로 지급하다.

☞ 거래분석과 차대변결정 :

계정과목결정 :

〈분개〉

〈전기〉

( ) ( )

12. 종업원 급여 20,000원을 현금으로 지급하다.

☞ 거래분석과 차대변결정 :

계정과목결정 :

〈분개〉

〈전기〉

( ) ( )

13. 차입금에 대한 이자 30,000원을 현금으로 지급하다.

☞ 거래분석과 차대변결정 :

계정과목결정 :

〈분개〉

〈전기〉

( ) ( )

14. 매장의 전기요금 40,000원을 한국은행에 현금으로 납부하다.

☞ 거래분석과 차대변결정 :

계정과목결정 :

〈분개〉

〈전기〉

( ) ( )

15. 경리과 사원들이 회식을 하고 현금 50,000원을 맛나갈비집에 지급하다.

☞ 거래분석과 차대변결정 :

계정과목결정 :

〈분개〉

〈전기〉

( ) ( )

16. 관리부 사원 김한국의 시내출장비 60,000원을 현금으로 지급하다.

☞ 거래분석과 차대변결정 :

계정과목결정 :

〈분개〉

〈전기〉

( ) ( )

17. 본사의 토지와 건물에 대한 재산세 70,000원을 한국은행에 현금 납부하다.

☞ 거래분석과 차대변결정 :

계정과목결정 :

〈분개〉

〈전기〉

(　　　　)		(　　　　)	

18. 영업용 승용차의 타이어 펑크수리와 오일교환을 하고 수리비 80,000원을 한국카센터에 현금으로 지급하다.

☞ 거래분석과 차대변결정 :

계정과목결정 :

〈분개〉

〈전기〉

(　　　　)		(　　　　)	

19. 영업거래처에 줄 선물을 구입하고 대금 90,000원을 현금으로 지급하다.

☞ 거래분석과 차대변결정 :

계정과목결정 :

〈분개〉

〈전기〉

(　　　　)		(　　　　)	

기/초/분/개/전/기/ 답안

1	(차) 현 금	10,000	(대) 외상매출금	10,000	교환
	(현 금) 외상매출금 10,000 |		(외상매출금) | 현금 10,000		
2	(차) 비 품	20,000	(대) 현 금	20,000	교환
	(비 품) 현금 20,000 |		(현 금) | 비품 20,000		
3	(차) 상 품	30,000	(대) 외상매입금	30,000	교환
	(상 품) 외상매입금 30,000 |		(외상매입금) | 상품 30,000		
4	(차) 단기대여금	40,000	(대) 현 금	40,000	교환
	(단기대여금) 현금 40,000 |		(현 금) | 단기대여금 40,000		
5	(차) 보 통 예 금	50,000	(대) 단기차입금	50,000	교환
	(보통예금) 단기차입금 50,000 |		(단기차입금) | 보통예금 50,000		
6	(차) 외상매출금	60,000	(대) 상 품 매 출	60,000	손익
	(외상매출금) 상품매출 60,000 |		(상품매출) | 외상매출금 60,000		

7	(차) 상　　품	70,000	(대) 현　　금 외상매입금	35,000 35,000	교환

(상　　품)

차변		대변	
현금	35,000		
외상매입금	35,000		

(현　　금)

차변		대변	
		상 품	35,000

(외상매입금)

차변		대변	
		상품	35,000

8	(차) 선 급 금	80,000	(대) 현　　금	80,000	교환

(선급금)

차변		대변	
현금	80,000		

(현　　금)

차변		대변	
		선급금	80,000

9	(차) 토　　지	90,000	(대) 현　　금	90,000	교환

(토　　지)

차변		대변	
현금	90,000		

(현　　금)

차변		대변	
		토 지	90,000

10	(차) 임차보증금	100,000	(대) 현　　금	100,000	교환

(임차보증금)

차변		대변	
현금	100,000		

(현　　금)

차변		대변	
		임차보증금	100,000

11	(차) 외상매입금	10,000	(대) 현　　금	10,000	교환

(외상매입금)

차변		대변	
현금	10,000		

(현　　금)

차변		대변	
		외상매입금	10,000

12	(차) 급　　여	20,000	(대) 현　　금	20,000	*손익*

(급　　여)

차변		대변	
현금	20,000		

(현　　금)

차변		대변	
		급여	20,000

13	(차) 이 자 비 용	30,000	(대) 현	금	30,000	손익
	(이자비용) 현금 30,000 |			(현 금) | 이자비용 30,000		
14	(차) 수도광열비	40,000	(대) 현	금	40,000	손익
	(수도광열비) 현금 40,000 |			(현 금) | 수도광열비 40,000		
15	(차) 복리후생비	50,000	(대) 현	금	50,000	손익
	(복리후생비) 현금 50,000 |			(현 금) | 복리후생비 50,000		
16	(차) 여비교통비	60,000	(대) 현	금	60,000	손익
	(여비교통비) 현금 60,000 |			(현 금) | 여비교통비 60,000		
17	(차) 세금과공과	70,000	(대) 현	금	70,000	손익
	(세금과공과) 현금 70,000 |			(현 금) | 세금과공과 70,000		
18	(차) 차량유지비	80,000	(대) 현	금	80,000	손익
	(차량유지비) 현금 80,000 |			(현 금) | 차량유지비 80,000		
19	(차) 기업업무추진비	90,000	(대) 현	금	90,000	손익
	(기업업무추진비) 현금 90,000 |			(현 금) | 기업업무추진비 90,000		

연/습/문/제

객관식

01. 다음 내용은 회계용어를 정의한 것이다. 내용에 가장 적절한 용어는?

• 재무제표의 구성요소에 변화를 가져오는 경제적 사건 • 자산 · 부채 · 자본의 증가나 감소가 발생하거나 수익 · 비용이 발생하는 상태

① 거래 ② 분개 ③ 계정 ④ 전기

02. 다음 중 회계상 거래가 아닌 것은?

① 차량운반구를 3,000,000원에 처분하고, 대금은 다음달에 받기로 하다.
② 상품을 판매하고, 대금의 50%를 받고, 나머지는 월말에 받기로 하다.
③ 상품 300,000원을 구입하기로 계약을 체결하다.
④ 은행으로부터 10,000,000원을 차입하고 그 금액을 보통예금에 입금하다.

03. 다음 중 회계상의 거래인 것은?

① 사무실을 월세 300,000원에 임차계약을 하다.
② 상품 5,000,000원을 매입하기로 하다.
③ 영업부에서 사용하던 차량을 매각하면서 계약금 500,000원을 받다.
④ 종업원을 월급 1,000,000원에 채용하다.

04. 다음 거래 중 재무상태표에만 영향을 주는 거래는?

① 외상대금 현금 회수 ② 당월 분 전기요금 현금 납부
③ 종업원의 당월분 급여 현금 지급 ④ 차입금에 대한 당월분 이자 현금 지급

05. 보통예금 계좌에서 은행차입금이자가 자동이체 되었다. 거래요소의 결합관계가 바른 것은?

① 비용의 발생 - 자산의 감소
② 비용의 발생 - 부채의 증가
③ 자산의 증가 - 부채의 증가
④ 자산의 증가 - 자산의 감소

06. 다음 거래에서 거래요소의 결합관계를 바르게 나타낸 것은?

외상매입금 1,000,000원을 현금결제하다.

① 부채의 감소, 자산의 감소
② 자산의 증가, 부채의 감소
③ 자산의 증가, 자본의 증가
④ 비용의 발생, 부채의 감소

07. 다음 거래의 결합관계에 해당하는 거래는?

(차변) 자산의 증가	(대변) 자산의 감소 수익의 발생

① 상품 20,000원을 외상으로 매입하고 15,000원은 현금으로 지급하고 잔액은 외상이다.
② 외상매입금 50,000원을 현금으로 지급하다.
③ 임대료 30,000원을 현금으로 받다.
④ 단기대여금 50,000원과 그에 대한 이자 1,000원을 현금으로 회수하다.

08. 아래에서 발생하지 않는 것은?

단기차입금 50,000원의 상환과 그 이자 2,000원을 현금으로 지급하다.

① 비용의 발생
② 자산의 감소
③ 부채의 감소
④ 자산의 증가

09. 다음과 같은 결합관계를 갖는 거래는?

(차변) 자산의 증가 - (대변) 수익의 발생

① 현금을 은행에 예금하다.
② 빌려준 대금을 현금으로 받다.
③ 상품을 외상으로 매입하다.
④ 은행 예금에 대한 이자를 받다.

10. 그림은 회계순환 과정의 일부를 나타낸 것이다. (가)의 절차에 해당하는 것을 고른다면?

시산표 작성	➜	총계정원장 마감	➜	(가)

① 정산표 작성　② 분개장 작성　③ 재고조사표 작성　④ 재무상태표 작성

11. 회계의 순환과정 중 일부이다. (가), (나)에 들어갈 올바른 내용은?

거래의 발생-(가)-분개장-(나)-총계정원장

① (가) 분개, (나) 전기　② (가) 전기, (나) 분개
③ (가) 분개, (나) 이월　④ (가) 이월, (나) 분개

12. 다음 중 빈칸에 가장 알맞은 것은?

(가) + 비용 = 기말부채 + (나) + 수익

	(가)	(나)		(가)	(나)
①	기초자본	당기순이익	②	기말자산	당기순이익
③	기말부채	기말자본	④	기말자산	기초자본

13. 다음 거래의 결과 자본(순자산)의 변동을 초래하는 거래가 아닌 것은?
① 사업확장을 위해 현금 5,000,000원을 은행에서 차입하다.
② 사장의 개인사용 목적으로 현금 1,000,000원을 인출하다.
③ 은행차입금에 대한 이자 10,000원이 보통예금계좌에서 인출되다.
④ 원가 40,000원의 상품을 70,000원에 외상판매하다.

14. 다음 분개에 대한 거래의 종류가 날짜별로 옳은 것은?

9/5			9/7		
(차) 현금 52,000			(차) 소모품비 30,000		
	(대) 단기대여금	50,000		(대) 보통예금	30,000
	이자수익	2,000			

① 9/5 : 교환거래, 9/7 : 혼합거래　② 9/5 : 교환거래, 9/7 : 손익거래
③ 9/5 : 혼합거래, 9/7 : 손익거래　④ 9/5 : 혼합거래, 9/7 : 교환거래

15. 다음 중 거래의 종류가 다른 하나는?

① 현금 1,000,000원을 추가출자하다.
② 비품 200,000원을 외상으로 구입하다.
③ 급여 1,000,000원을 현금으로 지급하다.
④ 은행에서 1,000,000원을 3개월 후 상환하기로 하고 차입하다.

16. 다음 거래의 유형 중 혼합거래에 해당하는 것은?

① 상품 500,000원을 매입하고 대금은 현금으로 지급하다.
② 상품 700,000원을 매출하고 대금 중 500,000원은 현금으로 받고 잔액은 외상으로 하다.
③ 8월분 직원 급여 2,000,000원을 보통예금에서 계좌이체하다.
④ 단기차입금 500,000원과 이자 30,000원을 현금으로 상환하다.

주관식

01. '거래를 분개 시 차변 금액과 대변 금액이 같으므로, 계정 전체의 차변 합계액과 대변 합계액이 일치해야 한다.'와 관련 있는 회계 용어를 적으시오.

02. 다음 중 회계상의 거래를 모두 고르시오.

가. 현금의 분실	나. 부동산 투자계약	다. 비품의 외상 구입

03. 다음은 무엇에 관한 설명인가 적으시오.

• 각 계정과목별로 기록한다.	• 분개장 기입 후 전기하는 장부이다.

04. 총계정원장의 기록이 오류가 있는지 여부를 파악하는 검증기능을 갖는 장부를 적으시오.

05. 다음 중 부기를 기록, 계산하는 방법에 따라 분류할 때 아래의 특징에 해당하는 부기는 무슨 부기인가?

일정한 원리나 원칙에 따라 현금이나 재화의 증감은 물론 손익의 발생을 조직적으로 기록, 계산하는 부기로 대차평균의 원리에 의하여 오류를 자동으로 검증하는 자기검증기능이 있다.

06. 다음의 내용이 설명하는 것은 무엇인가?

자산, 부채, 자본이 증감하는 거래에 있어 차변에 발생한 거래는 반드시 대변에도 같은 금액의 거래가 발생하여 이중으로 기입하게 된다.

07. 다음 그림의 (가) 절차에 대한 설명으로 옳은 것을 〈보기〉에서 모두 고르시오.

거 래 ⇒ 분 개 장 (가) ⇒ 총계정원장

보기	① 분개장의 기입 내용을 해당 계정에 옮겨 적는 과정이다. ② 전산회계에서는 자동 처리되므로 (가)의 과정이 생략된다. ③ (가)는 어느 계정, 어느 변에 얼마를 기입할 것인가를 결정하는 절차이다.

연/습/문/제 답안

객관식

1	2	3	4	5	6	7	8
①	③	③	①	①	①	④	④
9	**10**	**11**	**12**	**13**	**14**	**15**	**16**
④	④	①	④	①	③	③	④

[풀이 - 객관식]

02. 계약이나 주문 등은 자산, 부채, 자본의 변동을 초래하지 않으므로 회계상의 거래로 보지 않는다.

03. 계약금을 수령하였으므로 회사의 자산(현금)이 증가하고, 향후 차량을 인도해야 하므로 부채(선수금)가 증가한 회계상 거래이다.

04.	① (차) 현　　금(자산계정)	×××	(대) 외상매출금(자산계정)	×××
	② (차) 전 력 비(비용계정)	×××	(대) 현　　금(자산계정)	×××
	③ (차) 급　　여(비용계정)	×××	(대) 현　　금(자산계정)	×××
	④ (차) 이자비용(비용계정)	×××	(대) 현　　금(자산계정)	×××
05.	(차) 이자비용	×××	(대) 보통예금	×××
06.	(차) 외상매입금	×××	(대) 현　　금	×××
07.	(차) 현　　금(자산계정)	51,000	(대) 단기대여금(자산계정)	50,000
			이자수익(수익계정)	1,000
08.	(차) 단기차입금(부채계정)	50,000	(대) 현　　금(자산계정)	52,000
	이자비용(비용계정)	2,000		
09	① (차) 예금(자산계정)	×××	(대) 현금(자산계정)	×××
	② (차) 현금(자산계정)	×××	(대) 대여금(자산계정)	×××
	③ (차) 상품(자산계정)	×××	(대) 외상매입금(부채계정)	×××
	④ (차) 현금등(자산계정)	×××	(대) 이자수익(수익계정)	×××

12. 기말자본(=기말자산-기말부채)=기초자본+당기순이익(=수익-비용)
기말자산-기말부채=기초자본+수익-비용
기말자산+비용=기말부채+기초자본+수익

[기말 시산표]

차 변		대 변	
기말자산	×××	기말부채	×××
		기초자본	×××
총비용	×××	총수익	×××
계	×××	계	×××

13. ㉮ 자본계정이 변동되거나, ㉯ 수익, 비용이 변동하여 이익에 영향을 미치면 순자산(자본)의 변동을 초래한다.

① (차) 현 금(자산계정)	×××	(대) 차 입 금 (부채계정)	×××
② (차) 자 본 금(자본계정)	×××	(대) 현 금(자산계정)	×××
③ (차) 이자비용 (비용계정)	×××	(대) 보통예금 (자산계정)	×××
④ (차) 외상매출금(자산계정)	×××	(대) 상품매출 (수익계정)	×××
(차) 상품매출원가(비용계정)	×××	(대) 상품 (자산계정)	×××

14. 9/5 (차) 현 금(재무상태계정) ×× (대) 단기대여금(재무상태계정) ×× ⇒ 교환거래
(차) 현 금(재무상태계정) ×× (대) 이자 수익 (손익계정) ×× ⇒ 손익거래
교환거래+손익거래 ⇒ 혼합거래
9/7 (차) 소모품비(손익계정) ×× (대) 보통예금 (재무계정) ×× ⇒ 손익거래

15. ① ② ④ 교환거래 ③ 손익거래

16.

① (차) 상 품	500,000	(대) 현 금	500,000	←교환거래
② (차) 현 금	500,000	(대) 상품매출	700,000	←손익거래
외상매출금	200,000			
③ (차) 급 여	2,000,000	(대) 보통예금	2,000,000	←손익거래
④ (차) 단기차입금	500,000	(대) 현 금	530,000	←혼합거래
이자비용	30,000			

주관식

1	대차평균의 원리	2	가,다	3	총계정원장
4	시산표	5	복식부기	6	거래의 이중성
7	①②				

[풀이 - 주관식]

01. 대차 평균의 원리란 복식부기에 따라 회계처리하면 **차변금액의 합계와 대변 금액의 합계가 반드시 일치한다는 것**을 말한다.

02. **계약이나 주문 등은 자산, 부채, 자본의 변동을 초래하지 않으므로** 회계상의 거래로 보지 않는다.

04. 시산표는 총계정원장의 기록이 정확한지 여부를 검증하는 계정잔액목록표이다.

05. 부기는 기록, 계산하는 방법에 따라 단식부기와 복식부기로 분류된다. 복식부기는 일정한 원리나 원칙에 따라 현금이나 재화의 증감은 물론 손익의 발생을 조직적으로 기록, 계산하는 부기로 **대차평균의 원리에 의하여 오류를 자동으로 검증하는 자기검증기능**이 있다.

06. 항상 동일한 금액이 원인과 결과가 되어 **회계등식 양쪽에 동일한 영향을 미치게 되는 거래의 성질**을 거래의 이중성이라 한다.

07. (가)는 '전기'를 말하며, ③은 분개에 대한 설명이다.

Chapter

계정과목별 이해 (자산)

2

Login

로그인 전산회계 2급

NCS회계 - 3 **전표관리 – 전표작성하기/증빙서류 관리하기**
자금관리 – 현금시재/예금/어음수표 관리하기

자산은

① **과거의 거래나 사건의 결과로서**

② **현재 기업에 의해 지배되고(통제)**

③ **미래에 경제적 효익을 창출할 것으로 기대되는 자원**이다.

제1절 유동자산

유동자산은 1년 이내에 현금화되는 유동성이 높은 자산이고, 그 외의 자산은 비유동자산으로 구분된다. 그러나 1년을 초과하더라도 정상적인 영업주기 내에 실현될 것으로 예상되는 매출채권 등은 유동자산으로 구분할 수 있다. 유동자산은 다시 당좌자산과 재고자산으로 분류한다.

1. 당좌자산

유동자산 중 회사의 주된 영업활동과 관련하여 보유하고 있는 상품, 제품 등 재고자산을 제외한 나머지를 통틀어 당좌자산이라 한다. 즉, **판매과정을 거치지 않고 재무상태표일(보고기간말, 결산일)로부터 1년 이내에 현금화되는 모든 자산**을 말한다.

(1) 현금 및 현금성 자산

현금은 기업이 소유하고 있는 자산 중에서 가장 **유동성**이 높고 경영활동에 있어 기본적인 지급 수단으로 사용되며, 현금 및 현금성 자산은 재무상태표에 하나의 통합계정으로 표시되지만, 실무적으로는 현금계정, 보통예금계정, 당좌예금계정, 현금성자산계정 등을 각각 별도계정으로 구분해서 회계처리 하다가 **기말시점에 이들 계정의 잔액을 통합해서 현금 및 현금성자산이라는 계정으로 통합해서 별도항목으로 구분하여 표시하여야 한다.**

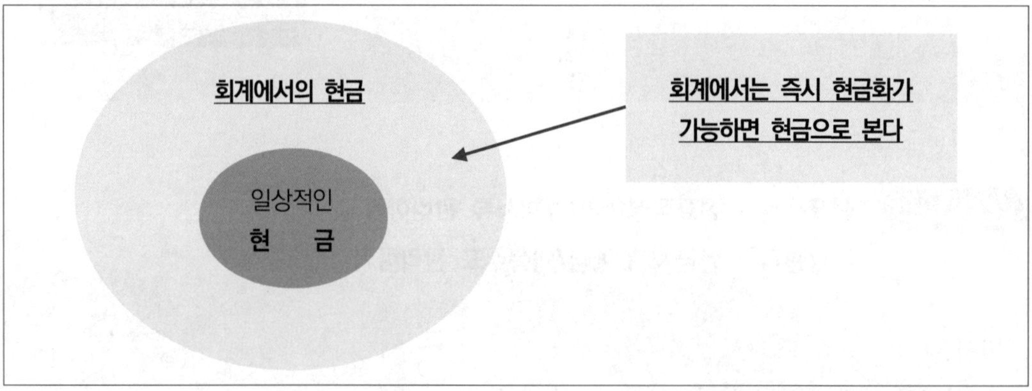

① 현금(통화대용증권)

현금 자체가 유동성이며 자산 중에서 가장 유동성이 높은 자산이다. 현금에는 통화와 통화대용증권을 포함한다.

㉠ 통화

한국은행에서 발행한 지폐나 동전인 통화

㉡ 통화대용증권

통화는 아니지만 통화와 같은 효력이 있는 것으로 언제든지 통화와 교환할 수 있는 것으로서 **타인발행당좌수표, 은행발행자기앞수표, 송금수표, 가계수표, 우편환증서, 배당금지급통지표, 만기가 도래한 사채이자표** 등이 있다.

주의할 점은 우표나 수입인지, 수입증지는 현금처럼 유통될 수 없으므로 비용이나 선급비용으로 분류하고 차용증서(돈을 빌려 주고 받은 증서)는 대여금으로 분류한다.

[자기앞수표]

발행인이 지급인을 겸하는 수표로서, 발행인 · 지급인이 모두 은행이며 발행한 은행이 도산하기 전에는 지급이 보장되므로 이를 보증수표라고도 한다.

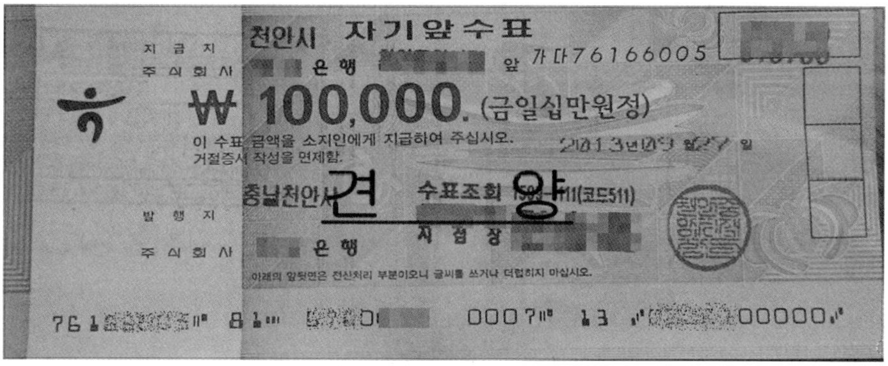

[가계수표]

예금계좌를 가지고 있는 개인이 발행하는 수표이다.

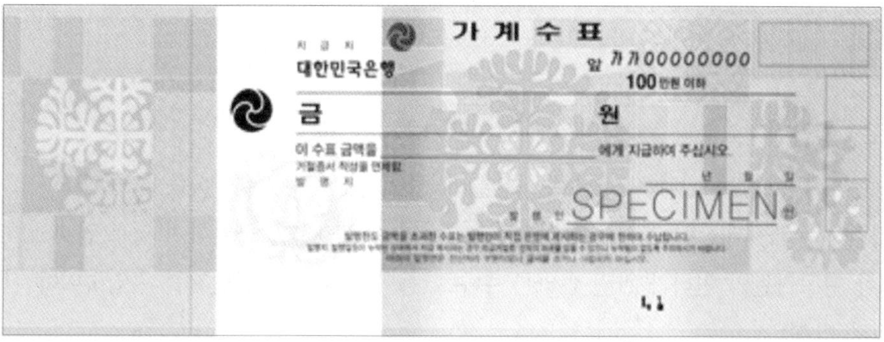

[우편환증서]

현금을 송금청구서와 함께 우체국에 납부하면 우체국은 금액을 표시한 환증서를 발행하고, 송금인이 지정하는 우체국에서 지정된 수취인에게 지급하는 것을 말한다.

송금수표는 은행에서 발행하는 것으로서 우편환증서와 같다고 보시면 된다.

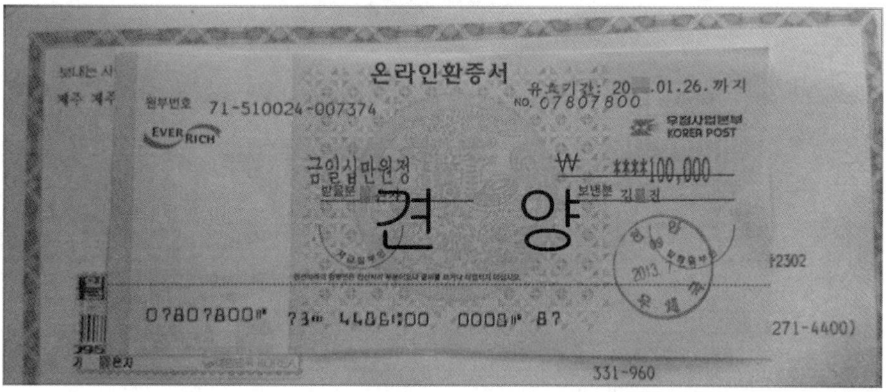

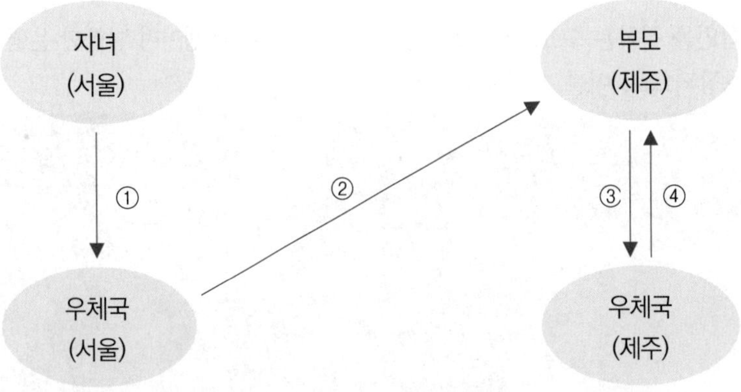

① 자녀(서울)는 현금을 송금청구서(금액 및 수취인등)와 함께 우체국에 납부
② 우체국(서울)은 우편환증서를 부모(제주)에게 등기우편으로 송부
☞ 등기우편 : 우편물의 안전한 송달을 보증하기 위하여 우체국에서 우편물을 접수할 때부터 수취인에게 배달될 때까지 분실사고가 없도록 특별히 취급하는 제도.
③ 부모(제주)는 본인의 신분증과 우편환증서를 제출
④ 우체국(제주)은 부모(제주)에게 우편환증서의 금액을 지급한다.

[우표, 수입인지, 수입증지]

우표는 우편요금을 냈다는 표시로 우편물에 붙이는 정부가 발행하는 증표이다.

수입인지는 과세대상인 계약서을 작성시 소정의 수입인지를 구입하여 첨부(인지세)하여야 한다. 또한 행정기관의 인허가 관련에 따른 수수료 등에 대해서 수입인지를 구입하여야 한다.(중앙정부에서 발행)

수입증지는 주민등록등 민원서류, 인허가 서류 제출시 수수료 등 행정처리 수수료이다.(지방자치단체에서 발행)

[우표]

[수입인지]

[수입증지]

② 요구불예금

회사가 필요한 경우 언제든지 현금으로 인출 가능한 예금으로서 **보통예금, 당좌예금** 등이 있다.

〈당좌예금〉

기업이 은행과 거래를 하면 기업의 현금관리 업무를 은행이 대행해 주는 예금제도임.

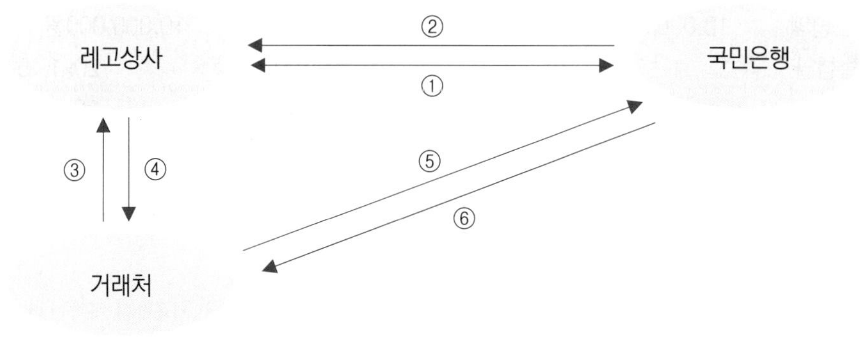

① 레고상사와 국민은행과 당좌거래계약을 맺고, 레고상사는 당좌예금을 한다.
② 국민은행은 레고상사에게 당좌수표 · 어음용지를 지급한다.
③ 레고상사는 거래처에서 상품을 구입한다.
④ 레고상사는 물품대금으로 당좌수표(또는 어음)를 발행하여 지급한다.
⑤ 거래처는 당좌수표를 국민은행에 제시한다.
⑥ 국민은행은 거래처에게 당좌수표의 금액을 지급한다.

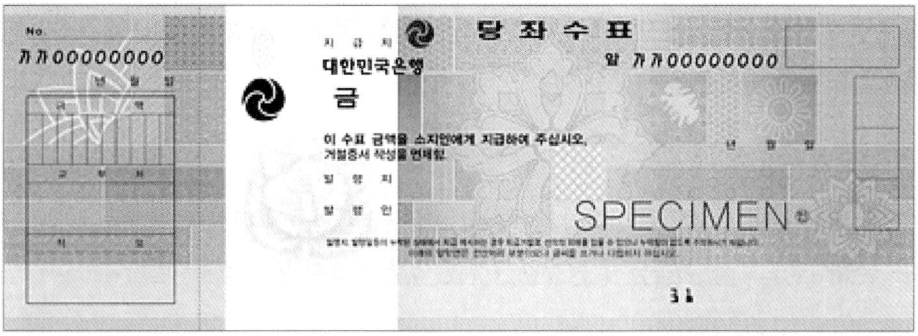

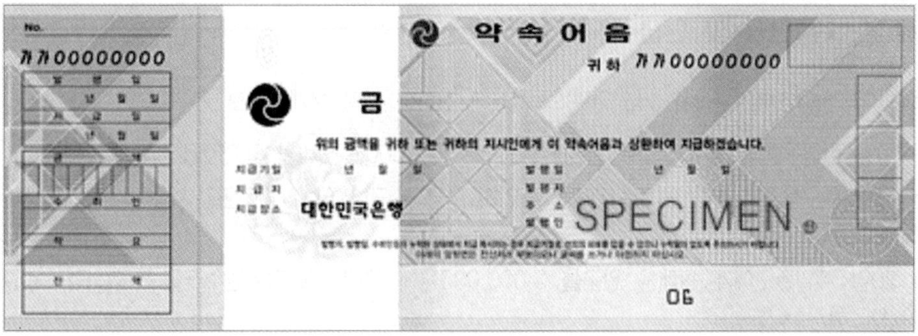

결국 기업은 물품대금지급 시 현금대신 수표나 어음을 지급하고 은행이 대금지급을 대행하여 주므로 기업입장에서 아주 편리한 예금제도이다.

[수표와 어음의 차이]

수 표	
금액	10,000,000원
발행일	20x1. 5.1
발행인	레고상사

어 음	
금액	10,000,000원
발행일	20x1. 5.1
지급기일(만기일)	**20x1. 8.1**
발행인	레고상사

수표는 발행일에 은행에 제시하면 수표의 금액을 수령할 수 있으나, 어음의 경우에는 만기일에 제시하여야 어음의 금액을 받을 수 있다.

☞ 부도 : 어음이나 수표를 가진 사람이 기한이 되어도 어음이나 수표에 적힌 돈을 지급받지 못하는 것.

〈당좌차월〉

수표나 어음의 발행은 은행의 당좌예금잔액의 한도 내에서 발행하여야 하나, 은행과 당좌차월계약(차입계약)을 맺으면 예금잔액을 초과하여 계약 한도액까지 수표나 어음을 발행할 수 있는 방법이다. 이때 당좌예금 잔액을 초과하여 수표나 어음을 발행한 금액을 당좌차월이라고 하는데, 기업의 장부에는 당좌예금계정 대변의 잔액이 된다.

회계기간 중에는 당좌차월을 별도 구분하지 않을 수 있으나(***전산회계시험에서는 당좌차월이란 계정을 사용해야 한다.***), **결산시점에서 대변잔액은 은행으로부터 차입한 것이므로 단기차입금의 계정과목으로 하여 유동부채로 분류한다.**

③ 현금성자산

"큰 거래 비용 없이 현금으로 전환이 용이하고, 이자율의 변동에 따라 가치변동 위험이 중요하지 않은 금융상품으로서 ***취득당시 만기가 3개월 이내에 도래하는 것***"을 말한다.

<예제 2 - 1> 현금 및 현금성자산

레고상사와 거래상대방(완구상사, 제일완구)의 거래에 대하여 각각 분개하시오.

1. 1월 10일 신한은행과 당좌거래계약을 체결하고 현금 1,000,000원을 당좌예금하다.
2. 1월 15일 완구상사로 부터 판매용 완구를 구입하고 당좌수표 2,000,000원을 지급하다. 완구상사는 상기업에 해당한다.
3. 1월 20일 제일완구에게 판매용 완구를 3,000,000원에 판매하고 자기앞수표를 수취하다. 제일완구는 상기업에 해당한다.

해답

1.		(차) 당 좌 예 금	1,000,000	(대) 현 금	1,000,000
2.	레고상사	(차) 상 품	2,000,000	(대) 당 좌 예 금	2,000,000
	완구상사	(차) 현 금	2,000,000	(대) 상 품 매 출	2,000,000
	☞ 당좌수표의 발행자는 당좌예금의 감소로 당좌수표의 수령자는 언제든지 은행으로부터 현금으로 교환할 수 있기 때문에 현금으로 회계처리한다.				
3.	레고상사	(차) 현 금	3,000,000	(대) 상 품 매 출	3,000,000
	제일완구	(차) 상 품	3,000,000	(대) 현 금	3,000,000

■ T계정 이해(당좌예금)

당좌예금

ⓐ전기이월(기초)	1,000,000	ⓒ상품(지급액)	8,000,000
ⓑ상품매출(입금액)	10,000,000	ⓓ차기이월(기말)	3,000,000
계	11,000,000	계	11,000,000

ⓐ 전기이월(기초) : 전년도로부터 이월된 금액으로서 전기재무상태표의 당좌예금 금액과 일치한다.

ⓑ 입금액 : 상품매출(수익)이 발생하여 당좌예금을 증가시킨 금액

(차) 당좌예금	10,000,000	(대) 상 품 매 출 등	10,000,000

ⓒ 지급액 : 상품등을 구입하여 당좌수표를 발행한 금액

(차) 상품 등	8,000,000	(대) 당좌예금	8,000,000

☞ 당좌차월 약정이 되어 있고 당좌예금 잔액 5,000,000원을 초과하여 당좌수표를 발행했다고 가정하면 다음과 같이 회계처리해야 한다.

(차) 상품 등	***8,000,000***	***(대) 당좌예금***	***5,000,000***
		당좌차월	***3,000,000***

ⓓ 차기이월(기말) : 당좌예금 잔액으로 재무상태표 당좌예금계정에 집계되고, 차기의 기초금액이 된다.

<예제 2 - 2> 당좌예금

레고상사의 다음 거래를 분개하고 총계정원장(당좌예금 T계정)에 전기하시오.
기초 당좌예금 잔액은 10,000,000원이 있다

1. 5월 1일 한라상사로부터 상품 1,000,000원을 매입하고 대금은 당좌수표를 발행하여 지급하다.
2. 10월 1일 설악상사의 외상매입금 2,000,000원을 당좌수표를 발행하여 지급하다.

해답

1. 분개

1.	(차) 상 품	1,000,000	(대) 당 좌 예 금	1,000,000
2.	(차) 외상매입금	2,000,000	(대) 당 좌 예 금	2,000,000

2. 결산 전 총계정원장

당좌예금

1/1 기초	10,000,000	5/ 1 상품	1,000,000
		10/ 1 외상매입금	2,000,000
		12/31 잔액	**7,000,000**
계	10,000,000	계	10,000,000

차기 기초금액

(2) 현금과부족(過不足) - 임시계정

현금이 들어오고 나갈 때마다 정확하게 기록한다면 장부상 현금잔액과 실제 현금잔액은 항상 일치할 것이다. 그러나 실수나 잘못된 기록의 오기로 장부상 현금과 실제 현금잔액이 일치하지 않는 경우가 있다.

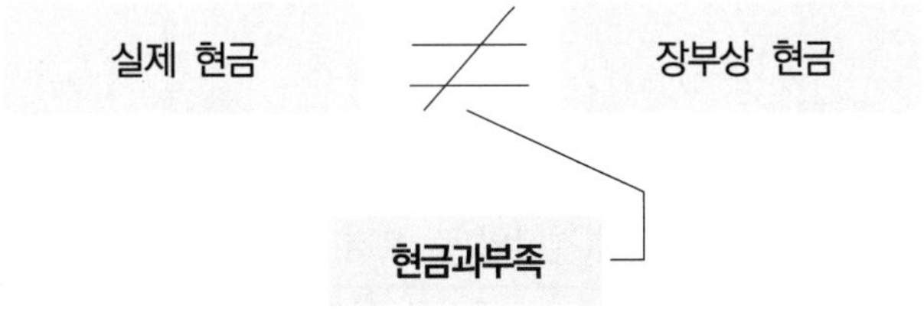

현금과부족계정은 임시계정으로서 외부에 공시하는 재무상태표에 표시되어서는 안된다.

그러므로 현금불일치를 발견하였을 때 현금과부족이라는 임시계정에 회계처리하였다가, 추후 차이내역을 규명하여 해당 계정으로 회계처리하여야 한다.

그러나 결산 시까지 그 **원인이 밝혀지지 않는 경우 부족액은 잡손실계정(영업외비용)으로 처리하고, 초과액은 잡이익계정(영업외수익)**으로 대체처리하여야 한다.

현금과부족 잔액(결산일)	결산시 원인 불명
차변	잡손실(영업외비용)
대변	잡이익(영업외수익)

<예제 2 - 3> 현금과부족

레고상사의 거래에 대하여 분개하시오.

1. 10월 31일 현금을 실사한 결과 장부보다 10,000원이 부족함을 발견하다.
2. 12월 31일 결산시까지 현금과부족금액의 내역을 확인할 수 없다.

해답

실제현금을 기준으로 하여 장부를 맞추어야 한다.

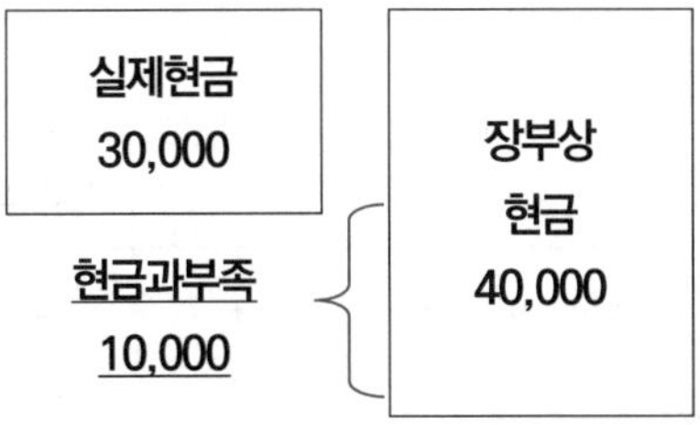

1.	(차) 현금과부족	10,000	(대) 현 금	10,000
2.(결산)	(차) 잡 손 실(영업외비용)	10,000	(대) 현금과부족	10,000

(3) 단기투자자산

① 단기금융상품

금융기관이 취급하는 정기예금·정기적금 및 기타 정형화된 금융상품 등으로 기업이 단기적 자금운영목적으로 보유하고, **보고기간말(결산일)로 부터 만기가 1년 이내에 도래**하여야 한다.

회계기간 중 정기예금·정기적금은 각각의 계정을 설정하여 회계처리를 하지만 발생빈도가 거의 없거나 비교적 소액일 경우 단기금융상품이라는 통합계정을 사용하기도 한다.

그리고 재무상태표를 작성하여 공시할 경우 단기금융상품으로 통합하여 표시한다.

KcLep 회계프로그램	단기금융상품 (단기투자자산)	장기금융상품 (투자자산)
정기적금	정기적금	장기성예금
정기예금	정기예금	

<예제 2 - 4> 단기금융상품

레고상사의 거래에 대하여 분개하시오.

1. 3월 31일 신한은행에 정기예금(6개월 만기)을 가입하고 당사 보통예금구좌에서 1,000,000원을 이체하다. 이체시 송금수수료가 500원이 발생하다.
2. 9월 30일 정기예금이 만기가 되어 원금과 이자금액 50,000원이 당사 보통예금계좌로 입금되다.

해답

1.	(차) 정기예금 수수료비용(판)	1,000,000 500	(대) 보통예금	1,000,500
2.	(차) 보통예금	1,050,000	(대) 정기예금 이자수익	1,000,000 50,000

② 단기대여금(VS 단기차입금)

금전소비대차계약에 따른 자금의 대여거래로 회수기한이 1년 내에 도래하는 채권이다.

☞ 소비대차 : 당사자 일방이 금전 기타 대체물의 소유권을 상대방에게 이전할 것을 약정하고, 상대방은 그와 동종·동질·동량의 물건을 반환할 것을 약정하는 계약

<예제 2 - 5> 자금의 대여거래

레고상사와 거래상대방(제일완구, 하이모리)의 거래를 각각 분개하시오.

1. 4월 1일 거래처 제일완구에 3개월 후 상환조건(연이자율 10%, 월할계산)으로 차용증서를 받고 1,000,000원을 보통예금에서 이체하였다.
2. 5월 1일 매출거래처인 하이모리의 자금사정으로 외상매출금 잔액 2,000,000원을 단기 대여하기로 약정하다.
3. 7월 1일 거래처 제일완구로부터 대여금 1,000,000원과 그에 대한 이자를 보통예금으로 지급받다.

해답

1.	레고상사	(차) 단기대여금	1,000,000원	(대) 보통예금	1,000,000원
	제일완구	(차) 보통예금	1,000,000원	(대) 단기차입금	1,000,000원
2.	레고상사	(차) 단기대여금	2,000,000원	(대) 외상매출금	2,000,000원
	하이모리	(차) 외상매입금	2,000,000원	(대) 단기차입금	2,000,000원
3.	레고상사	(차) 보통예금	1,025,000원	(대) 단기대여금 이자수익	1,000,000원 25,000원*1
	제일완구	(차) 단기차입금 이자비용	1,000,000원 25,000원	(대) 보통예금	1,025,000원
	*1.이자수익 : 1,000,000원×10%×3개월/12개월=25,000원				

③ 단기매매증권

유가증권이란 재산권 또는 재산적 이익을 받을 자격을 나타내는 증권을 말한다. 회계에서 유가증권은 주식, 사채, 국채, 공채를 말하고 어음과 수표는 제외한다. 그러나 법에서 유가증권이라고 할 때는 어음과 수표도 포함된다. 유가증권은 증권의 종류에 따라 지분증권(주식)과 채무증권(사채(社債), 국채, 공채)로 분류한다. 회사가 유가증권에 투자하는 이유는 회사의 여유자금을 투자하여 이익을 얻을 수 있으면서도 자금이 필요할 때는 즉시 매각하여 현금화할 수 있기 때문이다.

유가증권 중 ⓐ공개된 시장을 통하여 공개적인 매매거래가 이루어지고 있고 & ⓑ단기적 자금(1년 이내 처분목적)운용을 목적으로 소유하는 것을 단기매매증권이라 한다.

따라서 단기매매증권은 재무상태표에 유동자산으로 분류한다.

[자산의 취득 및 보유, 처분]

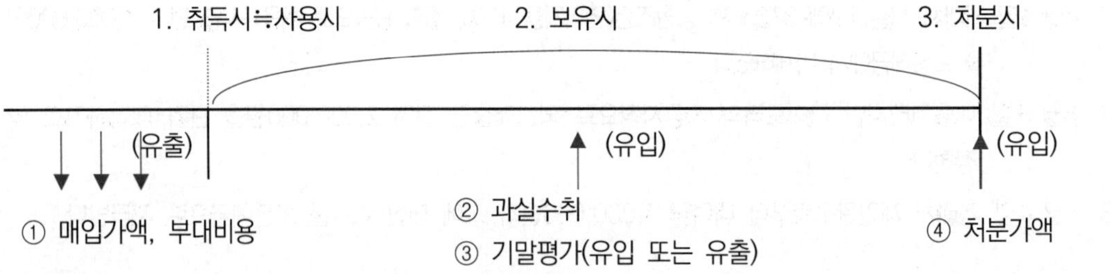

1. 취득시		취득가액 = 매입가액 + 부대비용 **(예외 : 단기매매증권)**
2. 보유시	과실수취	수익 인식
	기말평가	원칙 : 공정가치 평가(예외 : 재고자산, 유형자산)
3. 처분시		원칙 : 처분가액 – 장부가액

㉠ 취득시 회계처리

단기매매증권의 매입가액을 단기매매증권계정으로 처리하고 **매입시 매입수수료등의 부대비용은 당기비용(수수료비용 - 영업외비용)으로 처리**한다.

㉡ 보유시 회계처리

ⓐ 과실수취(이자 또는 배당금 수취)

채권	이자수익	주식	배당금수익

ⓑ 기말평가

유가증권은 일반적으로 시가가 형성되어 있고 그 시가로 처분할 수 있는 것이 일반적이다. 따라서 주주들에게 **목적적합한 정보를 제공하기 위하여 기말에 유가증권을 공정가액으로 평가**하여 한다. **공정가액이란 합리적인 판단력과 거래의사가 있는 독립된 당사자 간에 거래될 수 있는 교환가격**을 말한다.

평가액	평가손익
공정가액	영업외손익(단기매매증권평가익, 평가손)

[공정가액법 : 시가법]

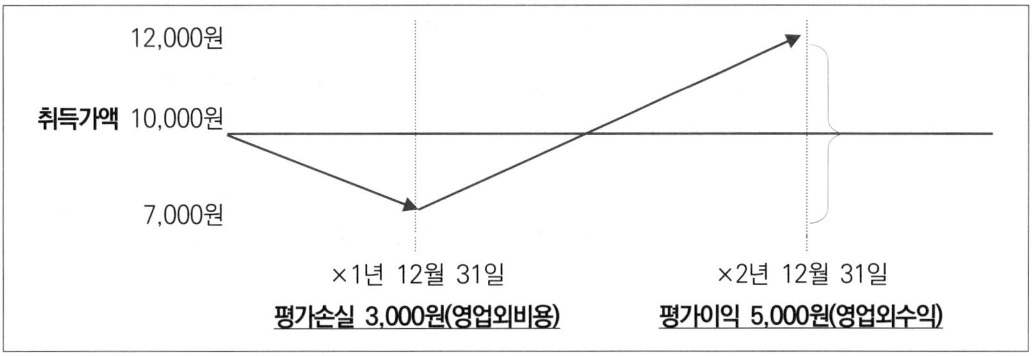

ⓒ 매각시 회계처리

단기매매증권을 처분시에는 **처분가액(각종 처분 시 수수료 차감후 가액)**에서 장부가액을 차감한 금액은 단기매매증권처분손익(영업외손익)으로 회계 처리한다.

<예제 2 - 6> 단기매매증권

레고상사의 거래에 대하여 분개하시오.

1. 20x1년 4월 1일 단기간 시세차익 목적으로 ㈜사성전자의 주식 10주를 주당 300,000원에 매입하면서 증권회사에 매입수수료 200,000원을 포함하여 현금지급하다.
2. 20x1년 10월 31일 ㈜사성전자의 주식에 대하여 배당금이 확정되어 1,000,000원이 보통예금으로 입금되었다.
3. 20x1년 12월 31일 ㈜사성전자의 공정가액은 1주당 400,000원이다.
4. 20x2년 1월 31일 ㈜사성전자의 주식 10주를 3,500,000원에 처분하고 현금수취하다.

해답

1.	(차) 단기매매증권 수수료비용(영업외비용)	3,000,000원 200,000원	(대) 현　　금	3,200,000원
2.	(차) 보통예금	1,000,000원	(대) 배당금수익(영·수)	1,000,000원
3.	(차) 단기매매증권	1,000,000원	(대) 단기매매증권평가익	1,000,000원
	☞**평가손익 = 공정가액 – 장부가액 = 400,000×10주 – 3,000,000 = 1,000,000원(평가이익)**			
4.	(차) 현금 단기매매증권처분손실	3,500,000원 500,000원	(대) 단기매매증권	4,000,000원
	☞**처분손익 = 처분가액 – 장부가액 = 3,500,000 – 4,000,000 = △500,000원(처분손실)**			

[단기매매증권]

<table>
<tr><td colspan="3">1. 취득</td><td colspan="2">취득원가 = 매입가액</td></tr>
<tr><td rowspan="3">2. 보유</td><td colspan="2">기말평가</td><td>공정가액</td><td>단기매매증권평가손익(영업외손익)</td></tr>
<tr><td rowspan="2">과실</td><td>채권(이자)</td><td colspan="2">이자수익</td></tr>
<tr><td>주식(배당금)</td><td colspan="2">현금수취 : 배당금수익(영업수익)</td></tr>
<tr><td colspan="3">3. 처분</td><td colspan="2">처분손익(영업외손익) = 처분가액 – 장부가액</td></tr>
</table>

연/습/문/제

분개연습

[1] 거래처 설악상사 홍길동 과장의 결혼식에 축하화환을 장미화원에 의뢰하고, 화환대금 100,000원을 당사 보통예금계좌에서 이체하다.

[2] 고객들에게 문구 할인판매 안내장을 남대문우체국에서 등기 우편으로 발송하고 등기요금 120,000원을 현금으로 일괄 지급하다.

[3] 거래처 학사문구에 10개월 후에 회수하기로 약정한 차입금증서를 받고 현금 2,000,000원을 대여하여 주다.

[4] 거래처 성일문구에 대여한 단기대여금 5,000,000원과 이자 250,000원을 당사 보통예금계좌로 회수하다.

[5] 1개월전에 발생한 현금과부족 10,000원은 12월 31일 현재 사용처를 알 수 없어 잡손실로 처리하다.

[6] 10월 31일 현금출납장 잔액보다 실제현금잔액이 50,000원 부족하다.

[7] 11월 30일 현금의 실제잔액이 장부잔액보다 200,000원 많은 것을 발견하였는데, 현재로서 그 차이의 원인을 알 수 없다.

[8] 국민은행의 보통예금은 마이너스 통장이다. 기말현재 보통예금잔액 -2,800,000원을 단기차입금 계정으로 대체하다.

[9] 업무용 차량의 휘발유대금 150,000원을 성동주유소에 현금으로 지급하다.

[10] 영업부서 직원들의 사기진작을 위하여 회식비 182,000원을 지출하고 현금영수증을 수취하다.

[11] 결산일 현재 현금과부족계정으로 처리 되어있는 현금과다액 40,000원에 대한 원인이 아직 밝혀지지 않고 있다.

[12] 한국상사에 1년 후 회수예정으로 6,000,000원을 대여하고 선이자 600,000원을 공제한 잔액을 보통예금계좌에서 이체하다(단, 선이자는 수익으로 처리하기로 한다).

[13] 일시소유의 단기적 운용목적으로 ㈜강남 발행주식 100주(1주당 액면 5,000원)를 1주당 30,000원에 구입하고 대금은 보통예금에서 지급하다.

[14] 단기매매차익을 얻을 목적으로 보유하고 있는 ㈜동해의 주식 100주를 1주당 15,000원에 처분하고 대금은 수수료 등 20,000원을 차감한 금액이 보통예금계좌에 입금되었다(단, ㈜동해의 주식 1주당 취득원가는 10,000원이다).

객관식

01. 다음 수표에 대한 회계처리로 올바른 것은?

◎ 타인 발행의 당좌수표를 받으면 (㉠) 계정으로 처리한다. ◎ 당점 발행의 당좌수표를 받으면 (㉡) 계정으로 처리한다.

① ㉠ 당좌예금 ㉡ 보통예금
② ㉠ 현 금 ㉡ 보통예금
③ ㉠ 현 금 ㉡ 당좌예금
④ ㉠ 당좌예금 ㉡ 현 금

02. 다음 중 현금 및 현금성자산에 해당하지 않는 것은?

① 우편환증서
② 당좌예금
③ 상품
④ 배당금지급통지표

03. 다음에서 밑줄 친 (가)와 (나)를 회계 처리한 경우 재무상태표에 통합 표시될 항목으로 옳은 것은?

서울상사는 거래처에서 외상대금 500만원을 회수하여 (가)200만원은 6개월 만기 정기예금에 가입하고, (나)잔액은 당좌예금에 입금하다.

① (가) 단기투자자산 (나) 단기투자자산
② (가) 단기투자자산 (나) 현금및현금성자산
③ (가) 현금및현금성자산 (나) 단기투자자산
④ (가) 현금및현금성자산 (나) 현금및현금성자산

04. 기말 결산 시 현금 계정 차변잔액 200,000원, 현금과부족계정 차변잔액 2,000원이며 현금 실제액이 199,000원이다. 결산 정리 분개 시 차변 계정과목과 금액으로 옳은 것은?

① 현금 1,000원
② 현금 3,000원
③ 잡손실 1,000원
④ 잡손실 3,000원

05. 다음에 설명하는 항목과 통합계정으로 재무제표에 표시되는 것이 아닌 것은?

큰 거래비용 없이 현금으로 전환이 용이하고 이자율 변동에 따른 가치변동의 위험이 중요하지 않은 금융상품으로서 취득 당시 만기일(또는 상환일)이 3개월 이내인 것

① 통화 및 타인발행수표
② 당좌예금
③ 보통예금
④ 매출채권

06. 단기금융상품은 만기 1년 이내인 정기예금 및 정기적금 등을 말한다. 만기 1년 이내의 기준일로 적절한 것은?

① 정기예금 및 정기적금을 가입한 기준일
② 재무상태표 기준일
③ 정기예금 및 정기적금을 찾는 기준일
④ 정기예금 및 정기적금의 이자지급 기준일

07. 다음 현금과부족계정의 (   )안에 들어갈 계정과목은?

현금과부족

12/10 이자수익 15,000	12/8 현금 30,000
12/31 ( ) 15,000	

① 현금과부족 ② 잡이익 ③ 잡손실 ④ 차기이월

08. 현금과부족에 대한 설명으로 가장 옳은 것은?

① 회계기간 중 현금의 실제잔액이 장부잔액보다 많은 경우에만 처리하는 계정과목이다.
② 회계기간 중 현금의 실제잔액이 장부잔액보다 적은 경우에만 처리하는 계정과목이다.
③ 기말결산시 현금의 장부잔액과 실제잔액의 차이가 발생하는 경우 처리하는 계정과목이다.
④ 회계기간 중 현금의 장부잔액과 실제잔액의 차이가 발생하는 경우 처리하는 계정과목이다.

09. 다음 현금및현금성자산의 종류 중 그 성격상 분류가 다른 하나는 무엇인가?

① 자기앞수표
② 타인(동점)발행수표
③ 일람출급어음
④ 취득당시 만기가 3개월 이내에 도래하는 채권

☞ 일람출급어음 : 어음 금액의 청구를 위하여 어음을 제시하면 곧 현금을 지급하여야 하는 어음

10. 다음 중 회계상 현금 계정으로 처리할 수 없는 것은?

① 당점 발행 당좌수표 ② 조선은행 발행 자기앞수표
③ 배당금지급통지표 ④ 우편환증서

11. 다음은 ㈜태평의 단기매매증권과 관련된 총계정원장의 일부이다. 이와 관련된 내용으로 옳지 않은 것은?

단기매매증권

4/5 당좌예금	1,000,000원	7/24 보통예금	500,000원
		12/31단기투자자산평가손실	100,000원

단기투자자산처분이익

		7/24 보통예금	80,000원

단기투자자산평가손실

12/31 단기매매증권	100,000원		

① 4월 5일 단기매매증권의 취득원가는 1,000,000원이다.
② 7월 24일에 매각한 단기매매증권의 처분 금액은 580,000원이다.
③ 12월 31일 단기매매증권의 기말 공정가액은 400,000원이다.
④ 12월 31일 결산시 공정가치가 장부금액보다 상승하였다.

12. 다음 중 단기금융상품에 대한 설명으로 가장 틀린 것은?

① 단기매매증권은 주로 단기간 내의 매매차익을 목적으로 취득한 유가증권으로서 매수와 매도가 적극적이고 빈번하게 이루어지는 것을 말한다.
② 단기금융상품은 만기가 1년 이내에 도래하는 금융상품으로 현금성자산이 아닌 것을 말한다.
③ 만기가 1년이내에 도래하는 양도성예금증서, 종합자산관리계좌, 환매채는 단기금융상품이다.
④ 단기매매증권은 다른 범주로 재분류할 수 있고 다른 범주의 유가증권의 경우에도 단기매매증권으로 재분류할 수 있다.

주관식

01. 다음 자료에 의하여 결산 재무상태표에 표시되는 현금 및 현금성자산을 구하면 얼마인가?

• 당좌예금 : 150,000원	• 배당금지급통지표 : 500,000원
• 만기도래한 사채이자표 : 120,000원	• 양도성예금증서(100일 만기) : 500,000원
• 우표 : 5,000원	

02. 다음 중 현금 및 현금성자산의 금액은 얼마인가?

• 수입인지 : 3,000원	• 배당금지급통지표 : 5,000원
• 사채이자지급통지표 : 5,000원	• 보통예금 : 3,000원
• 만기 6개월정기예금 : 5,000원	• 타인발행당좌수표 : 5,000원

03. 다음 자료에서 재무상태표에 단기투자자산 항목으로 표시되는 금액은?

• 현금 : 150,000원	• 보통예금 : 200,000원	• 당좌예금 : 100,000원
• 단기매매증권 : 50,000원	• 받을어음 : 100,000원	• 단기대여금 : 80,000원

04. 청석상점은 20x1년 10월 15일 단기시세차익을 목적으로 시장성 있는 ㈜대성의 주식을 600,000원(액면금액 5,000원, 100주)에 구입하고 수수료 10,000원과 함께 현금으로 지급하였다. 이 주식을 20x1년 11월 20일 700,000원에 전량 매각하였을 경우 단기매매증권처분이익으로 계상될 금액은 얼마인가?

연/습/문/제 답안

분개연습

회계프로그램 입력시 채권, 채무 계정에는 반드시 거래선 코드를 입력해야 한다.
따라서 분개답안에 채권, 채무계정에 거래선을 표시한 것은 향후 실무입력에 대비한 것이다.

[1]	(차)	기업업무추진비(판)	100,000	(대)	보통예금	100,000
[2]	(차)	통신비(판)	120,000	(대)	현 금	120,000
[3]	(차)	단기대여금(학사문구)	2,000,000	(대)	현 금	2,000,000
[4]	(차)	보통예금	5,250,000	(대)	단기대여금(성일문구)	5,000,000
					이자수익	250,000
[5]	(차)	잡 손 실	10,000	(대)	현금과부족	10,000
[6]	(차)	현금과부족	50,000	(대)	현 금	50,000
[7]	(차)	현 금	200,000	(대)	현금과부족	200,000
[8]	(차)	보통예금	2,800,000	(대)	단기차입금(국민은행)	2,800,000

☞ 통장이 (−)라는 것은 은행으로부터 단기차입한 것이다.

[9]	(차)	차량유지비(판)	150,000	(대)	현 금	150,000
[10]	(차)	복리후생비(판)	182,000	(대)	현 금	182,000

☞ 현금영수증을 수취하였으므로, 현금으로 지급한 것을 추정할 수 있다.

[11]	(차)	현금과부족	40,000	(대)	잡 이 익	40,000

☞ 기중회계처리 (차) 현금 40,000 (대) 현금과부족 40,000

[12]	(차)	단기대여금(한국상사)	6,000,000	(대)	보 통 예 금	5,400,000
					이자수익	600,000

[13] (차) 단기매매증권 3,000,000 (대) 보통예금 3,000,000

[14] (차) 보통예금 1,480,000 (대) 단기매매증권 1,000,000
단기매매증권처분이익 480,000

☞ 처분손익=처분가액(100주×15,000－20,000)－장부가액(100주×10,000)=480,000원(처분이익)

객관식

1	2	3	4	5	6	7	8	9	10	11	12
③	③	②	④	④	②	②	④	④	①	④	④

[풀이 - 객관식]

01. 타인발행당좌수표를 수취하면 즉시 현금화가 가능하므로 현금으로, 자기발행당좌수표를 수령하면 당좌예금으로 처리한다.

02. 상품은 재고자산에 해당한다.

04. (차) 잡 손 실 3,000원 (대) 현금과부족 2,000원
현 금 1,000원

05. 현금 및 현금성자산은 통화 및 타인발행수표 등 통화대용증권과 당좌예금, 보통예금 등으로 큰 거래비용 없이 **현금으로 전환이 용이하고 이자율 변동에 따른 가치변동의 위험이 중요하지 않은 금융상품**으로서 **취득 당시 만기일(또는 상환일)이 3개월 이내인 것**을 말한다.

06. **유동 비유동의 구분은 보고기간말(재무상태표 기준일)로 구분**한다.

07. 기말결산 시까지 현금과부족(대변잔액)의 원인을 알 수 없으면 잡이익으로 처리한다.
(차) 현금과부족 15,000원 (대) 잡이익 15,000원

08. 회계기간 중에 현금의 실제잔액과 장부잔액과의 차이가 발생시 원인이 밝혀질 때까지 한시적으로 처리하는 계정과목이다.

09. 자기앞수표, 타인발행수표, 일람출급어음은 현금으로 분류되고, **취득당시 만기가 3개월 이내에 도래하는** 채권은 현금성자산으로 분류한다.

10. 당점(당사) 발행 당좌수표는 당좌예금 계정으로 처리한다.

11. 4/5 (차) 단기매매증권 1,000,000 (대) 당좌예금 1,000,000
7/24 (차) 보통예금 580,000 (대) 단기매매증권 500,000
단기투자자산처분익 80,000
12/31 (차) 단기투자자산평가손실 100,000 (대) 단기매매증권 100,000
단기투자자산(단기매매증권)평가손실은 결산시 공정가치가 장부금액보다 하락하였다는 것을 의미한다.

12. **단기매매증권은 시장성을 상실한 경우 매도가능증권으로 분류**될 수 있으나 **매도가능증권등은 단기매매증권으로 재분류할 수 없다.**(전산회계1급 내용에 해당합니다.)

주관식

1	770,000원	2	18,000원	3	130,000원
4	100,000원				

[풀이 - 주관식]

01. 당좌예금(150,000) + 배당금지급통지표(500,000) + 만기도래한 사채이자표(120,000) = 770,000원 이다.
또한 우표는 통신비 또는 소모품비, 양도성예금증서(100일 만기)은 단기금융상품에 해당한다.

02. 배당금지급통지표 5,000원 + 사채이자지급통지표 5,000원 + 보통예금 3,000원 + 타인발행당좌수표 5,000원 = 18,000원

03. 현금, 보통예금, 당좌예금은 '현금및현금성자산', 받을어음은 '매출채권', 단기매매증권(50,000)과 단기대여금(80,000)은 '단기투자자산(130,000원)'으로 표시한다.

04. 처분손익 = 처분가액(700,000) - 장부가액(600,000) = 100,000원(처분이익)
- **단기매매증권 구입 시 수수료는 수수료비용(영업외비용) 계정으로 당기 비용** 처리한다.

(4) 채권 · 채무회계

채권이란 기업이 영업활동을 수행하는 과정에서 재화나 용역을 외상으로 판매하고 그 대가로 나중에 현금 등을 받을 권리 또는 다른 회사나 타인에게 자금을 대여하고 그 대가로 차용증서나 어음을 수취하는 경우 등을 통칭하여 채권이라 부른다.

반대로 채무는 다른 회사나 타인에게 재화 또는 용역을 외상으로 구입하고 현금 등을 지급해야 할 의무를 말한다.

이를 요약하면 다음과 같다.

채권자		거 래	채무자	
매출채권	외상매출금	일반적인 **상거래에서** 발생한 채권 · 채무	매입채무	외상매입금
	받을어음			지급어음
미수금		일반적인 **상거래 이외**에서 발생한 채권 · 채무	미지급금	
대여금		자금거래에서 발생한 채권 · 채무	차입금	
선급금		재화나 용역의 완료 전에 지급하는 계약금	선수금	

① 외상매출금과 외상매입금(**상거래 채권 및 채무**)

상품매매업에 있어서 가장 빈번하게 발생하는 거래는 상품의 매출/매입거래이다.

그리고 대부분의 상품매매거래는 신용으로 거래되는 것이 대부분이다. 이때 사용하는 회계계정과목이 외상매출금과 외상매입금이다. 즉, 회사 영업의 주목적인 일반 상거래(상품이나 제품판매)에서 발생한 채권을 외상매출금, 채무를 외상매입금이라고 한다.

<예제 2 - 6> 외상매출금과 외상매입금

레고상사와 거래상대방의 거래에 대하여 분개하시오.

1. 3월 15일 (주)금강에게 상품 100,000원을 외상으로 매입하다.
2. 3월 31일 (주)금강에게 구입한 상품을 (주)섬진에게 200,000원에 외상으로 판매하다.
   수익인식만 회계처리하시오.
3. 4월 15일 (주)금강에게 상품외상매입대금 100,000원을 보통예금으로 이체하다.
4. 4월 30일 (주)섬진으로 부터 상품 외상판매대금 200,000원을 현금으로 받다.

해답

	레고상사	거래 상대방
1.	(차) 상　　품　100,000 　　(대) 외상매입금　100,000	(주)금강 (차) 외상매출금　100,000 　　(대) 상 품 매 출　100,000
2.	(차) 외상매출금　200,000 　　(대) 상 품 매 출　200,000	(주)섬진 (차) 상　　품　200,000 　　(대) 외상매입금　200,000
3.	(차) 외상매입금　100,000 　　(대) 보 통 예 금　100,000	(주)금강 (차) 보 통 예 금　100,000 　　(대) 외상매출금　100,000
4.	(차) 현　　금　200,000 　　(대) 외상매출금　200,000	(주)섬진 (차) 외상매입금　200,000 　　(대) 현　　금　200,000

■ T계정 이해

외상매출금

ⓐ전기이월(기초)	1,000,000	ⓒ회수액	8,000,000
ⓑ외상매출액	10,000,000	ⓓ차기이월(기말)	3,000,000
계	11,000,000	계	11,000,000

ⓐ 전기이월(기초) : 전년도로부터 이월된 금액으로서 전기재무상태표의 외상매출금과 일치한다.

ⓑ 외상매출액 : 상품 등을 판매하여 외상매출금 금액을 증가된 금액

(차) 외상매출금(자산)　10,000,000　　(대) 상품매출(수익)　10,000,000

ⓒ 회수액 : 외상매출금에 대해서 현금 등으로 회수한 금액

(차) 현금/받을어음　8,000,000　　(대) 외상매출금　8,000,000

ⓓ 차기이월(기말) : 외상매출금을 미회수한 금액으로 재무상태표 외상매출금계정에 집계되고, 차기의 기초금액이 된다.

② 받을어음과 지급어음(**상거래채권 및 채무**)

상품이나 제품의 외상대금을 결제할 때 현금이나 수표에 의한 지급과 **어음에 의한 지급방법**이 있다.

어음이란 상품을 구입한 구매자가 일정기일에 대금을 판매자에게 지급하겠다고 약속하는 증서이다.

받을어음이란 회사가 상품을 판매하고 어음수령 한 경우에 어음상의 채권을 말한다.

지급어음이란 회사가 상품을 구입하고 어음을 발행한 경우에 어음상의 채무를 말한다.

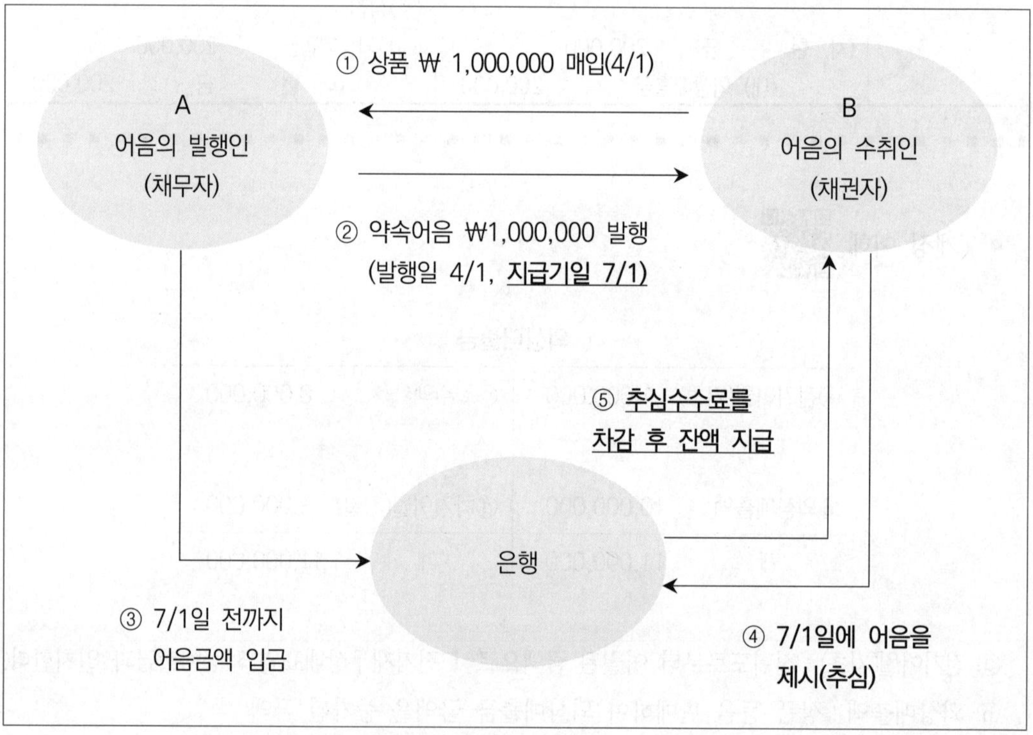

㉠ 어음의 양도

어음의 소지인은 만기일 전에 **어음상의 권리를 자유로이 타인에게 양도**할 수 있다.
어음을 양도할 때 어음 뒷면에 필요사항을 기입하고 서명날인 하는 것을 배서라고 한다.

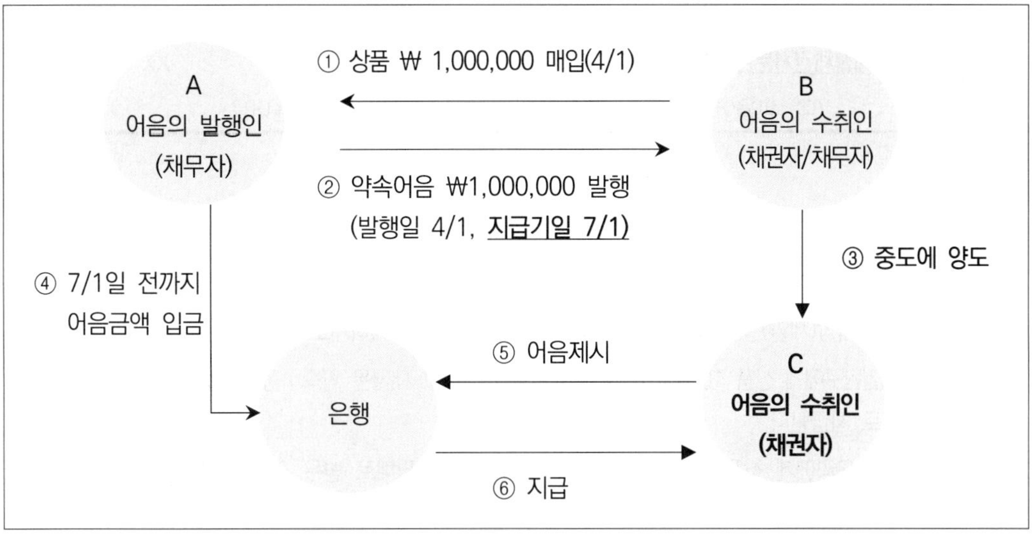

㉡ 어음의 추심위임배서

은행이 어음 소지인의 의뢰를 받아 어음을 지급인에게 제시하여 지급하게 하는 것을 어음추심이라 한다. 어음을 추심의뢰할 때에도 어음에 배서를 하여야 하는데 이것을 추심위임배서라 하고, 은행은 일정액의 추심수수료를 지급받게 되는데, **추심수수료는 영업상의 거래에 해당하므로 수수료비용(판매비와 관리비)**로 처리한다.

㉢ 어음의 할인

기업의 자금이 부족한 경우에는 소지하고 있는 어음을 만기일 전에 금융기관에 선이자(할인료)와 수수료를 공제하고 대금을 받을 수 있는데 이를 어음의 할인이라고 한다.
어음을 할인한 경우(매각거래일 경우) 할인료와 수수료는 매출채권처분손실이라는 영업외비용으로 처리한다.

[어음의 할인 및 추심]

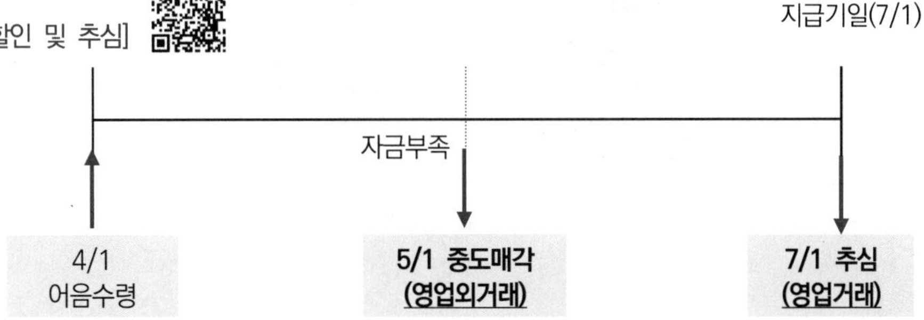

〈어음의 매각 및 추심〉

	중도매각(매각거래)	추심(만기)
	<u>할인료</u>	<u>추심수수료</u>
성격	**영업외거래(영업외비용)**	**영업거래(판관비)**
회계처리	(차) 현 금 XX **<u>매출채권처분손실(영 · 비)</u>** XX (대) 받을어음 XX	(차) 현 금 XX **<u>수수료비용(판)</u>** XX (대) 받을어음 XX

<예제 2 - 7> 어음거래(약속어음)

레고상사와 거래상대방(제일완구, 하이모리) 거래에 대하여 각각 분개하시오.

1. 3월 10일 제일완구에게 상품 100,000원을 외상으로 판매하고 대금은 약속어음(발행일 3월 10일 만기일 : 6월 10일)으로 지급받다
2. 3월 20일 하이모리에게 상품 200,000원을 구입하면서 상품판매로 받은 어음(발행인 ㈜묘향)을 배서양도하다.
3. 3월 30일 상품판매로 받은 어음(발행인 ㈜섬진)이 만기가 되어 추심수수료 1,000원을 제외한 999,000원이 당좌예금계좌로 입금되다.
4. 5월 1일 단기 자금부족으로 인하여 3월 15일에 ㈜금강으로부터 받은 어음을 국민은행에 할인하고 할인료 10,000원을 제외한 90,000원이 보통예금통장에 입금되다. 매각거래로 회계처리하세요.

해답

1.	레고상사	(차) 받 을 어 음	100,000원	(대) 상 품 매 출	100,000원
	제일완구	(차) 상 품	100,000원	(대) 지 급 어 음	100,000원
2.	레고상사	(차) 상 품	200,000원	(대) 받 을 어 음	200,000원
	하이모리	(차) 받 을 어 음	200,000원	(대) 상 품 매 출	200,000원
3.(추심)		(차) 당 좌 예 금 **<u>수수료비용</u>** **<u>(판 관 비)</u>**	999,000원 **1,000원**	(대) 받 을 어 음	1,000,000원
4.(매각거래)		(차) 보 통 예 금 **<u>매출채권처분손실</u>** **<u>(영 업 외 비 용)</u>**	90,000원 **10,000원**	(대) 받 을 어 음	100,000원

③ 미수금과 미지급금(**상거래이외 채권 및 채무**)

상품의 매매 등 일반적 상거래에서 발생한 채권, 채무에 대해서는 매출채권과 매입채무라는 계정을 사용하지만 **그 이외의 거래에서 발생하는 채권, 채무**는 미수금이나 미지급금 계정을 사용한다.

즉, 미수금, 미지급금이란 토지, 건물, 비품 등을 구입하거나 처분하는 과정에서 발생하는 채권, 채무에 사용된다. 비록 **토지 등(유형자산등)을 구입하거나 처분 시에 어음을 지급하거나 수취하더라도 지급어음이나 받을어음계정을 사용해서는 안되고 미수금, 미지급금 계정을 사용하여야 한다.**

<예제 2 - 8> 상거래이외 채권 및 채무

레고상사와 거래상대방(㈜현대자동차, 하이모리) 거래에 대하여 각각 분개하시오.

1. 3월 10일 ㈜현대자동차로부터 차량을 10,000,000원에 구입하고, 8,000,000원은 당좌수표를 발행하여 주고, 잔액은 다음달 말일까지 주기로 하다.
2. 3월 20일 하이모리(영업목적으로 구입)에게 회사의 영업목적으로 사용하던 토지(장부가액 3,500,000원) 중 일부를 5,000,000원에 처분하고 1,000,000원은 자기앞수표로 받고, 잔액은 다음달 말일에 받기로 하다.

해답

1.	레고상사	(차) 차량운반구	10,000,000원	(대) 당좌예금	8,000,000원
				미지급금	2,000,000원
	㈜현대자동차	(차) 현금	8,000,000원	(대) 제품매출	10,000,000원
		외상매출금	2,000,000원		
		☞ ㈜현대자동차는 제조기업이므로 제품매출(수익)과 상거래채권인 외상매출금을 사용한다.			
2.	레고상사	(차) 현금	1,000,000원	(대) 토지	3,500,000원
		미수금	4,000,000원	유형자산처분익 (영업외수익)	1,500,000원
		☞ 처분손익＝처분가액(5,000,000)－장부가액(3,500,000)＝1,500,000(처분이익)			
	하이모리	(차) 토지	5,000,000원	(대) 현금	1,000,000원
				미지급금	4,000,000원

(5) 대손회계

기업이 보유한 모든 채권을 100% 회수한다는 것은 거의 불가능하다. 채무자의 부도, 파산, 사망 등으로 어느 일정 정도 회수 불가능한 위험을 가지고 있다. 만약 채무자의 파산, 부도 등의 사유로 회수가 불가능하게 된 경우를 "**대손**"이라고 한다.

☞ 파산 : 개인이나 기업이 재산을 모두 날려버리고 망함.

레고상사의 20x1 5월 1일 현재 외상매출금(전년도 발생)이 1건 있고 회수가 불가능해졌다고 가정하자.

부분 재무상태표

레고상사 20×1. 5.01

외상매출금 1,000,000	

회사는 회수불가능 외상매출금을 제거하고 비용처리하여야 한다.

(차) 대손상각비(판관비) 1,000,000원 (대) 외상매출금 1,000,000원

이러한 회계처리 방법을 **<u>직접상각법</u>**이라고 한다.

<예제 2 - 9> 대손회계1(직접상각법)

레고상사는 스마트폰을 판매하는 기업이다. 다음 거래에 대하여 분개하시오.

1. 1월 10일 ㈜금강에게 상품을 100,000원에 외상판매하고 다음달 말일에 받기로 하다.
2. 1월 20일 ㈜섬진에게 상품을 200,000원에 외상판매하고 대금은 약속어음(만기 3월20일)으로 수취하다.
3. 1월 30일 ㈜금강의 파산으로 외상대금을 대손처리하기로 하다. 직접상각법으로 비용처리하시오.
4. 2월 10일 ㈜섬진의 부도로 인하여 수취한 어음에 대해 대손처리하기로 하다. 직접상각법으로 비용처리하시오.

해답

1.	(차) 외 상 매 출 금	100,000원	(대) 상 품 매 출	100,000원
2.	(차) 받 을 어 음	200,000원	(대) 상 품 매 출	200,000원
3.	(차) 대 손 상 각 비 (판)	100,000원	(대) 외 상 매 출 금	100,000원
4.	(차) 대 손 상 각 비 (판)	200,000원	(대) 받 을 어 음	200,000원

그러나 기업회계기준에서 대손에 관한 회계처리는 **<u>충당금설정법(보충법)</u>**으로 회계처리하도록 규정하고 있다. **충당금설정법은 재무상태표일(보고기간말) 매출채권잔액으로부터 회수불가능채권을 추정하여 이 추정금액을 대손금충당금으로 설정하고 동시에 이를 비용(대손상각비)으로 회계처리하는 방법**이다.

즉, 회사는 20x0년 12월 31일 외상매출금에 대해서 대손예상액을 추정하여 비용처리하여야 한다. 만약 회사가 300,000원을 대손추정했다고 가정하자.

(차)	대손상각비(판)	300,000원	(대) 대손충당금	300,000원

그러면 외부에 공시되는 재무제표에는 다음과 같이 표시된다.

부분 재무상태표

레고상사　　　　　　　　　　　　　　　　　　　　20×0.12.31.

외상매출금	1,000,000		
대손충당금	<u>(300,000)</u>	700,000	

채권의 순실현가액(장부가액)

( ),△은 음수를 표시하는 것으로서 대손충당금은 대변금액이다.

그리고 20x1년 5월 1일 대손처리시에는 먼저 인식한 비용인 대손충당금을 우선 상계시키고, 대손충당금이 부족시에는 차액을 비용처리하면 된다.

(차)	대손충당금	300,000원	(대) 외상매출금	1,000,000원
	대손상각비(판관비)	700,000원		

[직접상각법 VS 충당금설정법]

	직접상각법		충당금 설정법	
	20x0년	20x1년	20x0년	20x1년
재무상태표				
- 외상매출금	1,000,000	0	1,000,000	0
대손충당금	<u>0</u>		<u>(300,000)</u>	
	1,000,000		**700,000**	
손익계산서				
1. 매 출 액	1,000,000		**1,000,000**	
----------				
9. 대손상각비(판)	0	1,000,000	**300,000**	700,000

충당금설정법이 직접상각법과 비교할 때 다음과 같은 장점을 가지고 있다.

1. 기말 현재 매출채권에 대하여 대손상각비를 비용으로 인식하기 때문에
   수익비용대응원칙에 충실하다.
2. ***매출채권을 회수가능액으로 표현***하기 때문에 더 유용한 정보를 제공한다.

그리고 모든 채권에 대해서 보고기간말 마다 회수가능성을 판단하여 대손충당금을 설정해야 한다.

부분 재무상태표

레고상사 20×1.12.31.

외상매출금	100,000		
대손충당금	(10,000)	90,000	
받을어음	200,000		
대손충당금	(20,000)	180,000	← 순실현가액(장부가액)
미수금	300,000		
대손충당금	(30,000)	270,000	

- **대손추산액(대손충당금)** : 기말 채권 잔액 중 회수가 불가능할 것으로 예상하는 금액 결국 기말 대손충당금계정으로 재무상태표에 매출채권을 차감 표시된다.
- **대손상각비** : 대손충당금의 설정으로 인한 당기비용 설정액

① 대손확정시 회계처리

㉠ 대손충당금 계정잔액이 충분한 경우

(차) 대손충당금	×××	(대) 외상매출금(받을어음)	×××

㉡ 대손충당금 계정잔액이 부족한 경우

(차) **대손충당금(우선상계)**	×××	(대) 외상매출금(받을어음)	×××
대손상각비(판)	×××		

② 대손처리한 채권의 회수 시 회계처리

대손처리한 채권이 나중에 회수된 경우가 있다. 이 경우에 당기에 대손처리 한 경우와 전기 이전에 대손처리 한 매출채권을 현금으로 회수한 경우 모두 동일하게 회계처리하면 된다.

왜냐하면 기말에 대손추산액을 계산 시 보충법으로 대손상각비를 계상하기 때문에 자연스럽게 대손상각비를 감소시키는 효과를 가져오기 때문이다.

- 대손분개취소

(차) ~~매 출 채 권~~	×××	(대) 대손충당금	×××

- 채권회수분개

(차) 현 금	×××	(대) ~~매 출 채 권~~	×××

상기 두 분개는 하나의 분개로 나타낼 수 있는데,

(차) 현 금	**×××**	**(대) 대손충당금**	**×××**

③ 기말대손충당금의 설정(기말수정분개)

기업회계기준에서는 보충법을 원칙으로 하고 있다. 보충법이란 기말 매출채권잔액에 대손추정율을 추정하여 대손추산액을 구하고 여기에 기 설정된 대손충당금잔액을 뺀 나머지 금액을 추가로 비용처리(대손상각비)하는 것을 말한다.

기말 설정 대손상각비 = <u>기말매출채권잔액 × 대손추정율</u> – 설정 전 대손충당금잔액
(대손추산액)

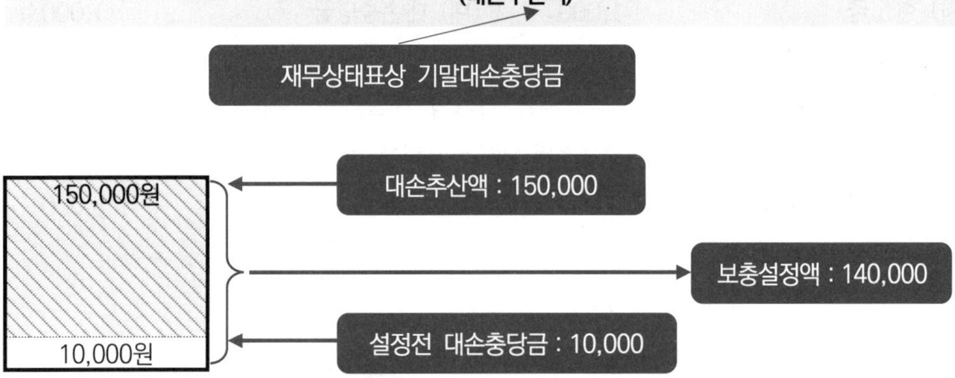

	결산수정분개
기말대손추산액 〉 설정전 대손충당금잔액	(차) 대손상각비(판관비) ××× (대) 대손충당금 ×××
기말대손추산액 〈 설정전 대손충당금잔액	(차) 대손충당금 ××× (대) **대손충당금환입(판관비)** ×××

■ T계정 이해

대손충당금

ⓑ대손	7,000	ⓐ전기이월(기초)	10,000
		ⓒ회수(현금)	1,000
ⓓ차기이월(기말)	9,000	ⓔ설정액	5,000
계	16,000	계	16,000

ⓐ 전기이월(기초) : 전년도로부터 이월된 금액으로서 전기재무상태표의 대손충당금과 일치한다.

ⓑ 대손 : 매출채권의 회수 불가능

(차) 대손충당금(자산차감항목) 7,000 (대) 외상매출금(자산) 7,000

ⓒ 회수 : 대손처리한 금액의 회수

(차) 현 금 1,000 (대) 대손충당금 1,000

ⓓ 차기이월(기말) : 대손추산액으로 일반적으로 기말매출채권잔액에 대손추정율을 곱하여 계산한다. 이러한 대손충당금 기말 금액은 차기의 기초금액이 된다.

ⓔ 설정액 : 보충법에 의하여 추가로 설정된 대손상각비를 말한다.

(차) 대손상각비(판) 5,000 (대) 대손충당금 5,000

④ 대손상각비 구분

채권구분		성격	비용구분	계정과목(설정)
매출채권	**외상매출금**	**영업거래**	**판매비와 관리비**	**대손상각비**
	받을어음			
기타채권	대여금	영업외거래	영업외비용	기타의 대손상각비
	미수금			

<예제 2 - 10> 대손회계2

다음은 레고상사의 거래내역이다. 다음의 거래를 분개하고 기말 부분재무상태표와 대손충당금 T계정을 작성하시오. 20×1년 기초 외상매출금에 대한 대손충당금은 100,000원이다.

1. 3월 15일 외상매출금 중 150,000원이 대손 확정되었다.
2. 3월 31일 전기에 대손처리 한 외상매출금중 80,000원이 현금 회수되었다.
3. 4월 30일 외상매출금 중 40,000원이 대손 확정되었다.
4. 12월 31일 기말 외상매출금잔액이 20,000,000원인데 대손추정율을 2%로 추산하였다.

해답

1.	(차) 대손충당금[*1] 대손상각비	100,000원 50,000원	(대) 외상매출금	150,000원
	*1.대손충당금을 우선상계하고 부족한 경우에는 대손상각비로 처리한다.			
2.	(차) 현 금	80,000원	(대) 대손충당금	80,000원
3.	(차) 대손충당금	40,000원	(대) 외상매출금	40,000원
4.	(차) 대손상각비	360,000원[*1]	(대) 대손충당금	360,000원
	<u>*1.기말 설정 대손상각비 = 기말외상매출금잔액 × 대손추정율 – 설정전 대손충당금</u> = 20,000,000 × 2% – 40,000 = 360,000			

부분 재무상태표

레고상사 20X1.12.31.

외상매출금	20,000,000		
대손충당금	(400,000)	19,600,000	

대손충당금

1.외상매출금	100,000	기초잔액	100,000
3.외상매출금	40,000	2.현 금	80,000
기말잔액	400,000	4.대손상각비	360,000
계	540,000	계	540,000

대손추산액 (→ 기말잔액 400,000)

당기 대손상각비 = 대손추산액 – 설정전대손충당금 (→ 4.대손상각비 360,000)

<예제 2 - 11> 대손회계3

다음은 레고상사의 기말 수정전시산표를 조회한 결과이다. 기말채권잔액 잔액에 대하여 2%의 대손추산액을 계상한다. 기말 결산수정분개를 하시오.

합계잔액시산표(수정전)

제×기 : 20×1년 12월 31일 현재

차변		계정과목	대변	
잔액	합계		합계	잔액
10,000,000	20,000,000	외상매출금	10,000,000	
	200,000	대손충당금	250,000	50,000
20,000,000	35,000,000	받을어음	15,000,000	
	100,000	대손충당금	450,000	350,000

해답

1. 당기 대손상각비 계산

계정과목	기말잔액(A)	대손추산액 (B = A X 2%)	설정전 대손충당금(C)	당기대손상각비 (B – C)
외상매출금	10,000,000	200,000	50,000	150,000
받을어음	20,000,000	400,000	350,000	50,000

2. 기말결산수정분개

외상매출금	(차) 대손상각비(판)	150,000원	(대) 대손충당금(외상)	150,000원
받을어음	(차) 대손상각비(판)	50,000원	(대) 대손충당금(받을)	50,000원

3. 수정후합계잔액시산표

합계잔액시산표(수정후)

제×기 : 20×1년 12월 31일 현재

차변		계정과목	대변	
잔액	합계		합계	잔액
10,000,000	20,000,000	외상매출금	10,000,000	
	200,000	대손충당금	400,000	**200,000**
20,000,000	35,000,000	받을어음	15,000,000	
	100,000	대손충당금	500,000	**400,000**

외상매출금 기말잔액의 2%
받을어음 기말잔액의 2%

연/습/문/제

분개연습

[1] 운동랜드에 상품 5,000,000원을 매출하고 대금 중 3,000,000원은 동점 발행 약속어음(만기일 : 3개월 이내)으로 받고, 잔액은 1개월 후에 받기로 하다.

[2] 하늘상사의 외상매출금 중 600,000원과 영일상사의 외상매출금 중 500,000원을 회수하여 보통예금에 입금하다.

[3] 거래처 정선스포츠에 상품을 판매하고 수취한 받을어음 5,000,000원이 만기가 되어 당좌예금계좌에 입금되다.

[4] 지성상사로부터 전년도 외상매출금 미수액 중 2,000,000원을 보통예금 통장으로 입금받다.

[5] 천호상사에 외상매입금 3,000,000원을 보통예금에서 계좌이체하다.

[6] 보람여행사에 여행사 경품용 가방 5,000,000원을 매출하고 대금은 동점발행어음(만기 3개월)으로 받다. 매출시 발생한 운임 50,000원은 당점이 부담하기로 하고 현금으로 지급하다.

[7] 영우상사에서 받아 보관중인 약속어음(만기 1년) 2,000,000원을 은행에서 할인하고 할인료 150,000원을 차감한 잔액이 보통예금계좌로 입금되다(매각거래로 처리할 것).

[8] 양산기업에 대한 받을어음 20,500,000원이 만기가 도래하여 추심수수료 500,000원을 차감한 금액이 국민은행 보통예금 통장에 입금되다.

[9] 제일문구에서 상품인 아동용 문구 500,000원을 매입하고 대금은 소유하고 있던 삼미상사 발행의 약속어음을 배서양도하다.

[10] 구몽상사의 외상매입금 2,000,000원을 지급하기 위하여, 일몽상사로부터 매출대금으로 받은 약속어음을 배서양도하다.

[11] 명품식당의 파산으로 인하여 외상매출금 530,000원이 회수불가능하여 대손처리하다. 단, 대손처리 시점의 대손충당금 잔액은 180,000원이라 가정한다.

[12] 대손충당금은 기말 외상매출금 잔액, 기말 받을어음 잔액에 대하여 1%를 보충법으로 설정하다. 다음은 합계잔액시산표를 조회한 결과이다.

<u>합계잔액시산표(수정전)</u>

제×기 : 20×1년 12월 31일 현재

차 변		계정과목	대 변	
잔 액	합 계		합 계	잔 액
10,000,000	20,000,000	외 상 매 출 금	10,000,000	
	200,000	대 손 충 당 금	250,000	50,000
20,000,000	35,000,000	받 을 어 음	15,000,000	
	100,000	대 손 충 당 금	220,000	120,000

객관식

01. 다음 계정과목 중 대손충당금 설정 대상으로 적절하지 않은 것은?

① 미지급금 ② 받을어음 ③ 외상매출금 ④ 단기대여금

02. 다음 중 대손처리할 수 없는 계정과목은 어느 것인가?

① 받을어음 ② 미수금 ③ 선수금 ④ 외상매출금

03. 대손충당금을 설정할 경우의 거래내용과 회계처리가 적절하지 않은 것은?

거래내용	회계처리			
① 대손충당금 잔액이 없을 경우 :	(차) 대손상각비	×××	(대) 대손충당금	×××
② 대손예상액 〉 대손충당금잔액 :	(차) 대손상각비	×××	(대) 대손충당금	×××
③ 대손예상액 = 대손충당금잔액 :	(차) 대손상각비	×××	(대) 대손충당금	×××
④ 대손예상액 〈 대손충당금잔액 :	(차) 대손충당금	×××	(대) 대손충당금환입	×××

04. 다음 중 상품을 외상 및 어음으로 매입, 매출시 발생하는 계정과목이 아닌 것은?

① 외상매출금 ② 외상매입금 ③ 받을어음 ④ 미지급금

05. 다음 중 받을어음계정을 대변에 기입하는 거래내용은?

① 외상매출대금을 타인발행 약속어음으로 받은 경우
② 외상매입대금을 타인에게 받았던 약속어음으로 지급한 경우
③ 발행하였던 약속어음이 만기가 되어 현금으로 지급한 경우
④ 상품을 매입하고 약속어음을 발행하여 지급한 경우

06. 다음 설명 중 옳은 것은?

① 대손상각비는 상품매입의 차감적 평가계정이다.
② 대손충당금은 손익계산서에 표시된다.
③ 외상매입금에 대하여 대손충당금을 설정할 수 있다.
④ 대손충당금은 채권에 대한 차감적 평가계정이다.

07. 다음 계정 기입에 대한 설명으로 옳은 것만을 〈보기〉에서 있는 대로 고른 것은?

대손충당금

3/15	외상매출금	100,000원	1/ 1	전기이월	200,000원
			4/10	현 금	50,000원
			12/31	대손상각비	120,000원

보기	
	ㄱ. 당기 중 대손확정액은 50,000원이다. ㄴ. 재무상태표에 표시되는 대손충당금은 270,000원이다. ㄷ. 손익계산서에 표시되는 대손상각비는 120,000원이다.

① ㄱ, ㄴ ② ㄱ, ㄷ ③ ㄴ, ㄷ ④ ㄱ, ㄴ, ㄷ

08. 다음 중 외상매출금에 대한 계정기입의 설명으로 틀린 것은?

외상매출금

2/11	상품매출	4,000,000원	3/5	받을어음	500,000원
			5/11	대손충당금	700,000원
			6/2	보통예금	1,000,000원

① 2/11 상품을 4,000,000원에 매출하고, 대금은 외상으로 하다.
② 3/5 상품을 500,000원에 매출하고, 대금은 거래처에서 발행한 어음으로 받다.
③ 5/11 거래처 부도로 외상매출금 700,000원에 대해 회수불능되어 대손처리하다.
④ 6/2 거래처 외상매출금 1,000,000원이 보통예금계좌에 입금되다.

주관식

01. 다음 중 재무상태표에 매출채권으로 계상되는 금액은?

• 외상매출금	100,000원	• 받을어음	50,000원	• 단기대여금	30,000원
• 미수금	20,000원	• 선급금	10,000원	• 미수수익	10,000원

02. 다음 자료는 대명가구의 거래내역이다. 기말 현재 재무상태표에 계상될 매출채권은 얼마인가?

- 기초 매출채권 500,000원
- 미래상사에게 침대를 200,000원에 판매하고 어음을 받다.
- 부천유통에게 책상을 300,000원에 판매하고 100,000원은 현금으로, 200,000원은 어음을 받다.
- 기말 현재 어음의 만기일은 도래하지 않다.

03. 다음 매출처원장을 이용하여 산출한 외상매출금 미회수액은?

〈매출처원장〉

오산상회

8/ 1 전월이월	100,000	9/20 현 금	400,000
8/15 매 출	700,000		

화성상회

8/ 1 전월이월	500,000	9/17 당좌예금	900,000
8/15 매 출	1,000,000		

04. 기말의 외상매출금계정의 잔액은 2,000,000원이며, 이 중 2%가 대손될 것으로 추산된다. 기말 현재 대손충당금계정의 잔액이 22,000원일 때 추가로 설정해야 할 대손충당금은 얼마인가?

05. 다음 자료에서 20×1년말 대손충당금 추가설정액은 얼마인가? 단, 대손충당금은 매출채권 잔액의 1%를 설정하며, 전기회수불능채권은 대손충당금으로 상계처리한 것으로 가정한다.

- 20×1. 1. 1 : 대손충당금 이월액 : 1,200,000원
- 20×1. 7. 1 : 전기회수불능채권 현금회수액 : 200,000원
- 20×1.12.31 : 매출채권잔액 : 200,000,000원

06. 다음 자료에서 당기 중에 외상으로 매출한 금액은 얼마인가?

- 외상매출금 기초잔액 : 100,000원
- 외상매출금 당기회수액 : 400,000원
- 외상매출금 중 에누리액 : 20,000원
- 외상매출금 기말잔액 : 80,000원

07. 다음 자료로 당기 외상매출금 발생액을 구하면 얼마인가?

- 기초 외상매출금 : 2,300,000원
- 당기 외상매출금 회수액 : 2,900,000원
- 기초 대손충당금 : 0원
- 기말 대손충당금 : 11,000원
- 대손율 : 1%

연/습/문/제 답안

분개연습

[1]	(차) 받 을 어 음(운동랜드)	3,000,000	(대) 상 품 매 출	5,000,000
	외상매출금(운동랜드)	2,000,000		
[2]	(차) 보 통 예 금	1,100,000	(대) 외상매출금(하늘상사)	600,000
			외상매출금(영일상사)	500,000

☞ 프로그램에서 채권, 채무계정은 거래처별로 잔액을 관리한다. 따라서 채권채무계정에는 반드시 거래처를 별도 입력해야 한다.

[3]	(차) 당 좌 예 금	5,000,000	(대) 받 을 어 음(정선스포츠)	5,000,000
[4]	(차) 보 통 예 금	2,000,000	(대) 외상매출금(지성상사)	2,000,000
[5]	(차) 외상매입금(천호상사)	3,000,000	(대) 보 통 예 금	3,000,000
[6]	(차) 받을어음(보람여행사)	5,000,000	(대) 상 품 매 출	5,000,000
	운 반 비(판)	50,000	현 금	50,000
[7]	(차) 보 통 예 금	1,850,000	(대) 받 을 어 음(영우상사)	2,000,000
	매출채권처분손실(영)	150,000		

☞ 매출채권의 매각거래는 영업외거래에 해당한다.

[8]	(차) 보 통 예 금	20,000,000	(대) 받 을 어 음(양산기업)	20,500,000
	수수료비용(판)	500,000		

☞ 매출채권의 추심은 영업거래에 해당되어 추심수수료는 판매비와관리비로 회계처리한다.

[9]	(차) 상 품	500,000	(대) 받 을 어 음(삼미상사)	500,000
[10]	(차) 외상매입금(구몽상사)	2,000,000	(대) 받 을 어 음(일몽상사)	2,000,000
[11]	(차) 대손충당금(외상)	180,000	(대) 외상매출금(명품식당)	530,000
	대손상각비(판)	350,000		

☞ 대손충당금을 우선 상계하고 부족분은 비용처리한다.

[11] (차) 대손충당금(외상) 180,000 (대) 외상매출금(명품식당) 530,000
대손상각비(판) 350,000

☞ 대손충당금을 우선 상계하고 부족분은 비용처리한다.

[12] (차) 대 손 상 각 비 (판) 130,000 (대) 대손충당금(외상) 50,000
대손충당금(받을) 80,000

계정과목	기말잔액(A)	대손추산액 (B = A × 1%)	설정전 대손충당금(C)	당기대손상각비 (B - C)
외상매출금	10,000,000	100,000	50,000	50,000
받 을 어 음	20,000,000	200,000	120,000	80,000

객관식

1	2	3	4	5	6	7	8
①	③	③	④	②	④	③	②

[풀이 - 객관식]

01. 대손충당금은 회사가 보유하고 있는 채권에 대하여 설정하는 것으로, 미지급금은 부채계정으로 대손충당금을 설정하지 않는다.

02. **대손처리는 채권만** 해당한다. 선수금은 채무이므로 대손처리할 수 없다.

03. 대손추산액(기말대손충당금)과 설정전 대손충당금 금액이 같으면 기말에 추가설정할 대손충당금은 없음.

04. ① 외상매출금은 상품을 외상으로 매출한 경우 사용하는 계정
② 외상매입금은 상품을 외상으로 매입하고 사용하는 계정
③ 받을어음은 상품을 외상으로 매출하고 약속어음을 받은 경우 사용하는 계정
④ 미지급금은 재고자산이외의 물품을 구매하고 대금을 나중에 지급하는 경우 사용하는 계정

05. ① 받을어음/외상매출금, ② 외상매입금/받을어음, ③ 지급어음/현금, ④ 상품/지급어음

06. **대손충당금은 채권에 대한 차감적 평가계정으로 재무상태표에 표시**된다.

07. 3/15 (차) 대손충당금 100,000 (대) 외상매출금 100,000으로 당기 중 대손확정액은 100,000원이다.

08. 3/5 외상매출금 500,000원에 대하여 거래처 어음으로 회수하다.
(차) 받을어음 500,000 (대) 외상매출금 500,000

주관식

1	150,000원	2	900,000원	3	1,000,000원
4	18,000원	5	600,000원	6	400,000원
7	1,700,000원				

[풀이 - 주관식]

01. 외상매출금 100,000원+받을어음 50,000원=150,000원

02. 매출(어음수령)=미래상사(200,000)+부천유통(200,000)=400,000원

매출채권

기초잔액	500,000	회 수 액	0
매출(발생액)	400,000	***기말잔액***	***900,000***
계	900,000	계	900,000

03. 400,000원(오산상회)+600,000(화성상회)=1,000,000원

오산상회

8/ 1 전월이월	100,000	9/20 현 금	400,000
8/15 매 출	700,000	**기말잔액**	**400,000**
계	800,000	계	800,000

화성상회

8/ 1 전월이월	500,000	9/17 당좌예금	900,000
8/15 매 출	1,000,000	**기말잔액**	**600,000**
계	1,500,000	계	1,500,000

04. 추가설정대손충당금=기말대손추산액(2,000,000×2%)-설정전 대손충당금 잔액(22,000)
=18,000원

05. 기말대손충당금잔액=매출채권잔액×대손추산율=200,000,000원×1%

대손충당금

대손		기초	1,200,000
		회수	200,000
기말	2,000,000	**설정(?)**	**600,000**
계	2,000,000	계	2,000,000

06.

외상매출금

기초잔액	100,000원	회수액	400,000원
당기외상매출(?)	**400,000원**	에누리액	20,000원
		기말잔액	80,000원
	500,000원		500,000원

07. 기말대손충당금 = 기말 외상매출금 × 대손율(1%) = 11,000원 → 기말 외상매출금 : 1,100,000원

외상매출금

기초잔액	2,300,000	회 수 액	2,900,000
매출(발생액)	**1,700,000**	기말잔액	1,100,000
계	4,000,000	계	4,000,000

(6) 기타의 당좌자산

① 미수수익(VS 미지급비용)

발생주의에 따라 인식한 수익의 당기 기간경과분에 대한 수익으로서 아직 현금으로 미수취한 경우에 당기에 수익을 가산하는 동시에 **미수수익(당좌자산)**으로 계상하여야 한다**(인위적인 회계기간이 있기 때문에 발생주의에 따라 비록 현금을 수취하지 않았다 하더라도 당기의 수익으로 인식해야 한다).**

예를 들어 20×1년 10월 1일 만기 1년으로 연 이자율 6%의 조건으로 1,000,000원의 정기예금에 가입하였다고 가정하면, 만기(20×2년 10월 1일)에 정기예금 가입금액 1,000,000원과 이자금액 60,000원을 수취하게 된다.

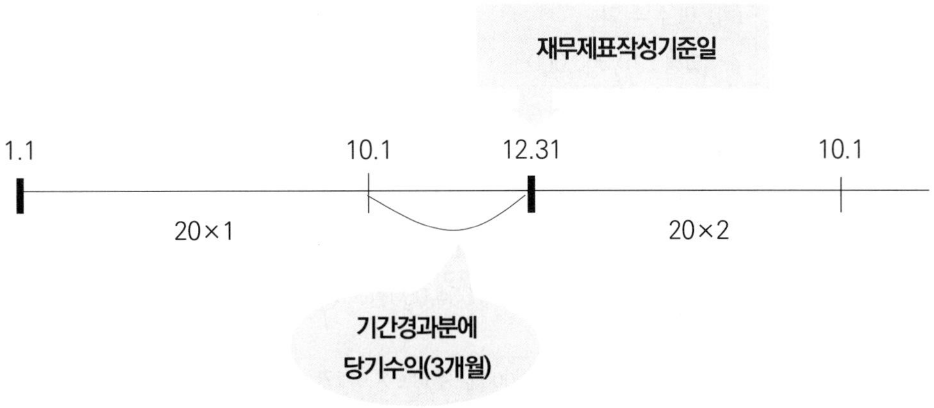

따라서 12월 31일에 기간경과 분(10월 1일부터 12월 31일까지)에 대하여 수익을 인식하여야 한다. 왜냐하면 발생주의 원칙에 따라 올해 발생된 수익을 인식하여야 하기 때문이다.

20×1년 12월 31일 결산수정분개는 다음과 같다.

(차) 미 수 수 익(자산)	15,000원	(대) 이 자 수 익	15,000원

경과 분 이자수익은 60,000원×3개월/12개월=15,000원

또한 채무자인 은행도 마찬가지로 발생주의 원칙에 따라 발생된 비용을 인식하여야 한다.

(차) 이 자 비 용	15,000원	(대) 미지급비용(부채)	15,000원

<예제 2 - 12> 손익의 발생

레고상사와 거래상대방(제일완구, 하이모리)의 거래내역을 각각 분개하시오.

1. ×1년 12월 31일 거래처인 제일완구에 대여한 금액에 대하여 당기분 경과이자를 인식하다(대여금액 10,000,000원, 대여일 7월 1일 연이자율 10% 월할계산할 것).
2. ×1년 12월 31일 거래처인 하이모리의 차입금에 대하여 당기분 경과이자를 인식하다 (차입금액 20,000,000원, 차입일 10월 1일 연이자율 5% 월할계산할 것).
3. ×2년 7월 1일 거래처인 제일완구로부터 1년분이자 1,000,000원을 현금수령하다.

해답

1.	레고상사	(차) 미 수 수 익	500,000원	(대) 이 자 수 익	500,000원
		수익발생 : 10,000,000원 × 10% × 6개월/12개월			
	제일완구	(차) 이 자 비 용	500,000원	(대) 미지급비용	500,000원
2.	레고상사	(차) 이 자 비 용	250,000원	(대) 미지급비용	250,000원
		☞비용발생 : 20,000,000원 × 5% × 3개월/12개월			
	하이모리	(차) 미 수 수 익	250,000원	(대) 이 자 수 익	250,000원
3.	레고상사	(차) 현 금	1,000,000원	(대) 미 수 수 익 이 자 수 익	500,000원 500,000원*1
		*1 당기수익발생 : 10,000,000원 × 10% × 6개월/12개월			
	제일완구	(차) 미지급비용 이 자 비 용	500,000원 500,000원	(대) 현 금	1,000,000원

② 선급비용(VS 선수수익)

발생주의에 따라 당기에 선 지급한 비용 중 차기비용으로서 차기 이후로 이연할 금액을 말한다. 즉, **당기에 지출한 비용 중 내년도 비용은 결산일 기준으로 자산에 해당**된다.

예를 들어 20×1년 10월 1일 창고 화재보험료를 1년분 보험료 1,200,000원을 미리 지급한 경우 지급시 회계처리는 다음과 같다.

(차) 보 험 료 1,200,000원 (대) 현 금 1,200,000원

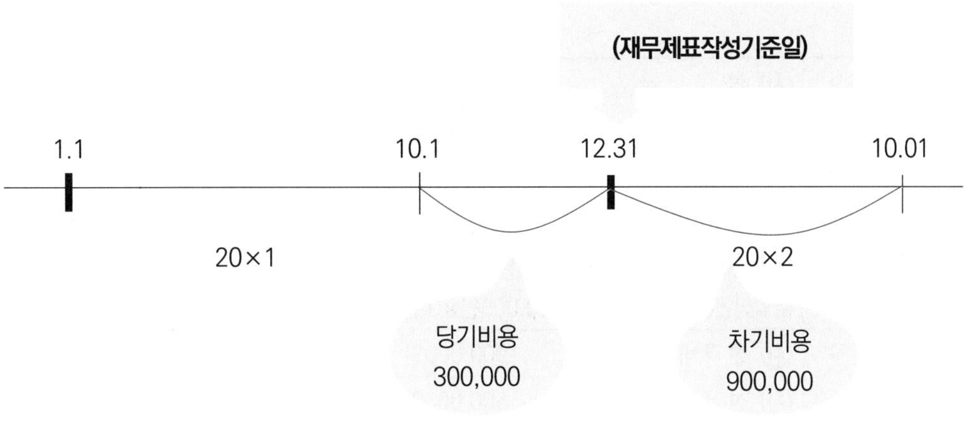

결산일(12월 31일) 시점에서 보면 내년도 보험료 900,000원은 유동자산에 해당한다. 따라서 12월 31일에 기간미경과분에 대한 비용을 자산으로 수정분개하여야 한다. 20×1년 12월 31일 결산수정분개는 다음과 같다.

(차) 선 급 비 용(자산)	900,000원	(대) 보 험 료	900,000원

또한 보험회사의 입장에서 보면,
10월 1일 수령한 현금을 전액 수익(보험료)으로 인식했다면

(차) 현 금	1,200,000원	(대) 수익(보험료)	1,200,000원

12월 31일 올해의 수익(보험료)만 인식하는 결산분개를 행해야 한다.

(차) 수익(보험료)	900,000원	(대) 선 수 수 익(부채)	900,000원

<예제 2 - 13> 손익의 이연

레고상사와 거래상대방(제일완구)의 거래내역을 각각 분개하시오.

1. 10월 1일 건물 중 일부를 제일완구에 임대(임대기간 1년)하면서 1년분 임대료 1,200,000원을 현금으로 받고 임대료로 회계처리하다. 제일완구는 비용으로 회계처리하다.
2. 11월 1일 창고건물에 대해서 화재보험에 가입하면서 1년치 보험료 600,000원을 현금지급하면서 비용 처리하다.
3. 12월 31일 임대료와 보험료에 대하여 발생기준에 따라 결산수정분개를 하다.

해답

1.	레고상사	(차) 현 금 1,200,000원	(대) 임대료(영 · 수) 1,200,000원
	제일완구	(차) 임 차 료(판) 1,200,000원	(대) 현 금 1,200,000원
2.	레고상사	(차) 보 험 료(판) 600,000원	(대) 현 금 600,000원
3.	레고상사	(차) 임대료(영 · 수) 900,000원	(대) 선 수 수 익 900,000원
		당기수익(임대료) : 1,200,000원×3개월/12개월=300,000원 수익이연(선 수 수 익) : 1,200,000원×9개월/12개월=900,000원	
	제일완구	(차) 선 급 비 용 900,000원	(대) 임 차 료(판) 900,000원
3.	레고상사	(차) 선 급 비 용 500,000원	(대) 보 험 료(판) 500,000원
		당기비용(보험료) : 600,000원×2개월/12개월=100,000원 비용이연(선급비용) : 600,000원×10개월/12개월=500,000원	

레고상사		당 기	차 기(손익의 이연)	
임대료 (수익)	1,200,000 (x1.10.1~x2.9.30)	300,000(임대료) (x1.10.1~x1.12.31)	900,000(선수수익) (x2. 1.1~x2.9.30)	수익의 이연
보험료 (비용)	600,000 (x1.11.1~x2.10.31)	100,000(보험료) (x1.11.1~x1.12.31)	500,000(선급비용) (x2. 1.1~x2.10.31)	비용의 이연

〈손익의 이연과 발생 : 손익의 결산정리〉

손익의 이 연	선급비용	발생주의에 따라 올해 지급한 비용 중 차기 비용	**비용의 이연**
	선수수익	발생주의에 따라 올해 수취한 수익 중 차기 수익	**수익의 이연**
손익의 발 생	미수수익	발생주의에 따라 올해 수익 중 받지 못한 수익	**수익의 발생**
	미지급비용	발생주의에 따라 올해 비용 중 지급하지 않은 비용	**비용의 발생**

③ 선급금(vs 선수금)

일반적 상거래에 속하는 재고자산의 구입 등을 위하여 선 지급한 계약금을 말한다. 장차 재고자산 등이 납품되면 재고자산으로 대체 정리될 잠정적인 재화나 용역에 대한 청구권을 내용으로 하는 채권계정이다.

<예제 2 - 14> 선급금(선수금)

레고상사와 거래상대방(제일완구)의 거래내역을 각각 분개하시오.

1. 1월 31일 거래처인 제일완구에서 상품 10,000,000원을 구입하기로 계약하고 상품대금의 10%를 계약금으로 현금지급하다.
2. 2월 10일 제일완구로부터 상품을 인도받고 나머지 잔금을 보통예금통장에서 이체하다. 제일완구는 상품매출에 해당한다.

해답

1.	레고상사	(차) 선 급 금	1,000,000원	(대) 현 금	1,000,000원
	제일완구	(차) 현 금	1,000,000원	(대) 선 수 금	1,000,000원
2.	레고상사	(차) 상 품	10,000,000원	(대) 선 급 금 보통예금	1,000,000원 9,000,000원
	제일완구	(차) 선 수 금 보통예금	1,000,000원 9,000,000원	(대) 상품매출	10,000,000원

④ 가지급금과 가수금

㉠ 가지급금

회사에서 미리 지급한 금액 중 계정과목이나 금액이 미 확정시 그 내역을 파악할 때까지 일시적으로 처리해두는 계정이다. 회사에서 출장 전에 여비를 미리 개략적으로 계산하여 선지급하고, 출장 후 정산하는 경우가 있다. 이렇게 출장비를 선 지급한 금액이 어떤 용도에 사용될지, 금액이 얼마나 될지 명확하게 모르기 때문에 일시적인 자산계정인 가지급금계정에 기록한다.

㉡ 가수금

회사에 입금된 금액 중 계정과목이나 금액이 미확정시 그 내역을 파악할 때까지 일시적으로 처리해 두는 계정이다. 추후 입금된 내역이 확정시 해당 본 계정으로 회계처리 하여야 한다. **재무상태표 작성기준 중 이러한 임시계정은 외부에 공시되는 재무상태표에 표시되어서는 안 된다.**

<예제 2 - 15> 가지급금/가수금

레고상사의 거래내역을 분개하시오.

1. 3월 15일 사원 홍길동의 대전에 출장을 보내면서 출장비 명목으로 100,000원을 현금 지급하다.
2. 3월 31일 사원 홍길동이 출장 후 출장비를 정산한바 숙박비 40,000원, 교통비 50,000원을 사용하고 나머지 10,000원은 현금으로 반환하다.
3. 4월 15일 당사의 보통예금 계좌에 300,000원이 입금되었는데, 내역을 확인할 수 없다.
4. 4월 30일 300,000원의 내역을 확인한바 (주)한라의 외상매출금 100,000원과 상품매출계약금 200,000원으로 확인되다.

해답

1.	(차) 가지급금	100,000원	(대) 현 금	100,000원
2.	(차) 여비교통비(판) 현 금	90,000원 10,000원	(대) 가지급금	100,000원
3.	(차) 보통예금	300,000원	(대) 가 수 금	300,000원
4.	(차) 가 수 금	300,000원	(대) 외상매출금 선 수 금	100,000원 200,000원

⑤ 소모품

소모성 비품 구입에 관한 비용으로서 사무용품, 소모공구 구입비 등 **회사가 중요성에 따라 자산으로 처리하는 것**을 말한다. 소모품비는 비용이고 소모품은 자산에 해당한다.

중요성

특정회계정보가 정보이용자의 의사결정에 영향을 미치는 정도를 말한다.

특정정보가 생략되거나 잘못 표시될 경우 정보이용자의 판단이나 의사결정에 영향을 미칠 수 있다면 그 정보는 중요한 것이다. 이러한 정보는 금액의 대소로 판단하지 않고 정보이용자의 의사결정에 영향을 미치면 중요한 정보가 되는 것이다. 예를 들어 어느 기업의 소모품비와 같은 소액의 비용을 자산으로 처리하지 않고 발생즉시 비용으로 처리하는 것은 정보이용자 관점에서 별로 중요하지 않기 때문에 당기 비용화하는 것이다.

<예제 2 - 16> 소모품/소모품비

레고상사의 거래내역을 분개하시오.

1. 7월 15일 사무용소모품을 1,000,000원을 구입하고 대금은 외상으로 하였다.
   (비용으로 처리하시오.)
2. 12월 31일 소모품비로 계상된 금액 중 기말 현재 미사용액은 200,000원이다. 결산수정분개를 하시오.

해답

1.	(차) 소모품비(판)	1,000,000원	(대) 미지급금	1,000,000원
2.	(차) 소모품(자산)	200,000원	(대) 소모품비(판)	200,000원

〈합계잔액시산표〉

차 변		계 정 과 목	대 변	
잔 액	합 계		합 계	잔 액
		당 좌 자 산		
200,000	200,000	소 모 품		
		판 매 비 와 관 리 비		
800,000	1,000,000	소 모 품 비	200,000	

☞ **구입시 자산(소모품)으로 처리했다고 가정하면,**

7/15	(차) 소모품	1,000,000원	(대) 미지급금	1,000,000원
12/31	(차) 소모품비(판)	800,000원	(대) 소모품	800,000원

[최종결과]

구 입		당기 비용	자 산
사무용소모품	1,000,000	800,000(소모품비)	200,000(소모품)

연/습/문/제

분개연습

[1] 상품 배송용 화물차에 대한 자동차 종합보험을 수원화재에 가입하고 1년분 보험료 1,200,000원을 현금으로 지급하다.(단, **보험료 지급은 자산**으로 처리할 것).

[2] 한일전자에서 사무용 컴퓨터를 외상으로 780,000원에 구입하고 회사는 소모품비로 회계처리하기로 한다.

[3] 기말 창고를 조사한 결과, 영업부에서 사용한 소모품 130,000원이 남았다. 단, 소모품을 구입하는 시점에서 모두 비용으로 계상하였다.

[4] 7월 25일 업무차 출장한 사원의 출장여비로 계산하여 지급하였던 150,000원에 대해 교통비 75,000원, 숙박비 50,000원, 기타제경비 40,000원으로 정산하고, 출장비 초과분은 현금으로 지급하다.

[5] 결산시 임차료 900,000원은 당해년도 9월부터 내년도 2월분까지이다(월할계산하여 비용을 이연하시오).

[6] 우민상사로부터 차입(단기차입금 7,000,000원, 연이자율 6%, 차입일 당기 12월 1일, 차입기간 6개월, 이자는 차입시점에서 선지급하고 비용처리함)하면서 지급한 이자 중 기간미경과액이 있다(단, 월할 계산하시오).

[7] 결산시 대여금에 대한 이자수익 중 300,000원을 차기로 이연하다.

[8] 12월분 급여 24,000,000원을 12월말에 지급하려 하였으나 회사의 자금 사정으로 다음달 10일에 지급하기로 하였다(단, 부채계정은 미지급비용을 사용할 것).

[9] 사원 강은비의 출장비로 현금 100,000원을 우선 개산하여 지급하고, 출장비사용명세서를 받아 출장비를 정산키로 하다.

[10] 결산시 단기대여금에 대한 당기 기간 경과분에 대한 이자미수액 80,000을 계상하다(이자수령일은 다음연도 1월 20일이다).

[11] 동일상사에서 상품 1,500,000원을 매입하고, 8월 30일 지급한 계약금(300,000원)을 제외한 금액은 1개월 후에 지급하기로 하다.

객관식

01. 다음 중 유동자산으로만 짝지어진 것은?

① 비품, 받을어음 ② 상품, 선급금 ③ 건물, 외상매출금 ④ 현금, 임차보증금

02. 당좌자산에 대한 설명으로 가장 올바르지 않는 것은?

① 유동자산 중 판매과정을 거치지 않고 바로 현금화할 수 있는 자산이다.
② 현금계정에서 처리되는 것에는 보험증권, 주식, 상품권도 포함된다.
③ 미수수익, 미수금, 선급금은 항목이 중요한 경우에는 재무제표에 개별 표시한다.
④ 단기투자자산은 기업의 단기 유동성을 파악하는데 중요한 정보이기 때문에 당좌자산 내에 별도 항목으로 표시할 수 있다.

03. 다음 계정들의 성격이 알맞지 않은 것은?

① 선 수 금 - 감소시 차변계정 ② 선 급 금 - 감소시 차변계정
③ 단기차입금 - 증가시 대변계정 ④ 미 수 금 - 증가시 차변계정

04. 다음 중 비용의 이연에 해당하는 계정과목은?

① 선수수익 ② 미지급비용 ③ 선급비용 ④ 미수수익

05. 손익에 관한 결산정리 중 수익의 이연에 해당하는 계정과목은?

① 선급보험료 ② 미수이자 ③ 미지급비용 ④ 선수수익

06. 다음 (가)와 (나)에 해당하는 계정과목을 〈보기〉에서 찾아 바르게 짝지은 것은?

손익의 발생	수익의 발생	(가)
	비용의 발생	(나)

〈보기〉

ㄱ. 선수수익 ㄴ. 선급비용 ㄷ. 미수수익 ㄹ. 미지급비용

① (가) : ㄱ, (나) : ㄴ
② (가) : ㄱ, (나) : ㄹ
③ (가) : ㄴ, (나) : ㄷ
④ (가) : ㄷ, (나) : ㄹ

07. 소모품 계정에 기입된 내용에 대한 설명으로 옳은 것은?

소 모 품

12/1 현금	200,000	12/31 소모품비	140,000
		12/31 차기이월	60,000
	200,000		200,000

① 당월 소모품 사용액은 140,000원이다.
② 12월 1일 소모품 구입 시 비용으로 처리하였다.
③ 당월에 발생된 소모품비는 손익계정 대변으로 대체된다.
④ 결산 시 재무상태표에 표시되는 소모품은 200,000원이다.

08. 오성상사는 10월 1일에 보험료 48,000원의 1년 만기 화재보험에 가입하고, 가입과 함께 대금을 전액 현금으로 지급하였다. 10월 1일 경리부장인 김부장은 보험료 계정 차변에 48,000원, 현금 계정 대변에 48,000원을 기록하였다. 기말결산일인 12월 31일에 어느 계정에 대해 수정분개를 하여야 하는가?

① 현금　② 선수보험료　③ 미지급보험료　④ 보험료

09. 다음은 유동자산의 분류이다. (가)에 해당하는 계정과목으로 옳은 것은?

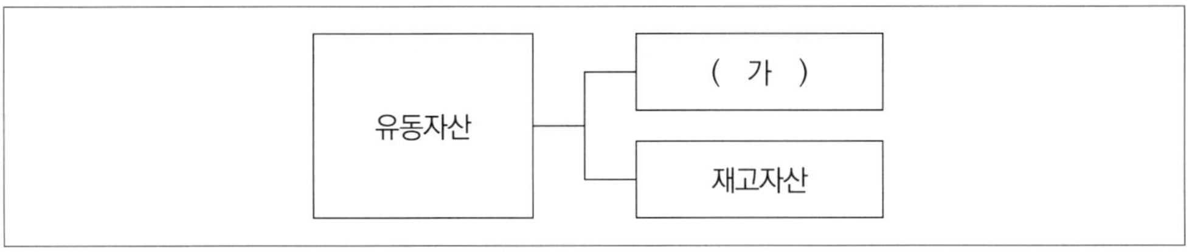

① 토지　② 상품　③ 미수금　④ 차량운반구

10. 다음 빈칸 안에 들어 갈 내용으로 알맞은 것은?

구 분	항 목	재무제표
단기매매증권평가손익	영업외손익	(가)
선급비용	(나)	재무상태표

① (가) 손익계산서 (나) 유동자산　② (가) 손익계산서 (나) 유동부채
③ (가) 재무상태표 (나) 유동자산　④ (가) 재무상태표 (나) 유동부채

11. 다음 기말 결산정리사항 중 "수익과 비용의 발생"에 해당하는 것으로 짝지어진 것은?

① 임대료 선수분 계상 및 임차료 선급분 계상
② 임대료 선수분 계상 및 임차료 미지급분 계상
③ 임대료 미수분 계상 및 임차료 선급분 계상
④ 임대료 미수분 계상 및 임차료 미지급분 계상

12. 다음 선급금계정에서 10월 6일 거래의 설명으로 옳은 것은?

선급금	
10/6 현 금　150,000	

① 상품을 주문하고 계약금을 지급하다.　② 상품을 주문받고 계약금을 받다.
③ 상품을 매입하고 계약금을 차감하다.　④ 상품을 매출하고 계약금을 차감하다.

주관식

01. 다음 (가)에 들어갈 계정과목으로 옳은 것은?

> 현금의 지출이 있었으나, 계정과목이나 금액이 미확정인 경우에는 (가)계정을 사용하여 일시적으로 처리한다.

02. 20x1년 9월 1일 보험료 1년분 120,000원을 현금으로 지급하고 보험료 계정으로 회계처리 한 경우 결산시(20x1년 12월 31일)에 선급비용 계정에 계산되는 금액은 얼마인가?

03. 기말 자산계정의 잔액이다. 재무상태표에 당좌자산으로 표시될 금액은?

> • 현 금 : 2,000원 • 보통예금 : 5,000원
> • 상 품 : 3,000원 • 외상매출금 : 3,000원
> • 받을어음 : 2,000원 • 비 품 : 1,000원

04. 다음 계정 기입에서 당기 소모품 미사용분의 금액은?

소 모 품 비

10/25 현 금	50,000	12/31 소 모 품	20,000
		12/31 손 익	30,000
	50,000		50,000

05. 다음 계정기입에서 당기 발생한 소모품비 총 금액은?

소모품비

10/1 현 금	700,000	12/31 소 모 품	500,000
		12/31 손 익	200,000
	700,000		700,000

06. 다음 계정 기입에서 당기 소모품 미사용분의 금액은?

소 모 품 (원)

10/25 현 금	50,000	12/31 소모품비	20,000
		12/31 차기이월	30,000
	50,000		50,000

연/습/문/제 답안

분개연습

[1] (차) 선급비용 1,200,000 (대) 현 금 1,200,000

☞ 자산처리시 선급비용, 비용처리시 보험료로 처리한다.

[2] (차) 소모품비(판) 780,000 (대) 미지급금(한일전자) 780,000

[3] (차) 소모품 130,000 (대) 소모품비(판) 130,000

☞ 구입시점 회계처리 : (차) 소모품비 xxx (대) 현 금 등 xxx

[4] (차) 여비교통비(판) 165,000 (대) 가지급금 150,000
현 금 15,000

[5] (차) 선급비용 300,000 (대) 임차료(판) 300,000

☞ 선급비용 : 900,000원 × 2개월/6개월 = 300,000원

[6] (차) 선급비용 175,000 (대) 이자비용 175,000

☞ 12월 1일 회계처리 (차) 이자비용 210,000 (대) 현 금 210,000
- 이자비용 : 7,000,000원×6%×6개월/12개월 = 210,000원
- 기간미경과액(선급비용) 210,000원×5개월/6개월 = 175,000원

[7] (차) 이자수익 300,000 (대) 선수수익 300,000

☞ 이자수익은 수익이므로 내년도 수익을 이연하라는 문제이다.

[8] (차) 급여(판) 24,000,000 (대) 미지급비용 24,000,000

[9] (차) 가지급금(강은비) 100,000 (대) 현 금 100,000

[10] (차) 미수수익 80,000 (대) 이자수익 80,000

[11] (차) 상 품	1,500,000	(대)	선급금(동일상사)	300,000
			외상매입금(동일상사)	1,200,000

객관식

1	2	3	4	5	6	7	8	9	10	11	12
②	②	②	③	④	④	①	④	③	①	④	①

[풀이 - 객관식]

01. 유동자산 : 현금, 받을어음, 상품, 선급금, 외상매출금
비유동자산 : 비품, 건물, 임차보증금

02. 보험증권은 보험료, 선급비용 등으로 표시할 수 있고, 주식은 보유목적에 따라 단기매매증권, 매도가능증권으로 분류하고, 상품권은 보유목적(기업업무추진비, 복리후생비 등)에 따라 적절한 계정과목으로 나타낼 수 있다.

03. 선수금과 단기차입금은 부채이고, 선급금과 미수금은 자산계정이다. 자산계정의 감소는 대변에 기록한다.

04,05. **선급비용은 비용의 이연, 선수수익은 수익의 이연, 미지급비용은 비용의 발생, 미수수익은 수익의 발생**에 해당된다.

06. 수익의 발생은 미수수익, 비용의 발생은 미지급비용이다.

07. 소모품은 자산이며 소모품비는 비용임.

12월 1일 분개 : (차) 소 모 품	200,000원	(대)	현 금	200,000원
12월 31일 분개 : (차) 소모품비	140,000원	(대)	소 모 품	140,000원

08.

10월 1일 (차) 보 험 료	48,000원	(대)	현 금	48,000원

선급비용 : 48,000원 × 9개월/12개월

12월 31일 (차) 선급비용	36,000원	(대)	보 험 료	36,000원

09. (가)는 당좌자산이다. 상품은 재고자산, 토지와 차량운반구는 유형자산이다.

10. 결산일 현재 **공정가치로 평가할 때 장부가액과의 차액은 단기매매증권은 영업외손익**(손익계산서계정), 선급비용은 유동자산(재무상태표 계정)으로 반영한다.

11. "발생"은 당해연도에 인식하지 않은 수익이나 현금으로 지급하지 않은 비용 중 당기에 속하는 수익과 비용을 의미한다. 미수수익은 수익의 발생, 미지급비용은 비용의 발생을 말한다.

12.

10/6 분개 (차) 선급금	150,000	(대)	현 금	150,000

주관식

1	가지급금	2	80,000원	3	12,000원
4	20,000원	5	200,000원	6	30,000원

[풀이 - 주관식]

02. 당기분 보험료 (당기 9월~12월 : 4개월)×10,000원=40,000원
선급보험료 (내년도보험료 : 차기 1월~8월 : 8개월)×10,000원=80,000원

03. 상품은 재고자산, 비품은 유형자산이다.

04. 10/25 : (차) 소모품비(판) 50,000원 (대) 현 금 50,000원
12/31 : (차) 소모품 20,000원 (대) 소모품비(판) 20,000원

05. 소모품 구입시
10/ 1 : (차) 소모품비 700,000원 (대) 현 금 700,000원
기말 결산시
12/31 : (차) 소 모 품 500,000원 (대) 소모품비 500,000원

06. 소모품 구입시(자산처리법)
10/25 : (차) 소모품 50,000원 (대) 현 금 50,000원
기말 결산시
12/31 : (차) 소모품비 20,000원 (대) 소모품 20,000원

2. 재고자산

기업이 영업활동과정에서 판매를 위해서 보유하고 있는 자산이다. 재고자산으로 분류되기 위해서는 영업활동과정에서 판매를 목적으로 소유하고 있어야 한다. 예를 들어 TV제조회사가 있는데 TV를 회의실에 사용하고 있다면 비품으로 분류되나 판매를 위하여 제품창고에 있다면 재고자산으로 분류한다.

또한 재고자산은 판매목적으로 보유하고 있는 자산이므로 정상적인 영업주기내에 판매될 것으로 예상되므로 유동자산으로 분류한다.

(1) 재고자산의 분류

① 상　품 : 정상적인 영업활동과정에서 판매를 목적으로 구입한 재화
② 제　품 : 판매목적으로 제조한 생산품
③ 반제품 : 자가제조한 중간제품과 부분품으로 **판매가 가능한 것**
④ 재공품 : 제품의 제조를 위하여 제조과정에 있는 것
⑤ 원재료 : 제품을 제조하고 가공할 목적으로 구입한 원료, 재료 등
⑥ 저장품 : 소모품, 수선용 부분품 및 기타 저장품 등
⑦ 미착(상)품 : 운송중에 있어서 아직 도착하지 않은 원재료(상품)를 말한다.

(2) 재고자산의 취득원가 결정

자산의 취득원가에는 그 자산을 취득하여 사용하기까지 투입되는 모든 비용을 포함한다. 따라서 재고자산의 취득원가에는 재고자산을 취득하여 사용하기까지 소요된 모든 지출액(매입부대비용)을 포함한다.

취득원가 = 매입가액 + 매입부대비용 – 매입환출 – 매입에누리 – 매입할인 등

① 매입부대비용

재고자산을 매입할 때 매입가액 이외에 추가적으로 발생하는 비용을 말한다.

매입운임, 매입수수료, 매입 시 보험료, 하역비 그리고 만약 해외로부터 수입 시 수입관세 및 통관수수료 등 이렇게 매입부대비용을 매입시점에 비용으로 처리하지 않고 재고자산의 취득원가에 가산하는 것은 수익비용대응원칙에 따른 것이다.

☞ 수입관세 : 상품 등을 수입시 자국의 산업보호 등을 위하여 국가에서 부과하는 세금
통관수수료 : 상품 등을 수입시 수입신고를 하여야 하는바 이에 따른 수수료를 말한다.

② 매입환출과 매입에누리

구매한 재고자산에 하자(불량, 수량부족 등)가 발생하여 매입한 재고자산을 판매처에 반품하는 것을 매입환출이라 하고 상기 사유로 인하여 가격을 할인해 주는 경우를 매입에누리라 한다.

③ 매입할인

구매자가 외상매입금을 조기에 지급한 경우 판매자가 가격을 할인해 주는 것을 말한다.

■ 매출환입, 매출에누리, 매출할인

매출환입이란 판매한 재고자산에 하자가 발생하여 매입자로 부터 반품을 받은 것을 말하고 매출에누리란 이러한 하자에 대하여 매입자에게 가격을 할인하여 주는 것을 말한다.

매출할인은 외상으로 판매한 매출채권을 매입자가 조기에 대금을 지불하는 경우 외상대금의 일부를 할인해 주는 것을 말한다.

외상거래에 있어서 매출할인의 조건을 보면 다음과 같다.

(2/10,n/30)의 조건으로 계약을 체결했다면 거래일로부터 10일 이내에 대금을 회수하는 경우 대금의 2%를 할인해주고 30일 이내에 대금회수를 완료해야 한다는 조건이다.

구 분		판매자		구매자	
		총매출액	100	총매입액	100
하 자 발 생	반 품 시	(-)매출환입	(5)	(-)매입환출	(5)
	가 격 에 누 리	(-)매출에누리	(10)	(-)매입에누리	(10)
조 기 결 제 에 따 른 할 인		(-)매출할인	(10)	(-)매입할인	(10)
운임(운반비)		운반비	판관비	(+)부대비용(운임)	5
		순매출액	75	순매입액	80

↑ 손익계산서상 매출액 ↑ 재고자산 취득가액

<예제 2 - 16> 재고자산

레고상사와 거래상대방(하이모리)의 거래내역을 각각 분개하시오.

1. 3월 15일 하이모리(도매업)에서 상품 100,000원(개당 10,000원)을 외상매입하고 운반비 20,000원은 배달업체에 자기앞수표로 지급하다.
2. 3월 20일 하이모리에서 구입한 상품 중 1개가 불량품이 발생하여 반품하다.
3. 3월 25일 하이모리의 외상매입금에 대하여 조기결제하여 1%의 할인을 받고 잔액은 보통예금으로 계좌 이체하다.

해답

1.	레고상사	(차) 상 품	120,000원	(대) 외상매입금 현 금	100,000원 20,000원
	하이모리	(차) 외상매출금	100,000원	(대) 상 품 매 출	100,000원
2.	레고상사	(차) 외상매입금	10,000원	(대) 매 입 환 출	10,000원
		☞ (차) 상 품 △10,000원 (대) 외상매입금 △10,000원도 가능하다.			
	하이모리	(차) 매 출 환 입	10,000원	(대) 외상매출금	10,000원
		☞ (차) 외상매출금 △10,000원 (대) 상 품 매 출 △10,000원도 가능하다.			
3.	레고상사	(차) 외상매입금	90,000원	(대) 매 입 할 인 보 통 예 금	900원[*1] 89,100원
	하이모리	(차) 보 통 예 금 매 출 할 인	89,100원 900원	(대) 외상매출금	90,000원
	***1. 매입할인 : 90,000원×1%**				

(3) 재고자산의 금액 결정

수량 × 단가 = 금액

- 수량
  1. 계속기록법
  2. 실지재고조사법
- 단가
  1. 개별법
  2. 선입선출법
  3. 평균법
  4. 후입선출법
  5. 소매재고법

1) 재고수량의 결정방법

재고자산의 수량을 결정하는 방법에는 계속기록법과 실지재고조사법이 있다.

① 계속기록법

상품의 매입 또는 판매가 있을 때마다 내역(수량, 단가)을 기록함으로써 당기의 매출수량과 기말재고 수량을 결정하는 방법이다.

기초재고수량 + 당기매입수량 – 당기매출수량 = 기말재고수량

즉, 계속기록법을 사용하면 기말재고수량은 장부상의 재고이고 창고 상에 몇 개의 재고가 남아 있는지 알 수 없다.

② 실지재고조사법

기말 창고에 실제 남아있는 상품의 수량을 카운트해서 당기 매출수량을 파악하는 방법이다.

기초재고수량 + 당기매입수량 – 기말재고수량 = 당기매출수량

③ 상호방법 비교

재 고 자 산

기초(1.1)	1,000개	매출수량 (1.1~12.31)	① 9,000개 ↓	② 10,000개 ↑
구입(1.1~12.31)	10,000개	기말재고 (12.31)	② 2,000개	① 1,000개
계(판매가능수량)	11,000개		계속기록법	실지재고조사법

계속기록법을 적용하면 매출수량이 정확하게 계산되고, 실지재고조사법을 적용하면 기말재고자산 수량이 정확하게 계산된다.

재고감모란 재고가 분실, 도난, 마모 등으로 인해 없어진 것을 재고감모라 하며 그 수량을 재고감모수량이라 한다.

재고감모수량 = 계속기록법하의 기말재고수량 – 실지재고조사법하의 기말재고수량

따라서 **계속기록법과 재고조사법을 병행하여 사용하는 것이 일반적이며, 이 경우 매출수량과 감모수량을 정확하게 파악할 수 있다.**

2) 기말재고단가의 결정(원가흐름의 가정)

기말재고금액은 재고수량에 재고의 단위당 원가로 결정된다.

따라서 기말재고수량에 적용할 단가를 어느 단가로 사용할지 문제가 된다.

이론적으로 재고자산에 꼬리표(가격표)를 붙여 일일이 확인하는 방법(개별법)이 가장 정확한 방법이지만 재고자산의 종류가 다양하고 구입과 판매가 빈번한 재고자산의 특성상 개별법으로 적용하기에는 어려움과 비용 상의 문제가 있다.

그래서 재고자산의 실제물량흐름과 관계없이 일정한 가정을 통하여 매출원가와 기말재고로 배분하는데, 개별법, 선입선출법, 후입선출법, 평균법 등이 있다.

① 개별법

재고자산이 판매되는 시점마다 판매된 재고자산의 단가를 정확히 파악하여 기록하는 방법으로 **가장 정확한 원가배분방법**이다. 이 배분방법은 재고자산이 고가이거나 거래가 빈번하지 않는 경우(보석, 골동품 등) 적용되어 왔으나, 기술의 발달로 바코드에 의한 재고자산의 관리가 가능하게 되어 대기업 등에서 적용하고 있다.

② 선입선출법(FIFO－first in, first out)

실제물량흐름과 관계없이 먼저 구입한 재고자산이 먼저 판매된 것으로 가정하는 방법이다. 대부분의 기업은 먼저 구입한 재고자산을 먼저 판매하는 것이 일반적이며, **재고자산의 진부화가 빠른 기업은 선입선출법을 적용**한다.

③ 평균법

실제물량흐름과 관계없이 재고자산의 원가를 평균하여 그 평균단가를 기준으로 배분하는 방법이다. 평균법에는 재고자산의 출고시마다 단가를 계속 기록하는 방법(계속기록법)인 이동평균법과 기말에 재고단가를 일괄하여 계산하고 기록(실지재고조사법)하는 방법인 총평균법이 있다. 주유소를 예로 들 수 있다.

④ 후입선출법(LIFO－last in, first out)

실제물량흐름과 관계없이 나중에 구입한 재고자산이 먼저 판매된 것으로 가정하는 방법이다. 대부분의 기업에서의 **실제물량흐름과 거의 불일치되고 일부 특수 업종에서 볼 수** 있다. 고물상, 석탄야적장 등을 예로 들 수 있다.

⑤ 소매재고법(매출가격환원법)

대형할인점의 경우 다양한 종류의 재고자산을 구매하고 판매량도 대량이다. 이런 경우에 재고자산의 취득단가를 각각 계산하는 것이 매우 어렵다. 따라서 기말재고의 매출가격에 원가율을 곱해서 기말재고를 추정하는 방법이 소매재고법이다. 일반적으로 유통업에서만 인정하는 방법이다.

■ 상품T계정 이해

상 품

ⓐ전기이월(기초)		1,000,000	ⓒ매출원가	8,000,000
ⓑ순매입액	**매입액**	**10,000,000**		
	매입운임	**30,000**		
	매입환출	**(10,000)**		
	매입에누리등	**(20,000)**	ⓓ차기이월(기말)	3,000,000
	계	**11,000,000**	계	11,000,000

판매가능상품 = 판매가능재고

상품매출원가 = 기초상품재고액 + 당기상품매입액 – 기말상품재고액

ⓐ 전기이월(기초) : 전년도로부터 이월된 금액으로서 전기재무상태표의 상품금액이다.

ⓑ 순매입액 등 : **<u>상품 총매입액중 매입환출, 매입에누리, 매입할인을 차감한 금액을 말한다.</u>**

(차) 상　　　품	10,000,000	(대) 현 금 등	10,000,000

ⓒ 매출원가 : 상품을 판매하고 상품의 원가를 비용인식한 금액을 말한다.

(차) 상품매출원가	8,000,000	(대) 상　　품	8,000,000

ⓓ 차기이월(기말) : 창고에 남아 있는 상품금액으로 재무상태표 상품계정에 집계되고, 차기의 기초상품금액이 된다.

<예제 2 - 17> 원가흐름의 가정

레고상사의 매입과 매출에 관한 자료이다. 선입선출법, 평균법, 후입선출법에 의한 매출원가와 기말재고금액을 계산하시오.

일자	구분	입고		출고	재고수량
		수량	단가	수량	
1. 1	기초재고	30	100		30
1.10	상품매입	70	110		100
1.31	상품판매			80	20

해답

판매가능재고 = 30개 × 100원 + 70개 × 110원 = 10,700원

구 분	판매가능재고 (a)	매출원가 (b)	기말재고 (a - b)
선입선출법	10,700원	30개 × 100원 + 50개 × 110원 = 8,500원	2,200원
평 균 법		80개 × 107원*1 = 8,560원 *1. 10,700원/100개 = 107원(입고단가)	2,140원
후입선출법		70개 × 110원 + 10개 × 100원 = 8,700원	2,000원

상 품(선입선출법)

기초(1.1)	30개 × @100	3,000 ❶	매출원가	30개 × @100	3,000
		❷		50개 × @110	5,500
매입	70개 × @110	7,700	기말(1.31)	20개 × @110	2,200
계(판매가능재고)		10,700	계		10,700

상 품(후입선출법)

기초(1.1)	30개 × @100	3,000 ❷	매출원가	70개 × @110	7,700
		❶		10개 × @100	1,000
매입	70개 × @110	7,700	기말(1.31)	20개 × @100	2,000
계		10,700	계		10,700

상 품(총평균법)

기초(1.1)	30개 × @100	3,000	매출원가	80개 × @107	8,560
		평균단가			
매입	70개 × @110	7,700	기말(1.31)	20개 × @107	2,140
계	*100개 @107*	10,700	계		10,700

(4) 재고자산의 회계처리(상품)

상품의 매매거래가 발생할 때 장부에 기록하는 방법에는

㉠ **상품의 입출고(매입, 매출)를 상품계정으로 단일 계정으로 처리하는 방법**

㉡ 상품계정을 상품(이월상품)계정, 매입계정, 매출계정의 3개로 분할하여 회계처리하는 방법이 있다.(3분법)

㉠ 방법은 상품을 판매할 때마다 판매된 상품의 원가를 일일이 확인해야 하는 불편한 점이 있다.

㉡ 3분법은 상품의 매매손익을 기말결산 시 일괄해서 처리하는 방법으로서 상품매입이 발생할 때마다 매입이라는 임시계정에 기록하고, 기말에 상품의 재고금액을 확인하여 매출원가로 일괄 대체시킨다. 매출계정은 당기 상품의 매출을 집계하여 매출액을 계산한다.

	상품단일계정	3분법
매입시	(차) 상품 ××× (대) 현금 ×××	(차) 매입 ××× (대) 현금 ×××
판매시	(차) 현금 ××× (대) 매출 ××× 매출원가 ××× 상품 ×××	(차) 현금 ××× (대) 매출 ××× -(분개없음)
결산시	별도의 회계처리 필요 없음	(차) 매입 ××× (대) 상품(기초) ××× 상품(기말) ××× 매입 ××× 매출원가 ××× 매입 ×××
결론	계속기록법으로 상품계정사용	실지재고조사법으로 기중에는 매입이라는 임시계정을 사용하고 기말에 매입잔액을 일괄적으로 매출원가로 대체시킴

소기업은 주로 상품이라는 단일 계정을 사용하다가 매출원가를 계속기록법에 의하여 회계처리하지 않고 기말에 상품재고를 파악해서 매출원가로 일괄대체시키고 있다.

전산회계 2급 시험에서 3분법에 관련된 문제가 나오면 '매입'이라는 계정과목 대신 '상품'으로 대체시켜서 문제를 해결하면 된다.

<예제 2 - 19> 재고자산1

다음 자료에서 매출원가 그리고 매출총이익은 얼마인가?

• 당기총매입액	500,000원	• 총매출액	860,000원
• 기초상품재고액	200,000원	• 매입에누리	30,000원
• 매입환출	40,000원	• 기말상품재고액	50,000원
• 매입운임	20,000원	• 매출할인	60,000원

해답

순매출액 = 총매출액 - 매출할인, 에누리, 환입 = 860,000 - 60,000 = 800,000원

상 품

기초상품	200,000	매출원가	600,000
총매입액	500,000		
매입에누리와환출	(70,000)		
매입운임	20,000	기말상품	50,000
계(판매가능재고)	650,000	계	650,000

손익계산서

Ⅰ. (순)매 출 액	800,000
Ⅱ. 매 출 원 가	600,000
Ⅲ. 총매출이익(Ⅰ - Ⅱ)	200,000

<예제 2 - 20> 재고자산2

기말재고실사 결과 상품재고액은 5,000,000원이다. 기말 결산 수정분개를 하시오.

수정전 합계잔액시산표

제×기 : 20×1년 12월 31일 현재

차 변		계정과목	대 변	
잔 액	합 계		합 계	잔 액
44,500,000	44,500,000	상 품		

해답

상 품(결산전)

기초상품	xxx	매출원가	?
총매입액	xxx	기말상품	5,000,000
계	44,500,000	계	44,500,000

매출원가 = 판매가능재고 - 기말상품재고액 = 44.500,000 - 5,000,000 = 39,500,000원

기말결산수정분개

(차) 상품매출원가 39,500,000 (대) 상 품 39,500,000

분식회계

자산이나 이익을 실제보다 과대하게 하여 재무제표상의 수치를 고의로 왜곡시켜 주주와 채권자들에게 허위 정보를 제공하여 그들에게 손해를 끼치는 것이다.

1. 재고자산의 과대계상
2. 매출액 및 매출채권의 과대계상
3. 대손충당금의 과소계상 등이 주로 이용하고 있다.

특히 재고자산은 이동성이 용이하여, 재고자산의 과대계상을 통하여 분식회계에 자주 이용된다.

재고자산

기초재고	매출원가 ⇩ 과소계상 ➡ 이익과대
	▲
당기매입	기말재고 ⇧ 과대계상
계	계

연/습/문/제

분개연습

[1] 제일문구에서 상품인 아동용 문구 500,000원을 매입하고 대금은 소유하고 있던 삼미상사 발행의 약속어음을 배서양도하다.

[2] 운동사랑에서 8월 30일 매입 계약한 상품을 인수하고, 계약금을 차감한 잔액 1,700,000원을 2개월 후에 지급하기로 하다. 단, 인수운임 20,000원은 현금으로 지급하다. 7월 15일 계약금 300,000원을 보통예금으로 송금하였다.

[3] 남문상사로부터 상품 1,000,000원을 외상으로 매입하고 운송비용 30,000원은 현금으로 지급하다.

[4] 가방닷컴에서 판매용 가방 2,000,000원을 매입하고, 대금 중 500,000원은 소유하고 있던 자기앞수표로 지급하고, 잔액은 1개월 후에 지급하기로 하다. 단, 인수운임 20,000원은 현금으로 지급하다.

[5] 남대문상사에서 상품판매용 전자기구 3,000,000원을 구입하면서 1개월전에 지급한 계약금(1,000,000원)을 차감한 잔액을 약속어음을 발행하여 지급하였다.

[6] 원덕상사에서 구입한 상품 중 불량품이 있어 200,000원을 외상대금과 상계처리하기 결정하였다. 음수로 회계처리하지 마십시오.

[7] 정일상사로부터 판매용 사무용품 5,000,000원을 외상으로 매입하고, 매입시 당사부담 운반비 50,000원을 한길택배에 현금으로 지급하다.

[8] 결산시 기말 상품재고액은 5,000,000원이다. 수정전 합계잔액시산표를 조회한 결과 상품 차변 잔액이 38,000,000원 이다. 결산 수정분개를 하시오.

[9] 거래처 푸른상사의 상품매출에 대한 외상대금 2,000,000원을 회수하면서 약정기일보다 빠르게 회수하여 2%를 할인해 주고, 대금은 보통예금 계좌로 입금받다.

[10] 상품 300,000원을 매입하고 대금은 당좌수표를 발행하여 지급하였다(단, 당좌예금 잔액은 100,000원이었고 국민은행과의 당좌차월계약 한도액은 500,000원이다).

객관식

01. 아래 내용의 (가)에 해당하는 계정과목으로 옳은 것은?

> 자산은 1년을 기준으로 유동자산과 비유동자산으로 구분되며, 유동자산은 당좌자산과 (가)으로 분류된다.

① 비품 ② 상품 ③ 외상매출금 ④ 차량운반구

02. 다음 설명에서 (가), (나), (다)를 바르게 나열한 것을 고르시오.

> (가) 매입시점에서 판매자가 값을 깎아 주는 것을 말한다.
> (나) 매입한 상품에 파손이나 결함이 있어 반환하는 것을 말한다.
> (다) 상품 구입대금을 조기에 지급함에 따라 판매자가 구입대금을 깎아주는 것을 말한다.

	(가)	(나)	(다)
①	매입에누리	매입환출	매입할인
②	매입할인	매입환출	매입에누리
③	매입에누리	매입할인	매입환출
④	매입할인	매입에누리	매입환출

03. 다음의 매출거래에 대하여 설명 한 것 중 옳은 것은?

• 매출 6,200,000원	• 매출할인 180,000원	• 매출에누리 200,000원

① 순매출액은 5,820,000원이다.
② 순매출액은 6,000,000원이고, 영업외비용은 180,000원이다.
③ 순매출액은 6,020,000원이고, 영업외비용은 200,000원이다.
④ 순매출액은 6,200,000원이고, 영업외비용은 380,000원이다.

04. 재고자산은 그 평가방법에 따라 금액이 달라질 수 있는데, 평가방법의 변경에 따른 기말재고자산금액의 변동이 매출원가와 매출총이익에 미치는 영향으로 올바른 것은?
① 기말재고자산금액이 증가하면 매출원가가 증가한다.
② 기말재고자산금액이 증가하면 매출총이익이 증가한다.
③ 기말재고자산금액이 감소하면 매출총이익이 증가한다.
④ 기말재고자산금액이 감소하면 매출원가가 감소한다.

05. 매입운임, 매입환출 및 에누리가 발생하였을 때 매입한 재고자산의 취득원가를 구하는 산식은?
① 재고자산의 취득원가 = 매입가격 + 매입운임 - 매입환출 및 에누리
② 재고자산의 취득원가 = 매입가격 + 매입운임 + 매입환출 및 에누리
③ 재고자산의 취득원가 = 매입가격 - 매입운임 - 매입환출 및 에누리
④ 재고자산의 취득원가 = 매입가격 - 매입운임 + 매입환출 및 에누리

06. 다음 중 재고자산 항목이 아닌 것은?
① 반제품 ② 저장품 ③ 재공품 ④ 정답없음

07. 기말 재고자산을 과대평가 하였을 때 나타나는 현상으로 옳은 것은?
① 매출원가 : 과대, 당기순이익 : 과대
② 매출원가 : 과대, 당기순이익 : 과소
③ 매출원가 : 과소, 당기순이익 : 과대
④ 매출원가 : 과소, 당기순이익 : 과소

08. 다음 대화에 나타낸 내용을 회계처리 한 것으로 옳은 것은? (단, 상품계정은 3분법으로 회계처리한다.)

> 사 장 : "총무부장님, 신입사원은 영업부서에 배치하고 당사에서 판매하는 책상(매입원가 200,000원, 판매가격 250,000원)을 지급하도록 하세요."
> 부 장 : "네, 사장님 이미 그렇게 하였습니다."

①	(차) 비 품	200,000	(대) 매 입	200,000
②	(차) 소모품비	250,000	(대) 상 품	250,000
③	(차) 소 모 품	200,000	(대) 소모품비	200,000
④	(차) 비 품	250,000	(대) 미지급금	250,000

09. 다음의 재고자산에 대한 설명 중 틀린 것은?

① 판매를 목적으로 보유하는 자산은 재고자산에 해당한다.

② 재고자산은 유동자산에 속하는 자산이다.

③ 재고자산은 취득원가를 장부금액으로 한다. 다만, 시가가 취득원가보다 낮은 경우에는 시가를 장부금액으로 한다.

④ 재고자산을 판매하기 위하여 발생하는 비용도 재고자산의 취득원가에 포함된다.

10. 다음 자료에 기초한 장보고회사의 매출원가와 매출총이익은 얼마인가?(단 재고의 흐름은 선입선출법을 적용하고 있다.)

> • 기초상품 : 100개(@2,000) • 당기상품매입 : 900개(@3,000)
> • 당기상품판매 : 800개(@4,000)

	매출원가	매출총이익		매출원가	매출총이익
①	1,600,000원	1,600,000원	②	2,300,000원	900,000원
③	2,400,000원	800,000원	④	2,400,000원	0원

11. 다음 중 재고자산으로 분류되는 것은?

① 투자 목적으로 취득한 건물

② 사무실에서 사용하는 책상과 의자

③ 부동산매매업자가 판매하기 위해 보유하고 있는 토지

④ 직원용 휴게실에 비치되어 있는 TV

12. 상품매입에 의한 매입에누리와 매입환출, 매입할인에 대한 올바른 회계처리방법은?

① 매입에누리와 매입환출, 매입할인 모두 총매입액에서 차감한다.
② 매입에누리는 수익처리하고, 매입환출은 외상매입금에서 차감한다.
③ 매입에누리와 매입환출은 총매입액에서 차감하고 매입할인은 수익처리한다.
④ 매입에누리와 매입환출, 매입할인 모두 수익처리한다.

13. 다음 자료에서 설명하는 자산은?

> 정상적인 영업과정에서 판매를 위하여 보유하거나 생산과정에 있는 자산 및 생산 또는 서비스 제공 과정에 투입될 상품이나 원재료의 형태로 존재하는 자산

① 재고자산　　② 현금및현금성자산
③ 유형자산　　④ 무형자산

14. 다음은 ○○상사의 분개장 일부이다. 10월 7일 '적요' 란 (가)의 내용으로 가장 적절한 것은?

분 개 장

날짜		적 요	원면	차 변	대 변
10	5	(현　　금)	1	800,000	
		(자 본 금)	7		800,000
		현금 출자 개업			
	7	(상　　품)	4	100,000	
		(현　　금)	1		100,000
		(　　가　　)			

① 업무용 책상 구입　　② 판매용 컴퓨터 구입
③ 장기투자 목적 토지 구입　　④ 대표자 개인용 승용차 구입

주관식

01. 다음 자료에서 상품 순매입액은 얼마인가?

- 구매수량 : 1,000개
- 단가 : 5,500원
- 운임 : 150,000원 당사가 부담함
- 매출처에서 계속적인 거래를 위하여 500,000원 할인해줌

02. 다음의 자료에 기초하여 상품의 취득원가를 계산하면 얼마인가?

- 매입상품 수량 : 120개
- 매입단가 : 3,000원
- 매입운반비 : 8,000원
- 매 입수수료 : 2,000원
- 매입후 판매시까지 발생한 창고보관료 : 5,000원

03. 주어진 자료에서 순매입액을 계산한 금액은 얼마인가?

매 입

이 월 상 품	8,000	외상매입금	2,000
현 금	25,000	이 월 상 품	5,000
외상매입금	20,000		

04. 다음 대화를 통해 상품 순 매입액을 구하면 얼마인가?

사 장 : 박부장! 소명상점에 주문한 상품이 들어왔습니까?
박부장 : 예, 8월 1일 갑상품 200개(개당단가 1,000원)가 들어와서 창고에 입고했습니다.
사 장 : 그럼 상품구입시 운임은 누구 부담인가요? 그리고 대금은 지불했습니까?
박부장 : 예, 상품대금중 50,000원은 현금지급하고, 나머지는 외상으로 하였습니다. 또 운임 30,000원은 상대방이 지불 하였습니다. 그리고 8월 20일에 갑상품 10개가 흠이 발견되어 반품시켰습니다. 그리고 약속기일(8월 31일)전인 8월 30일에 나머지 외상매입대금을 지급하고, 그 외상매입대금의 10%를 할인받았습니다.

05. 충청상사의 갑상품 거래내역이다. 갑상품의 월말재고액으로 얼마인가?(단, 선입선출법임)

- 월초재고 : 5개 @5,000원
- 당월 매입 : 8개 @6,000원
- 당월 매출 : 10개 @10,000원

06. 다음 자료에 의하여 기말상품 재고액을 계산하면?

- 당기상품 순매출액 : 150,000원
- 당기 매출총이익 : 80,000원
- 당기상품 순매입액 : 120,000원
- 기초상품 재고액 : 70,000원

07. 다음 자료에서 매출원가를 구하면 얼마인가?

- 기초상품재고액 : 1,500,000원
- 매 입 에 누 리 : 90,000원
- 당 기 매 입 액 : 3,000,000원
- 기말상품재고액 : 2,000,000원
- 매 입 운 임 : 200,000원
- 매 입 환 출 : 50,000원

08. 다음은 손익계산서의 일부이다. 빈 칸에 들어갈 (가), (나), (다)를 계산하시오.

구 분	20×0년	20×1년
매출액	110,000원	120,000원
기초상품재고액	12,000원	(나)
당기총매입액	94,000원	(다)
기말상품재고액	15,000원	16,000원
매출총이익	(가)	20,000원

연/습/문/제 답안

분개연습

[1]	(차) 상 품	500,000	(대)	받 을 어 음(삼미상사)	500,000
[2]	(차) 상 품	2,020,000	(대)	선 급 금(운동사랑)	300,000
				외상매입금(운동사랑)	1,700,000
				현 금	20,000
	☞ 계약금지급시 : (차) 선 급 금	300,000	(대)	보통예금	300,000
[3]	(차) 상 품	1,030,000	(대)	외상매입금(남문상사)	1,000,000
				현 금	30,000
[4]	(차) 상 품	2,020,000	(대)	현 금	520,000
				외상매입금(가방닷컴)	1,500,000
[5]	(차) 상 품	3,000,000	(대)	선 급 금(남대문상사)	1,000,000
				지 급 어 음(남대문상사)	2,000,000
[6]	(차) 외상매입금(원덕상사)	200,000	(대)	매입환출및에누리	200,000
	☞ 상품구입시 (차) 상 품	×××	(대)	외상매입금	×××
[7]	(차) 상 품	5,050,000	(대)	외상매입금(정일상사)	5,000,000
				현 금	50,000
[8]	(차) 상품매출원가	33,000,000	(대)	상 품	33,000,000
	☞ 상품매출원가 = 판매가능재고 - 기말상품재고액 = 38,000,000 - 5,000,000				
[9]	(차) 매출할인(상품매출)	40,000	(대)	외상매출금(푸른상사)	2,000,000
	보통예금	1,960,000			

[10]	(차) 상 품	300,000	(대)	당좌예금	100,000
				당좌차월/단기차입금	200,000

☞ 당좌예금잔액을 초과하여 인출한 금액은 당좌차월계정을 사용하고 결산시점에 단기차입금으로 변경한다.

객관식

1	2	3	4	5	6	7	8	9	10	11	12	13	14
②	①	①	②	①	④	③	①	④	②	③	①	①	②

[풀이 - 객관식]

03. 매출할인과 매출에누리는 매출에서 차감한다.

04. 기초재고+당기매입 - 기말재고=매출원가
기말재고금액의 증가는 매출원가의 감소를 초래하여 매출총이익이 증가한다.
또한 자산과 이익은 대차평균의 원리에 따라 비례관계를 가지고 있다.

06. 반제품, 저장품, 재공품은 모두 재고자산 항목임.

07. **대차평균의 원리에 의해서 자산과 이익은 비례관계**이다. 따라서 기말 재고자산의 과대평가시 당기순이익이 과대계상되며, 매출원가는 반대로 과소계상된다.

08. 본사에서 판매하는 상품으로 종업원에게 책상으로 제공하였기 때문에 비품 또는 소모품비로 회계처리하여야 한다. 그러나 상품계정은 3분법으로 회계처리한다고 문제에서 제시했으므로 대변에 매입이라는 계정이 나와야 한다. 또한 매입원가(취득원가)로 처리해야 한다.

09. 재고자산을 판매하기 위하여 발생하는 비용은 취득원가에 포함하지 않고 판매관리비로 처리한다.

10. 매출액=800개×@4,000=3,200,000원

상 품(선입선출법)

기초	100개	@2,000	200,000	매출원가	100개 700개	@2,000 @3,000	*2,300,000*
순매입액	900개	@3,000	2,700,000	기말			600,000
계	1,000개		2,900,000	계			2,900,000

매출총이익=매출액(3,200,000) - 매출원가(2,300,000)=900,000원

11. 판매용 목적일 경우 재고자산으로 분류한다.

12. 총매입액에서 매입에누리와 매입환출, 매입할인은 차감한다.

14. 업무용 책상은 '비품', 장기투자목적 토지는 '투자부동산', **대표자 개인용 승용차 구입은 '인출금'계정**으로 처리한다.

주관식

1	5,150,000원	2	370,000원	3	43,000원
4	176,000원	5	18,000원	6	120,000원
7	2,560,000원	8	(가) 19,000	(나) 15,000	(다)101,000

[풀이 - 주관식]

01. 1,000개×5,500원+150,000원(매입운임) - 500,000원(매입에누리) = 5,150,000원

02. 취득원가 = 매입가액 + 매입부대비용 = 3,000 × 120 + 8,000 + 2,000 = 370,000원

☞ 매입 후 창고보관료는 비용으로 처리한다.

03. 3분법의 매입계정이 나오면 상품으로 대체시켜서 문제를 푸십시오.

상　품

이 월 상 품(기초)	8,000	외상매입금	2,000
현　　　금	25,000	이 월 상 품(기말)	5,000
외상매입금	20,000		

따라서 상품의 순매입액 25,000원+20,000원 - 2,000원(매입환출) = 43,000원

04. 총매입액 = 200개 × 1,000원 = 200,000원

매입환출 = 10개 × 1,000원 = 10,000원

매입할인 = [200,000 - 50,000원(현금) - 10,000(매입환출)] × 10% = 14,000원

순매입액 = 200,000원 - 10,000원 - 14,000원 = 176,000원

05. 선입선출법은 먼저 매입한 상품이 먼저 매출되는 것으로 간주하여 상품의 인도단가를 결정하는 방법이며, 가장 최근에 매입한 상품이 월말 재고액으로 남는다.

갑상품 월말재고액 : 3개 × @₩6,000 = 18,000원

06.

매출액 – 매출원가 = 매출총이익
매출원가 = 150,000 – 80,000

상　품

기초상품	70,000	매출원가	70,000
순매입액	120,000	**기말상품(?)**	**120,000**
계	190,000	계	190,000

07.

상　품

기초상품	1,500,000	*매출원가(?)*	*2,560,000*
총매입액	3,000,000		
매입에누리/환출	△(90,000 + 50,000)		
매입운임	200,000	기말상품	2,000,000
계	4,560,000	계	4,560,000

08.

상 품(20x0년)

기초상품	12,000	매출원가	91,000
순매입액	94,000	기말상품	15,000
계	106,000	계	106,000

매출총이익(가) = 매출액 - 매출원가 = 110,000 - 91,000 = 19,000원

상 품(20x1년)

기초상품(나) **(20x0년 기말잔액)**	15,000	매출원가	100,000
순매입액(다)	**101,000**	기말상품	16,000
계	116,000	계	116,000

매출원가 = 매출액 - 매출총이익 = 120,000 - 20,000 = 100,000원

제2절 비유동자산

1년 이내에 현금화되는 자산을 유동자산이라 하는데, 유동자산 외의 자산을 비유동자산으로 구분한다.

비유동자산은 다시 투자자산, 유형자산, 무형자산, 기타비유동자산으로 구분한다.

1. 투자자산

기업은 영업활동을 통해서 창출된 수익 중 여유자금에 대하여 더 높은 수익을 얻기 위해서 예금이나 유가증권, 부동산에 투자한다. 이러한 자산을 투자자산이라 한다.

즉, 기업이 정상적인 영업활동과는 관계없이 **투자를 목적(시세차익)으로 보유하는 자산**을 투자자산이라 한다.

① 장기금융상품 : 정기예적금등 재무상태표일(결산일)로부터 만기가 1년 이내에 도래하지 않는 것을 말한다. 정기예적금 중 비유동자산에 해당하는 계정과목은 **장기성예금**을 선택하면 된다.

② 유가증권

③ 투자부동산 : **투자목적 또는 비영업용**으로 소유하는 토지나 건물을 말한다.

④ 장기대여금 : 대여금 중 만기가 1년 이내에 도래하지 않는 것

〈자산의 구분 : 부동산 취득시〉

취득목적	구 분
판매목적	재고자산(상품)
영업목적	유형자산(토지, 건물)
투자목적	투자자산(투자부동산)

2. 유형자산

유형자산이란 재화나 용역의 생산이나 제공 또는 판매, 관리 활동에 사용할 목적으로 보유하는 물리적 실체가 있는 자산이다.

즉, ① **물리적 실체가 있어야 한다.**

② **1년 초과 하여 사용할 것으로 예상되는 자산이다.**

③ **기업의 영업활동 목적에 사용하여야 할 자산이다.**

위의 세 가지 조건을 충족하면 유형자산으로 분류한다.

(1) 종류

① 토지

영업활동에 사용하고 있는 대지, 임야, 전·답을 말한다.

또한 토지는 가치가 하락하지 않으므로 **감가상각대상자산이 아니다.**

② 건물

사옥이나 공장, 창고 등 회사의 영업목적으로 보유하고 있는 자산을 말한다.

③ 구축물

건물이외 구조물을 말하며, 교량, 갱도, 정원설비 등이 포함된다.

④ 기계장치

제조업의 경우 가장 기본적인 자산으로서 제품을 생산하기 위한 각종 기계설비 등을 말한다.

⑤ 차량운반구

영업활동을 위해 사용하는 승용차, 트럭, 버스 등을 말한다.

⑥ 건설중인 자산

유형자산을 건설하기 위하여 발생된 원가를 집계하는 임시계정으로서 유형자산이 완성되어 영업에 사용될 때 건설중인자산의 금액을 해당 유형자산 계정과목으로 대체한다.

건설중인자산은 미완성상태의 자산으로서 아직 사용하지 않으므로 **감가상각대상자산이 아니다.**

⑦ 비품

사무용 비품으로 책상, 의자, 복사기, 컴퓨터 등을 말한다.

(2) 유형자산의 취득원가

유형자산을 취득하여 회사가 **영업목적으로 사용하기 전까지 소요되는 모든 부대비용을 포함**한다.

취득원가 = 매입가액 + 취득부대비용 – 매입할인 등

구입대금에 유형자산이 본래의 기능을 수행하기 까지 발생한 모든 부대비용을 포함한다. 부대비용에는 **설치장소 준비를 위한 지출, 운송비, 설치비, 설계와 관련하여 전문가에게 지급하는 수수료, 시운전비, 취득세 등 유형자산의 취득과 직접 관련되는 제세공과금 등이 포함**된다.

☞시운전비 : 자동차나 기계 따위를 새로 만들거나 고쳐서 사용하기 전에 시험 삼아 운전할 때 드는 비용

자산의 취득 및 보유에 따른 세금

1. 취득세 : 부동산 및 차량 등 과세물건의 취득에 대하여 그 취득자에게 과세하는 지방세
2. 등록면허세 : 재산권 등의 설정 사항 등을 공부에 등록하는 자에게 과세하는 지방세
3. 재산세 : 부동산등을 소유한 자에게 매년 부과하는 지방세
4. 자동차세 : 차량의 보유에 대해서 매년 부과하는 지방세

지방세	부과시점	회계처리
취득세/등록면허세	취득시점에 한번	자산(토지, 건물, 차량운반구)
재산세	매년	비용(세금과공과)
자동차세	매년	비용(세금과공과)

(3) 유형자산 취득 이후의 지출

기업이 유형자산을 취득하여 사용하는 기간 중에 해당 유형자산과 관련하여 각종 수선·유지를 위한 지출이 발생한다. 이 경우 기업회계기준에서는 자본적지출과 수익적지출로 분류하여 회계처리한다.

수익적지출은 수선비등의 적절한 계정과목으로 비용처리하며, 자본적 지출은 해당 유형자산의 취득원가를 구성하게 된다.

	자본적지출	수익적지출
정 의	① **미래의 경제적 효익을 증가 (자산가치 증가)시키거나** ② **내용연수를 연장시키는 지출**	**자본적지출 이외**
회계처리	해당 자산가액	**수선비등 비용처리**
예	(중앙)냉난방장치 설치, 건축물의 증축, 엘리베이터의 설치, 자동차 엔진교체 등	부속품의 교체, 건물의 도색, 건물의 유리교체, 자동차 타이어 · 배터리 교체, 에어컨 수리 등

(4) 유형자산의 감가상각

감가란 자산의 가치감소를 뜻하는 것이며, 유형자산의 감가상각이란 해당 유형자산의 취득원가를 효익을 제공받은 기간(내용연수)동안 체계적 · 합리적으로 비용 배분하는 것을 의미한다.

즉, **감가상각은 유형자산의 취득원가를 체계적 · 합리적으로 비용을 배분하는 것**을 말한다.

① 감가상각의 3요소

㉠ **취득원가**

유형자산의 취득원가는 매입가액과 그 부대비용을 말한다.

여기에 자본적 지출액이 있으면 포함한다.

㉡ **잔존가액**

유형자산의 경제적 효익이 끝나는 기간에 자산을 폐기하거나 처분할 때 획득될 것으로 추정되는 금액을 말한다.

여기에서 (취득원가 - 잔존가치)를 감가상각대상금액이라고 한다.

㉢ **추정내용연수**

유형자산이 영업활동에 사용될 것으로 기대되는 기간을 의미한다.

여기서 내용연수란 유형자산의 물리적 사용연수를 의미하는 것이 아니라, 기업이 수익획득과정에서 사용될 것으로 기대되는 기간으로 경제적 내용연수를 의미한다.

② 감가상각방법

㉠ 정액법

시간의 경과에 따라 감가상각대상금액(취득가액 - 잔존가치)을 경제적 내용연수 동안 매년 균등하게 비용으로 인식하는 방법이다.

감가상각비 = (취득가액 – 잔존가치) / 내용연수

정액법은 계산이 단순하고 사용하기 간편해서 실무에서 가장 많이 사용하는 방법이다.

㉡ 정률법

일반적으로 유형자산의 취득 초기에는 수선유지비가 적게 발생하고 사용기간이 경과할 수록 수선유지비가 많이 발생한다.

즉, 취득초기에는 자산의 효율성이 높아 수선비가 적게 발생되며, 취득 후반기에는 자산의 효율성이 떨어지고 수선비가 많이 발생한다.

따라서, 정률법은 취득 초기에 감가상각비를 많이 계상하고 후기에는 감가상각비를 적게 계상함으로써 수익 · 비용대응원칙에 부합된 방법이다.

감가상각비 = 장부가액(취득가액 – 기초감가상각누계액) × 상각율

$$상각율 = 1 - \sqrt[n]{\frac{잔존가치}{취득가액}} \quad (n : 내용년수)$$

㉢ 정액법과 정률법 하의 감가상각비 계산

취득가액을 1,000,000원 잔존가치를 100,000원으로 추정되고 추정 내용연수를 3년이라 가정하면 다음과 같이 감가상각비가 계산된다.

〈정액법〉

연간감가상각비 = [취득가액(1,000,000) - 잔존가치(100,000)] /3년 = 300,000원/년

연도	감가상각비	감가상각누계액(A)	기말장부가액 (취득가액 – A)
취득시(연초)			1,000,000
1차년도	300,000	300,000	700,000
2차년도	300,000	600,000	400,000
3차년도	300,000	900,000	100,000

〈정률법〉

$$상각율 = 1 - \sqrt[n]{\frac{잔존가치}{취득가액}} = 53.6\%$$

연도	감가상각비 계산 [장부가액(B)×상각율]	감가상각비	감가상각누계액 (A)	기말장부가액(B) (취득가액 - A)
취득시(연초)				1,000,000
1차년도	1,000,000×0.536	536,000	536,000	464,000
2차년도	464,000×0.536	248,704	784,704	215,296
3차년도	215,296×0.536	115,296 *1	900,000	100,000

*1. 단수차이 조정

〈상각방법에 따른 감가상각비〉

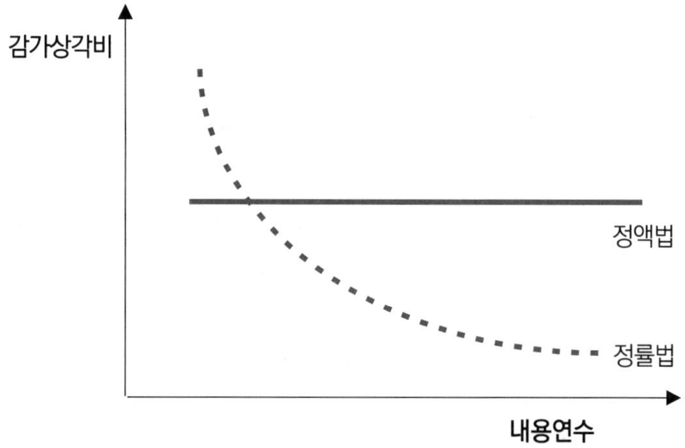

〈정액법 VS 정률법〉

	정액법	정률법
이론적 근거	**감가상각대상액법**	**장부가액법**
계산식	(취득가액 - 잔존가치)÷내용연수	**(취득가액 - 감가상각누계액)×상각율**
초기 감가상각비	정률법>정액법	
초기 장부가액	정액법>정률법	

(5) 유형자산의 회계처리와 재무상태표 표시

감가상각에 대해서 회계처리방법에는 직접상각법(해당 자산을 직접 차감하는 방법)과 간접상각법이 있는데, **기업회계기준에서는 간접상각법을 인정**하고 있다.

레고상사의 20x1년 1월 1일 취득한 기계장치(취득가액 1,000,000원 ; 추정내용연수 3년 ; 잔존가치 100,000원 : 정액법)가 있다고 가정하자.

부분 재무상태표(취득시)

레고상사 20×1. 1. 1

기계장치	1,000,000	

12월 31일 감가상각비는 300,000원[(1,000,000 - 100,000)/3년]이 계산된다.

직접상각법으로 회계처리하면 다음과 같고, 기말재무제표는 다음과 같이 표시된다.

(차) 감가상각비 300,000원 (대) 기계장치 300,000원

부분 재무상태표(직접상각법)

레고상사 20×1.12.31

기계장치	700,000	

간접상각법은 감가상각누계액이란 계정으로 회계처리하고, 감가상각누계액은 해당 자산을 차감하는 계정이다.

(차) 감가상각비 300,000원 (대) 감가상각누계액(기계차감) 300,000원

부분 재무상태표(간접상각법)

레고상사 20×1.12.31

기계장치	1,000,000		
감가상각누계액	(300,000)	700,000 ← 기계장치의 장부가액	

이러한 간접상각법은

재무상태표상에서 **유형자산의 취득원가, 감가상각누계액, 장부가액을 모두 파악할 수 있는 장점**이 있다.

또한 기중에 유형자산을 취득시에 감가상각은 **월할상각**하게 되어 있다.

(6) 유형자산의 처분

유형자산을 처분 시 처분가액과 장부가액을 비교해서 처분가액이 장부금액보다 많은 경우에는 유형자산처분이익(영업외수익)으로 반대로 처분가액이 장부금액보다 적은 경우에는 유형자산 처분손실(영업외비용)로 회계처리한다.

이 경우 **해당 자산의 취득가액과 감가상각누계액을 전액 제거하는 회계처리를 하여야** 한다.

부분재무상태표

기계장치의 장부가액

- 기계장치	1,000,000	
감가상각누계액	(300,000)	700,000

위의 **기계장치를 800,000원에 처분하였다면 다음과 같이 회계처리 한다.**

(차)	감가상각누계액	300,000	(대) 기 계 장 치	1,000,000
	현　　금	800,000	유형자산처분이익	100,000

여기서 기계장치의 장부가액(취득가액 - 감가상각누계액) 700,000원을 800,000원에 처분하였으므로 유형자산처분이익 100,000원이 계산된다.

☞ **처분손익 = 처분가액(800,000) - 장부가액(700,000) = 100,000(처분이익)**

〈유형자산 처분손익〉

처분가액〉장부가액(취득가액 - 감가상각누계액)	**유형자산처분이익(영업외수익)**
처분가액〈장부가액	유형자산처분손실(영업외비용)

<예제 2 - 21> 유형자산

레고상사의 거래내역을 각각 분개하시오.

1. 20×1년 4월 1일 영업목적으로 건물 10,000,000원을 당좌수표를 발행하여 주고, 취득세 1,000,000원은 자기앞수표로 납부하다.
2. 20×1년 4월 20일 건물에 도색을 하면서 2,000,000원을 현금지출하다(수익적지출로 회계처리하시오).
3. 20×1년 4월 25일 영업팀에서 사용하던 승용차(취득가액 15,000,000원, 매각당시 감가상각누계액 8,000,000원)를 하이모리에게 10,000,000원에 매각하고 대금은 어음(만기 3개월)으로 수취하다 (단, 당기감가상각비는 고려하지 않는다).
4. 20×1년 12월 31일 4월초에 취득한 건물에 대해서 감가상각비를 계상하다 (내용년수 20년, 잔존가치 0원, 정액법).

5-1. 20×1년 12월 31일 년초에 취득한 기계A(취득가액 5,000,000원)에 대해서 감가상각비를 계상하다 (내용년수 5년, 잔존가치 0원, 정률법, 상각율 40%로 가정).

5-2. 20×2년 12월 31일 기계A에 대해서 감가상각비를 계상하다.

해답

1.	(차) 건 물	11,000,000원	(대) 당좌예금	10,000,000원
			현 금	1,000,000원
2.	(차) 수 선 비	2,000,000원	(대) 현 금	2,000,000원
3.	(차) 감가상각누계액	8,000,000원	(대) 차량운반구	15,000,000원
	미 수 금	10,000,000원	유형자산처분익	3,000,000원
	☞ 처분손익=처분가액-장부가액(취득가액-감가상각누계액) =10,000,000-(15,000,000-8,000,000)=3,000,000(처분이익)			
4.	(차) 감가상각비	412,500원[*1]	(대) 감가상각누계액(건물[*2])	412,500원
	*1. 당기 감가상각비=(11,000,000-0)/20년×9월/12월=412,500원(월할상각) *2. 감가상각누계액은 유형자산 계정별로 별도 구분한다.			
5-1.	(차) 감가상각비	2,000,000원	(대) 감가상각누계액(기계)	2,000,000원
5-2.	(차) 감가상각비	1,200,000원	(대) 감가상각누계액(기계)	1,200,000원

	감가상각비 (장부가액×상각율)		감가상각누계액 (A)	기말장부가액 (취득가액-A)
20x1	5,000,000×40% =	2,000,000	2,000,000	3,000,000
20x2	3,000,000×40% =	1,200,000	3,200,000	1,800,000

3. 무형자산

무형자산이란 재화의 생산이나 용역의 제공, 타인에 대한 임대 또는 관리에 사용할 목적으로 기업이 보유하고 있으며, 물리적 형체가 없지만 식별가능하고 기업이 통제하고 있으며 미래 경제적 효익이 있는 비화폐성자산을 말한다.

즉, ① **물리적 실체가 없지만 식별가능하고,**

② **기업이 통제하고 있으며**

③ **미래 경제적 효익이 있는 자산을 말한다.**

위의 세 가지 조건을 충족하면 무형자산으로 분류한다.

(1) 종류

① 영업권

영업권이란 기업의 **우수한 종업원, 고도의 경영능력, 영업상 또는 제조상의 비법, 양호한 노사관계, 우수한 인재나 자원의 확보** 등으로 미래에 그 기업에 경제적 이익으로 공헌하리라고 기대되는 초과수익력이 있는 경우 그 미래의 초과수익력을 말한다.

영업권이 자산으로 인식되기 위해서는 **외부구입영업권이어야 하고, 내부창설영업권의 자산계상은 인정하지 않는다.** 왜냐하면 내부창설영업권은 그 자산의 취득원가를 신뢰성 있게 측정할 수 없고, 자산을 식별 불가능하기 때문이다.

② 내부적으로 창출된 무형자산(개발비)

개발비란 신제품, 신기술 등의 개발과 관련하여 발생한 비용(소프트웨어의 자체 개발과 관련된 비용을 포함)으로 개별적으로 식별가능하고 미래의 경제적 효익을 기대할 수 있는 것을 말한다. 개발비는 연구개발활동에 투입된 지출 중에서 무형자산의 인식요건에 부합하면 자산으로 계상한다는 의미이며, 법률상의 권리는 아니다.

③ 산업재산권

일정기간 독점적 · 배타적으로 이용할 수 있는 권리로서 특허권 · 실용신안권 · 상표권 등을 말한다.

④ 라이선스

특허권자가 자신의 권리를 사용하고자 하는 특허사용자와 계약하여 권리실시를 허용하는 계약을 말한다.

⑤ 소프트웨어

컴퓨터 프로그램과 그와 관련된 문서들을 총칭하며, 자산인식요건을 충족하는 소프트웨어를 구입하여 사용하는 경우의 구입대가를 말한다.

그러나 컴퓨터를 구입 시 부수되는 OS는 별도의 소프트웨어라는 무형자산으로 인식하는 것이 아니라, 컴퓨터의 취득부대비용으로 인식하여 유형자산으로 회계처리한다.

4. 기타비유동자산

비유동자산 중 투자자산 및 유형자산, 무형자산에 속하지 않는 자산을 의미한다.

(1) 임차보증금

타인소유의 부동산이나 동산을 사용하기 위하여 임대차계약을 체결하는 경우에 월세 등을 지급하는 조건으로 임차인이 임대인에게 지급하는 보증금을 말한다.

(2) 전세권

전세금을 지급하고 타인의 부동산을 그 용도에 따라 사용, 수익하는 권리이다.

(3) 장기매출채권

유동자산에 속하지 아니하는 일반적 상거래에서 발생한 장기의 외상매출금 및 받을어음을 말한다.

(4) 기타 이외에 장기미수금 등이 있다.

연/습/문/제

분개연습

[1] 매장 건물을 신축하기 위하여 토지를 취득하고 그 대금 30,000,000원을 당좌수표를 발행하여 지급하다. 또한 부동산 중개수수료 500,000원과 취득세 600,000원은 현금으로 지급하다.

[2] 사용 중인 업무용자동차를 부흥중고차매매센터에 7,000,000원에 판매하고 대금 중 2,000,000원은 현금으로 받고 나머지는 3개월 후에 받기로 하다(취득원가 13,000,000원, 처분일까지의 감가상각누계액 6,500,000원).

[3] 당기분 차량운반구에 대한 감가상각비 600,000원과 비품에 대한 감가상각비 500,000원을 계상하다.

[4] 회사의 건물 취득시 취득원가 30,000,000원과 취득세 등 900,000원을 전액 현금으로 지급하다.

[5] 영업용승용차 1대를 (주)자동차나라 중부영업소에서 10,000,000원에 구입하고, 대금 중 1,000,000원은 당좌수표를 발행하여 지급하고, 잔액은 12개월 할부로 지급하기로 하다.

[6] 업무용 화물차를 대한자동차에서 10,000,000원에 구입하고, 대금 중2,000,000원은 현금으로 지급하고, 잔액은 12개월 무이자할부로 하다. 또한 화물차에 대한 취득세 200,000원을 현금으로 납부하다.

[7] 영업팀에서 사용하던 차량운반구를 기아상사에 7,800,000원에 매각하고 대금은 현금으로 받았다(단, 당기 감가상각비는 계상하지 않는다).

계정과목	취득가액	감가상각누계액	상각방법
차량운반구	15,000,000원	7,500,000원	정률법

[8] 기존매장의 확장을 위해 바로 옆 매장을 추가로 2년 기간의 전세계약을 맺고 보증금 5,000,000원을 당좌수표로 지급하다.

[9] 만기가 2년 후 6월 30일인 정기적금에 이달분 1,000,000원을 예금하기 위해 보통예금통장에서 이체하다.

[10] 한국상사에 2년 후 회수예정으로 6,000,000원을 대여하고 선이자 600,000원을 공제한 잔액을 보통예금계좌에서 이체하다(단, 선이자는 수익으로 처리하기로 한다).

[11] 상품배송에 사용하는 트럭(취득가액 5,000,000원, 폐차시점까지 감가상각누계액 4,800,000원)을 폐차하고, 폐차에 대한 고철값 100,000원을 현금으로 받다.

[12] 미지급금으로 계상되어 있는 임차료 1,000,000원을 임대인(하늘부동산)과 합의 하에 보증금과 상계하다.

객관식

01. 유형자산의 취득원가에 포함되는 부대비용으로 해당되지 않는 것은?

① 설치장소를 위한 설치비용　　② 시운전비
③ 운송비용 및 취급수수료　　④ 매출처직원에 대한 기업업무추진비

02. 다음 설명의 (가), (나), (다)의 내용으로 옳은 것은?

토지를 판매목적으로 취득하면 (가)으로, 토지를 투기목적으로 취득하면 (나)으로, 토지를 영업에 사용할 목적으로 취득하면 (다)으로 처리한다.

① (가)투자자산, (나)재고자산, (다)유형자산 ② (가)재고자산, (나)투자자산, (다)유형자산
③ (가)재고자산, (나)유형자산, (다)투자자산 ④ (가)투자자산, (나)유형자산, (다)재고자산

03. 당기에 비용화하는 수익적 지출의 내용에 맞지 않는 것은?
① 건물에 피난시설설치 ② 건물이나 벽의 페인트도장
③ 파손된 유리의 교체 ④ 기계장치의 소모부속품의 대체

04. 유형자산의 감가상각방법이 아닌 것은?
① 정액법 ② 정률법 ③ 생산량비례법 ④ 선입선출법

05. 다음에서 설명하는 자산에 해당하지 않는 것은?

판매를 목적으로 하지 않고, 장기간에 걸쳐 영업활동에 사용되는 물리적 실체가 있는 자산

① 산업재산권 ② 차량운반구 ③ 기계장치 ④ 토지

06. 수원산업은 신축 중인 건물이 완성 되어 공사대금의 잔액을 현금으로 지급하였을 경우, 수원산업의 재무상태에 미치는 최종적인 결과로 옳은 것은?
① 자산 감소 ② 자산 증가 ③ 자산 불변 ④ 자본 감소

07. 다음 중 감가상각 대상 자산에 해당하지 않는 것은?
① 비품 ② 건물 ③ 토지 ④ 기계장치

08. 건물의 에어컨을 수리하고 대금을 현금으로 지급한 후 수익적지출로 처리할 것을 자본적지출로 잘못 처리한 경우에 발생하는 효과로 옳은 것은?
① 자산은 감소하고 부채가 증가한다. ② 자산은 증가하고 비용도 증가한다.
③ 자산은 감소하고 이익도 감소한다. ④ 자산은 증가하고 비용은 감소한다.

09. 다음 자료에서 20x1년 12월 31일 결산 후 재무제표와 관련된 내용으로 옳은 것은?

> • 20x0년 1월 1일 차량운반구 10,000,000원에 취득
> • 정률법 상각, 내용연수 5년, 상각률 40%

① 손익계산서에 표시되는 감가상각비는 4,000,000원이다.
② 재무상태표에 표시되는 감가상각누계액은 6,400,000원이다.
③ 상각 후 차량운반구의 미상각잔액은 6,000,000원이다.
④ 상각 후 차량운반구의 미상각잔액은 2,400,000원이다.

10. 다음 내용을 모두 포함하는 계정과목에 해당하는 것은?

> • 기업의 영업활동에 장기간 사용되며, 기업이 통제하고 있다.
> • 물리적 형체가 없으나 식별가능하다.
> • 미래의 경제적 효익이 있다.

① 유가증권 ② 미수금 ③ 특허권 ④ 상품권

11. 다음 중 비용으로 회계 처리할 수 있는 것은?
① 차량운반구 취득에 따른 취득세 ② 토지 구입 시 지급한 중개수수료
③ 상품 구입 시 지급한 매입제비용 ④ 상품 매출 시 발생한 운반비

12. 다음 내역 중 차량운반구계정 차변에 기입할 수 있는 내용으로 옳은 것은?

> ㄱ. 차량 구입 시 취득세 지급 ㄴ. 차량 구입 후 자동차세 지급
> ㄷ. 차량 구입 후 자본적 지출 지급 ㄹ. 차량 구입 시 자동차 보험료 지급

① ㄱ, ㄷ ② ㄱ, ㄴ ③ ㄴ, ㄷ ④ ㄷ, ㄹ

13. 다음은 유형자산의 감가상각방법을 나타낸다. A, B에 해당하는 것은?

> • 정액법 = (취득원가 − A) ÷ 내용연수 • 정률법 = (취득원가 − B) × 감가상각률

	A	B
①	잔존가치	감가상각누계액
②	잔존가치	내용연수
③	감가상각누계액	잔존가치
④	내용연수	잔존가치

주관식

01. 주어진 자료에서 기계장치의 취득원가는 얼마인가?

• 구입대금 3,000,000원	• 운송비 200,000원	• 설치비 100,000원

02. 20X1년 1월 1일 건물 5,000,000원을 구입하고 취득세 500,000원은 현금으로 지급하였다. 20X1년 12월 31일 결산시 정액법에 의한 감가상각비는? (단, 내용연수 10년, 잔존가액 0원, 결산 연1회)

03. 20X1년 1월 1일 비품 1,000,000원을 현금으로 구입하여 기말에 정액법(내용연수 10년, 잔존가액 0원)으로 감가상각하는 경우 20X2년 12월 31일의 감가상각비(A)와 20X2년 결산 후 재무상태표에 표기되는 감가상각누계액(B)은 각각 얼마인가?

04. 주어진 자료에서 20X3년 결산 시 (가)와 (나)의 금액을 계산하시오.

재무상태표
20X3년 12월 31일 현재

비 품	2,000,000		
감가상각누계액	(가)	(나)	

• 취 득 일 : 20X1년 1월 1일
• 취득원가 : 2,000,000원
• 내용연수 : 5년(잔존가치 없음)
• 결 산 : 연 1회(12/31)
• 정액법에 의해 매년 정상적으로 감가상각하였음.

05. 주어진 자료에서 기말(20X2.12.31) 결산 후 재무상태표에 표시될 차량운반구에 대한 감가상각누계액은?

• 20X1년 1월 1일 차량운반구 취득 : 취득가액 5,000,000원(내용연수 5년, 상각률 40%)
• 상각방법 : 정률법

06. 다음 자료에서 유형자산처분손익은 얼마인가?

- 비품매입대금 900,000원
- 비품매입부대비용 100,000원
- 정액법에 의한 1년간의 비품감가상각비 50,000원
- 2년간 정액법에 의해 감가상각한 후 비품처분가액 900,000원

07. 다음은 건물 처분과 관련된 자료이다. 건물의 처분가액은 얼마인가?

- 취득가액 : 100,000,000원
- 감가상각누계액 : 50,000,000원
- 유형자산처분이익 : 40,000,000원

08. 임대인과 아래와 같이 사무실 임대차 계약서를 작성하였다. 임차인이 전세보증금 지급시 분개할 계정과목을 적으시오.

<table>
<tr><td colspan="7">(사무실)임대차계약서</td><td>□ 임대인용
■ 임차인용
□ 중개인보관용</td></tr>
<tr><td colspan="8">임대인과 임차인 쌍방은 아래 표시 부동산에 관하여 다음 계약 내용과 같이 합의하여 임대차 계약을 체결한다.</td></tr>
<tr><td rowspan="2">부동산의 표시</td><td>소재지</td><td colspan="6">경기도 성남시 분당구 금곡로 289 - 1</td></tr>
<tr><td>구 조</td><td>건물</td><td>용도</td><td>상가</td><td>면적</td><td colspan="2">200m²</td></tr>
<tr><td colspan="8">계약내용 제1조 위 부동산의 임대차계약에 있어 아래와 같이 전세보증금을 지불하기로 한다.</td></tr>
<tr><td colspan="2">전세보증금</td><td colspan="6">금 삼억원(300,000,000원)</td></tr>
<tr><td colspan="2">계 약 금</td><td colspan="6">금 삼천만원(30,000,000원)</td></tr>
<tr><td colspan="8">이 하 생 략</td></tr>
</table>

연/습/문/제 답안

분개연습

[1]	(차)	토　　지	31,100,000	(대)	당좌예금	30,000,000
					현　　금	1,100,000
[2]	(차)	현　　금	2,000,000	(대)	차량운반구	13,000,000
		감가상각누계액(차량)	6,500,000		유형자산처분이익	500,000
		미수금(부흥중고차매매센터)	5,000,000			

☞ 처분손익 = 처분가액 – 장부가액(= 취득가액 – 감가상각누계액)
　　　　= 7,000,000 – (13,000,000 – 6,500,000) = + 500,000(처분이익)

[3]	(차)	감가상각비	1,100,000	(대)	감가상각누계액(차량운반구)	600,000
					감가상각누계액(비품)	500,000
[4]	(차)	건　　물	30,900,000	(대)	현　　금	30,900,000
[5]	(차)	차량운반구	10,000,000	(대)	당좌예금	1,000,000
					미지급금((주)자동차나라 중부영업소)	9,000,000
[6]	(차)	차량운반구	10,200,000	(대)	현　　금	2,200,000
					미지급금(대한자동차)	8,000,000
[7]	(차)	감가상각누계액(차량)	7,500,000	(대)	차량운반구	15,000,000
		현　　금	7,800,000		유형자산처분이익	300,000
[8]	(차)	임차보증금	5,000,000	(대)	당좌예금	5,000,000
[9]	(차)	장기성예금(비유동)	1,000,000	(대)	보통예금	1,000,000

☞ 정기예적금은 유동자산(당좌자산), 장기성예금은 비유동자산(투자자산)에 해당한다. 만기가 보고기간말로부터 1년 후이므로 비유동자산에 해당한다.

[10]	(차) 장기대여금(한국상사)	6,000,000	(대)	이자수익	600,000
				보통예금	5,400,000

[11]	(차) 감가상각누계액(차량)	4,800,000	(대)	차량운반구	5,000,000
	유형자산처분손실	100,000			
	현 금	100,000			

[12]	(차) 미지급금(하늘부동산)	1,000,000	(대)	임차보증금(하늘부동산)	1,000,000

☞ 임차료 발생시 : (차) 임차료 1,000,000 (대) 미지급금 1,000,000

객관식

1	2	3	4	5	6	7	8	9	10	11	12	13
④	②	①	④	①	③	③	④	②	③	④	①	①

[풀이 - 객관식]

01. 매출처직원에 대한 기업업무추진비는 판매관리비이다.

02.

취득목적	구 분
판매목적	재고자산(상품)
영업목적	유형자산(토지, 건물)
투자목적	투자자산(투자부동산)

06. 건설중인자산은 유형자산을 건설하기 위하여 발생된 원가를 집계하는 **임시계정으로서 유형자산의 사용시점에 해당 유형자산계정과목**으로 대체된다.

(차) 건 물	×××	(대)	건설중인자산	×××
			현 금	×××

자산증가와 자산 감소가 동시에 발생하였기 때문에 자산불변이다.

07. **토지와 건설중인자산은 감가상각대상 자산이 아니다.**

08. 수익적지출로 처리하면 비용이 발생하게 되는데 이를 **자본적지출로 처리하게 되면** 자산이 증가하는 대신에 **비용이 감소하게 된다.**

09.

연도	감가상각비 계산근거 **(B×상각율)**	감가상각비	감가상각누계액 (A)	기말장부금액 **(B=취득가액-A)**
20x0년도	10,000,000×0.4	4,000,000	4,000,000	6,000,000
20x1년도	6,000,000×0.4	① ***2,400,000***	② ***6,400,000***	③ ***3,600,000(미상각잔액)***

11. 상품 매출 시 발생한 운반비는 비용이다.
12. 유형자산 구입 시 부대비용(ㄱ)은 취득원가에 가산하고, 취득 후 자본적지출액(ㄷ)은 해당 자산계정으로 처리한다. 차량 구입 후 자동차세 지급은 '세금과공과' 계정으로, 차량 구입 시 자동차 보험료 지급은 '보험료' 계정으로 처리한다.

주관식

01	3,300,000원	02	550,000원	03	(A) 100,000원 (B) 200,000원
04	(가)1,200,000 (나) 800,000	05	3,200,000원	06	0원
07	90,000,000원	08	임차보증금		

[풀이 - 주관식]

01. 취득원가에는 매입가액에 취득부대비용을 가산한다.
02. (5,000,000원+300,000원+200,000원)/10 년=550,000원
03. (1,000,000원 - 0) / 10년=100,000원(정액법을 적용한 감가상각비)
100,000원(20×1년 감가상각비)+100,000원(20×2년 감가상각비)=200,000원
04. (가) 20×1~20×3년까지의 감가상각누계액=2,000,000×1/5×3년=1,200,000
(나) 장부가액=취득가액 - 감가상각누계액=2,000,000 - 1,200,000=800,000
05.

	감가상각비 (장부가액×상각율)		감가상각누계액(A)	기말장부가액 (취득가액 - A)
20x1	5,000,000×40%=	2,000,000	2,000,000	3,000,000
20x2	3,000,000×40%=	1,200,000	3,200,000	1,800,000

06. 처분손익=처분가액 - 장부가액=처분가액 - (취득가액 - 감가상각누계액)
=900,000 - [(900,000+100,000) - 50,000×2년]=0
07. 장부가액=취득가액(100,000,000) - 감가상각누계액(50,000,000)=50,000,000원
유형자산처분이익(40,000,000)=처분가액 - 장부가액(50,000,000)
∴ 처분가액은 90,000,000원이다.

Chapter

계정과목별 이해 (부채)

3

로그인 전산회계 2급

Login

NCS회계 - 3 **전표관리 - 전표작성하기/증빙서류 관리하기**
자금관리 - 법인카드 관리하기

부채는

① **과거 거래나 사건의 결과로서**

② **현재 기업이 부담하고**

③ **그 이행에 대하여 회사의 경제적 가치의 유출이 예상되는 의무**이다.

부채는 원칙적으로 1년 기준에 의하여 유동부채와 비유동부채로 구분된다.

제1절 유동부채

재무상태표일로부터 만기가 1년 이내에 도래하는 부채를 유동부채라 하고, 그 이외는 비유동부채라 한다.

1. 종류

(1) 매입채무 - 외상매입금과 지급어음(VS 매출채권 - 외상매출금과 받을어음)

회사의 영업활동과 관련(상거래)하여 발생한 채무를 말한다.

(2) 미지급금(VS 미수금)

상거래 이외의 거래에서 발생한 채무로서 1년 이내에 지급할 것

(3) 단기차입금(VS 단기대여금)

금융기관으로부터 1년 이내에 상환할 차입금(금융기관으로 부터 당좌차월액 포함)

(4) 미지급비용(VS 미수수익)

발생주의에 따라 당기에 발생된 비용으로서 지급되지 아니한 것

(5) 선수수익(VS 선급비용)

대금은 수령하였으나 수익실현시점이 차기 이후에 속하는 수익

(6) 선수금(VS 선급금)

상거래에서 미리 계약금의 명목으로 선수한 금액

(7) 예수금

일반적인 상거래 이외에서 발생하는 현금 지급액 중 일부를 일시적으로 보관하였다가 바로 제 3자에게 지급해야 하는 금액

(8) 미지급세금

국가나 지방자치단체에 납부해야 할 세금

(9) 유동성장기부채

비유동부채 중 결산일 현재 1년 이내에 상환하여야 할 금액

2. 매입채무(VS 매출채권)

상품이나 원재료를 외상으로 매입(상거래)한 경우 나중에 지급해야 하는 의무를 말한다. 이렇게 상품대금을 구두로 지급약속을 하는 경우에는 외상매입금을 쓰지만, 매입자 측에서 대금지급 조건으로 어음을 발행하는 경우 지급어음이라는 계정을 사용한다.

회사에서는 관리목적상 외상매입금과 지급어음이라는 계정으로 기중에 회계처리 하지만, 재무상태표에 공시할 때에는 매입채무로 통합표시하도록 하고 있다.

3. 미지급금(VS 미수금)

회사의 상거래 이외의 활동에서 발생한 지급의무로 결산일로부터 1년 이내에 상환해야 하는 부채를 말한다.

즉, 유형자산의 구입을 외상으로 매입하는 과정에서 발생된 단기채무와 비용발생시 외상으로 하는 경우 미지급금으로 분류한다.

또한 **회사가 상거래 이외의 활동에서 어음을 제공하였다 하더라도 지급어음 계정을 사용해서는 안되고 미지급금계정을 사용**해야 한다.

신용카드 및 직불카드

- 신용카드 : 상품이나 서비스 대금의 지급을 은행이 보증하여 일정 기간이 지난 뒤에 그 대금을 결제하는 신용 판매에 이용되는 카드
- 직불카드 : 상품 등을 구입한 소비자가 대금 결제를 위해 카드를 제시하면 가게에 설치된 단말기를 통해 고객의 은행계좌에서 가게의 은행계좌로 대금이 직접 이체되도록 하는 카드(체크카드는 직불카드의 일종으로서 신용카드가맹점에서 사용할 수 있는 카드를 말한다.)

[신용카드]

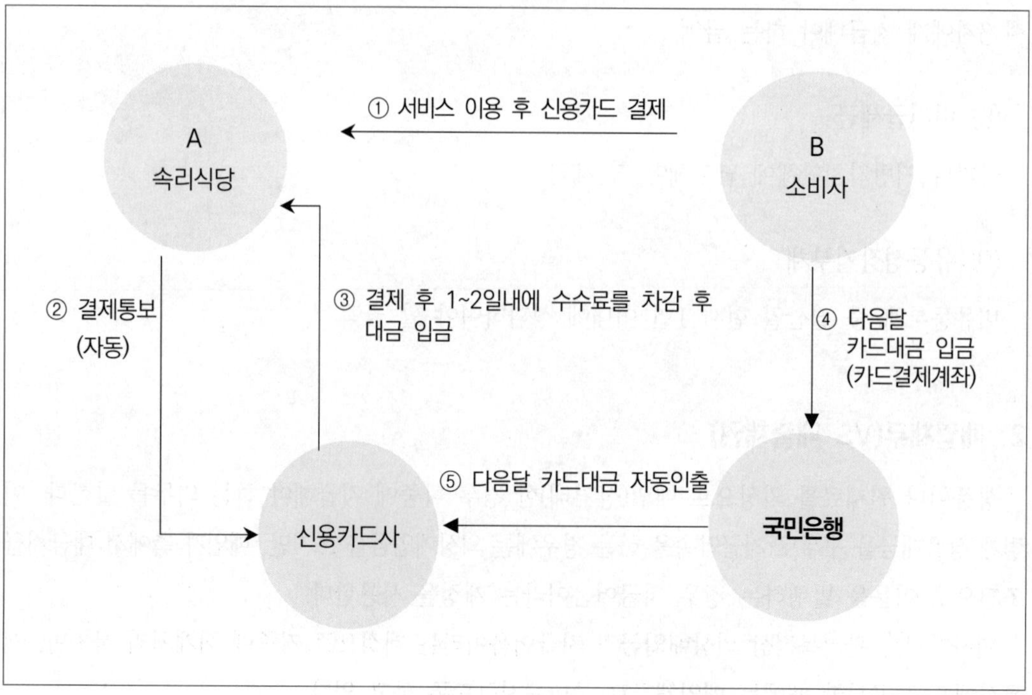

[직불카드(체크카드)]

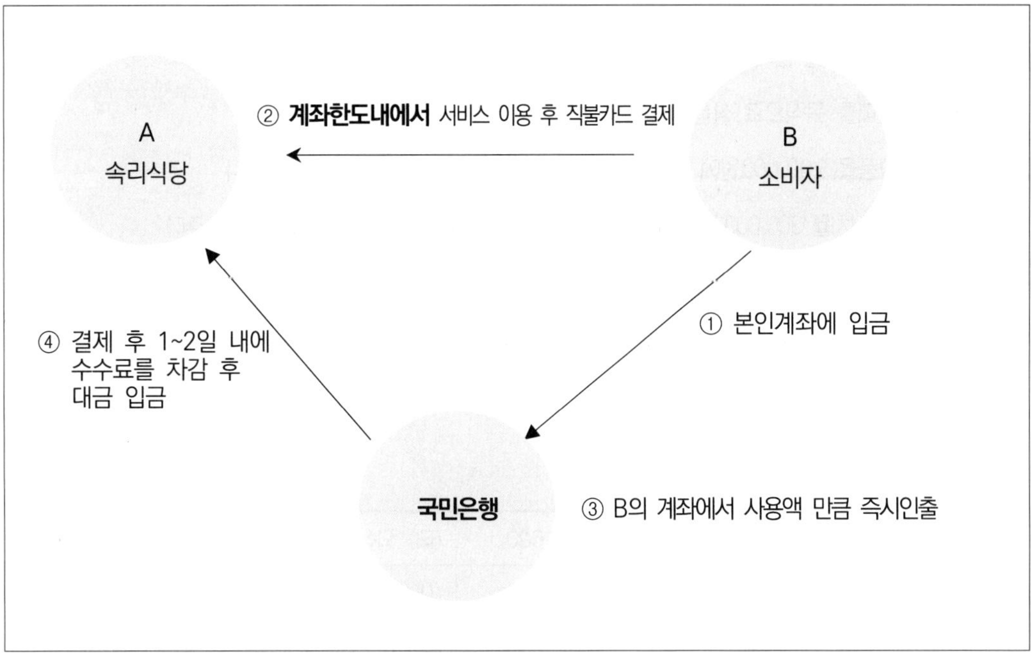
A
속리식당
② **계좌한도내에서** 서비스 이용 후 직불카드 결제
B
소비자
④ 결제 후 1~2일 내에
수수료를 차감 후
대금 입금
① 본인계좌에 입금
국민은행
③ B의 계좌에서 사용액 만큼 즉시인출

<예제 3 - 1> 매입채무와 미지급금

레고상사의 다음 거래를 분개하시오.

1. 10월 3일 판매를 목적으로 상품을 100,000원에 외상으로 구입하다.
2. 10월 5일 상품을 200,000원에 구입하고 약속어음(만기 3개월)을 발행하여 주다.
3. 10월 7일 기계장치를 300,000원에 취득하고 대금은 약속어음(만기 3개월)으로 발행하여 주다.
4. 10월 9일 경리과 직원들이 회식을 하고 식사대금 400,000원을 비씨카드로 결제하다.
5. 10월 11일 매출거래처와 식사를 하고 식사대금 500,000원을 신한은행 보통예금통장에서 발급된 직불카드로 결제하다.

해답

1.	(차) 상　　품	100,000	(대) 외상매입금	100,000
2.	(차) 상　　품	200,000	(대) 지 급 어 음	200,000
3.	(차) 기 계 장 치	300,000	(대) 미 지 급 금	300,000
4.	(차) 복리후생비(판)	400,000	(대) 미 지 급 금(비씨카드)	400,000
5.	(차) 기업업무추진비(판)	500,000	(대) 보통예금	500,000

4. 단기차입금(VS 단기대여금)

차용증서에 의하여 금전을 빌리고 상환기한이 1년 이내인 채무를 단기차입금이라 한다. 주로 기업이 금융기관 등에서 자금을 빌리고 1년 이내 갚아야 되는 금액을 말한다.

그리고 기업이 당좌거래를 하고 있다면 당좌차월에 대해서도 기말에 단기차입금으로 계상하여야 한다.

5. 미지급비용(VS 미수수익)

당기에 속하는 비용으로서 미지급된 것을 말한다. 대표적인 항목에는 미지급급여, 미지급이자, 미지급임차료 등이 있고 이를 총괄하여 미지급비용으로 계상한다. 해당 비용을 차변에 비용의 증가로, 미지급분에 해당하는 비용을 부채의 증가로 표시한다.

6. 선수수익(VS 선급비용)

당기에 수익으로서 이미 대가로 받은 금액 중 차기 이후에 속하는 부분에 대해서는 선수수익으로 부채로 계상하여야 한다.

예를 들어 10월 1일에 회사가 1년 치 임대료를 240,000원 현금으로 수령하였다고 가정하자.

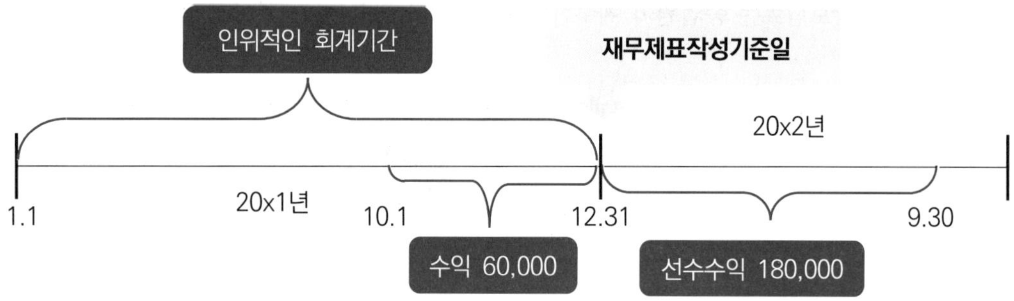

그러므로 재무상태표에는 선수수익(180,000원)과 손익계산서에는 영업외수익 임대료(60,000원)가 표시되어야 한다.

	지급시점에 전액 수익계상	지급시점에 전액 부채 계상
10.01	(차) 현 금 240,000 (대) 임 대 료 240,000	(차) 현 금 240,000 (대) 선수수익 240,000
12.31	(차) 임 대 료 180,000 (대) 선수수익 180,000	(차) 선수수익 60,000 (대) 임 대 료 60,000
재무제표	손익계산서 : 임대료(x1.10.1~x1.12.31) 60,000	
	재무상태표 : 선수수익(x2.1.1~x2.9.30) 180,000	

7. 선수금(VS 선급금)

기업 간의 거래에 있어서 상품 등을 매매할 때 거래의 이행을 명확하게 하기 위하여 계약금을 수수하는 경우가 있는데 상품거래금액에 일부를 미리 받은 경우 선수금으로 처리한다.

선수금은 아직 상품 등을 인도하지 않았으므로 매출로 기록하지 않고 회사의 상품 등을 매입자에게 인도할 의무가 존재하므로 부채로 인식하여야 한다.

8. 예수금

기업이 거래처나 종업원이 제3자(주로 국가 등)에게 납부해야 할 금액을 일시적으로 보관하였다가 제3자에게 지급해야 하는 금액을 말한다.

예를 들면, 기업이 종업원에게 급여 지급 시 종업원이 국가에 납부해야 할 소득세, 국민연금, 건강보험료 등을 차감하여 지급하고, 이렇게 예수한(차감한) 금액은 기업이 종업원을 대신하여 해당 기관(세무서 등)에 납부하는 것을 원천징수라 한다. 이때 사용하는 계정이 예수금이다.

국민연금과 건강보험료는 종업원이 예수한 금액(50%)과 사업주부담분(50%)를 동시에 납부하여야 한다.

사업주 부담분인 국민연금은 세금과공과금, 건강보험료는 복리후생비라는 비용계정을 사용한다.

[원천징수]

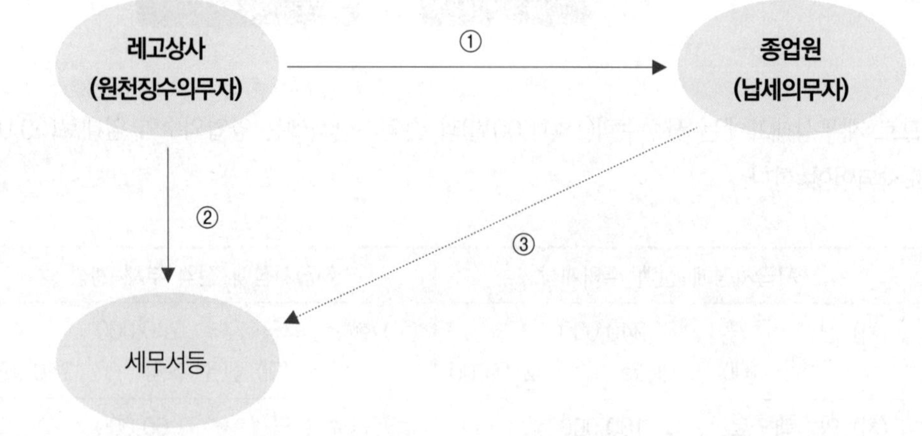

① 레고상사가 종업원에게 급여 2,000,000원을 지급시 소득세/지방소득세와 국민연금, 건강보험료를 차감한 1,800,000원을 지급한다.
② 레고상사는 다음달 종업원으로부터 예수한 소득세 등을 관할관청에 납부한다.
이때 국민연금과 건강보험료는 종업원분(50%)과 사업주부담분(50%)을 납부한다.
③ 이러한 예수금(소득세등)은 실질적으로 종업원이 납부한 것이다.

☞ • 소득세 : 개인의 1년간 소득에 대하여 국가가 부과하는 세금
• 지방소득세 : 소득세 납세의무가 있는 개인 등에 대하여 지방자치단체가 부과하는 지방세(일반적으로 소득세의 10%이다)
• 국민연금 : 근로자 등 가입자가 나이가 들어 퇴직하거나 질병 등으로 인해 소득이 없을 경우 일정한 소득으로 노후를 보장해주는 사회보장제도
• 건강보험 : 질병 등으로 인해 발생한 고액의 진료비로 가계에 과도한 부담이 되는 것을 방지하기 위하여, 국민들이 평소에 보험료를 내고 보험자인 국민건강보험공단이 이를 관리·운영하다가 필요시 보험급여를 제공함으로써 국민 상호간 위험을 분담하고 필요한 의료서비스를 받을 수 있도록 하는 사회보장제도

<예제 3 - 2> 예수금

레고상사의 다음 거래를 분개하시오.

1. 10월 25일 종업원 급여 1,000,000원을 지급하면서 소득세 10,000원, 국민연금 9,000원 건강보험료 8,000원을 차감한 973,000원을 현금지급하다.
2. 11월 10일 종업원에게 예수한 소득세 10,000원, 국민연금 9,000원, 건강보험료 8,000원과 사업주 부담분 국민연금 9,000원, 건강보험료 8,000원 총 44,000원을 현금납부하다.

해답

1.	(차) 급 여	1,000,000	(대) 현 금 예 수 금	973,000 27,000
2.	(차) 예수금(세무서) 예수금(국민연금관리공단) 세금과공과(국민연금관리공단) 예수금(건강보험공단) 복리후생비 (건강보험공단)	10,000 9,000 9,000 8,000 8,000	(대) 현 금	44,000

9. 가수금(VS 가지급금)

현금 등을 수취하였으나 계정과목이나 금액이 미확정되었을 경우 임시적으로 처리하는 계정과목이다.

기업회계기준의 재무상태표 작성 기준을 보면 이러한 가계정은 재무상태표에 나타내지 말아야 하므로 그 계정의 내역을 밝혀내어 해당 계정과목으로 재무상태표에 표시하여야 한다.

연/습/문/제

분개연습

[1] 기업은행의 단기차입금 5,000,000원과 상환시까지의 이자 275,000원을 수표발행하여 지급하다.

[2] 결산시 단기차입금에 대한 미지급이자 120,000원을 계상하다.

[3] 동문전기에 상품 1,000,000원을 판매하고 선수금 100,000원을 제외한 900,000원을 현금으로 받다.

[4] 거래처 직원과 식사를 하고 식대 80,000원을 비씨카드로 결제하다.

[5] 일공상사에 상품 5,000,000원을 판매하고 판매대금 중 3,000,000원은 일공상사에 대한 외상매입금과 상계하고 나머지는 외상으로 하다.

[6] 사업자금이 부족하여 거래처 미래컴에게 차용증서를 발행하고 현금 20,000,000원을 단기차입하다.

[7] 국민은행에서 6개월 만기상환으로 8,000,000원을 차입하여 보통예금 계좌에 입금하다.

[8] 상수산업에서 5,000,000원을 3개월간 차입하기로 하고, 선이자 100,000원을 공제한 잔액이 당사 보통예금통장에 계좌이체 되었다.

[9] 우주전자에 전자기구 10,000,000원 상당액을 판매하기로 계약하고, 계약금으로 판매액의 10%를 보통예금으로 입금 받았다.

[10] 세명상사의 외상매입금 3,000,000원을 결제하기 위하여 당사가 상품매출대금으로 받아 보유하고 있던 동신상사 발행의 약속어음 2,000,000원을 배서양도하고, 잔액은 당사가 약속어음(만기 3개월)을 발행하여 지급하다.

[11] 지난 달에 미지급비용으로 회계처리한 직원급여 18,000,000원을 지급하면서 근로소득세 등 1,200,000원을 원천징수하고 보통예금 계좌에서 이체하다.

객관식

01. 다음 보기에서 재무제표항목의 분류가 올바르지 않은 것은?

① 비품 - 자산　　② 미수금 - 부채
③ 선수금 - 부채　　④ 미지급금 - 부채

02. 다음 계정기입에 대한 설명으로 옳은 것은?

외상매입금

차변		대변
지 급 어 음	250,000	

① 외상매입금 250,000원을 약속어음으로 받다.
② 상품을 250,000원을 매입하고 약속어음을 발행하다.
③ 어음 대금 250,000원이 만기가 되어 현금으로 지급하다.
④ 외상매입금 250,000원을 약속어음을 발행하여 지급하다.

03. 다음 선수금계정에서 10월 2일 거래의 설명으로 올바른 것은?

선 수 금

10/5 매　출	20,000	10/2 현　금	20,000

① 상품 주문받고 계약금을 받다.　　② 상품 주문하고 계약금을 지급하다.
③ 상품 매출하고 계약금을 차감하다.　　④ 상품 매입하고 계약금을 차감하다.

04. 다음 중 부채 계정으로만 제시된 것은?

① 선급금, 선수금
② 미지급금, 미수금
③ 선급금, 미수금
④ 선수금, 미지급금

05. 다음 중 부채에 대한 설명으로 옳은 것은?

① 기업이 소유하는 재화와 채권
② 수익을 얻기 위해 지출한 금액
③ 자산총액에서 부채총액을 차감한 금액
④ 기업이 장래에 타인에게 지급해야 할 의무

06. 다음 계정 기입의 5월 12일 거래에 대한 설명으로 올바른 것은?

매 입

5/10 외상매입금	200,000	5/12 외상매입금	20,000

① 상품을 외상으로 매입하다.
② 매입한 상품을 반품하다.
③ 상품 주문받고 계약금을 받다.
④ 상품 주문하고 계약금을 지급하다.

07. 다음 중 부채로 계상할 수 없는 것은?

① 기계장치를 외상으로 구입한 금액
② 은행으로부터 빌린 금액
③ 상품을 판매하기 전에 미리 받은 금액
④ 회사의 종업원에게 빌려준 금액

08. 다음 중 부채로 계상할 수 없는 것은?

① 외상으로 상품을 구입한 금액
② 상품을 판매하기 전에 받은 계약금
③ 타인에게 빌려준 돈
④ 사업용 건물 외상구입시 남아있는 잔금

09. 다음 내용에 가장 알맞은 계정과목은?

• 회사에서 직원이 납부해야 할 건강보험료 및 소득세를 급여에서 차감하여 보관하고 있는 금액

① 예수금 ② 선수금 ③ 선수수익 ④ 미지급비용

10. 결산시 이자 100,000원을 현금으로 지급한 건의 회계처리가 누락된 경우 재무제표에 미치는 영향으로 옳은 것은?

① 비용의 과소계상 ② 자산의 과소계상
③ 당기순이익의 과소계상 ④ 부채의 과소계상

11. 다음 9/20일 계정 기입에 대한 설명으로 옳은 것은?

가 수 금 (단위 : 원)

9/20 선 수 금	200,000	9/10 현 금	200,000

① 원인 불명의 송금수표 200,000원이 선수금으로 밝혀지다.
② 상품을 매입하기로 하고 계약금 200,000을 현금 지급하다.
③ 업무용 비품을 매각하고 그 대금 200,000을 현금으로 받다.
④ 상품을 매출하기로 하고 현금 200,000원을 계약금으로 받다.

12. 손익에 관한 결산 정리 중 수익의 이연에 해당하는 계정과목은?

① 선수임대료 ② 미수이자 ③ 선급보험료 ④ 미지급임차료

13. 다음 중 지급어음계정의 차변에 기입되는 거래는?

① 상품 1,000,000원을 매입하고 약속어음을 발행하여 지급하다.
② 상품 3,000,000원을 매입하고 소지하고 있던 약속어음을 배서양도하다.
③ 외상매입금 5,000,000원을 약속어음을 발행하여 지급하다.
④ 당점 발행의 약속어음 6,000,000원이 만기가 되어 현금으로 지급하다.

14. 다음 중 재무제표 구성요소 중 부채에 대한 설명이 틀린 것은?

① 부채는 1년을 기준으로 유동부채와 비유동부채로 분류한다.
② 부채란 과거의 거래나 사건의 결과로 현재 기업실체가 부담하고 있고 미래에 자원의 유출 또는 사용이 예상되는 의무이다.
③ 단기차입금은 보고기간종료일부터 1년 이내에 결제되어야 하므로 영업주기와 관계없이 유동부채로 분류한다.
④ 비유동부채 중에서 보고기간종료일로부터 1년 이내에 자원의 유출이 예상되는 부분은 유동부채로 분류할 수 없다.

15. 선수수익으로 계상한 임대수익에 대하여 기말 결산을 수행하지 않았다. 이로 인한 영향으로 옳은 것은?

① 비용의 과대계상　　② 자산의 과소계상
③ 부채의 과소계상　　④ 수익의 과소계상

주관식

01. 다음 계정 기입에서 당기 어음 발행 금액은 얼마인가?

지급어음

3/ 5 제　　좌	30,000원	1/ 1 전기이월	200,000원
6/10 보통예금	100,000원	2/22 상　　품	150,000원
12/31 차기이월	220,000원		

02. 당월 외상매입 자료에서 외상매입금 당월 지급액은?

- 월초잔액 : 20,000원
- 월말잔액 : 160,000원
- 외상매입액 : 250,000원
- 외상매입액 중 환출액 : 10,000원

03. 다음 보기를 참고하여 20x1년 12월 31일 기말에 부채로 계상될 금액은 얼마인가?(월할계산 적용함)

- 상지상사는 20x1년 8월 1일에 1년분 임대료 4,200,000원을 선수하고 전액 수익으로 처리하였다.
- 상지상사의 당기 39기 회계기간은 1월 1일~12월 31일이다.

04. 장하늘회사의 기말 재무상태표에 계상되어 있는 미지급보험료는 8,000원이며(기초 미지급보험료는 없음), 당기 발생되어 손익계산서에 계상되어 있는 보험료가 30,000원 일때 당기에 지급한 보험료는 얼마인가?

05. 성수상사는 9월 1일 차입한 차입금(만기 1년)에 대한 이자 3개월분 48,000원을 차입한 당일 현금으로 선지급하였다. 12월 31일 결산분개 시 미지급이자 계상액은 얼마인가?

06. 우진상사의 기말 재무상태표에 계상되어 있는 미지급된 보험료는 10,000원이며(기초 미지급된 보험료는 없음), 당기 발생되어 기말 손익계산서에 계상되어 있는 보험료가 40,000원일 때 당기에 지급한 보험료는 얼마인가?

연/습/문/제 답안

분개연습

[1]	(차)	단기차입금(기업은행)	5,000,000	(대)	당 좌 예 금	5,275,000
		이 자 비 용	275,000			
[2]	(차)	이 자 비 용	120,000	(대)	미지급비용	120,000
[3]	(차)	현 금	900,000	(대)	상 품 매 출	1,000,000
		선 수 금(동문전기)	100,000			
[4]	(차)	기업업무추진비	80,000	(대)	미 지 급 금(비씨카드)	80,000
[5]	(차)	외상매입금(일공상사)	3,000,000	(대)	상 품 매 출	5,000,000
		외상매출금(일공상사)	2,000,000			
[6]	(차)	현 금	20,000,000	(대)	단기차입금(미래컴)	20,000,000
[7]	(차)	보 통 예 금	8,000,000	(대)	단기차입금(국민은행)	8,000,000
[8]	(차)	보 통 예 금	4,900,000	(대)	단기차입금(상수산업)	5,000,000
		이 자 비 용	100,000			
[9]	(차)	보 통 예 금	1,000,000	(대)	선 수 금(우주전자)	1,000,000
[10]	(차)	외상매입금(세명상사)	3,000,000	(대)	받을어음(동신상사)	2,000,000
					지급어음(세명상사)	1,000,000

[11] (차) 미지급비용 18,000,000 (대) 보통예금 16,800,000
예 수 금 1,200,000

☞ 전월회계처리 : (차) 급 여 18,000,000원 (대) 미지급비용 18,000,000원

객관식

1	2	3	4	5	6	7	8	9	10	11	12	13	14	15
②	④	①	④	④	②	④	③	①	①	①	①	④	④	④

[풀이 - 객관식]

02. (차) 외상매입금 250,000원 (대) 지급어음 250,000원

03. (차) 현 금 20,000원 (대) 선 수 금 20,000원

05. ①은 자산, ②는 비용, ③은 자본에 대한 설명이다.

06. 3분법에 따라 회계처리한 경우 **'매입'을 '상품'이라는 계정으로 생각**해서 문제를 푸세요.
(차) 외상매입금 20,000원 (대) 매입(상품) 20,000원

07. ①은 미지급금, ②는 차입금, ③은 선수금, ④는 대여금이다.

08. ①은 외상매입금, ②는 선수금, ③은 대여금, ④는 미지급금이다.

10. 이자비용 지급의 누락으로 **비용이 과소계상되고 당기순이익은 과대계상**된다.

11. 9/20 분개 (차)가수금 200,000원 (대) 선수금 200,000원

12. 선급보험료 : 비용의 이연, 미수이자 : 수익의 예상 미지급임차료 : 비용의 예상

13. ① (차) 상품 1,000,000원 (대) 지급어음 1,000,000원
② (차) 상품 3,000,000원 (대) 받을어음 3,000,000원
③ (차) 외상매입금 5,000,000원 (대) 지급어음 5,000,000원
④ (차) 지급어음 6,000,000원 (대) 현금 6,000,000원

14. 비유동부채 중 **보고기간종료일로부터 1년 이내에 자원의 유출이 예상되는 부분은 유동부채**로 분류한다.

15. 결산분개 (차) 선수수익 XX (대) 임대료(수익) XX 누락시 수익의 과소계상, 부채의 과대계상이 발생.

주관식

1	150,000원	2	100,000원	3	2,450,000원
4	22,000원	5	16,000원	6	30,000원

[풀이 - 주관식]

01. 2월 22일 (차) 상　　품　150,000원　(대) 지급어음　150,000원

02.

외상매입금

매입환출액	10,000	월초잔액	20,000
지급액(?)	**100,000**		
월말잔액	160,000	외상매입액	250,000
계	270,000	계	270,000

03. 당기수익 = 4,200,000 × 5개월/12개월 = 1,750,000원

차기수익(선수수익) = 4,200,000 - 1,750,000 = 2,450,000원(부채)

04. 당기발생 보험료 30,000원 - 기말미지급보험료 8,000원 = 당기지급보험료 22,000원

미지급보험료

지 급	***22,000***	기초잔액	0
기말잔액	8,000	발 생	30,000
계	30,000	계	30,000

05. 3개월분(9.1~11.30) = 48,000원　1개월(12.1~12.31) = 48,000/3개월 = 16,000원

9/1 (차) 이자비용(3개월)　48,000　(대) 현 금　48,000

12/31(차) 이자비용(1개월)　16,000　(대) 미지급비용　16,000

06.

미지급비용(보험료)

지급	***30,000***	기초잔액	0
기말잔액	10,000	보험료(설정)	40,000
계	40,000	계	40,000

제2절 비유동부채

부채 중 보고기간말로부터 만기가 1년 이후에 도래하는 부채를 비유동부채라 한다.

1. 종류

① 장기차입금

② 퇴직급여충당부채

③ 사채 : 회사가 불특정다수인에게 자금을 조달할 목적으로 발행하는 확정채무표시 증권을 말한다.

2. 장기차입금

실질적으로 이자를 부담하는 차입금으로서 만기가 재무상표일로부터 1년 이후에 도래하는 것을 말한다.

또한 장기차입금 중 만기가 재무상태표일로부터 1년 이내에 도래 시 유동성장기부채라는 계정과목으로 하여 유동성 대체를 하여야 한다.

<예제 3 - 3> 자금의 차입거래

레고상사와 거래상대방(제일완구)의 거래를 각각 분개하시오.

1. ×1년 4월 1일 제일완구에 3년 후 상환조건(연이자율 10%, 월할계산)으로 차용증서를 작성하여 주고 10,000,000원을 현금 차입하다.
2. ×1년 12월 31일 장기차입금에 대한 이자를 계상하다.
3. ×2년 4월 1일 제일완구에 차입금에 대한 1년간 이자 전액을 당사 보통예금 통장에서 이체하였다.

해답

1.	레고상사	(차) 현 금	10,000,000원	(대) 장기차입금	10,000,000원
	제일완구	(차) 장기대여금	10,000,000원	(대) 현 금	10,000,000원
2.	레고상사	(차) 이 자 비 용	750,000원[*1]	(대) 미지급비용	750,000원
	제일완구	(차) 미 수 수 익	750,000원	(대) 이 자 수 익	750,000원
		*1. 이자비용=10,000,000원×10%×9개월/12개월=750,000원			

3.	레고상사	(차) 미지급비용 이자비용	750,000원 250,000원	(대) 보통예금	1,000,000원
	제일완구	(차) 보통예금	1,000,000원	(대) 미수수익 이자수익	750,000원 250,000원

3. 퇴직급여충당부채

퇴직금은 종업원이 입사 시부터 퇴직 시까지 근로를 제공한 대가로 퇴직 시 일시에 지급받는 급여를 말한다.

근로자퇴직급여보장법에 의하면 기업은 계속 근로기간 1년에 대하여 30일분 이상의 평균임금을 퇴직금으로 지급하여야 한다.

즉 **퇴직금은 평균임금 × 근속년수의 계산구조**를 가진다.

또한 발생주의에 따라 퇴직금을 지급 시 전액 비용으로 처리하면 안되고 근로를 제공한 각 회계연도의 비용으로 처리하여야 한다.

퇴직급여추계액이란 결산일 현재 전 임직원이 퇴사할 경우 지급하여야 할 퇴직금 예상액을 말하는데 회사는 퇴직급여추계액 전액을 부채로 인식하여야 한다.

회계처리는 대손충당금설정처럼 보고기간말 마다 퇴직급여추계액을 부채로 인식하여야 하고 부족분은 보충법으로 비용처리하면 된다.

연/습/문/제

분개연습

[1] 사업확장을 위해 영흥저축은행에서 4,000,000원을 차입하여 즉시 당사 보통예금에 이체하다 (상환예정일 : 3년만기, 이자지급일 : 매월 말일, 이자율 : 연 6%).

[2] 사업확장을 위해 고려신용금고에서 30,000,000원을 차입하여 즉시 당사 당좌예금에 이체하다 (상환예정 : 3년 만기, 이자지급일 : 매월 25일, 이율 : 연 6.5%).

[3] 결산일 현재 국민은행으로부터 차입한 다음의 장기차입금에 대한 경과 이자분을 월할 계산 하시오.

• 원금 : 9,000,000원	• 이자율 : 연 8%
• 차입일 : 20x1년 11월 1일	• 이자지급일 : 만기일 20x5년 10월 31일

[4] 우리은행의 장기차입금에 대한 12월분 이자 120,000원은 차기 1월 2일에 지급할 예정이다.

객관식

01. 다음 중 비유동부채로 분류되는 계정과목으로 짝지어진 것은?

① 사채, 단기차입금 ② 사채, 장기차입금

③ 장기차입금, 외상매입금 ④ 지급어음, 미지급금

02. 아래의 내용에 대한 설명 중 옳은 것은?

1년을 기준으로 유동자산과 비유동자산 그리고 유동부채와 비유동부채로 구분된다.

① 투자자산, 유형자산, 무형자산, 기타비유동자산은 비유동자산에 속한다.
② 유동부채와 비유동부채는 유동성배열법의 원칙과 관계없이 작성한다.
③ 건물, 차량운반구, 비품, 기계장치 등은 유동자산에 속한다.
④ 매입채무, 선수금, 사채, 장기차입금 등은 유동부채이다.

03. 재무상태표를 작성할 때 부채부분에서 단기차입금을 장기차입금보다 먼저(위에) 표시하는 것은 어느 원칙을 따르는 것인가?

① 유동성배열법 ② 총액표시원칙
③ 구분표시원칙 ④ 계속주의원칙

04. 다음 중 비유동부채에 해당하는 것은 무엇인가?

① 퇴직급여충당부채 ② 예수금
③ 외상매입금 ④ 선수금

05. 다음 설명 중 밑줄 친 (나)와 관련 있는 계정으로만 나열된 것은?

부채는 타인 자본을 나타내는 것으로 미래에 기업 외부의 권리자에게 현금이나 서비스를 지급해야 할 채무를 말하며, (가)유동 부채와 (나)비유동 부채로 분류한다.

① 외상매입금, 지급어음 ② 사채, 장기차입금
③ 선수금, 미지급금 ④ 예수금, 단기차입금

주관식

01. 다음 자료에서 비유동부채 금액을 구하시오.

• 외상매입금 : 6,000,000원	• 미지급비용 : 1,000,000원
• 장기차입금 : 2,000,000원	• 퇴직급여충당부채 : 5,000,000원

02. 다음 [거래]에 대한 설명으로 옳은 것을 [보기]에서 모두 고르시오.

[거래] 은행으로부터 3년 후 상환하기로 하고 현금 5,000,000원을 차입하다. 단 이자율은 연 5%이다.

[보기] ① 손익거래	② 분개 시 차변 계정은 이자비용
③ 자산의 증가와 부채의 증가	④ 분개 시 대변 계정은 장기차입금

연/습/문/제 답안

분개연습

[1]	(차) 보통예금	4,000,000	(대) 장기차입금 (영흥저축은행)	4,000,000
[2]	(차) 당좌예금	30,000,000	(대) 장기차입금(고려신용금고)	30,000,000
[3]	(차) 이자비용	120,000	(대) 미지급비용	120,000

☞ 차입금×이자율×경과월수=9,000,000×0.08×2/12=120,000원

[4]	(차) 이자비용	120,000	(대) 미지급비용(우리은행)	120,000

객관식

1	2	3	4	5
②	①	①	①	②

[풀이 - 객관식]

01. **비유동부채에는 장기차입금, 사채, 퇴직급여충당부채** 등이 있다.

02. ② **부채도 유동성배열법의 원칙**에 따른다.
    ③ 건물등은 유형자산으로 비유동자산에 속한다.
    ④ 사채, 장기차입금은 비유동부채이다.

04. 퇴직급여충당부채는 비유동부채이며, 나머지는 유동부채에 해당된다.

05. 회계에서는 1년 또는 정상 영업주기 내에 현금으로 결제할 부채를 유동 부채, 그 외의 부채를 비유동부채라고 한다. 비유동부채는 **사채, 장기차입금, 퇴직급여충당부채** 등이 있다.

주관식

1	7,000,000원	2	③, ④

[풀이 - 주관식]

01. 7,000,000원(비유동부채) = 2,000,000원(장기차입금) + 5,000,000원(퇴직급여충당부채)

02. (차) 현 금 5,000,000원 (대) 장기차입금 5,000,000원

Chapter

계정과목별 이해 (자본) 4

로그인 전산회계 2급

NCS회계 - 3 **전표관리 – 전표작성하기/증빙서류 관리하기**

제1절 자본의 성격

기업은 크게 두 가지 원천으로 자금을 조달하여, 기업의 자산을 구성한다.
부채는 타인자본으로서 채권자 지분이고, 자본은 자기자본으로서 소유주 지분이다.

자산 = 부채(채권자지분) + 자본(소유주지분)
자산 – 부채 = 자본(순자산)

제2절 자본금(개인기업)

1. 자본금

개인기업의 자본금은 기업주의 순자산액을 표시한다.
즉, 개인기업의 자본금은 다음과 같다.

기말자본금 = 기초자본금 ± 당기순손익 – (기업주)인출금 + (기업주)출자금

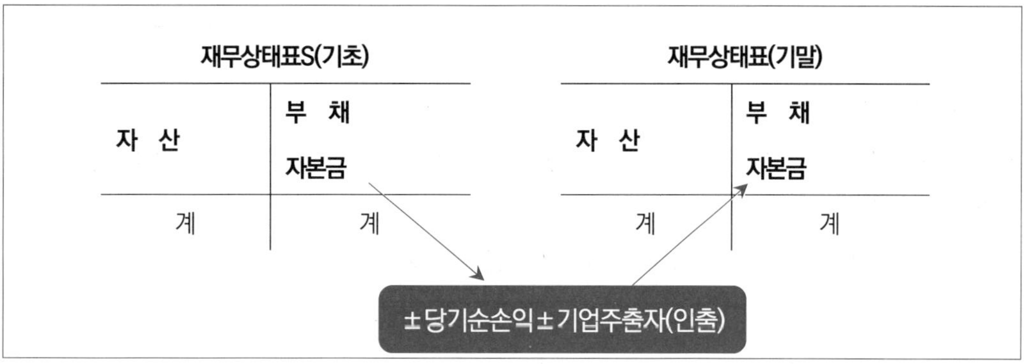

(1) 자본금 현금 납입시(기업주 출자)

(차) 현 금	×××	(대) 자 본 금	×××

(2) 자본금 현금 인출시(기업주 인출)

(대) 자 본 금	×××	(대) 현 금	×××

2. 인출금

기업주가 자본을 추가출자하거나 개인적인 용도로 개인기업의 현금이나 상품을 인출시, 별도로 인출금 계정을 설정하여 처리하였다가 기말에 인출금 계정잔액을 자본금 계정에 대체한다.

<예제 4 - 1> 개인기업의 자본금1

다음 거래를 분개하고, 기말자본금을 산출하시오.

회사의 기초자본금은 100,000원이고, 기중에는 인출금계정을 사용하다가, 기말에 일괄적으로 자본금에 대체한다. 당기순이익은 50,000원이 발생하다.

1. 3월 1일 사업주가 회사자금이 부족하여 300,000원을 보통예금계정에 입금하다.
2. 3월 10일 상품 200,000원을 사업주가 개인적인 용도로 사용하다.
3. 12월 31일 인출금계정 잔액을 자본금으로 대체하다.

해답

1.	(차) 보통예금	300,000	(대) 인 출 금	300,000
2.	(차) 인 출 금	200,000	(대) 상 품	200,000
3.	(차) 인 출 금	100,000	(대) 자 본 금	100,000

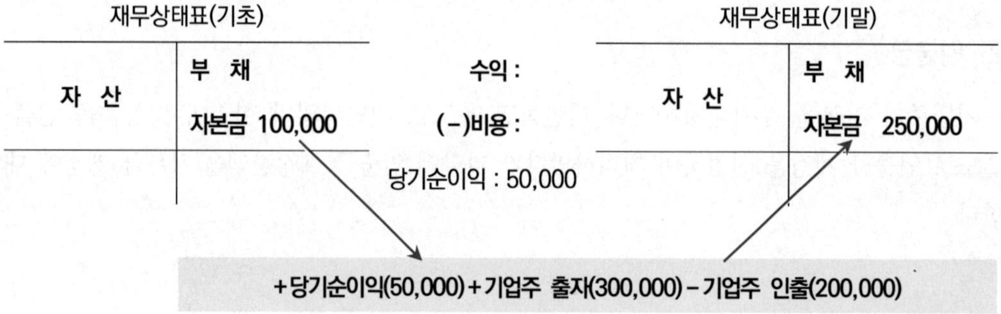

자 본 금

		전기이월(기초)	100,000
		인 출 금	100,000
차기이월(기말)	250,000	손익(당기순이익)	50,000
계	250,000	계	250,000

<예제 4 - 2> 개인기업의 자본금2

다음은 레고상사의 경영성과 및 재무상태 현황이다. 다음 중 빈칸을 채우세요.

(경영성과)

• 상품매출액	3,000,000	• 임직원 급여	500,000
• 상품매출원가	2,000,000	• 임차료	400,000
• 임대료	1,000,000	• 기업업무추진비	300,000
• 유형자산처분손	300,000	• 이자수익	500,000

(재무상태)

기초			기말		
자산	부채	자본	자산	부채	자본
㉮	1,300,000	700,000	2,000,000	㉯	㉰

☞ 기중에 사업주 인출액이 400,000원이 있다.

해답

1. 자산 = 부채 + 자본 따라서 ㉮자산은 2,000,000원이다.
2. 당기순이익 = 총수익 - 총비용 = 1,000,000원
   총수익 = 상품매출액 + 임대료 + 이자수익 = 4,500,000
   총비용 = 상품매출원가 + 유형자산처분손 + 급여 + 임차료 + 기업업무추진비 = 3,500,000
   ㉰기말자본금 = 기초자본금 + 당기순손익 + 기업주 출자 - 기업주 인출
   = 700,000 + 1,000,000 - 400,000 = 1,300,000원
3. ㉯부채 = 자산 - 자본 = 2,000,000 - 1,300,000 = 700,000원

자 본 금

인 출 금	400,000	전기이월(기초)	700,000
차기이월(기말)	1,300,000	손익(당기순이익)	1,000,000
계	1,700,000	계	1,700,000

재무상태표(기초)

자 산	부 채 1,300,000
㉮ 2,000,000	자 본 700,000
계	계

수익 : 4,500,000
(-)비용 : 3,500,000
당기순이익 : 1,000,000

재무상태표(기말)

자 산	부 채 ㉯700,000
2,000,000	자 본 ㉰1,300,000
계	계

+당기순이익(1,000,000) - 기업주인출(400,000)

연/습/문/제

분개연습

[1] 사업주가 업무와 관련없이 사업주 개인용도로 사용하기 위해 신형 노트북 990,000원을 구매하고 회사 비씨카드(신용카드)로 결제하다.

[2] 대표자 자택에서 사용할 가구 1,200,000원을 현금으로 구입하고 인출금 계정으로 회계처리하였다.

[3] 인출금 차변 계정잔액 500,000원을 정리하다.

[4] 기말 현재 현금과부족 50,000원은 대표자가 개인적인 용도로 사용한 금액으로 판명되었다.
결산수정분개를 하시오.

객관식

01. 자본에 관한 다음 산식 중 올바르지 않은 것은?

① 기초자산 = 기초부채 + 기초자본
② 기말자본 - 기초자본 = 당기순손익
③ 기말자산 = 기말부채 + 기초자본 + 당기순손익
④ 기말자본 - 기말부채 = 당기순손익

02. 다음 중 괄호안의 금액이 잘못 기입된 것은?

	회사명	기초자본	기말자본	총수익	총비용
①	동도상사	200,000	(340,000)	190,000	50,000
②	서도상사	(70,000)	180,000	150,000	40,000
③	남도상사	420,000	650,000	(330,000)	120,000
④	북도상사	210,000	400,000	220,000	(30,000)

03. 다음 중 인출금 계정에 대한 설명으로 옳은 것은?

① 임시계정으로 개인기업의 자본금 계정에 대한 평가계정이다.

② 임시계정으로 외상매출금에 대한 평가계정이다.

③ 법인기업에서 사용하는 결산정리 분개이다.

④ 결산시 재무상태표에 필수적으로 기재할 계정이다.

04. 다음 중 자본감소의 원인이 되는 계정과목인 것은?

① 상품매출　② 이자수익　③ 수수료수익　④ 상품매출원가

05. 다음과 같은 자본금계정의 설명으로 올바른 것은?

자 본 금

12/31	인 출 금	1,000,000원	1/1	전기이월	5,000,000원
12/31	손　익	1,000,000원			
12/31	차기이월	3,000,000원			

① 기초자본금은 3,000,000원이다.

② 기업주가 1,000,000원의 추가출자를 하였다.

③ 당기순손실이 1,000,000원이다.

④ 기말자본금이 5,000,000원이다.

06. 다음 중 개인기업의 자본금계정에서 처리되는 항목이 아닌 것은?

① 원시출자액　② 인출액　③ 당기순손익　④ 이익잉여금

07. 다음 중 인출금 계정이 나타나는 거래가 아닌 것은?

① 개인의 소득세 납부
② 개인의 주택 재산세 납부
③ 개인의 자녀 학원비
④ 업무용 자동차의 보험료 납부

08. 다음 중 개인기업의 자본금계정에 영향을 미치는 거래가 아닌 것은?

① 영업용 비품을 1,000,000원에 구입하고 대금은 현금으로 지급하다.
② 당기 중에 현금 5,000,000원을 추가 출자하다.
③ 기말 결산 시 차변 인출금 3,000,000원을 자본금으로 대체하다.
④ 기말 결산 시 당기순이익 300,000원을 자본금계정으로 대체하다.

09. 다음 중 자본금계정이 차변에 나타나는 것은?

① 현금 5,000,000원을 출자하여 영업을 개시하다.
② 기중에 현금 5,000,000원 추가출자하다.
③ 기말 결산시 인출금 3,000,000원을 정리하다.
④ 기말 결산시 당기순이익 300,000원을 자본금계정으로 대체하다.

주관식

01. 개인기업 대한상사의 기초자본금 500,000원, 추가출자액 100,000원, 당기순이익 50,000원인 경우 기말자본금은?

02. 총수익 1,800,000원, 총비용 1,450,000원, 기말자본 600,000원이면 기초자본은 얼마인가?

03. 다음 자료를 이용하여 제2기 기말자본금을 계산하면?

구분	기초자본금	추가출자액	기업주 인출액	당기순이익
제1기	100,000원	20,000원	10,000원	5,000원
제2기	(　　　　)	30,000원	20,000원	10,000원

04. 다음 자료에서 대동상사의 기말자본총계는 얼마인가?

기초자산	기초부채	총수익	총비용	추가출자금
3,000,000원	2,000,000원	3,500,000원	2,800,000원	800,000원

05. 주어진 자료에서 인출금과 당기순이익(200,000원)을 정리 후 기말 자본금은?

인 출 금

12/15 현금 50,000	

자 본 금

	1/1 전기이월 500,000

06. 기초자산 720,000원, 기초부채 350,000원, 기말부채 250,000원이다. 회계 기간 중의 수익 총액은 520,000원, 비용총액은 400,000원인 경우 기말자산은 얼마인가?

07. 수원상점의 20×1년 12월 31일 현재 기말자산은 100,000원, 기말부채는 30,000원이며, 1년 동안에 발생한 수익과 비용은 다음과 같다. 20×1년 1월 1일 영업을 시작하였을 때 출자한 자본금은?

- 매출총이익 50,000원
- 이자수익 50,000원
- 급 여 20,000원
- 광고선전비 20,000원

연/습/문/제 답안

분개연습

[1]	(차) 인출금	990,000	(대) 미지급금(비씨카드)	990,000

☞ 인출금 대신 자본금, 가지급금으로 입력한 것도 정답처리하였음.

[2]	(차) 인출금	1,200,000	(대) 현 금	1,200,000
[3]	(차) 자 본 금	500,000	(대) 인출금	500,000
[4]	(차) 자 본 금 or 인출금	50,000	(대) 현금과부족	50,000

객관식

1	2	3	4	5	6	7	8	9
④	③	①	④	③	④	①, ④	①	③

[풀이 - 객관식]

01. **기말자본 - 기초자본 = 당기순손익**이다.

02. 기말자본 = 기초자본 + (총수익 - 총비용) = 420,000 + (330,000 - 120,000) = 630,000원

03. 인출금은 개인기업에서 사용하며 자본금에 대한 평가계정으로 **기말결산 시 자본금 계정에 대체**하는 임시계정이다.

04. 자본감소의 원인이 되는 것은 비용으로서 상품매출원가가 비용에 해당한다.

05. 기초자본금은 5,000,000원, 기말자본금은 3,000,000원, 기업주가 1,000,000원의 현금인출 또는 상품을 개인적으로 사용하였다.

06. **이익잉여금은 법인기업이 표시하는 항목**이다.

07. 업무용자동차의 보험료 납부는 보험료(판)로서 회사 비용이고, 개인의 소득세는 소득세비용으로 처리한다.

08. ① (차) 비품 1,000,000원 (대) 현금 1,000,000원
② (차) 현금 5,000,000원 (대) 자본금 5,000,000원
③ (차) 자본금 3,000,000원 (대) 인출금 3,000,000원
④ (차) 손익 300,000원 (대) 자본금 300,000원

09. ① (차) 현금 5,000,000원 (대) 자본금 5,000,000원
② (차) 현금 5,000,000원 (대) 자본금 5,000,000원
③ (차) 자본금 3,000,000원 (대) 인출금 3,000,000원
④ (차) 손익 300,000원 (대) 자본금 300,000원

주관식

1	650,000원	2	250,000원	3	135,000원
4	2,500,000원	5	650,000원	6	740,000원
7	10,000원				

[풀이 - 주관식]

01.

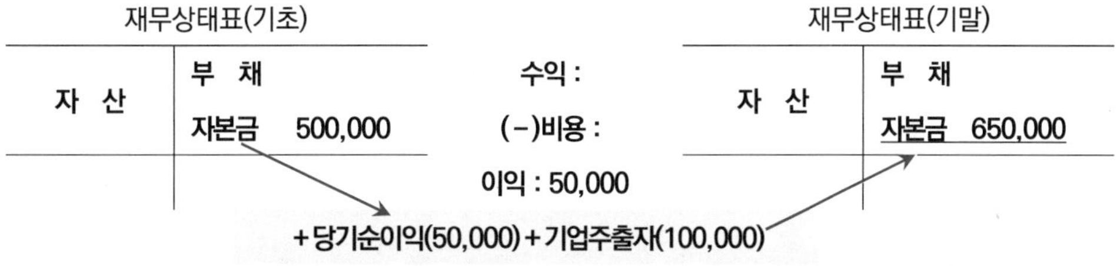

02.

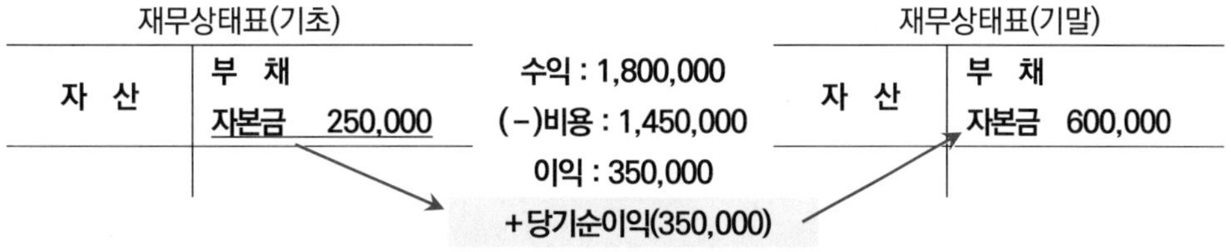

03. 제1기 기말자본금=기초자본금+추가출자액-기업주인출액+당기순이익=15,000원
제2기 기말자본금=1기 기말자본금(=2기 기초자본금)+추가출자액-기업주인출액+당기순이익
=115,000원+30,000원-20,000원+10,000원=135,000원

04. 기초자본 1,000,000+당기순이익 700,000+출자금 800,000=2,500,000

05. 인출금은 자본금의 임시계정으로 기말에 자본금으로 대체된다.

자 본 금

현 금	50,000	기초금액	500,000
기말금액?	**(650,000)**	당기순이익	200,000
계	700,000	계	700,000

06.

재무상태표(기초)

자 산 720,000	**부 채 350,000** **자본금 370,000**

수익 : 520,000
(−)비용 : 400,000
이익 : 120,000

+당기순이익(120,000)

재무상태표(기말)

자 산(?) 740,000	**부 채 250,000** **자본금 490,000**

07. • 당기순이익 : 50,000원+50,000원-20,000원-20,000원=60,000원
• 기말자본 : 100,000원-30,000원=70,000원
• 기초자본 : 70,000원-60,000원(당기순이익)=10,000원

Chapter

계정과목별 이해 (수익 · 비용) 5

로그인 전산회계 2급

Login

NCS회계 - 3 **전표관리 – 전표작성하기/증빙서류 관리하기**

제1절 수익 · 비용 인식기준

수익과 비용은 원칙적으로 발생주의에 따라 인식한다.

발생주의란 현금의 유출입보다는 현금의 유출입을 일어나게 하는 경제적 사건이 발생하였을 때 발생사실에 따라 수익과 비용을 인식한다.

그러나 수익은 발생주의보다는 수익인식요건을 구체적으로 설정하여 이 요건이 충족되는 시점에 수익이 발생하였다고 하는데 이를 실현주의라 한다.

첫번째 요건은 **수익획득과정이 완료되었거나 실질적으로 거의 완료**되어야 한다.

두번째 요건은 이러한 **수익금액을 신뢰성 있게 측정할 수 있고, 경제적 효익의 유입가능성**이 매우 높아야 한다.

1. 수익의 인식시점(매출의 인식시점)

수익인식시점은 기업마다(업종별) 상이하지만 일반적으로 제조업의 경우에는 원재료를 구입하여 제품을 제조하고, 이를 판매하고 최종적으로 대금을 회수하는 과정을 거친다.

수익획득과정 중 위의 수익 실현조건을 충족시키는 사건은 판매라 할 수 있다.

즉 제품, 상품 등을 판매할 경우 수익획득과정이 완료됨과 동시에 구매자로부터 유입되는 기대현금액과 현금청구권이 발생한다.

따라서 대부분의 기업은 **판매시점 또는 인도시점에 수익을 인식**하는 것이 일반적이다.

2. 비용의 인식기준

비용의 인식이란 비용이 어느 회계기간에 귀속되는가를 결정하는 것이다.

비용도 수익과 마차가지로 기업의 경영활동 전 과정을 통해서 발생하므로 회사의 순자산이 감소할 때마다 인식해야 한다.

그러나 현실적으로 이 논리를 적용하기에는 어려움이 있어, 비용은 수익이 인식되는 시점에서 비용을 인식하는데 이것을 **수익·비용대응의 원칙**이라 한다.

즉, 비용은 수익·비용 대응원칙에 따라 수익을 인식한 회계기간에 대응해서 인식한다.

제2절 매출액과 매출원가

1. 상품매출액

기업의 주요 영업활동과 관련하여 재화나 용역을 제공함에 따라 발생하는 대표적인 수익이다. 손익계산서에는 이러한 순매출액이 기재된다.

(순)매출액 = 총매출액 – 매출환입 및 에누리 – 매출할인

2. 상품매출원가

상품 매출액에 직접 대응되는 원가로서 일정기간 중에 판매된 상품에 배분된 매입원가를 매출원가라 한다.

즉, 상품매출원가는 기초상품재고액과 당기상품매입액의 합계액에서 기말상품재고액을 차감하여 계산한다.

판 매 업		
Ⅰ. 매 출 액		×××
Ⅱ. 매 출 원 가(1+2-3)		×××
1. 기초상품재고액	×××	
2. 당기상품매입액	×××	
3. 기말상품재고액	(×××)	
Ⅲ. 매출총이익(Ⅰ-Ⅱ)		×××

당기상품매입액 = 총매입액 - 매입에누리와 환출 - 매입할인

제3절 판매비와 관리비

상품, 제품과 용역의 판매활동 또는 기업의 관리와 유지활동에서 발생하는 비용으로서 매출원가에 속하지 아니하는 모든 영업비용을 말한다.

판매비와 관리비는 당해 비용을 표시하는 적절한 항목으로 구분하여 표시하거나 일괄하여 표시할 수 있다.

1. 급여

판매 및 관리부문에 종사하는 종업원에 대한 정기적인 급료와 임금, **상여금(상여는 상여금이란 별도 계정을 사용하기도 한다.)**과 관련 모든 수당을 말한다.

그리고 **일용직(일용근로자)의 경우 잡급이라는 계정**을 사용하기도 한다.

급여지급 시에는 급여에서 공제하는 세금(소득세 등)과 국민연금, 건강보험료 등이 있는데 이들 공제항목은 예수금계정을 사용하다가 통상적으로 다음 달에 국가 등에 납부한다.

2. 퇴직급여

판매 및 관리업무에 종사하는 종업원의 퇴직급여충당부채전입액을 말하며, 종업원이 퇴직 시 지급되는 퇴직금은 먼저 퇴직급여충당부채와 상계하고, 동 충당부채 잔액이 부족 시 퇴직급여인 비용으로 회계처리한다.

3. 복리후생비

판매 및 관리업무에 종사하는 종업원들에 대한 복리비와 후생비로서 **법정복리비, 복리시설부담금, 건강보험료(사용자부담분), 기타 사회통념상 타당하다고 인정되는 장례비, 경조비, 위로금 등**을 말한다.

4. 여비교통비

판매 및 관리업무에 종사하는 종업원들에게 지급하는 **출장비, 시내교통비** 등을 말한다.

5. 통신비

판매 및 관리업무에서 발생한 **전신료, 전화료, 우편료(등기우편), 인터넷 사용료 등과 그 유지비로서 통신**을 위해 직접 소요된 비용을 말한다.

6. 수도광열비

판매 및 관리업무에서 발생한 **수도료, 전기료, 유류비, 가스비** 등을 말한다.

7. 세금과공과

기업이 부담하는 국세, 지방세와 국가 또는 지방자치단체가 부과하는 **공과금, 벌금, 과태료, 과징금** 등을 말한다. 또한 조합 또는 법정단체의 공과금(상공회의소회비, 조합회비)등도 포함한다.

8. 임차료

부동산이나 동산을 임차하고 그 소유자에게 지급하는 비용을 말한다.

9. 차량유지비

판매 및 관리에 사용하는 차량에 대한 유지비용으로 **유류대, 주차비, 차량수리비** 등을 말한다.

10. 운반비

상품판매시 운반에 소요되는 비용을 판매자가 부담시 사용한다.

그러나 **상품매입시 운반비를 부담한 경우에는 상품의 취득부대비용으로 처리**한다.

11. 소모품비

판매 및 관리업무에 사용하는 **소모성 비품 구입에 관한 비용으로 사무용품, 기타 소모자재** 등이 있다.

12. 교육훈련비

판매 및 관리업무 임직원의 직무능력 향상을 위한 교육 및 훈련에 대한 비용을 말한다.

13. 도서인쇄비

판매 및 관리업무용 **도서구입비 및 인쇄와 관련된 비용**을 말한다.

14. 수수료비용

판매 및 관리업무에서 제공받은 용역의 대가를 지불할 때 사용하는 비용을 말한다.

15. 기업업무추진비

판매 및 관리업무 시 거래처에 대한 기업업무추진비용으로 **거래처에 대한 경조금, 선물대, 식사대** 등을 포함한다.

〈접대비 명칭 변경 - 세법〉

☞ 세법개정시 접대비의 명칭이 기업업무추진비(2024년부터 적용)로 변경되었습니다. 그러나 세법이 변경됐지만, 회계에서는 별도 언급이 없습니다. Kc - Lep(전산 프로그램)에서는 기업업무추진비로 Smart - A에서는 접대비라는 계정을 사용합니다.

16. 보험료

판매 및 관리업무용 부동산에 대한 **화재 및 손해보험 등의 보험료**를 말한다.

17. 수선비

판매 및 관리업무용 **건물, 기계장치, 비품 등의 수선비**를 말한다.

18. 광고선전비

제품의 판매촉진활동과 관련된 비용을 말한다.

19. 감가상각비

유형자산의 취득원가를 기간손익에 반영하기 위하여 내용연수동안 배분한 금액을 말한다.

20. 대손상각비

회수가 불가능한 채권과 대손추산액을 처리하는 비용을 말한다.

21. 건물관리비

건물관리비, 보수비, 청소비, 건물소독비를 지급시 발생하는 비용을 말한다.

22. 경상개발비

개발활동과 관련하여 경상적으로 발생하는 비용을 말한다.

23. 잡비

이상 열거한 판매비와 관리비에 해당하는 비용 이외에 발생빈도나 금액적 중요성이 없는 비용을 말한다.

제4절 영업외손익

회사의 주된 영업활동 이외의 보조적 또는 부수적인 활동에서 발생하는 수익(영업외수익)과 비용(영업외비용)을 말한다.

1. 이자수익(VS 이자비용)

이자수익은 금융업이외의 판매업, 제조업 등을 영위하는 기업이 일시적인 유휴자금을 대여한 경우나 은행에 예 · 적금을 가입한 경우에 발생한 이자 및 국공채 등에서 발생하는 이자 등을 포함하고, 이자비용은 타인자본을 사용하였을 경우에 이에 대한 대가로서 차입금에 대한 이자 및 회사채이자 등을 말한다.

회계기말에 이자수익(이자비용)이 발생한 경우에 발생기간에 따라 정확하게 이자수익(이자비용)을 인식하여야 한다.

2. 배당금수익

주식이나 출자금 등에서 잉여금의 분배로 받는 현금배당금액을 말한다.

3. 임대료

부동산 또는 동산을 타인에게 임대하고 일정기간마다 사용대가로 받는 임대료, 지대, 집세 및 사용료를 말한다. 부동산임대업을 주업으로 하는 경우에는 매출액이 되지만, 이외의 업종에서는 영업외수익으로 계상하여야 한다.

반대로 **임차료는 영업관련비용으로서 판매비와 관리비로 회계처리**한다.

4. 단기매매증권평가이익(VS단기매매증권평가손실)

단기매매증권은 결산일 현재 공정가액으로 평가하여야 한다.

공정가액이 장부가액보다 큰 경우에 그 차액을 영업외수익으로 계상하여야 하고, 공정가액이 장부가액보다 적은 경우에는 그 차액을 영업외비용으로 회계처리한다.

5. 단기매매증권처분이익(VS단기매매증권처분손실)

단기매매증권을 처분하는 경우에 장부가액보다 높은 가액으로 처분하는 경우에 그 차액을 영업외수익으로, 낮은 가액으로 처분한 경우에는 영업외비용으로 회계처리 한다. 여기서 주의할 점은 처분가액은 각종 처분시 수수료를 차감한 금액을 말한다.

6. 외환차익(VS외환차손)

외화로 표시된 자산·부채를 회수·상환시 발생하는 차익/차손을 말한다.

외화자산을 회수시 장부가액보다 원화 회수액이 많은 경우와 외화부채를 상환시 장부가액보다 원화상환액이 적을 경우 그 차액은 영업외수익으로 계상하고, 반대의 경우에는 영업외비용으로 회계처리한다.

7. 외화환산이익(VS외화환산손실)

결산일에 외화자산·외화부채를 기말 환율로 평가해야 하는 경우 환율의 변동으로 인하여 발생하는 환산이익과 환산손실을 말한다.

외환차손익은 외환 거래시 마다 발생하나, 외화환산손익은 결산일에 외화자산·부채의 평가시에만 나타난다.

<예제> 외화환산손익

㈜백두의 다음 거래를 분개하시오.

1. 20×1년 10월 01일　미국 ABC사로부터 상품 $1,000을 외상매입하다. (환율 1,100원/$)
2. 20×1년 11월 15일　영국 토트넘사로 부터 상품 $2,000(환율 1,000원/$)을 외상매출하다.
3. 20×1년 12월 31일　외화자산·부채에 대해서 기말환율(1,200원/$)로 평가하다.

해답

1.	(차) 상품	1,100,000	(대) 외상매입금	1,100,000
2.	(차) 외상매출금	2,000,000	(대) 상 품 매 출	2,000,000
3.	〈부채 외화환산〉			
	(차) 외화환산손실	100,000	(대) 외상매입금	100,000
	☞ 환산손익(부채)＝공정가액($1,000×1,200)－장부가액($1,000×1,100)＝100,000원(환산손실)			
	〈자산 외화환산〉			
	(차) 외상매출금	400,000	(대) 외화환산이익	400,000
	☞ 환산손익(자산)＝공정가액($2,000×1,200)－장부가액($1,000×1,000)＝＋400,000원(환산이익) ·			

8. 유형자산처분이익(VS 유형자산처분손실)

유형자산을 장부가액보다 높은 가액으로 처분하는 경우에는 영업외수익, 반대의 경우에는 영업외비용으로 회계처리한다.

여기서 유형자산의 장부가액이란 취득가액에서 처분 시 감가상각누계액 잔액을 차감한 금액을 말한다.

유형자산처분이익	처분가액 〉 장부가액	장부가액 = 취득가액 – 감가상각누계액
유형자산처분손실	처분가액 〈 장부가액	

9. 자산수증이익

회사가 주주, 채권자 등 타인으로부터 무상으로 자산을 증여받은 경우에 발생하는 이익을 말한다. 여기서 자산의 취득가액은 해당 자산의 공정가액으로 계상한다.

공정가액이란 합리적인 판단력과 거래의사가 있는 독립된 당사자간에 거래될 수 있는 교환가격을 말한다.

10. 채무면제이익

회사가 채권자로부터 채무를 면제받은 경우에 발생하는 이익을 말한다.

11. 기부금

상대방에게 아무런 대가없이 기증하는 금전, 기타의 재산가액을 말한다.

기부금은 업무와 무관하게 지출되지만, 기업업무추진비는 업무와 관련하여 지출한다는 점에서 차이가 있다.

12. 보험차익(보험금수익)

보험의 만기 또는 재해로 인하여 보험금을 수령시 수령금액 총액을 수익으로 인식한다.

13. 기타의 대손상각비(VS 대손충당금환입)

기타의 대손상각비는 매출채권이외의 채권(미수금, 대여금 등)에 대한 대손상각비를 처리하는 계정을 말한다.

대손충당금환입은 대손추산액(기말대손충당금)보다 설정 전 대손충당금 잔액이 많은 경우 사용하는 계정이다.

(차) 대손충당금(미수금, 대여금 등) ××× (대) 대손충당금환입(영업외수익) ×××

14. 잡이익(VS 잡손실)

금액적으로 중요하지 않거나 그 항목이 구체적으로 밝혀지지 않는 수익과 손실을 말한다.

제5절 소득세비용

개인기업의 소득에 대하여 세금을 납부해야 하는데 이에 대한 세금을 소득세(사업소득세)라 한다. 소득세비용은 회사의 영업활동의 결과인 1월 1일부터 12월 31일까지 벌어들인 소득에 대하여 부과되는 세금이므로 기간비용으로 인식하여야 한다.

연/습/문/제

분개연습

[1] 한결전자에 상품 7,000,000원을 외상으로 판매하고, 판매한 상품의 운반비 30,000원은 당사가 부담하여 현금으로 지급하였다.

[2] 동문전기에 상품 1,000,000원을 판매하고 선수금 100,000원을 제외한 900,000원을 현금으로 받다.

[3] 미소가방에 상품 2,000,000원을 매출하고, 대금 중 500,000원은 현금으로 받고 잔액은 약속어음(만기 3개월)으로 받다.

[4] 5월분 전기요금 230,000원이 보통예금 계좌에서 자동 이체되다.

[5] 영업부 안상용 대리는 10월 20일 제주 출장 시 지급받은 업무가지급금 400,000원에 대해 다음과 같이 사용하고 잔액은 현금으로 정산해 주다.

• 숙박비 150,000원	• 왕복항공료 270,000원	• 택시요금 50,000원

[6] 당사의 장부기장을 의뢰하고 있는 세무사사무소에 장부기장수수료 500,000원을 보통예금계좌에서 이체하여 지급하다.

[7] 매월 말일 지급하는 12월 귀속 사무실 임차료 500,000원이 미지급되다.

[8] 10월의 종업원 급여 1,200,000원 중에서 소득세 70,000원, 건강보험료 30,000원을 제외한 1,100,000원을 현금으로 지급하다.

[9] 영업부 직원의 결혼으로 축의금 100,000원을 현금으로 지급하다.

[10] 거래처 직원의 방문으로 식사를 대접하고, 식대 30,000원을 현금으로 지급하다.

[11] 영업용승용차의 엔진오일을 보충하고 카센터에 현금 40,000원을 지급하다.

[12] 새로 판매하는 가방을 지역 신문사에 광고하고 대금 100,000원을 현금으로 지급하다.

[13] 매장 인터넷사용요금 50,000원을 현금으로 납부하다.

[14] 영업부 직원에게 택시비 20,000원을 현금 지급하다.

[15] 거래처에 선물하기 위해서 한우셋트 700,000원을 구입하고 하나카드로 결제하였다 (카드결제 예정일 다음달 25일).

[16] 영업부에서 사용중인 화물운송용 트럭에 대한 자동차세 80,000원을 현금으로 납부하였다.

[17] 영백빌딩의 8월분 임차료 1,000,000원 중 700,000원은 현금으로 지급하고 나머지는 다음 달에 주기로 하다.

[18] 두산상사 발행 약속어음 1,000,000원을 당좌계약을 맺은 거래 은행에 추심위임하고, 추심수수료 1,500원을 현금지급하다.

[19] 불우이웃돕기 성금 1,000,000원을 서울시에 현금 기부하다.

[20] 영업용 화물차의 자동차세 60,000원과 사장 개인 승용차의 자동차세 80,000원을 현금으로 납부하다.(단, 기업주의 개인적 지출은 인출금 계정으로 처리함).

[21] 임대인에게 800,000원(영업부 사무실 임차료 750,000원 및 건물관리비 50,000원)을 보통예금 계좌에서 이체하여 지급하였다(단, 하나의 전표로 입력할 것).

[22] 정풍상사에 판매하기 위한 상품의 상차작업을 위해 일용직 근로자를 고용하고 일당 100,000원을 현금으로 지급하였다.

객관식

01. 당기의 비용으로 회계처리하여야 하는 지출은?

① 토지 취득시 중개수수료　　② 자동차의 자동차세
③ 상품 매입시 운반비　　④ 건물 취득시 취득세

02. 다음은 판매비와 관리비에 대한 설명이다. 옳지 않은 것은?

① 복리후생비는 판매비와 관리비에 속한다.
② 판매비는 상품의 판매활동에 지출되는 비용을 말한다.
③ 관리비는 기업전체의 관리 및 일반사무와 관련되어 발생하는 비용이다.
④ 외상대금을 조기에 회수함에 따라 발생하는 매출할인은 판매비와 관리비에 속한다.

03. 다음 계정과목에서 판매비와관리비에 해당되지 않는 것은?

① 소모품비　　② 수수료비용　　③ 이자비용　　④ 복리후생비

04. 다음 중 판매비와관리비에 해당되는 계정은 모두 몇 개인가?

ⓐ 선급비용	ⓑ 미지급비용	ⓒ 개발비	ⓓ 기부금
ⓔ 이자비용	ⓕ 기업업무추진비	ⓖ 보험료	ⓗ 세금과공과

① 3개 ② 4개 ③ 5개 ④ 6개

05. 다음 중 영업외수익에 해당하지 않는 것은?

① 유형자산처분이익 ② 단기매매증권처분이익
③ 임대료 ④ 임차료

06. 다음 자료에서 제시하고 있는 계정과목이 속한 비용의 분류영역은?

- 마케팅부서 종업원의 회식비용
- 영업사무실의 인터넷 사용요금
- 영업용 매장의 월세
- 매출광고를 위한 전단지 제작비용

① 매출원가 ② 판매비와 관리비 ③ 영업외비용 ④ 특별손실

07. 다음 내역 중 세금과공과계정과 관련 있는 내용을 모두 고른 것은?

ㄱ. 회사업무용 차량의 자동차세
ㄴ. 토지 취득시 취득세
ㄷ. 차량 취득시 등록면허세(등록세)
ㄹ. 회사 소유 건물의 재산세

① ㄱ, ㄴ ② ㄱ, ㄹ ③ ㄴ, ㄷ ④ ㄷ, ㄹ

08. 다음 거래의 내용과 공통적으로 관련 있는 수익항목은?

가. 거래처로부터 업무용 화물차 10,000,000원을 기증받다.
나. 거래처로부터 50,000,000원의 부채를 면제받다.

① 영업외수익 ② 매출총이익 ③ 당기순이익 ④ 영업이익

09. 다음 중 손익계산서의 매출 차감계정이 아닌 것은?

① 매출환입 ② 매출에누리 ③ 매출할인 ④ 매출운입

10. 다음 중 영업외수익에 해당하는 계정과목끼리 올바르게 연결한 것은?

① 선수수익 - 미수수익 ② 이자수익 - 선수수익
③ 이자수익 - 미수수익 ④ 이자수익 - 잡이익

11. 매출할인을 당기 총매출액에서 차감하지 않고, 판매비와 관리비로 처리하였을 경우 손익계산서 상 매출총이익과 당기순이익에 미치는 영향으로 옳은 것은?

	매출총이익	당기순이익		매출총이익	당기순이익
①	과소계상	과대계상	②	과소계상	불변
③	과대계상	불변	④	과대계상	과소계상

12. 다음 중 비용의 인식기준으로 맞는 것은?

① 총액주의 ② 수익 · 비용 대응의 원칙
③ 구분표시의 원칙 ④ 유동성배열법

13. 다음 설명 중 잘못된 것은?

① 자산은 과거의 거래나 사건의 결과로서 현재 기업실체에 의해 지배되고 미래에 경제적 효익을 창출할 것으로 기대되는 자원
② 기업의 자금조달방법에 따라 타인자본과 자기자본으로 구분된다. 부채는 타인자본에 해당되며, 타인으로부터 빌린 빚을 말한다.
③ 자본은 기업실체의 자산총액에서 부채총액을 차감한 잔여액 또는 순자산을 말한다.
④ 비용은 기업실체의 경영활동과 관련된 재화의 판매 또는 용역의 제공 등에 따라 발생하는 자산의 유입이나 사용 또는 부채의 감소이다.

주관식

01. 다음 지급 내역 중 복리후생비의 금액은?

• 종업원 회식비	5,000원	• 거래처 선물대금	3,000원
• 회사의 인터넷통신 요금	2,000원	• 출장사원 고속도로 통행료	1,000원

02. 다음 지출내역서상의 판매비와 관리비는 얼마인가?

지 출 내 역 서

• 전화요금	50,000원	• 종업원 회식비용	100,000원
• 장애인단체에 대한 기부	700,000원	• 차입금 이자 지급	30,000원

03. 다음 자료에서 중 영업외수익을 계산하면 얼마인가?

• 매출액	1,000,000원	• 매출총이익	300,000원
• 보험차익	100,000원	• 이자수익	200,000원
• 대손충당금환입	200,000원(매출채권에서 발생)		

04. 다음 자료를 이용하여 순매출액을 계산하시오.

• 총매출액 : 500,000원	• 매출환입 : 5,000원
• 매출에누리 : 10,000원	• 매출운반비 : 5,000원

05. 다음의 자료를 이용하여 영업이익을 계산하면 얼마인가?

• 매 출 액 : 6,000,000원	• 기초상품재고액 : 1,000,000원
• 당기상품매입액 : 3,000,000원	• 기말상품재고액 : 1,500,000원
• 판매비와관리비 : 1,000,000원	• 영 업 외 수 익 : 1,200,000원

06. 모든 매출은 외상으로 판매하고 1개월 후에 현금 또는 보통예금으로 회수하는 신원상사의 매출채권과 관련한 다음 자료를 보고 당기총매출액을 계산하면 얼마인가? (단, 대손이나 매출할인 등의 변동요인은 없다)

전기이월액	차기이월액	현금회수액	보통예금회수액	당기총매출액
370,000원	260,000원	260,000원	200,000원	?

연/습/문/제 답안

분개연습

[1]	(차) 외상매출금(한결전자)	7,000,000	(대)	상품매출	7,000,000
	운 반 비(판)	30,000	(대)	현 금	30,000
[2]	(차) 선 수 금(동문전기)	100,000	(대)	상품매출	1,000,000
	현 금	900,000			
[3]	(차) 받을어음(미소가방)	1,500,000	(대)	상품매출	2,000,000
	현 금	500,000			
[4]	(차) 수도광열비(판)	230,000	(대)	보통예금	230,000
[5]	(차) 여비교통비(판)	470,000	(대)	가지급금(안상용)	400,000
				현 금	70,000
	☞ 출장시 : (차) 가지급급 400,000		(대)	현 금	400,000
[6]	(차) 수수료비용(판)	500,000	(대)	보통예금	500,000
[7]	(차) 임 차 료(판)	500,000	(대)	미지급금	500,000
[8]	(차) 급 여(판)	1,200,000	(대)	예 수 금	100,000
				현 금	1,100,000
[9]	(차) 복리후생비(판)	100,000	(대)	현 금	100,000
[10]	(차) 기업업무추진비(판)	30,000	(대)	현 금	30,000
[11]	(차) 차량유지비(판)	40,000	(대)	현 금	40,000
[12]	(차) 광고선전비(판)	100,000	(대)	현 금	100,000

[13]	(차) 통 신 비(판)	50,000	(대) 현 금		50,000
[14]	(차) 여비교통비(판)	20,000	(대) 현 금		20,000
[15]	(차) 기업업무추진비(판)	700,000	(대) 미 지 급 금(하나카드)		700,000
[16]	(차) 세금과공과(판)	80,000	(대) 현 금		80,000
[17]	(차) 임 차 료(판)	1,000,000	(대) 현 금		700,000
			미 지 급 금(영백빌딩)		300,000
[18]	(차) 수수료비용(판)	1,500	(대) 현 금		1,500
[19]	(차) 기 부 금	1,000,000	(대) 현 금		1,000,000
[20]	(차) 세금과공과(판)	60,000	(대) 현 금		140,000
	인 출 금	80,000			
[21]	(차) 임차료(판)	750,000	(대) 보통예금		800,000
	건물관리비(판)	50,000			
[22]	(차) 잡급(판)	100,000	(대) 현금		100,000

객관식

1	2	3	4	5	6	7	8	9	10	11	12	13
②	④	③	①	④	②	②	①	④	④	③	②	④

[풀이 - 객관식]

01. 자동차세는 당기 비용(세금과공과)처리한다. 토지취득시 중개수수료는 토지의 취득원가, 건물취득시 취득세는 건물의 취득원가, 상품매입시 운반비는 상품의 취득원가로 처리한다.

02. **매출할인은 총매출액에서 차감**한다.

04. ⓐ 선급비용 – 유동자산 ⓑ 미지급비용 – 유동부채 ⓒ 개발비 – 무형자산
ⓓ 기부금 – 영업외비용 ⓔ 이자비용 – 영업외비용

05. 임차료는 영업비용으로서 판관비에 해당한다.

07. 토지, 차량 취득시 취득세 및 등록면허세(등록) 등 구입 제비용은 해당자산의 원가에 가산한다.

08. 가. 자산수증이익 나. 채무면제이익

09. 매출운임은 매출의 차감계정에 해당하지 않는다. **매출시 운반비는 판매비와관리비로 분류**된다.

11. 올바른 회계처리 : (차) 매출할인(매출차감) 100 (대) 현 금 등 100

잘못된 회계처리 : (차) 매출할인(판관비) 100 (대) 현 금 등 100

손익계산서	매출액차감	판관비 처리	
1. (순)매출액	-100	0	매출과대계상
2. 매출원가	0	0	
3. 매출이익(1-2)	-100	0	매출총이익 과대계상
4. 판관비	0	100	
5. 영업이익(3-4)	-100	-100	불변
6. 영업외수익	0	0	
7. 영업외비용	0	0	
8. 법인세차감전순이익(5+6-7)	-100	-100	불변
9. 법인세비용	0	0	
10. 당기순이익	-100	-100	불변

12. **수익은 실현주의에 따라 인식**하며, **비용은 수익비용대응의 원칙으로 인식**한다.

13. 비용은 기업실체의 경영활동과 관련된 재화의 판매 또는 용역의 제공 등에 따라 발생하는 **자산의 유출이나 사용 또는 부채의 증가**이다.

주관식

1	5,000원	2	150,000원	3	300,000원
4	485,000원	5	2,500,000원	6	350,000원

[풀이 - 주관식]

01. 거래처선물대금은 기업업무추진비, 인터넷통신요금은 통신비, 고속도로통행료는 여비교통비에 해당한다.

02. 전화요금과 종업원회식비용은 판관비에 해당한다.

03. 보험차익, 이자수익이 영업외수익에 해당한다.

04. 순매출액 = 총매출액 - 매출환입 - 매출에누리 - 매출할인

= 500,000 - 5,000 - 10,000 = 485,000

매출운반비는 별도의 비용(판관비 : 운반비)으로 회계처리한다.

05.

손익계산서	
1. (순)매출액	6,000,000
2. 매출원가	2,500,000
3. 매출이익(1 - 2)	3,500,000
4. 판관비	1,000,000
5. 영업이익(3 - 4)	***2,500,000***

2. 매출원가: 기초상품재고액 + 당기매입액 - 기말상품재고액

06. 모든 매출은 외상으로 판매한다고 가정했으므로 외상매출금의 차변증가가 총매출액이 된다.

외상매출금

전기이월	370,000	현　금	260,000
		보통예금	200,000
매　출(?)	***350,000***	차기이월	260,000
계	720,000	계	720,000

재무상태표 주요 계정과목(전산회계2급)

Ⅰ. 자산

1. 유동자산	1. 당좌자산	현금	지폐와 주화 타인발행수표, 우편환, 배당금지급통지표, 만기도래어음, 만기도래국공채 이자표
		당좌예금	당좌수표를 발행할 수 있는 은행 예금
		예금	보통예금 등과 같은 요구불예금
		단기금융상품	만기가 1년 이내 도래하는 저축성예금, 양도성예금증서 등
		단기매매증권	단기간 내의 매매차익을 목적으로 매입한 유가증권
		외상매출금	상거래(제품, 상품)시 외상으로 판매한 경우의 채권
		받을어음	상거래(제품, 상품)시 외상으로 판매하고 받은 어음
		단기대여금	차용증서를 받고 금전을 빌려준 경우의 채권
		(대손충당금)	미래에 발생할 대손에 대비하여 미리 비용을 인식하는 것
		미수수익	발생주의에 따라 수익의 당기 기간경과분에 대한 수익으로서 미수취한 것
		미수금	일반적인 상거래 이외의 유형자산 등의 매각거래에서 발생한 채권
		소모품	소모성비품(내용년수가 1년 미만)등 구입시 자산으로 처리한 것
		선급금	상품 · 원재료 등의 구입조건으로 미리 지급하는 금액이나 계약금
		선급비용	발생주의에 따라 당기에 지급한 비용 중 차기비용으로 자산으로 처리할 금액
		가지급금	현금 지출이 있으나 계정과목이 미확정인 것
	2. 재고자산	상품	판매목적으로 외부에서 구입한 물품(도 · 소매업)
		제품	제조과정이 완료된 후 판매를 위해 보관하고 있는 것(제조업)
		반제품	자가제조한 중간제품과 부분품 등으로 판매가 가능한 것
		원재료	제품을 제조하기 위하여 구입한 주원료

1. 유동자산	2. 재고자산	(매입환출)	매입한 상품이나 원재료를 반품하는 경우
		(매입에누리)	매입 후 하자나 결함 때문에 가격을 에누리받은 경우
		(매입할인)	외상대금을 조기 결제시 판매자가 외상대금을 할인하는 경우
		재공품	제조과정이 완료되지 않아 아직 제품으로 대체되지 않은 재고자산
		저장품	소모품, 수선용 부분품 및 기타 저장품
2. 비유동자산	1. 투자자산	장기금융상품	만기가 1년 이후에 도래하는 정기예금, 정기적금 등 금융상품
		투자부동산	영업활동과 무관하게 투자목적(시세차익)으로 보유하고 있는 토지나 건물
		장기대여금	대여금 중 만기가 1년 이내에 도래하지 않는 것
	2. 유형자산	토지	영업용(업무용)으로 사용하기 위한 대지 등
		건물	영업용(업무용)으로 사용하는 건물 및 기타의 건물 부속설비 등
		기계장치	제품 등을 생산하기 위한 기계 및 장치
		차량운반구	회사의 영업활동을 위해 사용되는 승용차, 트럭 등
		비품	기업에서 사용하는 일반적인 용품으로서 내용년수가 1년 이상인 것
		(감가상각누계액)	취득원가를 합리적으로 비용 배분하는 것의 누적액
		건설중인자산	유형자산을 건설하기 위해 지출한 금액으로서 아직 건설완료가 되지 않은 임시계정
	3. 무형자산	영업권	영업상의 권리 또는 권리금(외부구입영업권만 인정)
		산업재산권	일정기간 동안 독점적, 배타적으로 이용할 수 있는 권리(특허권, 실용신안권, 상표권 등)
		개발비	신기술개발과 관련된 비용으로 미래 경제적 효익을 기대할 수 있는 금액
		소프트웨어	컴퓨터 프로그램으로서 MS오피스, 한글2010 등
	4. 기타 비유동자산	임차보증금	공장, 사무실, 기계, 차량 등의 임차시 보증금액으로서 채권임
		장기매출채권	외상매출금 중 회수기간이 1년 이상인 채권

Ⅱ. 부채

1. 유동 부채	외상매입금	상품이나 원재료를 외상으로 매입한 경우의 채무
	지급어음	상품이나 원재료를 외상으로 매입시 지급한 어음채무
	미지급금	상거래 이외(유형자산 등)의 물건을 구입한 경우의 채무
	예수금	일반적 상거래 이외에서 발생한 일시적 예수금액(소득세, 국민연금, 건강보험료 등)
	가수금	현금 등 입금이 있었으나 내역이 불분명한 것으로서 처리하는 임시계정
	선수금	상품매출, 제품매출에 대한 계약금조로 미리 받은 금액
	단기차입금	1년 이내에 도래하는 금융거래에 의한 채무
	미지급비용	기간 경과분 비용(이자비용, 임차료 등)중 아직 지급되지 않은 것
	선수수익	수익 중 당기의 것이 아니고 차기 이후로 귀속되는 수익
2. 비유동 부채	사채	기업이 자금조달을 위해 직접 발행하는 채권
	장기차입금	상환기간이 1년을 초과하는 차입금
	임대보증금	부동산이나 동산을 임대하고 받는 보증금
	퇴직급여충당부채	임직원이 퇴직할 때 지급하게 될 퇴직금에 대비하여 부채로 설정

Ⅲ. 자본

1. 자본금	보통주자본금	개인기업의 자본금은 기업주의 출자액을 말한다.
	인출금	임시계정으로서 기업주의 추가출자 또는 인출액을 표시하는 계정이다. 기말에 인출금 계정잔액을 자본금 계정에 대체한다.

손익계산서 주요 계정과목(전산회계2급)

Ⅰ. 수익

1. 매출	매출(제품, 상품)	상품, 제품 등의 판매 또는 용역의 제공으로 인하여 실현된 금액
	(매출환입)	매출된 상품이나 제품이 반품되는 경우
	(매출에누리)	매출 후 하자나 결함 때문에 가격을 에누리 하는 경우
	(매출할인)	외상대금을 조기 결제시 판매자가 외상대금을 할인하는 경우
3. 영업외 수익	이자수익	적금, 예금 등에 대해 지급받은 이자
	배당금수익	보유한 주식에 대한 현금배당금
	임대료	부동산을 임대하여 사용하게 하고 받는 대가
	××××처분익	유가증권, 유형자산 등을 장부가액이상으로 처분하였을 때 생기는 이익
	자산수증이익	현금이나 기타재산을 무상으로 받았을 때 생기는 이익
	채무면제이익	채무를 면제받아 생기는 이익
	잡이익	금액적으로 중요성이 없는 것으로서 일시적이고 소액인 것

Ⅱ. 비용

1. 상품매출원가		상품 등의 판매 등으로 인한 매출액에 직접 대응되는 원가
2. 판매비와 관리비	급여	정기적인 급료와 임금, 상여금과 제수당을 말한다.
	퇴직급여	퇴직급여충당부채 전입액을 말하며, 임직원이 퇴직시 퇴직금은 우선적으로 퇴직급여충당부채와 상계
	복리후생비	일·숙직비, 직원회식비, 현물식대, 경조사비, 피복비, 건강보험료의 회사부담금

2. 판매비와 관리비	여비교통비	출장비, 시내교통비 등
	통신비	전화료, 우편료, 인터넷 사용료 등
	수도광열비	수도요금, 전기료(제조경비 : 가스수도료), 난방유, 가스요금 등
	세금과공과	재산세, 자동차세, 일반협회비, 인지대금, 벌금, 과태료 등
	임차료	부동산이나 동산을 임차하고 임대인에게 지급하는 비용
	차량유지비	차량에 대한 유지비용으로 유류대, 주차비, 차량수리비 등
	소모품비	소모성 비품 구입에 대한 비용으로서 사무용품, 기타소모자재 등
	교육훈련비	임직원의 직무능력향상을 위한 교육 및 훈련에 대한 비용
	도서인쇄비	도서구입 및 인쇄와 관련된 비용
	지급수수료	제공받은 용역의 대가를 지불할 때 사용하거나 각종 수수료 등
	기업업무추진비	거래처에 대한 선물구입비, 경조사비, 식대 등을 지급한 경우
	광고선전비	제품의 판매촉진활동과 관련된 비용
	감가상각비	유형자산의 취득원가를 내용년수에 따라 합리적으로 배분하는 비용
	대손상각비	회수가 불가능한 채권을 합리적이고 객관적인 기준으로 추정하여 비용으로 인식하는 것
3. 영업외 비용	매출채권처분손실	매출채권을 금융회사 등에 처분시 발생하는 손실
	××자산처분손실	자산 처분시 처분가액이 장부가액보다 적을 경우 인식
	기부금	대가성 없이 무상으로 기증하는 금전, 기타의 재산가액(불우이웃돕기성금, 수재의연금 등)
	재해손실	화재, 수해, 지진 등 자연적 재해로 인해 발생하는 손실
	잡손실	금액적으로 중요성이 없는 것으로서 일시적이고 소액인 것
4. 소득세비용(소득세등)		개인사업자가 과세기간동안 벌어들인 소득에 대해 부과되는 세금(소득세+지방소득세)

Chapter

결산 및 재무제표작성

6

Login

로그인 전산회계 2급

NCS회계 - 4 **결산관리 - 결산분개/장부마감/재무제표 작성하기**

제1절 결산의 의의 및 절차

결산이란 회계연도 종료 후에 그 회계연도의 회계처리를 마감하여, 회계처리 결과인 재무제표를 작성하는 일련의 절차를 말한다.

결산의 절차는 다음의 순서로 수행한다.

1. 예비절차	1. 수정전시산표의 작성 2. 결산수정분개 3. 수정후시산표의 작성
2. 본 절차	4. 계정의 마감(**손익계정 ⇨ 집합손익계정 ⇨ 재무상태계정 순)**
3. 결산보고서	5. 재무제표의 작성(손익계산서, 재무상태표순)

제2절 시산표

1. 시산표의 의의

시산표란 회계거래가 총계정원장상의 각 계정에 정확하게 되었는지를 검토하기 위하여 회계연도 중에 사용한 모든 계정의 총액 잔액을 하나의 표에 작성하는 서식을 말한다.

회계상 거래에 대하여 분개를 하고 총계정원장에 전기를 한다.

따라서 차변의 금액과 대변의 금액의 합계는 당연히 일치하여야 하며, 이를 대차평균의 원리라 한다.

대차평균의 원리에 의하여 분개하고 총계정원장에 정확하게 전기를 하였다면 시산표에도 대차평균의 원리에 따라 대차가 일치되어야 한다.

그런데 시산표의 차변의 합계와 대변의 합계가 일치하지 않았다면 분개에서부터 시작하여 총계정원장에 전기하는 과정 중 어디에선가 오류가 발생되었음을 의미한다.

이처럼 시산표의 작성목적은 거래를 분개하고 전기하는 과정에서 누락하거나 오류기입을 발견해서 수정하는 것이다.

시산표를 작성하는 또 다른 목적은 회사의 개괄적인 재산 상태나 경영성과를 파악하는데 이용하고 있으며, 기중에도 수시로 시산표를 작성해 기업의 의사결정에 활용하기도 한다.

시산표의 목적 ① **<u>분개와 전기의 금액적인 오류 파악</u>**

② 회사의 개략적인 재무상태나 경영성과 파악

2. 합계잔액시산표

합계와 잔액을 모두 나타내는 시산표로서 기업에서 가장 많이 보편적으로 사용한다.

총계정원장의 현금계정과 외상매입금 계정이 다음과 같다고 가정하고 합계잔액시산표를 작성해보자.

현 금

1/1 차입금	10,000,000	1/3 임차보증금	8,000,000 ②
1/5 외상매출금	10,000,000 ①		
		잔액	12,000,000

외상매입금

현금	5,000,000	1/5 상품	10,000,000
잔액	5,000,000		

합계잔액시산표

제×기 : 20×1년 12월 31일 현재

차 변		계정과목	대 변	
잔 액	합 계		합 계	잔 액
12,000,000	①20,000,000	자산계정 - 현금	②8,000,000	
	5,000,000	부채계정 - 외상매입금	10,000,000	**5,000,000**
		자본계정		
		수익계정		
		비용계정		
××××××		계		××××××

결국 자산의 경우 시산표상 차변의 잔액이 재무상태표상 자산의 금액이 되고, 부채의 경우 시산표상 대변의 잔액이 재무상태표상 부채의 금액이 된다.

제3절 결산수정분개

1. 결산수정분개의 의의

회계연도별로 기업의 재무상태와 경영성과를 정확하게 산출하기 위해서는 기말에 2 이상의 회계기간에 영향을 미치는 거래에 대하여 각 회계연도별로 정확한 금액을 귀속시키기 위한 수정분개가 필요하다.

이처럼 회계연도 종료시점(결산일)에서 자산, 부채, 자본의 현재금액과 당해 연도에 발생한 수익, 비용금액을 확정하기 위하여 회계연도 종료 후에 반영하는 분개를 기말수정분개 또는 결산수정분개라 한다.

회사의 재무상태나 경영성과 ≠ 회사 장부 ⇒ 일치시키는 작업

결산수정분개의 목적은 다음과 같다.

① 일상의 거래 기록과정에서 적정하게 구분하지 못한 회계기간별 수익과 비용을 **발생주의 회계원칙에 따라 적정하게 수정**하고

② 결산일 현재 재무상태와 경영성과를 적정하게 표시하기 위해서 **자산과 부채를 정확하게 평가**한다.

2. 결산수정분개의 유형

<table>
<tr><th>유 형</th><th colspan="3">수 정 분 개 내 용</th></tr>
<tr><td>1. 매출원가계산</td><td colspan="3">재고자산실사 → 재고자산의 평가 → 매출원가의 계산순으로 한다.</td></tr>
<tr><td rowspan="4">2. 손익의 결산정리 (발생주의)</td><td rowspan="2">이연</td><td>선급비용</td><td>당기에 지출한 비용 중 차기 이후의 비용</td></tr>
<tr><td>선수수익</td><td>당기에 수취한 수익 중 차기 이후의 수익</td></tr>
<tr><td rowspan="2">발생</td><td>미수수익</td><td>당기에 발생하였는데 대금을 받지 못한 경우 당기의 수익 발생분</td></tr>
<tr><td>미지급비용</td><td>당기에 발생하였는데 대금을 지급하지 않는 경우 당기의 비용 발생분</td></tr>
<tr><td rowspan="3">3. 자산 · 부채의 평가</td><td colspan="2">대손충당금 설정</td><td>보충법에 따라 대손상각비 인식</td></tr>
<tr><td colspan="2">재고자산의 평가</td><td>감모와 재고자산의 가격하락을 반영</td></tr>
<tr><td colspan="2">퇴직급여충당부채 설정</td><td>당기 퇴직급여 비용 인식</td></tr>
<tr><td>4. 자산원가배분</td><td colspan="3">유 · 무형자산의 취득원가를 내용연수 동안 나누어 비용으로 인식하는 절차</td></tr>
<tr><td>5. 유동성대체</td><td colspan="3">비유동자산(비유동부채)의 만기가 1년 이내에 도래하는 경우 유동자산(유동부채)로 분류 변경하는 것</td></tr>
<tr><td>6. 소득세(법인세) 비용 계상</td><td colspan="3">결산일에 당기의 법인세 비용(개인기업 : 소득세 등)을 정확하게 산출하여 비용으로 계상</td></tr>
<tr><td>7. 기타</td><td colspan="3">소모품(소모품비)의 수정분개
가지급금 · 가수금, 전도금 등의 미결산항목정리</td></tr>
</table>

3. 계정과목별 결산수정분개

(1) 매출원가의 산정

상품매매거래는 기중에 수시로 발생하기 때문에 상품매출액과 구입액에 대하여 관련 증빙(세금계산서 등)으로 확인할 수 있으나 대부분의 중소기업들은 당기 판매분에 대하여 매출원가를 수시로 기록하지 않는다.

이러한 기업들은 기말에 상품재고액을 실사하여 일괄적으로 매출원가를 산출하게 된다.

즉 재고자산의 입출고시 마다 매출원가를 계산하는 계속기록법보다 결산일에 기말재고를 산출하여 매출원가를 계산하는 실지재고조사법을 이용한다.

레고상사의 기초상품이 500,000원, 당기 매입액이 5,000,000원이라고 가정하면 결산일에 재고자산 실사를 통해서 기말상품재고액이 350,000원이 산출되어지고 이것을 통해서 매출원가 5,150,000원이 계산되어진다.

상 품

ⓐ기초상품	500,000	**ⓒ매출원가**	**5,150,000**
ⓑ순매입액	5,000,000	ⓓ기말상품	350,000
계	5,500,000	계	5,500,000

손익계산서

Ⅰ.매 출 액	XXX
Ⅱ.매출원가	5,150,000 ←
Ⅲ.총매출이익(Ⅰ－Ⅱ)	YYY

그러면 기말수정분개는 다음과 같다.

(차) 매 출 원 가 5,150,000원 (대) 상 품 5,150,000원

(2) 손익의 결산정리(손익의 발생, 손익의 이연)

기업회계기준은 발생주의에 의하여 기간손익을 계산하기 때문에 기중에 현금주의로 회계 처리한 사항은 결산일에 발생주의로 수정분개 하여야 하는데 이를 손익의 결산정리라고 한다.

수익의 이연에는 선수수익과 비용의 이연에는 선급비용이 있고, 수익의 발생에는 미수수익과 비용의 발생에는 미지급비용이 있다.

	먼저	적기(적시)	나중
현금유입	선수수익 (부채)	**수 익**	미수수익 (자산)
현금유출	선급비용 (자산)	**비 용**	미지급비용 (부채)
	이연		발생
		현금주의	
	발 생 주 의		

(3) 자산의 평가

① 채권의 평가

모든 채권(매출채권, 기타의 채권)은 회수여부가 불투명하다.

따라서 결산일에 모든 채권에 대하여 회수가능성을 판단하고, 회수불가능하다고 판단하는 채권에 대하여 대손충당금을 설정하여야 한다.

대손충당금은 합리적이고 객관적인 기준(예를 들면 과거의 대손경험율)에 따라 계산하여야 한다.

따라서 당기에 인식할 대손상각비는 다음과 같이 계산한다.

당기대손상각비 = 기말채권의 잔액 × 대손추정율 − 결산전 대손충당금

또한 매출채권(외상매출금, 받을어음)의 대손상각비는 회사의 주된 영업과 관련되어 있으므로 판매비와 관리비인 "대손상각비"로 처리한다.

② 퇴직급여충당부채의 설정

기말 현재 전임직원이 퇴사할 경우 지급해야할 퇴직금을 퇴직급여추계액이라 하는데 이는 회사의 충당부채에 해당한다. 따라서 회사는 부족한 퇴직급여충당부채를 당기 비용으로 인식하여야 한다.

(차) 퇴 직 급 여 ××× (대) 퇴직급여충당부채 ×××

③ 외화자산・부채의 평가

기업이 외화자산을 보유하고 있거나 외화부채를 가지고 있다면, 환율은 매일 매일 변동하므로 기업의 자산과 부채도 환율변동에 따라 변동된다.

기업회계기준에서는 화폐성 외화자산 · 부채를 결산일 현재 환율을 적용하여 환산하고 그에 따른 차손익을 외화환산손익으로 인식하여야 한다.

만약, 외화자산을 보유하고 있다면 환율이 상승하는 경우 기업의 자산이 증가하지만 반대로 외화부채를 보유하고 있다면 기업의 부채가 증가한다.

(4) 자산원가의 배분

유형자산과 무형자산은 회사의 영업활동에 장기적으로 사용하기 위하여 보유하는 자산이다.

이러한 자산은 한 회계기간 이상에 걸쳐 효익을 제공하는 것이다.

즉 수익발생과는 명확한 인과관계를 알 수 없지만 일정기간(내용연수)동안 수익 창출활동에 기여할 것으로 판단되면 그 해당기간에 걸쳐 합리적이고 체계적인 방법으로 배분하여야 한다.

따라서 감가상각비와 무형자산상각비는 수익 · 비용 대응의 원칙에 따라 당기에 비용을 인식하는 것을 말한다.

(차) 감가상각비	×××	(대) 감가상각누계액	×××

재무상태표에는 유형자산의 취득원가에서 감가상각누계액을 차감하는 형식(간접상각법)으로 보고한다.

기말에 다음과 무형자산상각비를 인식하면

(차) 무형자산상각비	×××	(대) 무 형 자 산	×××

유형자산의 감가상각과는 달리 무형자산상각누계액을 설정하지 않고 재무상태표에서 무형자산상각비를 무형자산취득원가에서 직접 차감(직접상각법)하여 보고할 수도 있다. 무형자산의 상각은 직접 차감하여 보고하는 것이 일반적이다.

<예제 6 - 1> 수정후 당기순이익

레고상사는 결산시 당기순이익이 1,000,000원으로 계상되었으나, 다음과 같이 누락된 결산정리 사항이 발견되었다. 이를 수정한 후 정확한 당기순이익을 계산하시오.

- 보험료 선급분 계상 누락 : 50,000원
- 이자 미수분의 계상 누락 : 60,000원
- 건물 임차료 미지급분 계상 누락 : 70,000원
- 차량운반구 감가상각비 과소계상액 : 80,000원

해답

1. 수정전 당기순이익	1,000,000				
① 보험료 선급분	50,000	(차) 선급비용	xx	(대) 보 험 료	xx
② 이자 미수분	60,000	(차) 미수수익	xx	(대) 이자수익	xx
③ 임차료 미지급분	-70,000	(차) 임 차 료	xx	(대) 미지급비용	xx
④ 감가상각비 과소계상액	-80,000	(차) 감가상각비	xx	(대) 감가상각누계액	xx
2. 수정후 당기순이익	960,000				

정산표

결산 시에 작성해야 할 시산표, 결산수정분개, 손익계산서 및 재무상태표를 한 곳에 모은 것을 말한다. 이러한 정산표는 장부나 재무제표가 아니고 결산을 간편하게 임의로 작성하는 표이다. 정산표의 종류도 다양하나 아래는 정산표의 예에 해당한다.

계정과목	수정전시산표		기말수정분개		수정후시산표		손익계산서		재무상태표	
	차변	대변	차변	대변	차변	대변	차변	대변	차변	대변

제4절 장부마감

회계장부는 회계연도별로 구분하여 작성한다.

회계연도가 종료되면 당해 회계연도 중에 작성된 회계장부는 모든 거래를 기록한 후 별도로 보관하여야 한다. 이때 회계장부의 작성을 완료하기 위해서는 당해 연도에 기록된 총계정원장상의 모든 계정과목에 대해 차변금액과 대변금액을 일치시켜 장부를 마감한다.

손익계산서의 손익계정(수익과 비용)은 최종적으로 재무상태표의 자본금(개인기업)에 그 결과를 대체하고 소멸하는 **임시계정**이므로 회계연도가 끝나면 잔액을 "0"으로 만든다.

반면에 재무상태표 계정(자산, 부채, 자본)은 회계연도가 끝나더라도 계정잔액이 소멸하지 않고, 다음 회계기간에 이월되는 **영구적 계정**이다.

집합손익계정

집합손익계정이란 수익과 비용계정을 마감하여 잔액을 '0'으로 만들기 위해 마감을 위한 임시계정이다. 이러한 집합손익계정의 잔액을 '0'으로 만들면서 재무상태표의 '이익잉여금'계정(개인기업 : 자본금)으로 대체된다.

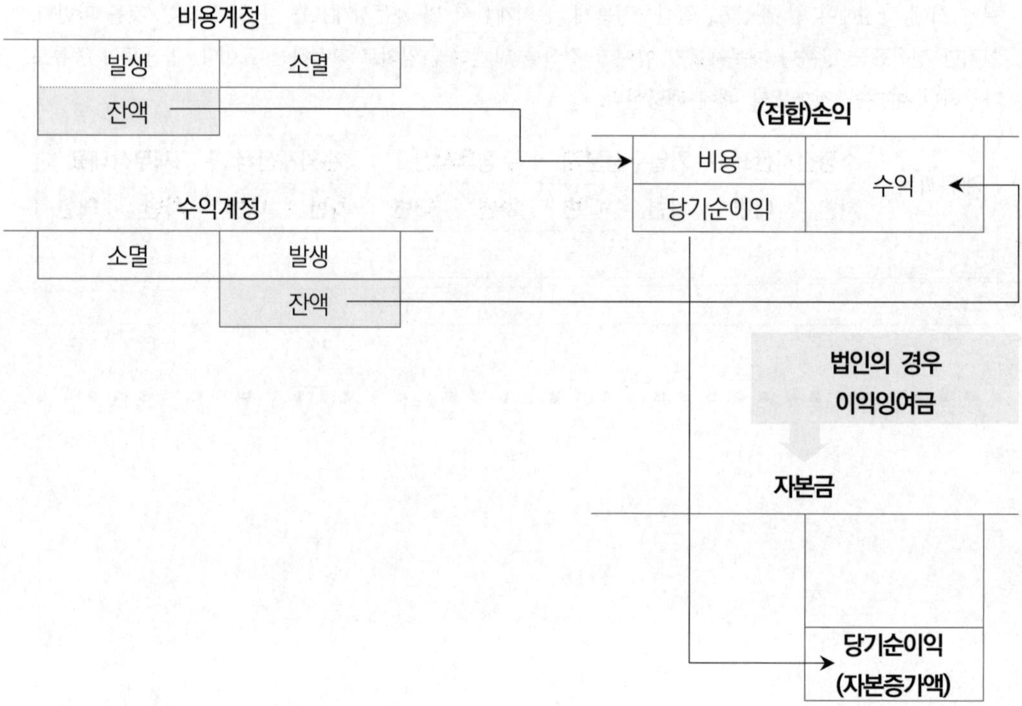

제5절 회계정보조회

회계상 거래에 대해서 분개를 하고, 이러한 분개를 전기하고, 최종적으로 재무제표를 작성한다. 회사는 이러한 각종 회계정보를 활용하여 경영정보를 분석한다.

회계의 순환과정	산출되는 경영정보
1.거래	
2.분개	분개장
3.전기	총계정원장, 일계표(월계표), 현금출납장, 거래처원장
4.시산표	합계잔액시산표
5.재무제표	손익계산서 ⇨ 재무상태표

1. 일계표 및 월계표

하루동안에 발생한 거래들은 전표에 기록되고, 이러한 전표를 합한 것을 일계표라하고, 일계표는 하루의 거래 결과가 요약된 표이다. 월계표는 전표를 월단위로 합한 것을 말한다.

[일계표 및 월계표]

차변			계정과목	대변		
계	❸대체	❶현금		❷현금	❸대체	계
1,000,000		**1,000,000**	**보통예금**			
–	–	–	**상품매출**	**5,000,000**	**9,000,000**	**14,000,000**

❶현금은 출금전표의 합계액을 의미한다.
보통예금의 현금거래란 다음의 거래를 의미한다.
(차) 보통예금 1,000,000원 (대) 현 금 1,000,000원
❷현금은 입금전표의 합계액이고, ❸대체는 대체거래의 합계액을 의미한다.
상품매출의 현금거래는
(차) 현 금 5,000,000원 (대) 상 품 매 출 5,000,000원
상품매출의 대체거래는
(차) 외상매출금, 받을어음 등 9,000,000원 (대) 상 품 매 출 9,000,000원을 의미한다.

<예제 6 - 2> 일계표(월계표)

레고상사의 3월 월계표를 조회한 결과이다.

일계표 월계표

조회기간 : 년 03월 ~ 년 03월

차변			계정과목	대변		
계	대체	현금		현금	대체	계
268,000,000	268,000,000		1.유동자산	50,000,000	5,000,000	55,000,000
268,000,000	268,000,000		<당좌자산>	50,000,000	5,000,000	55,000,000
113,000,000	113,000,000		외상매출금	50,000,000		50,000,000
155,000,000	155,000,000		받을어음		5,000,000	5,000,000
20,000,000		20,000,000	2.비유동자산			
20,000,000		20,000,000	<투자자산>			
20,000,000		20,000,000	장기대여금			
			3.유동부채		15,000,000	15,000,000
			미지급금		15,000,000	15,000,000
			4.매출		263,000,000	263,000,000
			상품매출		263,000,000	263,000,000
174,550,000	15,000,000	159,550,000	5.판매비및일반관리비			
20,000,000		20,000,000	급여			
50,000,000		50,000,000	퇴직급여			
15,000,000		15,000,000	복리후생비			
5,550,000		5,550,000	접대비			
15,000,000	15,000,000		수도광열비			
10,000,000		10,000,000	임차료			
14,000,000		14,000,000	차량유지비			
20,000,000		20,000,000	소모품비			
25,000,000		25,000,000	수수료비용			
462,550,000	283,000,000	179,550,000	금월소계	50,000,000	283,000,000	333,000,000
93,734,000		93,734,000	금월잔고/전월잔고	223,284,000		223,284,000
556,284,000	283,000,000	273,284,000	합계	273,284,000	283,000,000	556,284,000

1. 3월 판매비와 관리비중 가장 많은 금액이 발생한 계정과목은 무엇인가?
2. 3월 판매비와 관리비의 현금 지출액은 얼마인가?
3. 3월 수도광열비의 대체거래액은 얼마인가?

해답

1. 퇴직급여
2. 159,550,000원
3. 15,000,000원

일계표 월계표

조회기간 : 년 03월 ~ 년 03월

차변			계정과목	대변		
계	대체	현금		현금	대체	계
268,000,000	268,000,000		1.유동자산	50,000,000	5,000,000	55,000,000
268,000,000	268,000,000		<당좌자산>	50,000,000	5,000,000	55,000,000
113,000,000	113,000,000		외상매출금	50,000,000		50,000,000
155,000,000	155,000,000		받을어음		5,000,000	5,000,000
20,000,000		20,000,000	2.비유동자산			
20,000,000		20,000,000	<투자자산>			
20,000,000		20,000,000	장기대여금			
			3.유동부채		15,000,000	15,000,000
			미지급금		15,000,000	15,000,000
			4.매출		263,000,000	263,000,000
			상품매출		263,000,000	263,000,000
174,550,000	15,000,000	159,550,000	5.판매비및일반관리비			
20,000,000		20,000,000	급여			
50,000,000		50,000,000	퇴직급여			
15,000,000		15,000,000	복리후생비			
5,550,000		5,550,000	접대비			
15,000,000	15,000,000		수도광열비			
10,000,000		10,000,000	임차료			
14,000,000		14,000,000	차량유지비			
20,000,000		20,000,000	소모품비			
25,000,000		25,000,000	수수료비용			
462,550,000	283,000,000	179,550,000	금월소계	50,000,000	283,000,000	333,000,000
93,734,000		93,734,000	금월잔고/전월잔고	223,284,000		223,284,000
556,284,000	283,000,000	273,284,000	합계	273,284,000	283,000,000	556,284,000

2. 현금출납장

현금의 입금과 출금 그리고 잔액을 기록하는 보조장부로서 일자별로 조회할 수 있다.

<예제 6 - 3> 현금출납장

레고상사의 1월 20일 현금출납장을 조회한 결과이다.

기 간 년 1 월 20 일 ~ 년 1 월 20 일

일자	코드	적 요	코드	거 래 처	입 금	출 금	잔 액
		[전 일 이 월]			33,847,000		33,847,000
01-20	2	물품매각 관련 현금입금			39,000,000		
01-20	1	전화료및 전신료 납부				480,000	
01-20	2	직원식대및차대 지급				450,000	
01-20	1	상하수도요금 납부				200,000	
01-20	1	소모자재대 지급				250,000	71,467,000
		[월 계]			39,000,000	1,380,000	
		[누 계]			78,000,000	6,533,000	

1. 1월 20일 현금 잔액은 얼마인가?
2. 1월 20일 출금 금액은 얼마인가?
3. 1월 20일 현금 증가액은 얼마인가?

해답

1. 71,467,000원
2. 1,380,000원
3. 37,620,000원[입금계(39,000,000) – 출금계(1,380,000)] 또는
   [당일잔액(71,467,000) – 전일잔액(33,847,000)]

기 간 년 1 월 20 일 ~ 년 1 월 20 일

일자	코드	적 요	코드	거 래 처	입 금	출 금	잔 액
		[전 일 이 월]			33,847,000		33,847,000
01-20	2	물품매각 관련 현금입금			39,000,000		
01-20	1	전화료및 전신료 납부				480,000	
01-20	2	직원식대및차대 지급				450,000	
01-20	1	상하수도요금 납부				200,000	
01-20	1	소모자재대 지급				250,000	71,467,00
		[월 계]			39,000,000	1,380,000	
		[누 계]			78,000,000	6,533,000	

3. 총계정원장

모든 거래는 분개된 후 해당 계정에 전기된다. 이러한 계정들이 모여 있는 장부를 총계정원장이라 하고 간략하게 원장이라고도 한다.

<예제 6 - 4> 총계정원장

레고상사의 총계정원장(20x1.1.1~20x1.12.31)중 외상매출금을 조회한 결과이다.

기 간 : 년 01 월 01 일 ~ 년 12 월 31 일
계정과목 0101 현금 ~ 0999 소득세등

코드	계 정 과 목
0101	현금
0102	당좌예금
0103	보통예금
0108	외상매출금
0109	대손충당금
0110	받을어음
0111	대손충당금
0114	단기대여금
0120	미수금
0134	가지급금
0141	현금과부족
0146	상품
0179	장기대여금
0202	건물
0203	감가상각누계액

일자	차 변	대 변	잔 액
[전기이월]	9,500,000		9,500,000
/01	3,600,000		13,100,000
/02	229,000,000	18,800,000	223,300,000
/03	113,000,000	50,000,000	286,300,000
/04	75,000,000	13,500,000	347,800,000
/05	136,000,000	10,000,000	473,800,000
/06		25,000,000	448,800,000
/07			448,800,000
/08			448,800,000
/09	1,000,000		449,800,000
/10		950,000	448,850,000
/11			448,850,000
/12	-1,000,000	-950,000	448,800,000
합 계	566,100,000	117,300,000	

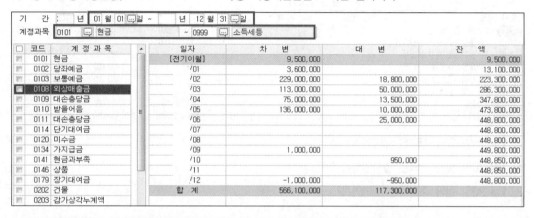

1. 상반기(1~6월)중 외상매출금의 잔액이 가장 큰 달은 언제이고 금액은 얼마인가?
2. 3월달 외상매출금의 회수금액은 얼마인가?
3. 상반기(1~6월)중 외상매출이 가장 많이 발생한 달은 언제이고 금액은 얼마인가?

해답

1. 5월, 473,800,000원
2. 50,000,000원(3월 대변금액)
3. 2월, 229,000,000원(2월 차변금액)

기 간 : 년 01 월 01 일 ~ 년 12 월 31 일
계정과목 0101 현금 ~ 0999 소득세등

코드	계 정 과 목
0101	현금
0102	당좌예금
0103	보통예금
0108	외상매출금
0109	대손충당금
0110	받을어음
0111	대손충당금
0114	단기대여금
0120	미수금
0134	가지급금
0141	현금과부족
0146	상품
0179	장기대여금
0202	건물
0203	감가상각누계액

일자	차 변	대 변	잔 액
[전기이월]	9,500,000		9,500,000
/01	3,600,000		13,100,000
/02	3 229,000,000	18,800,000	223,300,000
/03	113,000,000	2 50,000,000	286,300,000
/04	75,000,000	13,500,000	347,800,000
/05	136,000,000	10,000,000	1 473,800,000
/06		25,000,000	448,800,000
/07			448,800,000
/08			448,800,000
/09	1,000,000		449,800,000
/10		950,000	448,850,000
/11			448,850,000
/12	-1,000,000	-950,000	448,800,000
합 계	566,100,000	117,300,000	

4. 계정별원장

특정계정(현금계정 제외)에 대하여 일자별로 상세하게 기재되어 있는 것을 계정별원장이라고 한다.

<예제 6 - 5> 계정별원장

레고상사의 3월 외상매출금의 계정별원장을 조회한 결과이다.

기 간 년 3 월 1 일 ~ 년 3 월 31 일
계정과목 0108 외상매출금 ~ 0108 외상매출금

코드	계 정 과 목
0108	외상매출금

일자	적 요	코드	거 래 처	차 변	대 변	잔 액
	[전 월 이 월]			242,100,000	18,800,000	223,300,000
03-03		00210	캐럭터문구	35,000,000		258,300,000
03-06		00211	영일문구	28,000,000		286,300,000
03-15		00610	짱문구	50,000,000		336,300,000
03-15		00213	솔로몬문구		50,000,000	286,300,000
	[월 계]			113,000,000	50,000,000	
	[누 계]			355,100,000	68,800,000	

1. 3월달 외상매출금액은 얼마인가?
2. 3월달 외상매출금 중 회수한 금액은 얼마인가?
3. 3월달 외상매출금 잔액은 얼마인가?'

해답

1. 113,000,000원(차변 월계)
2. 50,000,000원(대변 월계)
3. 286,300,000원

기 간 년 3 월 1 일 ~ 년 3 월 31 일
계정과목 0108 외상매출금 ~ 0108 외상매출금

코드	계 정 과 목
0108	외상매출금

일자	적 요	코드	거 래 처	차 변	대 변	잔 액
	[전 월 이 월]			242,100,000	18,800,000	223,300,000
03-03		00210	캐럭터문구	35,000,000		258,300,000
03-06		00211	영일문구	28,000,000		286,300,000
03-15		00610	짱문구	50,000,000		336,300,000
03-15		00213	솔로몬문구		50,000,000	286,300,000
	[월 계]			113,000,000	50,000,000	
	[누 계]			355,100,000	68,800,000	

1, 2　　3

5. 거래처원장

채권, 채무에 대하여 특정거래처의 거래내용과 잔액을 관리하는 보조원장이다.

<예제 6 - 6> 거래처원장

레고상사의 3월달 외상매출금의 거래처원장(모든 거래처)을 조회한 결과이다.

기 간 년 3월 1일 ~ 년 3월 31일 계정과목 0108 외상매출금 잔액 0

거래처분류 ~ 거 래 처 00102 (주)수원캐릭터 ~ 00669 국민카드

코드	거 래 처	등록번호	대표자명	전월이월	차 변	대 변	잔 액
00205	오피스문구	236-43-17937	김상진	4,000,000			4,000,000
00209	하늘상사	120-25-34675	임하늘	4,000,000			4,000,000
00210	캐릭터문구	130-02-31754	송재일	25,000,000	35,000,000		60,000,000
00211	영일문구	203-23-30209	이명동	5,300,000	28,000,000		33,300,000
00213	솔로몬문구	120-23-33158	임녀수	185,000,000		50,000,000	135,000,000
00610	짱문구	605-10-25862	허지수		50,000,000		50,000,000

1. 3월말 현재 외상매출금 잔액이 가장 많은 거래처와 금액은 얼마인가?
2. 3월달 솔로몬문구로부터 회수한 외상매출금 금액은 얼마인가?
3. 3월말 현재 캐릭터문구의 외상매출금 잔액은 얼마인가?

해답

1. 솔로몬문구, 135,000,000원(잔액 비교)
2. 50,000,000원(솔로몬문구 대변)
3. 60,000,000원

기 간 년 3월 1일 ~ 년 3월 31일 계정과목 0108 외상매출금 잔액 0

거래처분류 ~ 거 래 처 00102 (주)수원캐릭터 ~ 00669 국민카드

코드	거 래 처	등록번호	대표자명	전월이월	차 변	대 변	잔 액
00205	오피스문구	236-43-17937	김상진	4,000,000			4,000,000
00209	하늘상사	120-25-34675	임하늘	4,000,000			4,000,000
00210	캐릭터문구	130-02-31754	송재일	25,000,000	35,000,000		60,000,000 (3)
00211	영일문구	203-23-30209	이명동	5,300,000	28,000,000		33,300,000
00213	솔로몬문구	120-23-33158	임녀수	185,000,000		50,000,000 (2)	135,000,000 (1)
00610	짱문구	605-10-25862	허지수		50,000,000		50,000,000

6. 합계잔액시산표

합계잔액시산표는 각 계정별로 차변과 대변의 합계와 잔액을 표시한다. 자산, 부채, 자본, 수익, 비용 순으로 조회된다.

<예제 6 - 7> 합계잔액시산표

레고상사의 3월달 합계잔액시산표를 조회한 결과이다.

기간 : 년 03 월 31 일

관리용 | 제출용 | 표준용

차변		계정과목	대변	
잔액	합계		합계	잔액
633,534,000	942,400,000	1.유동자산	309,054,000	188,000
567,534,000	876,400,000	<당좌자산>	309,054,000	188,000
93,734,000	327,800,000	현금	234,066,000	
20,500,000	20,500,000	당좌예금		
6,000,000	7,000,000	보통예금	1,000,000	
286,300,000	355,100,000	외상매출금	68,800,000	
		대손충당금	123,000	123,000
156,500,000	161,500,000	받을어음	5,000,000	
		대손충당금	65,000	65,000
2,500,000	2,500,000	단기대여금		
2,000,000	2,000,000	미수금		
66,000,000	66,000,000	<재고자산>		
66,000,000	66,000,000	상품		
99,500,000	99,500,000	2.비유동자산	6,800,000	6,800,000
20,000,000	20,000,000	<투자자산>		
20,000,000	20,000,000	장기대여금		
79,500,000	79,500,000	<유형자산>	6,800,000	6,800,000
50,000,000	50,000,000	건물		
		감가상각누계액	1,000,000	1,000,000
22,000,000	22,000,000	차량운반구		
		감가상각누계액	4,000,000	4,000,000
7,500,000	7,500,000	비품		

1. 3월말 현재 외상매출금은 얼마인가?

2. 3월말 현재 받을어음의 장부가액은 얼마인가?

3. 1~3월 회수한 외상매출금은 얼마인가?

해답

1. 286,300,000원(외상매출금 잔액)
2. 156,435,000원[받을어음 잔액(156,500,000) – 대손충당금잔액(65,000)]
3. 68,800,000원(외상매출금 대변 합계)

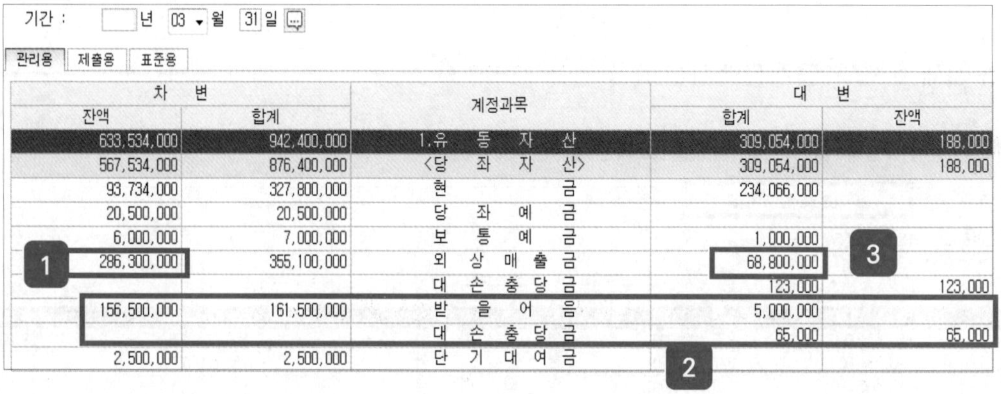

기간 : 년 03 월 31 일

관리용 제출용 표준용

차변 잔액	차변 합계	계정과목	대변 합계	대변 잔액
633,534,000	942,400,000	1.유 동 자 산	309,054,000	188,000
567,534,000	876,400,000	<당 좌 자 산>	309,054,000	188,000
93,734,000	327,800,000	현 금	234,066,000	
20,500,000	20,500,000	당 좌 예 금		
6,000,000	7,000,000	보 통 예 금	1,000,000	
286,300,000	355,100,000	외 상 매 출 금	68,800,000	
		대 손 충 당 금	123,000	123,000
156,500,000	161,500,000	받 을 어 음	5,000,000	
		대 손 충 당 금	65,000	65,000
2,500,000	2,500,000	단 기 대 여 금		

7. 손익계산서 및 재무상태표

재무제표는 전기와 당기를 비교하는 형식으로 작성하여야 한다. 당기 3월을 조회하면 전기와 비교하는 형식의 재무제표가 생성된다.

만약 조회 월을 3월로 하면 다음과 같은 비교하는 형식의 재무제표가 생성된다.

	당 기	전 기
손익계산서(일정기간)	20x1.1.1.~20x1.3.31(3개월간)	20x0.1.1.~20x0.12.31(1년간)
재무상태표(일정시점)	20x1.3.31 현재	20x0.12.31. 현재

<예제 6 - 8> 손익계산서

레고상사의 3월말 손익계산서를 조회한 결과이다.

기간 : 년 03 월

관리용 | 제출용 | 표준용

과 목	제 4(당)기 년1월1일 ~ 년3월31일 금액		제 3(전)기 년1월1일 ~ 년12월31일 금액	
Ⅰ.매출액		741,600,000		105,600,000
상품매출	741,600,000		105,600,000	
Ⅱ.매출원가				49,300,000
상품매출원가				49,300,000
기초상품재고액	9,000,000		3,300,000	
당기상품매입액	57,000,000		55,000,000	
기말상품재고액	66,000,000		9,000,000	
Ⅲ.매출총이익		741,600,000		56,300,000
Ⅳ.판매비와관리비		229,066,000		23,430,000
급여	52,500,000		13,600,000	
퇴직급여	50,000,000			
복리후생비	18,600,000		3,500,000	
여비교통비	350,000		800,000	
기업업무추진비	11,725,000		860,000	
통신비	480,000		720,000	
수도광열비	15,200,000		735,000	
세금과공과	1,500,000			
감가상각비			1,045,000	
임차료	10,000,000			
수선비	558,000			
보험료	800,000			
차량유지비	16,500,000		1,900,000	
소모품비	21,103,000			
수수료비용	29,750,000			
대손상각비			270,000	
Ⅴ.영업이익		512,534,000		32,870,000
Ⅵ.영업외수익				1,450,000
이자수익			500,000	
유형자산처분이익			950,000	
Ⅶ.영업외비용				615,000
이자비용			115,000	
기부금			500,000	
Ⅷ.소득세차감전이익		512,534,000		33,705,000

1. 3월말까지 매출액은 전년대비 얼마나 증가하였나?
2. 3월말까지 판매비와 관리비중 가장 많이 발생한 계정과목은 무엇이고, 금액은 얼마인가?
3. 3월말까지 영업이익은 전년대비 얼마나 증가하였나?

해답

1. 636,000,000원[당기1~3월 매출액(741,600,000) - 전기매출액(105,600,000)]
2. 급여, 52,500,000원
3. 479,664,000원[당기1~3월 영업이익(512,534,000) - 전기영업이익(32,870,000)]

기간 : 년 03 월

관리용 | 제출용 | 표준용

과 목	제 4(당)기 년1월1일 ~ 년3월31일		제 3(전)기 년1월1일 ~ 년12월31일	
	금액		금액	
Ⅰ.매출액	[redacted]	741,600,000		105,600,000
상품매출	741,600,000		105,600,000	
Ⅱ.매출원가				49,300,000
상품매출원가				49,300,000
기초상품재고액	9,000,000		3,300,000	
당기상품매입액	57,000,000		55,000,000	
기말상품재고액	66,000,000		9,000,000	
Ⅲ.매출총이익		741,600,000		56,300,000
Ⅳ.판매비와관리비		229,066,000		23,430,000
급여	52,500,000		13,600,000	
퇴직급여	50,000,000			
복리후생비	18,600,000		3,500,000	
여비교통비	350,000		800,000	
기업업무추진비	11,725,000		860,000	
통신비	480,000		720,000	
수도광열비	15,200,000		735,000	
세금과공과	1,500,000			
감가상각비			1,045,000	
임차료	10,000,000			
수선비	558,000			
보험료	800,000			
차량유지비	16,500,000		1,900,000	
소모품비	21,103,000			
수수료비용	29,750,000			
대손상각비			270,000	
Ⅴ.영업이익		512,534,000		32,870,000
Ⅵ.영업외수익				1,450,000
이자수익			500,000	
유형자산처분이익			950,000	
Ⅶ.영업외비용				615,000
이자비용			115,000	
기부금			500,000	
Ⅷ.소득세차감전이익		512,534,000		33,705,000

<예제 6 - 9> 재무상태표

레고상사의 3월말 재무상태표를 조회한 결과이다.

기간 : 년 03 월

관리용 | 제출용 | 표준용

과 목	제 4(당)기 년1월1일 ~ 년3월31일		제 3(전)기 년1월1일 ~ 년12월31일	
	금액		금액	
자산				
Ⅰ.유동자산		633,346,000		68,812,000
① 당좌자산		567,346,000		59,812,000
현금		93,734,000		10,000,000
당좌예금		20,500,000		20,500,000
보통예금		6,000,000		6,000,000
외상매출금	286,300,000		9,500,000	
대손충당금	123,000	286,177,000	123,000	9,377,000
받을어음	156,500,000		6,500,000	
대손충당금	65,000	156,435,000	65,000	6,435,000
단기대여금		2,500,000		2,500,000
미수금		2,000,000		2,000,000
② 재고자산		66,000,000		9,000,000
상품		66,000,000		9,000,000
Ⅱ.비유동자산		92,700,000		72,700,000
① 투자자산		20,000,000		
장기대여금		20,000,000		
② 유형자산		72,700,000		72,700,000
건물	50,000,000		50,000,000	
감가상각누계액	1,000,000	49,000,000	1,000,000	49,000,000
차량운반구	22,000,000		22,000,000	
감가상각누계액	4,000,000	18,000,000	4,000,000	18,000,000
비품	7,500,000		7,500,000	
감가상각누계액	1,800,000	5,700,000	1,800,000	5,700,000
③ 무형자산				
④ 기타비유동자산				
자산총계		726,046,000		141,512,000
부채				
Ⅰ.유동부채		113,000,000		41,000,000
외상매입금		69,600,000		12,600,000
지급어음		9,800,000		9,800,000
미지급금		18,600,000		3,600,000
단기차입금		15,000,000		15,000,000

1. 3월말 현재 받을어음의 장부가액은 얼마인가?
2. 3월말 현재 건물의 장부가액은 얼마인가?
3. 3월말 현재 외상매입금은 전년말대비 얼마나 증가하였나?

해답

1. 156,435,000원[장부가액은 대손충당금을 차감한 금액]
2. 49,000,000원[장부가액은 감가상각누계액을 차감한 금액]
3. 57,000,000원[3월말 현재(69,600,000) - 전기말(12,600,000)]

기간 : 년 03 월

관리용 | 제출용 | 표준용

과 목	제 4(당)기 년1월1일 ~ 년3월31일		제 3(전)기 : 년1월1일 ~ 년12월31일	
	금액		금액	
자산				
Ⅰ.유동자산		633,346,000		68,812,000
① 당좌자산		567,346,000		59,812,000
현금		93,734,000		13,000,000
당좌예금	Col:2 Row:2	20,500,000		20,500,000
보통예금		6,000,000		6,000,000
외상매출금	286,300,000		9,500,000	
대손충당금	123,000	286,177,000	123,000	9,377,000
받을어음	156,500,000		6,500,000	
대손충당금	65,000	1 156,435,000	65,000	6,435,000
단기대여금		2,500,000		2,500,000
미수금		2,000,000		2,000,000
② 재고자산		66,000,000		9,000,000
상품		66,000,000		9,000,000
Ⅱ.비유동자산		92,700,000		72,700,000
① 투자자산		20,000,000		
장기대여금		20,000,000		
② 유형자산		72,700,000		72,700,000
건물	50,000,000		50,000,000	
감가상각누계액	1,000,000	2 49,000,000	1,000,000	49,000,000
차량운반구	22,000,000		22,000,000	
감가상각누계액	4,000,000	18,000,000	4,000,000	18,000,000
비품	7,500,000		7,500,000	
감가상각누계액	1,800,000	5,700,000	1,800,000	5,700,000
③ 무형자산				
④ 기타비유동자산				
자산총계		726,046,000		141,512,000
부채				
Ⅰ.유동부채		113,000,000		41,000,000
외상매입금		69,600,000		12,600,000
지급어음		9,800,000		9,800,000
미지급금		3 18,600,000		3,600,000
단기차입금		15,000,000		15,000,000

연/습/문/제

분개연습

다음의 결산정리사항에 대하여 기말 결산수정분개를 하시오.

[1] 12월 31일 매월 말일 지급하는 12월귀속 사무실 임차료 500,000원이 미지급되다.

[2] 단기차입금에 대한 미지급이자 120,000원을 계상하다.

[3] 당기분 차량운반구 감가상각비는 600,000원이며, 비품 감가상각비는 400,000원이다.

[4] 기말현재 보험료로 계상된 금액에는 미경과분 140,000원이 있다.

[5] 단기대여금에 대한 이자미수액 100,000원을 계상하다.

[6] 3월 1일에 구입하여 소모품계정으로 회계 처리한 1,000,000원 중 결산일에 미사용된 소모품가액은 300,000원이다.

[7] 소모품 미사용액은 80,000원이다(구입 시 비용 처리함).

[8] 당기에 비용으로 처리한 보험료 중 선급액 120,000원을 계상하다.

[9] 이자비용 3,600,000원은 당기 4월에서 차기 3월분까지이다(월할계산하시오).

[10] 인출금 계정 잔액을 정리하다. 다음은 결산일에 합계잔액시산표를 조회한 결과이다.

합계잔액시산표

제×기 : 20×1년 12월 31일 현재

차변		계정과목	대변	
잔액	합계		합계	잔액
	9,500,000	인출금	10,000,000	500,000

[11] 기말 외상매입금 중에는 미국 NICE의 외상매입금 12,000,000원(미화 $10,000)이 포함되어 있으며, 결산일 환율에 의해 평가하고 있다. 결산일 현재의 적용환율은 미화 1$당 1,100원이다.

[12] 기말 외상매출금 중에는 미국 abc의 외상매출금 12,000,000원(미화 $10,000)이 포함되어 있으며, 결산일 환율에 의해 평가하고 있다. 결산일 현재의 적용환율은 미화 1$당 1,100원이다.

[13] 매출채권(외상매출금, 받을어음) 잔액에 대하여 1%의 대손상각비를 계상하시오. 다음은 합계잔액시산표를 조회한 결과이다.

합계잔액시산표

제×기 : 20×1년 12월 31일 현재

차변		계정과목	대변	
잔액	합계		합계	잔액
10,000,000	20,000,000	외상매출금	10,000,000	
	200,000	대손충당금	250,000	50,000
20,000,000	35,000,000	받을어음	15,000,000	
	200,000	대손충당금	250,000	50,000

[14] 기말상품재고액은 5,000,000원이다. 합계잔액시산표를 조회한 결과 다음과 같다.

합계잔액시산표

제×기 : 20×1년 12월 31일 현재

차 변		계정과목	대 변	
잔 액	합 계		합 계	잔 액
44,500,000	1,100,000,000	상 품	1,055,500,000	

객관식

01. 다음 중 시산표에 대한 설명으로 옳은 것은?

① 작성 시기에 따라 합계시산표와 잔액시산표로 구분된다.
② 대차평균의 원리에 근거하여 계정 기록의 정확성을 점검한다.
③ 계정기입 오류가 구체적으로 어느 계정에서 발생한 것인지를 알 수 있다.
④ 차변, 대변의 합계액이 일치하다면, 계정기록의 오류가 전혀 없다는 것을 의미한다.

02. 다음 계정 기입의 설명으로 올바른 것은?

자 본 금

12/31	차기이월	35,000	1/ 1	전기이월	20,000
			12/31	손 익	15,000

① 기초자본금은 35,000원이다. ② 기말자본금은 20,000원이다.
③ 당기순이익은 15,000원이다. ④ 당기순손실은 15,000원이다.

03. 10월 1일 업무용자동차 보험료 600,000원(보험기간 : 1년간)을 현금지급하면서 전액 비용처리하고 12월 31일 결산시에 아무런 회계처리를 하지 않았다. 당해년도 재무제표에 미치는 영향으로 옳은 것은?

① 손익계산서 순이익이 450,000원 과대계상
② 재무상태표 자산이 450,000원 과소계상
③ 손익계산서 순이익이 150,000원 과소계상
④ 재무상태표 자산이 150,000원 과대계상

04. 다음 기말결산 정리사항 중 수익의 이연에 해당하는 것은?

① 임대료 선수분 계상
② 이자 미수분 계상
③ 보험료 선급분 계상
④ 임차료 미지급분 계상

05. 기말결산시 손익계정으로 대체되는 계정과목은?

① 대손상각비
② 선수금
③ 단기차입금
④ 외상매출금

06. 다음 자료의 설명으로 옳지 않은 것은?

20×1년 10월 1일 6개월분 임차료 120,000원을 현금으로 지급하다(단, 지급 시 비용으로 회계처리함. 결산일 : 12월 31일).

10월	11월	12월	1월	2월	3월
← 당 기 분 →			← 차 기 분 →		

① 당기분 임차료는 60,000원이다.
② 차기분 60,000원은 선급비용이다.
③ 10월 1일 분개는 (차) 선급비용 120,000 (대) 현금 120,000원이다.
④ 손익계산서에 기입되는 임차료는 60,000원이다.

07. 다음 개인기업의 집합손익계정에 관한 설명으로 올바르지 못한 것은?

① 집합손익계정은 임시계정이다.
② 집합손익계정은 마감단계에만 나타낸다.
③ 집합손익계정은 최종적으로 자본금으로 대체된다.
④ 집합손익계정은 결산정리 후에도 계정잔액들이 다음 회계기간에 이월된다.

08. 다음 빈칸에 들어갈 내용으로 올바른 것은?

결산일 현재 보유하고 있는 단기매매증권은 (㉠) 으로 평가하고 단기매매증권 평가손익은 (㉡) 으로 보고한다.

① ㉠ 취득가액 ㉡ 판매비와관리비
② ㉠ 공정가액 ㉡ 판매비와관리비
③ ㉠ 공정가액 ㉡ 영업외손익
④ ㉠ 취득가액 ㉡ 영업외손익

09. 잔액시산표 작성 시 당좌예금 계정 잔액 20,000원을 외상매출금 계정 차변에 기입하는 오류가 발생한 경우 차/대변 합계에 미치는 영향으로 옳은 것은?

① 차변합계만 20,000원 과대계상된다.
② 대변합계만 20,000원 과소계상된다.
③ 차/대변 합계에 영향이 없다.
④ 차/대변 모두 20,000원 과소계상된다.

10. 다음 중 결산마감 시 가장 먼저 마감되는 계정은?

① 선급비용 ② 선수수익 ③ 자본금 ④ 여비교통비

11. 다음 중 기말결산 수정정리사항이 아닌 것은?

① 외상매출금의 회수 ② 기타채권에 대한 대손의 추산
③ 단기매매증권의 평가 ④ 건물의 감가상각

12. 다음 중 계정의 마감이 옳지 않은 것은?

① 임대료수익

12/31	손 익	150,000	8/19	현 금	150,000

② 이자수익

12/31	손 익	150,000	8/19	현 금	150,000

③ 보험료

8/19	현 금	150,000	12/31	손 익	150,000

④ 미수금

8/19	현 금	150,000	12/31	손 익	150,000

13. 결산의 본절차에 해당하는 것은?

① 시산표 작성 ② 결산 수정분개
③ 총계정원장 마감 ④ 재무상태표 작성

14. 다음은 손익계정의 일부이다. 이에 대한 설명으로 옳은 것은?

손 익

매 입	460,000원	매 출	780,000원
급 여	12,000원	이자수익	62,000원
⋮	⋮	⋮	⋮
자본금	150,000원	⋮	⋮
	930,000원		930,000원

① 순매입액은 460,000원이다.
② 매출총이익은 320,000원이다.
③ 기말자본금은 150,000원이다.
④ 당기 총수익은 780,000원이다.

15. 아래의 결산회계처리가 재무상태표상 자산과 손익계산서에 미치는 영향으로 가장 적절한 것은?

> 결산과정에서 당초 현금과부족으로 처리했던 현금부족액 100만원의 원인이 판명되지 않아서 잡손실 계정으로 처리하였다.

① 재무상태표상 자산 - 영향 없음, 손익계산서 - 영향 없음
② 재무상태표상 자산 - 영향 없음, 손익계산서 - 당기순이익 증가
③ 재무상태표상 자산 - 자산 증가, 손익계산서 - 당기순이익 증가
④ 재무상태표상 자산 - 자산 감소, 손익계산서 - 당기순이익 감소

16. 다음은 ㈜공유(회계기간 : 1월 1일 ~ 12월 31일)의 계정별원장 일부이다. 다음의 자료를 토대로 당기 이자비용의 거래내역을 바르게 설명한 것은?

이자비용

10/31 보통예금	300,000원	12/31 집합손익	500,000원
12/31 미지급비용	200,000원		
	500,000원		500,000원

① 당기에 현금으로 지급한 이자금액은 300,000원이다.
② 당기에 발생한 이자비용이지만 아직 지급하지 않은 금액은 500,000원이다.
③ 당기분 이자비용은 500,000원이다.
④ 차기로 이월되는 이자비용은 500,000원이다.

17. 다음 중 결산 절차 (가)에 해당하는 내용으로 옳은 것은?

결산 예비 절차 ➔ 결산 본 절차 ➔ (가)

① 시산표 작성　　② 분개장 마감
③ 총계정원장 마감　　④ 재무상태표 작성

주관식

01. 다음 자료에서 당기 손익계산서에 보고되는 대손상각비는 얼마인가?

- 전기말 대손충당금이 20,000원이다.
- 당기중 대손충당금에 변화가 없다.
- 당기말 외상매출금 잔액 5,000,000원에 대해 1%의 대손을 설정하다.

02. 다음 자료에 의하여 매출총이익을 계산하면 얼마인가?

• 당기매출액	5,000,000원	• 기초상품재고액	700,000원
• 당기상품매입액	800,000원	• 기말상품재고액	1,000,000원
• 매입운임	50,000원	• 이자비용	300,000원

03. 주어진 자료로 당기 기초상품재고액을 계산하면 얼마인가? (단, 3분법임)

• 매입액 : 40,000원　• 매입환출액 : 1,000원　• 기말상품재고액 : 2,000원

손　　익

매　입	50,000원	매　출	70,000원

04. 결산 결과 당기순이익 10,000원이 산출되었으나 아래 사항이 누락된 것을 추후에 발견하였다. 수정 후 당기순이익은?

• 보험료 선급분	2,000원	• 이자 미지급분	1,000원

05. 결산의 결과 당기순이익이 200,000원이 발생하였으나 다음과 같은 기말정리사항의 누락이 발견되었다. 수정 후의 정확한 당기순이익을 계산하면?

• 임대료 중 선수분	30,000원	• 보험료 중 기간 미경과분	20,000원

06. 다음 자료에 의하여 당기 중에 외상으로 매출한 상품 대금을 계산하면 얼마인가?

• 외상매출금 기초 잔액 : 60,000원	• 외상매출금 기말잔액 : 80,000원
• 외상매출액 중 에누리액 : 15,000원	• 외상매출액 중 대손액 : 10,000원
• 외상매출액 중 환입액 : 15,000원	• 당기외상매출액 중 회수액 : 500,000원

07. 다음 자료에서 당기 손익계산서에 표시되는 이자수익 금액을 구하시오.

이자수익

12/31 선수수익	50,000원	8/1 보통예금	80,000원
12/31 손 익	30,000원		
	80,000원		80,000원

08. 다음은 개인기업인 청석상점의 총계정원장 전기 후 작성한 잔액시산표이다. 오류를 올바르게 수정 후 차변의 합계 금액은 얼마인가?

잔액 시산표

20x1년 12월 31일

청석상점 (단위 : 원)

차 변	원면	계정 과목	대 변
350,000	1	현 금	
120,000	2	받을 어음	
80,000	3	선 급 금	
	4	상 품	150,000
	5	외상 매입금	250,000
	6	미지 급금	130,000
200,000	7	자 본 금	
	8	상품매출이익	120,000
80,000	9	이자 수익	
50,000	10	보 험 료	
30,000	11	여비 교통비	
910,000			650,000

연/습/문/제 답안

분개연습

[1]	(차) 임차료	500,000	(대)	미지급금	500,000

☞ 지급기한이 결산일(12월 31일) 이므로 확정채무인 미지급금계정을 사용하고, 지급기일이 결산일 이후(익년도 1월 1일 이후)라면 비용의 발생시 사용하는 미지급비용을 사용한다.

[2]	(차) 이자비용	120,000	(대)	미지급비용	120,000
[3]	(차) 감가상각비	1,000,000	(대)	감가상각누계액(차량운반구)	600,000
				감가상각누계액(비품)	400,000

☞ 유형자산의 계정과목별로 감가상각누계액을 각각 사용하여야 한다.

[4]	(차) 선급비용	140,000	(대)	보험료	140,000
[5]	(차) 미수수익	100,000	(대)	이자수익	100,000
[6]	(차) 소모품비	700,000	(대)	소모품	700,000

☞ 구입시 회계처리 : (차) 소모품 1,000,000원 (대) 현 금 1,000,000원

[7]	(차) 소모품	80,000	(대)	소모품비	80,000

☞ 구입시 회계처리 : (차) 소모품비 ××× (대) 현 금 ×××

[8]	(차) 선급비용	120,000	(대)	보험료	120,000
[9]	(차) 선급비용	900,000	(대)	이자비용	900,000

☞ 이자지급시 회계처리 : (차) 이자비용 3,600,000 (대) 현 금 3,600,000
12월 31일 결산시 선급비용 : 3,600,000 × 3개월/12개월 = 900,000원

[10]	(차) 인출금	500,000	(대)	자본금	500,000

☞ 인출금계정은 임시계정이므로 결산일에 자본금으로 대체한다.

[11] (차) 외상매입금(NICE) 1,000,000 (대) 외화환산이익 1,000,000

☞ 환산손익(부채) = 공정가액($10,000×1,100) − 장부가액(12,000,000) = △1,000,000(이익)

[12] (차) 외화환산손실 1,000,000 (대) 외상매출금(미국 abc) 1,000,000

☞ 환산손익 = 공정가액($10,000×1,100) − 장부가액(12,000,000) = △1,000,000원(환산손실)

[13] (차) 대손상각비(판) 200,000 (대) 대손충당금(외상매출금) 50,000
대손충당금(받을어음) 150,000

☞ 추가설정대손상각비(외상매출금) = 10,000,000×1% − 50,000 = 50,000
(받을어음) = 20,000,000×1% − 50,000 = 150,000

[14] (차) 상품매출원가 39,500,000 (대) 상 품 39,500,000

☞ 상품매출원가 = 기말시산표상 상품잔액(판매가능재고) − 기말상품재고액
= 44,500,000 − 5,000,000 = 39,500,000

객관식

1	2	3	4	5	6	7	8	9
②	③	②	①	①	③	④	③	③
10	**11**	**12**	**13**	**14**	**15**	**16**	**17**	
④	①	④	③	②	④	③	④	

[풀이 - 객관식]

02.

자 본 금

12/31	차기이월**(기말)**	35,000	1/ 1	전기이월**(기초)**	20,000
			12/31	손 익	15,000

12월 31일 분개 : (차) 손익(집합손익) 15,000 (대) 자 본 금 15,000으로서 자본금을 증가시키는 것은 당기순이익이다.

03. 선급비용 = 600,000×9/12 = 450,000원

누락된 회계처리 (차) 선급비용 450,000원 (대) 보험료 450,000원

비용 과대계상 ⇒ 이익 과소계상, 자산 과소계상

06. 비용이연의 관한 내용이다.

10월 1일 (차) 임차료 120,000원 (대) 현 금 120,000원

12월 31일 (차) 선급비용 60,000원 (대) 임차료 60,000원

07. <u>**집합손익계정은 결산시에만 설정되는 임시계정으로 차기로 이월되지 않는다.**</u>

08. 단기투자목적으로 취득한 **단기매매증권은 기말에 공정가액(시가)으로 평가**하고, 이러한 평가손익은 영업외손익에 해당한다.

09. (차변) 당좌예금을 (차변) 외상매출금으로 기입한 분류상의 오류이므로 차/대변 합계액에 영향을 미치지 않는다.

10. **수익, 비용 계정이 가장 먼저 마감**된다.
① 선급비용 : 자산, ② 선수수익 : 부채, ③ 자본금 : 자본

11. 외상매출금의 회수는 회수일마다 장부에 계상하므로 결산 수정정리사항이 아니다.

12. 미수금은 자산계정이므로 결산일 '차기이월'로 마감하고, 다음 회계년도 1월 1일에 '전기이월'로 차변에 기입한다.

13. **시산표작성과 결산수정분개는 예비절차이고 재무상태표 작성은 결산보고서의 작성**이다.

14. **손익계정 대변 매출은 순매출액(780,000), 차변 매입은 매출원가(460,000)이다.** 따라서 매출총이익은 320,000원이다. 차변의 자본금 150,000원은 당기순이익을 의미하며, 당기 총수익(매출+이자수익)은 930,000원이다.

15. 손익계산서 비용(잡손실) 증가 → 당기순이익 감소/재무상태표 자산(현금과부족) 감소
- 현금부족액 처리시

(차) 현금과부족	1,000,000	(대) 현금	1,000,000

- 결산시 현금출금원인 확인

(차) 잡손실(**비용 발생**)	1,000,000	(대) 현금과부족(**자산감소**)	1,000,000

16. ① 현금으로 지급한 이자금액은 0이다.
② 지급하지 않는 (미지급)이자비용은 200,000원이다.
④ **이자비용은 손익계정으로 차기로 이월되지 않는다.**

10.31	(차) 이자비용	300,000원	(대) 보통예금①	300,000원
12.31	(차) 이자비용	200,000원	(대) 미지급비용②	200,000원
12.31	(차) 집합손익③	500,000원	(대) 이자비용	500,000원

17. (가)는 결산의 재무제표 작성 절차에 해당한다. 따라서 **재무상태표 작성이 결산의 재무제표의 작성** 절차이다.

주관식

1	30,000원	2	4,450,000원	3	13,000원
4	11,000원	5	190,000원	6	560,000원
7	30,000원	8	780,000원		

[풀이 - 주관식]

01. 대손충당금

대　　손	0	기초잔액	20,000
		회　　수	0
기말잔액	50,000	**대손상각비(?)**	**30,000**
계	50,000	계	50,000

02. 상　　품

기초상품	700,000	매출원가	550,000
순매입액	**800,000**		
매입운임	**50,000**	기말상품	1,000,000
계	1,550,000	계	1,550,000

매출총이익 = 매출액 - 매출원가 = 5,000,000 - 550,000 = 4,450,000원

03. 집합손익계정에 **차변에 집계된 금액 50,000원이 매출원가(비용)**이다.
(3분법일 경우 매입계정임) 3분법일 경우에도 상품계정으로 풀어도 무방하다.

상　　품

기초상품(?)	**13,000**	매출원가	50,000
총매입액	40,000		
매입환출액	△1,000	기말상품	2,000
계	52,000	계	52,000

04.

1. 수정전 당기순이익	10,000	
① 보험료 선급분	+2,000	(차)선급비용 xx (대) 보 험 료 xx
② 이자미지급분	-1,000	(차)이자비용 xx (대) 미지급비용 xx
2. 수정후 당기순이익	11,000	

05.

1. 수정전 당기순이익	200,000	
① 임대료선수분	-30,000	(차)임대료 xx (대) 선수수익 xx
② 보험료 선급분	+20,000	(차)선급비용 xx (대) 보 험 료 xx
2. 수정후 당기순이익	190,000	

06. 외상매출금

기초잔액	60,000	대손액	10,000
		에누리/환입	15,000 + 15,000
		회수액	500,000
매출(발생액 ?)	**560,000**	기말잔액	80,000
계	620,000	계	620,000

07. 12/31 (집합)손익 계정(30,000)이 손익계산서에 기재되는 이자수익금액이 된다.

08. 상품(150,000)은 자산계정이므로 차변에, 자본금(200,000)은 자본계정이므로 대변에, 이자수익(80,000)은 수익계정이므로 대변에 기장되면 차변과 대변합계액은 780,000원이 기록된다.

수정후 잔액 시산표

차 변	원면	계정 과목	대 변
350,000	1	현 금	
120,000	2	받 을 어 음	
80,000	3	선 급 금	
150,000	*4*	*상 품*	
	5	외 상 매 입 금	250,000
	6	미 지 급 금	130,000
	7	*자 본 금*	*200,000*
	8	상품매출이익	120,000
	9	*이 자 수 익*	*80,000*
50,000	10	보 험 료	
30,000	11	여비 교통비	
780,000			*780,000*

Chapter

최종분개

7

로그인 전산회계 2급

Login

전산회계 2급을 합격하기 위해서는 분개가 핵심입니다. 그리고 회계를 잘하기 위해서는 이론이 핵심입니다.
최종 분개연습(40문제)에서 30문제 이상을 맞혀야 합니다.
만약 맞힌 문제가 30문제 미만이면 다시 이론을 공부하십시오.

1. 거래처 로그인문구에 대여한 단기대여금 1,000,000원과 이자 50,000원을 당사 보통예금계좌로 회수하다.

2. 기중(10월 3일)에 현금 잔고를 확인한 결과 장부잔액보다 현금 잔고가 200,000원 더 적은 것을 확인하였으나 그 원인이 밝혀지지 않다.

3. 결산일(12월 31일) 기말 현재 장부상 현금 잔액보다 실제 현금 보유액이 30,000원 부족함을 발견하였으나 원인불명이다.

4. 결산일(12월 31일) 현재 국민은행의 보통예금잔액은 -4,000,000원이다. 이는 국민은행과의 약정에 의하여 단기차입한 것이다.

5. 로그인문구에 상품 5,000,000원을 판매하고, 미리 받은 계약금 500,000원을 제외한 나머지 대금은 동사가 발행한 어음을 받다.

6. 매출처인 로그인문구에 대한 외상매출금 잔액 중 5,000,000원은 로그인문구 발행 내년도 1월 2일 만기인 약속어음을 받았고, 1,000,000원은 자기앞수표로 받다.

7. 로그인상사에 상품 문구류 7,000,000원을 매출하고 대금은 동점발행 어음(만기일 1개월)으로 받다. 매출시 발생한 운임 100,000원은 당점이 부담하기로 하고 현금으로 지급하였다.

8. 거래처 로그인상회로부터 받은 약속어음 8,000,000원을 만기 전에 거래처 은행으로부터 할인받고, 할인료 100,000원을 차감한 금액을 보통예금 통장으로 입금받다. 단, 할인된 어음은 매각거래로 가정한다.

9. 로그인상사에서 매출대금으로 받아 보관 중인 약속어음 9,000,000원이 만기가 도래하여 국민은행에 추심 의뢰한 바, 추심수수료 100,000원을 차감한 금액이 당점 국민은행 보통예금 통장에 입금되다.

10. 로그인상사의 외상매입금 10,000,000원을 결제하기 위하여 당사가 상품매출대금으로 받아 보유하고 있던 한국상사 발행의 약속어음 2,000,000원을 배서양도하고, 잔액은 당사가 약속어음(만기 3개월)을 발행하여 지급하다.

11. 로그인상사의 파산으로 인하여 외상매출금 1,000,000원이 회수불가능하여 대손처리하다. 단, 대손처리시점의 대손충당금 잔액이 300,000원이 있다.

12. 대손충당금은 기말 외상매출금 잔액의 1%, 기말 받을어음 잔액에 대하여 2%를 보충법으로 설정하다. 다음은 합계잔액시산표를 조회한 결과이다.

합계잔액시산표(수정전)

제×기 : 20×1년 12월 31일 현재

차 변		계정과목	대 변	
잔 액	합 계		합 계	잔 액
10,000,000	20,000,000 200,000	외상매출금 대손충당금	10,000,000 250,000	 50,000
20,000,000	35,000,000 100,000	받을어음 대손충당금	15,000,000 220,000	 120,000

13. 결산일에 창고를 조사한 결과, 영업부에서 사용한 소모품 3,000,000원이 남았다. 단, 소모품을 구입하는 시점에서 모두 비용으로 계상하였다.

14. 로그인상사로부터 차입(단기차입금 4,000,000원, 연이자율 6%, 차입일 당해년도 12월 1일, 차입기간 6개월)하면서 지급한 이자 중 기간미경과액이 있다(단, 월할계산하시오).

-차입시점(12월 1일) 회계처리-

(차)	현 금	3,880,000원	(대) 단기차입금	4,000,000원
	이자비용	120,000원		

15. 정기예금에 대한 당기 기간 경과분에 대한 이자미수액 500,000원을 계상하다(이자수령일은 다음연도 1월 20일이다).

16. 지방 출장을 마치고 돌아온 영업부 직원 로그인으로부터 3월 15일 지급한 금액(600,000원)에 대하여 다음과 같이 지출증명서류를 받고 차액은 현금으로 회수하였다.

출장비 내역

- 교통비 : 100,000원
- 숙박비 : 200,000원
- 식대 : 250,000원

17. 로그인상사에서 상품 7,000,000원을 매입하고, 8월 30일 지급한 계약금(1,000,000원)을 차감한 대금 중 2,000,000원은 당좌수표를 발행하여 지급하고 잔액은 외상으로 하다.

18. 거래처 로그인상사의 상품매출에 대한 외상대금 8,000,000원을 회수하면서 약정기일보다 빠르게 회수하여 1%를 할인해 주고, 대금은 로그인상사의 당좌수표로 받다.

19. 결산일 현재 기말상품재고액은 5,000,000원이다. 결산수정분개를 하시오.

수정전 합계잔액시산표

제×기 : 20×1년 12월 31일 현재

차 변		계정과목	대 변	
잔 액	합 계		합 계	잔 액
25,0000,000	25,000,000	상 품		

20. 만기가 2년 후 6월 30일인 정기적금에 이달분 20,000,000원을 예금하기 위해 보통예금통장에서 이체하다.

21. 로그인상사에 2년 후 회수예정으로 10,000,000원을 대여하고 선이자 1,000,000원을 공제한 잔액을 보통예금계좌에서 이체하다(단, 선이자는 수익으로 처리하기로 한다).

22. 영업용승용차를 로그인자동차에서 22,000,000원에 구입하고 대금 중 2,000,000원은 현금으로 지급하고 잔액은 12개월 무이자할부로 하다. 또한 승용차에 대한 취득세는 200,000원은 현금 납부하다.

23. 매장 건물의 모든 출입문을 자동화 시설로 교체하고, 출입문 설치비 등 23,000,000원은 로그인설비에 2개월 후에 지급하기로 하다(자본적지출은 20,000,000원이고 나머지 금액은 수익적지출로 회계처리한다).

24. 매장에서 사용중인 냉온풍기(취득원가 24,000,000원, 감가상각누계액 20,000,000원)를 로그인상사에 5,000,000원에 처분하고, 대금은 월말에 받기로 하다.

25. 상품배송에 사용하는 트럭(취득가액 5,000,000원, 폐차시점까지 감가상각누계액 4,900,000원)을 폐차하고, 폐차에 대한 고철값 40,000원을 현금으로 받다.

26. 로그인빌딩에 건물 30평을 2년간 임차하고 보증금 6,000,000원 중 2,000,000원은 현금으로 지급하고 잔금은 2주후에 지급하기로 하다.

27. 미지급금으로 계상되어 있는 임차료 7,000,000원을 임대인(로그인부동산)과 합의 하에 보증금과 상계하다.

28. 로그인은행에서 8,000,000원을 3개월간 차입하고, 선이자 500,000원을 차감한 잔액이 당사 보통예금통장에 계좌이체 되다(선이자는 이자비용으로 회계처리 하기로 한다).

29. 로그인상사의 단기차입금 9,000,000원과 그에 대한 이자 800,000원을 당점 보통예금계좌에서 로그인상사 계좌로 이체하여 지급하다.

30. 로그인유통에 휴대폰 10,000,000원(10개, @1,000,000원)을 판매하기로 계약하고, 대금 중 20%를 당좌예금계좌로 송금받다.

31. 로그인상사에 상품을 1,000,000원에 판매하여 미리 받은 계약금 50,000원을 제외한 대금 중 100,000원은 동점 발행 약속어음으로 받고, 잔액은 1개월 후에 받기로 하다.

32. 전월에 미지급비용으로 회계처리한 직원급여 32,000,000원을 지급하면서 근로소득세 등 2,000,000원을 원천징수하고 보통예금 계좌에서 이체하다.

33. 판매부서의 승용차 자동차세 300,000원과 사장 개인 승용차의 자동차세 200,000원을 현금으로 납부하다(단, 기업주의 개인적 지출은 인출금 계정으로 처리함).

34. 결산일에 인출금 잔액 계정을 조회하니 차변잔액이 400,000원으로 확인되다.
인출금 계정 잔액을 정리하다.

35. 대여금에 대한 이자수익 중 500,000원을 차기로 이연하다.

36. 당기분 비품 감가상각비는 300,000원이고, 건물 감가상각비는 600,000원이다.

37. 회사의 전월 비씨카드 사용액 900,000원이 당사 보통예금에서 자동인출되다.

38. 매장을 홍보하기 위한 광고비용 900,000원을 현금 지급하다.

39. 당월분 관리사원 급여를 다음과 같이 보통예금계좌에서 종업원 급여계좌로 이체하다.

성 명	직 급	급 여	원천징수세액		차감지급액
			소득세	지방소득세	
한복판	과 장	4,500,000원	250,000원	25,000원	4,225,000원
장병지	대 리	3,500,000원	180,000원	18,000원	3,302,000원
계		8,000,000원	430,000원	43,000원	7,527,000원

40. 태풍으로 피해를 입은 농어민을 돕기 위해 현금 10,000,000원을 충청남도에 지급하다.

최/종/분/개 답안

1	(차)	보통예금	1,050,000	(대)	단기대여금(로그인문구)	1,000,000
					이자수익	50,000
2	(차)	현금과부족	200,000	(대)	현 금	200,000
3	(차)	잡 손 실	30,000	(대)	현 금	30,000

☞ 현금과부족 계정은 재무상태표에 표시되어서는 안된다. 따라서 기말에는 현금과부족계정으로 회계처리하면 안되고, 바로 원인불명이므로 잡손실로 처리해야 한다.

4	(차)	보통예금	4,000,000	(대)	단기차입금(국민은행)	4,000,000

☞ (-)통장은 은행으로부터 단기차입한 것으로서 기말에 단기차입금으로 계정대체하여야 한다.

5	(차)	선수금(로그인문구)	500,000	(대)	상품매출	5,000,000
		받을어음(로그인문구)	4,500,000			
6	(차)	받을어음(로그인문구)	5,000,000	(대)	외상매출금(로그인문구)	6,000,000
		현 금	1,000,000			
7	(차)	받을어음(로그인상사)	7,000,000	(대)	상품매출	7,000,000
		운반비(판)	100,000		현 금	100,000
8	(차)	매출채권처분손실	100,000	(대)	받을어음(로그인상회)	8,000,000
		보통예금	7,900,000			
9	(차)	수수료비용(판)	100,000	(대)	받을어음(로그인상회)	9,000,000
		보통예금	8,900,000			
10	(차)	외상매입금(로그인상사)	10,000,000	(대)	받을어음(한국상사)	2,000,000
					지급어음(로그인상사)	8,000,000
11	(차)	대손충당금(외상)	300,000	(대)	외상매출금(로그인상사)	1,000,000
		대손상각비(판)	700,000			

12	(차)	대손상각비(판)	330,000	(대)	대손충당금(외상)	50,000
					대손충당금(받을)	280,000

계정과목	기말잔액(A)	대손추산액 (B = A X 추정율)	설정전 대손충당금(C)	당기대손상각비 (B - C)
외상매출금	10,000,000	100,000	50,000	50,000
받 을 어 음	20,000,000	400,000	120,000	280,000

13	(차)	소모품	3,000,000	(대)	소모품비(판)	3,000,000
14	(차)	선급비용	100,000	(대)	이자비용	100,000

☞ 기간미경과액(선급비용) 120,000원×5개월/6개월 = 100,000원

15	(차)	미수수익	500,000	(대)	이자수익	500,000
16	(차)	여비교통비(판)	550,000	(대)	가지급금(로그인)	600,000
		현 금	50,000			
17	(차)	상 품	7,000,000	(대)	선급금(로그인상사)	1,000,000
					당좌예금	2,000,000
					외상매입금(로그인상사)	4,000,000
18	(차)	매출할인(상품매출)	80,000	(대)	외상매출금(로그인상사)	8,000,000
		현 금	7,920,000			

☞ 타인발행수표는 현금에 해당한다.

19	(차)	상품매출원가	20,000,000	(대)	상 품	20,000,000
20	(차)	장기성예금	20,000,000	(대)	보통예금	20,000,000
21	(차)	장기대여금(로그인상사)	10,000,000	(대)	이자수익	1,000,000
					보통예금	9,000,000
22	(차)	차량운반구	22,200,000	(대)	현 금	2,200,000
					미지급금(로그인자동차)	20,000,000
23	(차)	건 물	20,000,000	(대)	미지급금(로그인설비)	23,000,000
		수선비(판)	3,000,000			

24 (차)	감가상각누계액(비품)	20,000,000	(대)	비 품	24,000,000
	미수금(로그인상사)	5,000,000		유형자산처분이익	1,000,000

☞ 처분손익 = 처분가액 - 장부가액 = 5,000,000 - (24,000,000 - 20,000,000) = 1,000,000(처분이익)

25 (차)	감가상각누계액(차량)	4,900,000	(대)	차량운반구	5,000,000
	현 금	40,000			
	유형자산처분손실	60,000			

☞ 처분손익 = 처분가액 - 장부가액 = 40,000 - (5,000,000 - 4,900,000) = △60,000(처분손실)

26 (차)	임차보증금(로그인빌딩)	6,000,000	(대)	현 금	2,000,000
				미지급금(로그인빌딩)	4,000,000
27 (차)	미지급금(로그인부동산)	7,000,000	(대)	임차보증금(로그인부동산)	7,000,000

☞ 임차료 발생시 : (차) 임차료(판) 7,000,000 (대)미지급금(로그인부동산) 7,000,000

28 (차)	보통예금	7,500,000	(대)	단기차입금(로그인은행)	8,000,000
	이자비용	500,000			
29 (차)	단기차입금(로그인상사)	9,000,000	(대)	보통예금	9,800,000
	이자비용	800,000			
30 (차)	당좌예금	2,000,000	(대)	선수금(로그인유통)	2,000,000
31 (차)	선수금(로그인상사)	50,000	(대)	상품매출	1,000,000
	받을어음(로그인상사)	100,000			
	외상매출금(로그인상사)	850,000			
32 (차)	미지급비용	32,000,000	(대)	예수금	2,000,000
				보통예금	30,000,000

☞ 전월회계처리
(차) 급 여 32,000,000원 (대) 미지급비용 32,000,000원

33 (차)	세금과공과(판)	300,000	(대)	현 금	500,000
	인출금	200,000			
34 (차)	자본금	400,000	(대)	인출금	400,000

35	(차) 이자수익	500,000	(대)	선수수익	500,000
36	(차) 감가상각비(판)	900,000	(대)	감가상각누계액(비품)	300,000
				감가상각누계액(건물)	600,000
37	(차) 미지급금(비씨카드)	900,000	(대)	보통예금	900,000
	☞ 카드사용시 : (차) 경 비	900,000	(대)	미지급금(비씨카드)	900,000
38	(차) 광고선전비(판)	900,000	(대)	현 금	900,000
39	(차) 급 여(판)	8,000,000	(대)	예수금	473,000
				보통예금	7,527,000
40	(차) 기부금	10,000,000	(대)	보통예금	10,000,000

Part Ⅱ

실무능력

<전산회계2급 실무 출제내역>

1. 기초정보관리(등록)	18점	회사등록정보수정 거래처등록 및 수정 계정과목 및 적요 등록 및 수정 전기분 재무상태표/손익계산서 수정 거래처별 초기이월
2. 일반전표입력	24점	일반전표입력 8문항
3. 오류정정	6점	일반전표 오류정정
4. 결산정리사항입력	12점	12월 31일 결산정리분개 **- 기말상품재고 → 상품매출원가** **- 대손충당금, 감가상각비 설정 등**
5. 장부조회	10점	각종 장부 조회
계	70점	

전산회계 2급 시험문제 중 전표입력(일반전표, 오류수정, 결산전표)의 점수 비중이 42점 이상으로 기초적인 분개를 못하면 합격할 수 없습니다.

Chapter

전산세무회계 프로그램 설치 및 실행 1

로그인 전산회계 2급

Login

NCS회계 - 3 **회계정보시스템 운용 - 회계관련 DB마스터 관리**

제1절 설치하기 및 실행

1. 한국세무사회국가공인자격시험 홈페이지(http://license.kacpta.or.kr)에 접속 후 [수험용 프로그램 케이랩(KcLep)]을 다운로드하고 설치합니다.

2. 설치가 완료되면, 바탕화면에 

단축아이콘을 확인할 수 있다.

3. 바탕화면에서 

아이콘을 더블클릭하여 아래와 같이 프로그램을 실행한다.

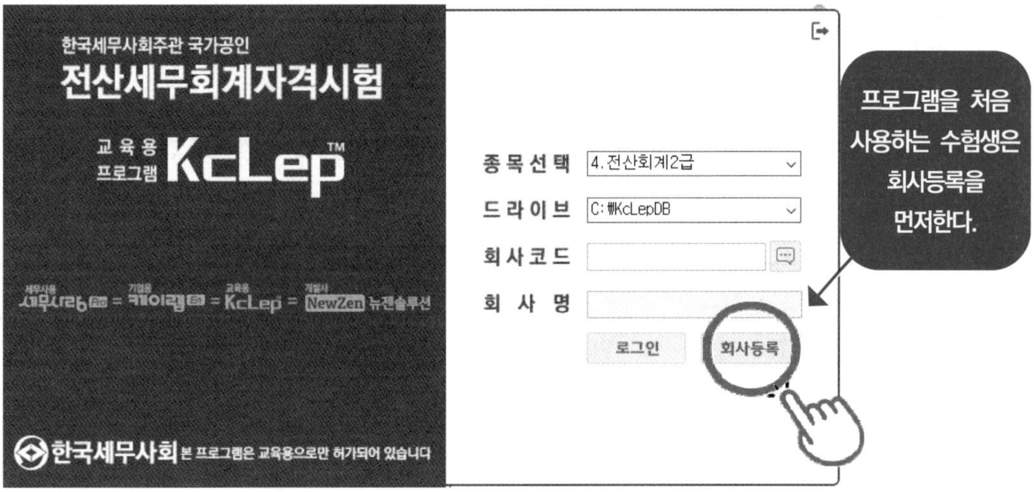

(1) 사용급수

① 응시하는 시험의 급수(전산회계2급)를 선택한다.

② 시험에서는 해당하는 급수에서 다루어지는 메뉴만 구성하기 때문에 시험의 급수선택에 따라 나타나는 메뉴의 항목 수가 다르다.

(2) 회사코드

기존에 이미 작업이 이루어진 경우에는 [...] 키를 클릭하여 회사코드 도움이 나타나고 이때 원하는 회사를 선택한다. 그러나 프로그램을 처음 설치한 경우라면 기존 작업한 회사가 없으므로 화면 하단의 [회사등록] 키를 이용하여 임의의 회사를 등록한 후에 [...] 키를 이용할 수 있다.

(3) 회사명

회사를 선택하면 자동으로 회사명이 표시된다.

하단의 "확인"키를 클릭하면 선택된 급수와 회사의 메인화면이 실행된다.

(4) 회사등록

프로그램을 처음 사용하는 수험생은 [회사등록]을 먼저하고 실습을 하여야 한다.

제2절 메인화면 소개

전산회계 2급 수험용 프로그램은 재무회계프로그램으로만 구성되어 있고, 이것을 클릭하면 6개의 메뉴로 구성되어 있다.

메 뉴		주요 내용
회계관리	전 표 입 력	일반전표입력
	기 초 정 보 등 록	회사등록, 거래처등록, 계정과목 및 적요등록, 환경등록
	장 부 관 리	거래처원장 등 조회문제
	결 산 / 재 무 제 표	합계잔액시산표, 재무상태표, 손익계산서
	전기분재무제표등	전기분 재무상태표, 전기분손익계산서, 거래처별 초기이월
	자 금 관 리	받을(지급)어음 현황, 일일자금명세, 예적금 현황 ☞ 출제된 적은 없습니다.
	데 이 터 관 리	시험과는 관계없고 실무시 필요한 메뉴

Chapter

프로그램의 첫걸음 2

NCS회계 - 3 **회계정보시스템 운용 - 회계관련 DB마스터/회계프로그램 운용/회계정보활용**

제1절 기초정보관리

회계처리를 하고자 하는 회사에 대한 기본적인 등록 작업을 말한다.

재무회계 메인화면에서 [기초정보등록관리] - [회사등록]을 클릭하면 아래와 같은 화면이 실행된다.

1 회사등록

회사등록은 회계처리를 하고자 하는 회사를 등록하는 작업으로 가장 기본적이고 우선되어야 하는 작업이다. 회사등록은 작업할 회사의 사업자등록증을 토대로 작성하여 등록된 내용이 각종 출력물상의 회사 인적사항에 자동 표시됨은 물론 각종 계산에 영향을 주게 되므로 정확히 입력되어야 한다.

코드와 회사명을 입력하고 **구분을 개인**으로 하면 다음과 같은 회사등록화면이 나타난다.

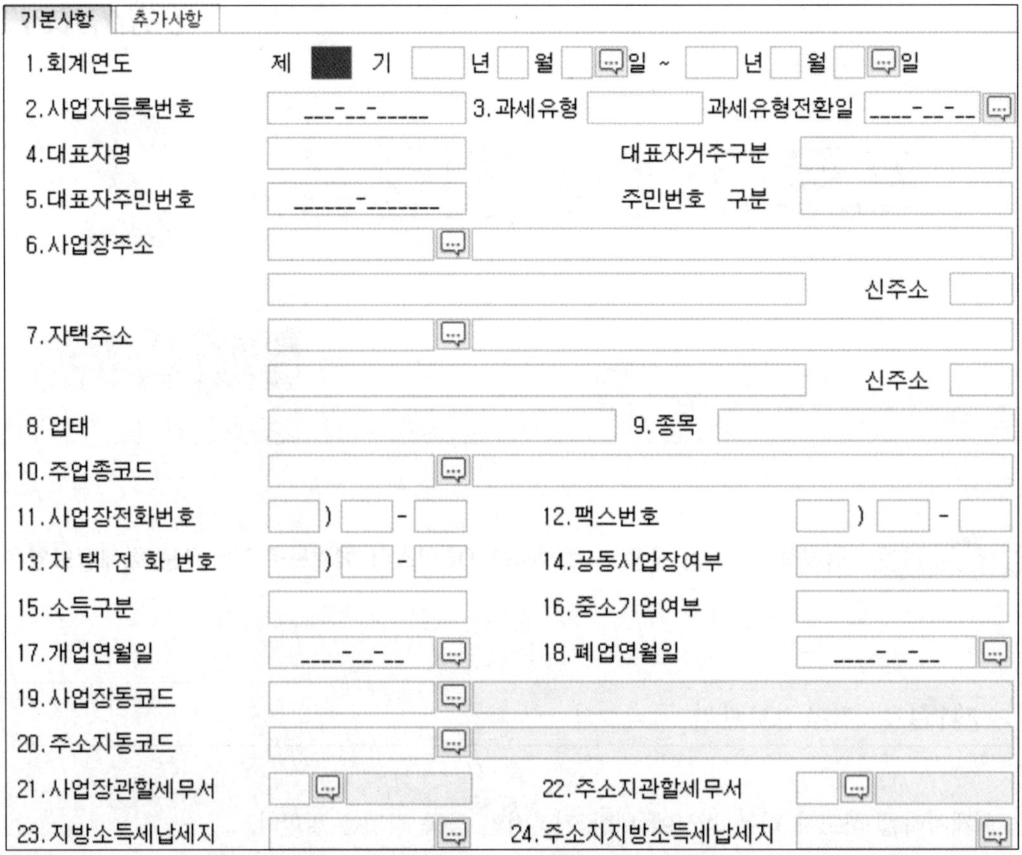

〈주요 메뉴키〉

또는 코드	[F2] 코드도움입니다.
종료	[ESC] 메뉴를 종료합니다.
삭제	[F5] 현재라인을 삭제합니다.
조회	[F12] 데이타를 조회합니다.

(1) 회사등록사항

① 코　드

장부를 작성할 회사에 대한 코드를 부여하며, 101~9999까지 사용이 가능하다.

② 회사명

사업자등록증에 기재된 상호명을 입력한다.

③ 구　분

사업자등록증상 법인과 개인의 구분을 의미한다.
법인사업자의 경우는 “1”, 개인사업자의 경우는 “2”를 선택한다.
전산회계2급 시험의 경우 개인사업자가 출제된다.

④ 1.회계연도

당해연도의 사업년도를 의미하며 개업일로부터 당해연도까지의 사업년도에 대한 기수를 선택하고 회계기간을 입력한다.

⑤ 2.사업자등록번호

사업자등록증상의 사업자등록번호를 입력한다.
사업자등록증상의 앞의 세자리는 세무서코드, 가운데 두자리는 개인과 법인의 구분번호, 마지막 다섯자리는 일련번호와 검증번호이다.
사업자등록번호 입력이 잘못되면, 다음과 같은 화면이 표시되므로 다시 확인하여 정확한 사업자등록번호를 입력한다.

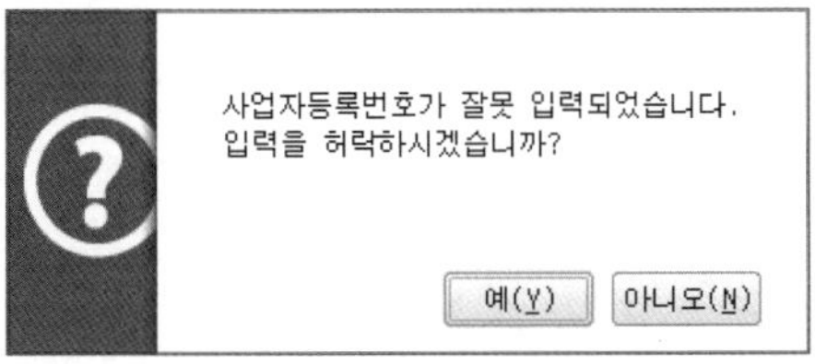

⑥ 3.과세유형

일반과세를 선택한다.

⑦ 4.대표자명, 거주구분, 5.대표자주민번호

사업자등록증상의 대표자 성명과 거주자 그리고 대표자 주민번호를 입력한다.
주민번호 입력이 잘못되면, 확인메시지가 나타나므로 확인하여 정확한 주민번호를 입력한다.

⑧ 6.사업장주소

사업자등록증상의 주소를 입력한다. F2나 [아이콘] 클릭하면 우편번호검색화면이 나오면 도로명주소 우편번호에서 해당 도로명을 입력하여 건물번호가 있는 우편번호를 선택하고 나머지 주소를 입력한다.

⑨ 8.업태와 9.종목

사업자등록상의 업태와 종목을 입력한다.
업태란 사업의 형태를 말하는 것으로서 제조업, 도매업, 소매업, 서비스업 등으로 분류된다. 종목은 업태에 따라 취급하는 주요품목을 말한다.

⑩ 15.소득구분

부동산임대나 주택임대 이외는 사업소득을 선택한다.

⑪ 17.개업연월일

사업자등록증상의 개업연월일을 입력한다.

⑫ 21.사업장 관할세무서

사업자등록증상의 하단부에 표기된 해당 세무서를 코드로 등록한다.

example 예제 따라하기 **회사등록**

레고상사(회사코드 : 4001)는 완구를 판매하는 개인기업(중소기업)이다. 당기(제5기)의 회계기간은 2025.1.1.~2025.12.31.이다. 전산세무회계 프로그램을 이용하여 회사등록을 입력하시오.

사 업 자 등 록 증 (개인사업자용) 등록번호 : 104 - 03 - 11251
1. 상 호 명 : 레고상사 2. 대 표 자 명 : 이대호 3. 개업년월일 : 2021년 2월 1일 4. 주민등록번호 : 740102 - 1232624 5. 사업장소재지 : 서울시 동작구 상도로 13 6. 사업의 종류 : (업태) 도,소매 (종목) 완구 7. 교 부 사 유 : 신규 8. 공동사업장 : 9. 주류판매신고번호 : 2021년 2월 1일 동 작 세 무 서 장

입력을 완료하고 Enter↵ 키를 치세요!!! 그러면 다음 항목으로 이동합니다.

1. 프로그램실행 후 "회사등록"을 클릭한다.
2. 1.회계연도 : 2021년도 개업이므로 2025년의 기수 5기를 입력한다.
3. 2,3,4,5 사업자등록증상의 사업자등록번호, 과세유형(일반과세), 대표자명, 거주구분, 대표자 주민번호를 입력한다.
4. 6.사업장주소를 입력한다. 사업장 주소는 우편번호 검색을 통하여 입력한다.

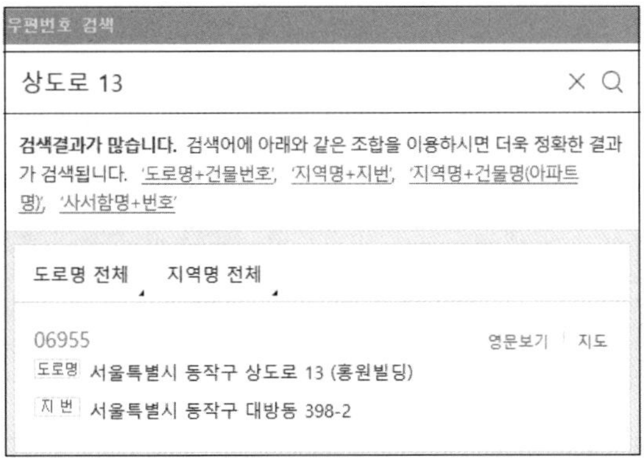

시험에서 우편번호를 생략하라고 하면 주소를 직접 입력해도 된다.

5. 8.9. 사업자등록증상의 업태와 종목을 입력한다.
6. 15. 소득구분은 사업소득을 16.중소기업은 "1.여"를 선택한다.
7. 17. 사업자등록증상의 개업연월일을 입력한다.
8. 21. 사업장관할세무서는 사업자등록증상의 관할세무서를 입력한다.

코드조회기능 : F2나 클릭하면 쉽게 코드 조회를 할 수 있다.

세무서코드 도움창에 사업장 관할세무서의 명칭(**1글자 이상 입력하세요**)을 입력하면, 관할세무서가 나타나고 선택하면 된다.

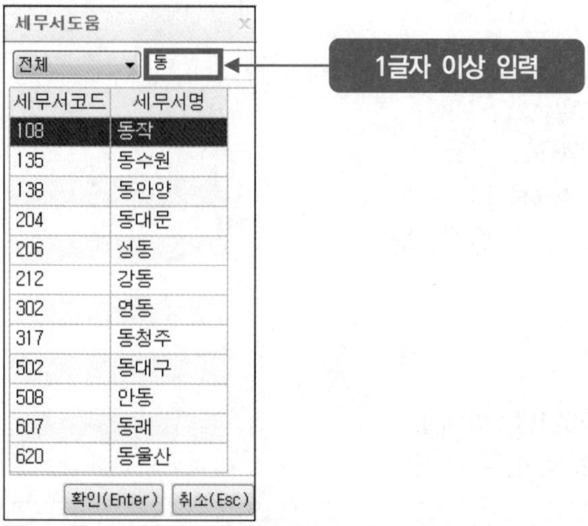

☑ 회사등록사항을 모두 입력한 화면은 아래와 같다.

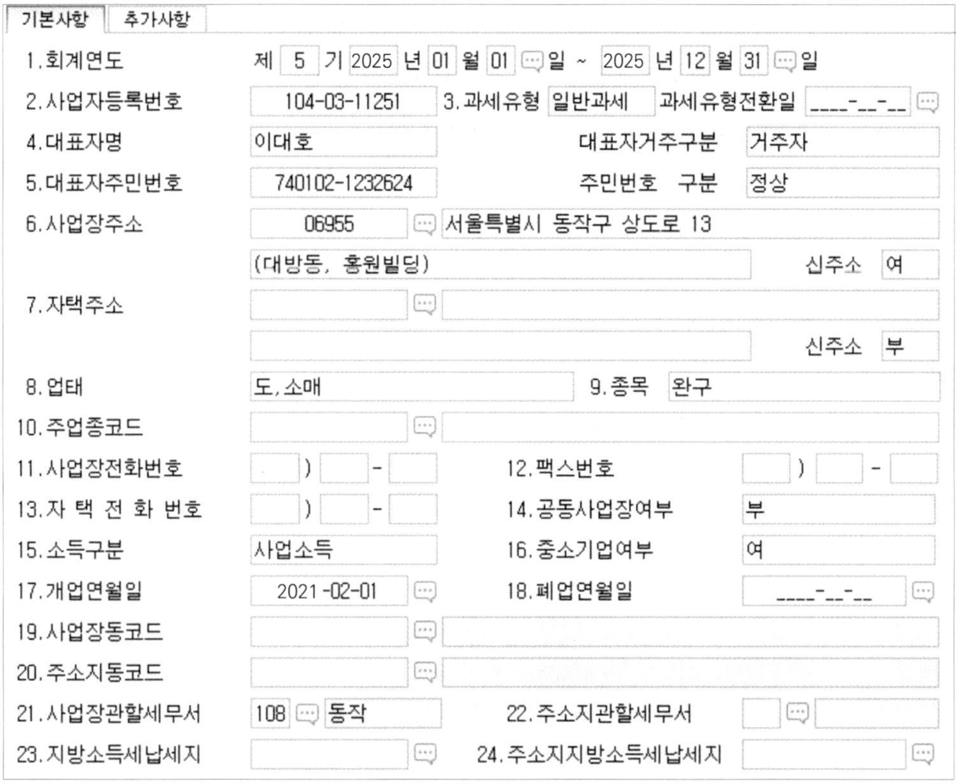
기본사항
추가사항
1.회계연도 제 5 기 2025 년 01 월 01 일 ~ 2025 년 12 월 31 일
2.사업자등록번호 104-03-11251
3.과세유형 일반과세
과세유형전환일 ____-__-__
4.대표자명 이대호
대표자거주구분 거주자
5.대표자주민번호 740102-1232624
주민번호 구분 정상
6.사업장주소 06955 서울특별시 동작구 상도로 13
(대방동, 홍원빌딩)
신주소 여
7.자택주소
신주소 부
8.업태 도,소매
9.종목 완구
10.주업종코드
11.사업장전화번호) -
12.팩스번호) -
13.자 택 전 화 번 호) -
14.공동사업장여부 부
15.소득구분 사업소득
16.중소기업여부 여
17.개업연월일 2021-02-01
18.폐업연월일 ____-__-__
19.사업장동코드
20.주소지동코드
21.사업장관할세무서 108 동작
22.주소지관할세무서
23.지방소득세납세지
24.주소지지방소득세납세지

상단의 [⇨]나 키보드상의 Esc를 누르고 나오면 회사등록이 완료된 것이다.

그리고 실행화면에서 4001(레고상사)를 선택하고 클릭하면 메인화면이 나타난다.

2 거래처 등록

상품을 외상거래나 기타채권, 채무에 관한 거래가 발생했을 때 외상매출금계정이나 외상매입금계정 등의 보조장부로서 거래처별 장부를 만들게 되는데, 이렇게 각 거래처별 장부를 만들기 위해서는 장부를 만들고자 하는 거래처를 등록하여야 한다.

이러한 인명계정(거래처 계정)을 활용하면, 각 계정원장에 대한 보조부로서의 거래처장부를 만들 수 있으며, 이 장부를 거래처 원장이라 한다.

재무회계 메인화면에서 [기초정보등록] - [거래처등록]을 클릭하면 아래와 같은 화면이 실행된다.

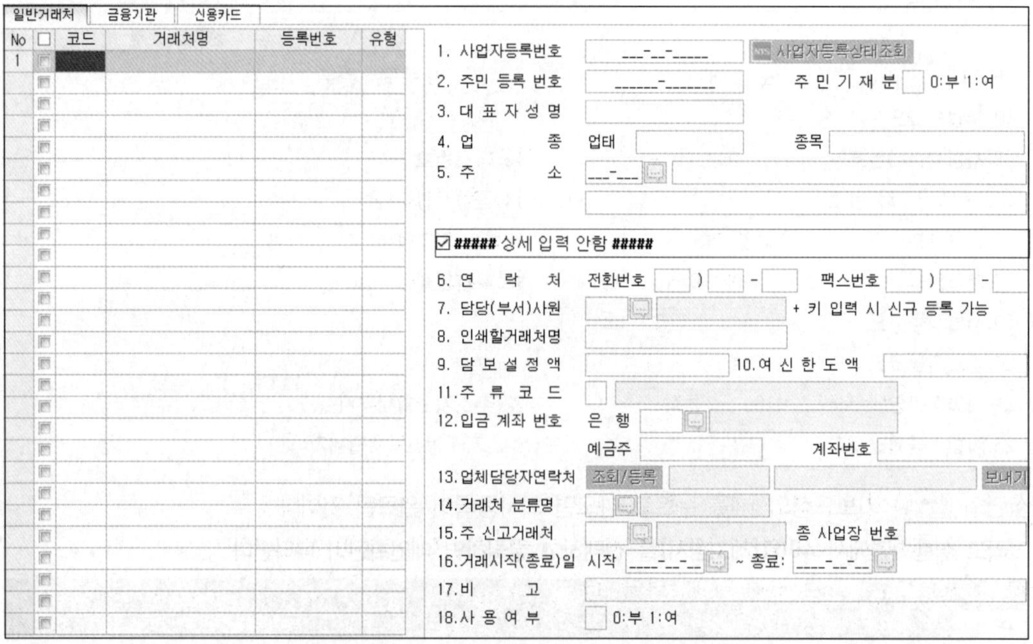

〈반드시 거래처코드를 입력해야 하는 계정과목〉

채권계정	채무계정
외상매출금	외상매입금
받을어음	지급어음
미 수 금	미지급금
선 급 금	선 수 금
대여금(단기, 장기)	차입금(단기, 장기), 유동성장기부채
가지급금	가수금(거래처를 알고 있을 경우 입력)
임차보증금	임대보증금

(1) 일반거래처

부가가치세신고 대상거래는 반드시 거래처등록을 해야 하며, 기타 채권채무관리를 위한 거래처를 등록한다.

① 코드

"00101~97999"의 범위 내에서 코드번호를 부여한다.
입력시 하단의 메시지를 참고로 하여 입력한다.

알림 : 거래처코드를 입력하세요.(101 - 97999)

② 거래처명 및 유형

한글은 13자, 영문은 26자 이내로 입력한다. 유형은 매출 및 매입이 발생되는 거래처는 "동시"로 입력한다.

③ 일반거래처 등록사항

사업자등록번호, 주민등록번호, 대표자성명, 업태, 종목, 사업장주소 등을 입력한다.

(2) 금융기관

보통예금, 당좌예금, 정기예금, 정기적금유형으로 나누어 입력한다.

① 코드

"98000~99599"의 범위 내에서 코드번호를 부여한다.

② 거래처명을 입력하고 유형은 해당 예금에 맞는 유형을 선택한다.

③ 계좌번호를 입력한다.

④ 은행의 지점명을 입력한다.

(3) 카드거래처

카드거래처 입력은 회사가 거래하는 신용카드사를 입력하는 것이다.
매출카드거래처는 회사가 신용카드사에 가맹되어 있는 경우를 말하고, 매입카드거래처는 회사의 사업용카드(법인카드 등)를 보유하고 있는 경우에 입력한다.

① 코드

"99600~99999"의 범위 내에서 임의 선택하여 부여한다.

② 카드사명, 가맹점번호, 구분, 결제일, 입금계좌, 수수료

카드사, 구분(매입카드, 매출카드), 가맹점번호, 카드종류 등을 입력한다.

example 예제 따라하기

거래처등록

레고상사(4001)에 대한 거래처를 등록하시오.

(일반거래처)

거래처 유형은 3 : 동시를 선택한다.

코드	거래처명	대표자명	사업자등록번호	도로명주소	업태	종목
1101	오공상사	이한라	117－81－67161	서울시 은평구 갈현로 181	도소매	완구
1103	우드완구	김현숙	211－36－73193	서울시 서초구 과천대로 802	도소매	완구
1104	다나와완구	오덕유	117－11－73578	서울시 송파구 동남로 274	도소매	완구

(금융기관)

코드	거래처명	유형	계좌번호	지점
98000	국민은행	보통예금	123－456	두정동

(신용카드)

코드	거래처명	카드(가맹점)번호	유형
99600	비씨카드	5000	매출카드
99700	국민카드	1111－2222－3333－4444	매입카드(사업용카드)

해답

☑ 메인화면의 [기초정보등록]－[거래처등록]을 클릭한다.

화면 내에서 좌우화면으로 옮길시 마우스나 키보드상의 탭키를 이용한다.

(일반거래처)

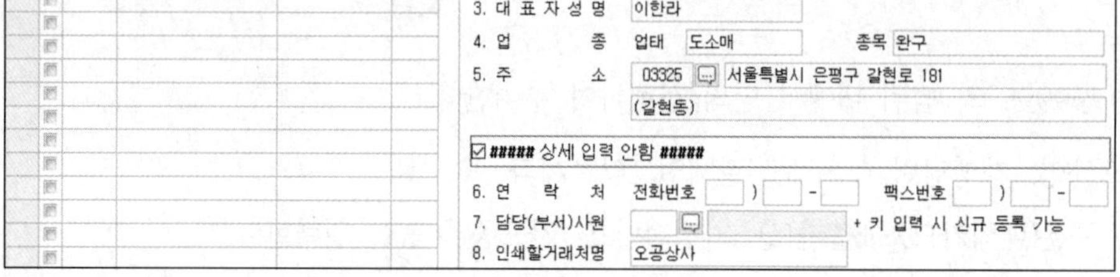

(금융기관)

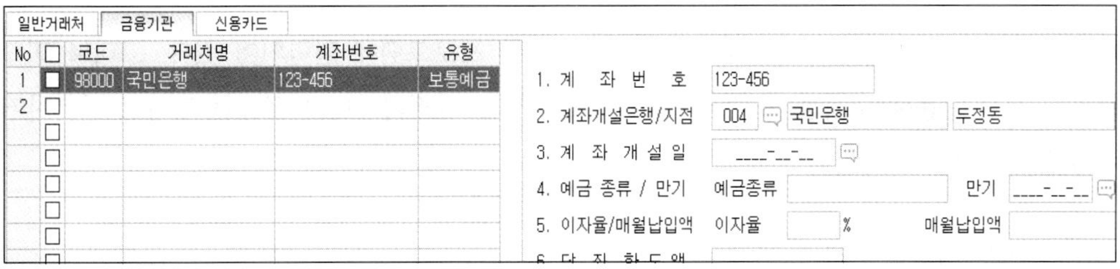
일반거래처 금융기관 신용카드
No 코드 거래처명 계좌번호 유형
1 98000 국민은행 123-456 보통예금
2
1. 계 좌 번 호 123-456
2. 계좌개설은행/지점 004 국민은행 두정동
3. 계 좌 개 설 일
4. 예금 종류 / 만기 예금종류 만기
5. 이자율/매월납입액 이자율 % 매월납입액

(신용카드–매출카드)

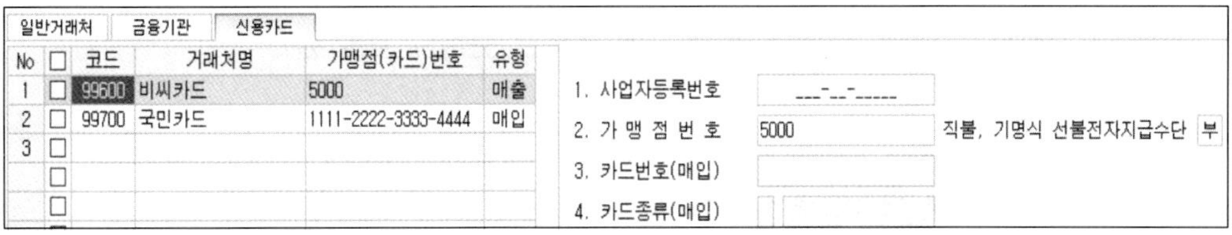
일반거래처 금융기관 신용카드
No 코드 거래처명 가맹점(카드)번호 유형
1 99600 비씨카드 5000 매출
2 99700 국민카드 1111-2222-3333-4444 매입
3
1. 사업자등록번호
2. 가 맹 점 번 호 5000 직불, 기명식 선불전자지급수단 부
3. 카드번호(매입)
4. 카드종류(매입)

(신용카드–매입카드)

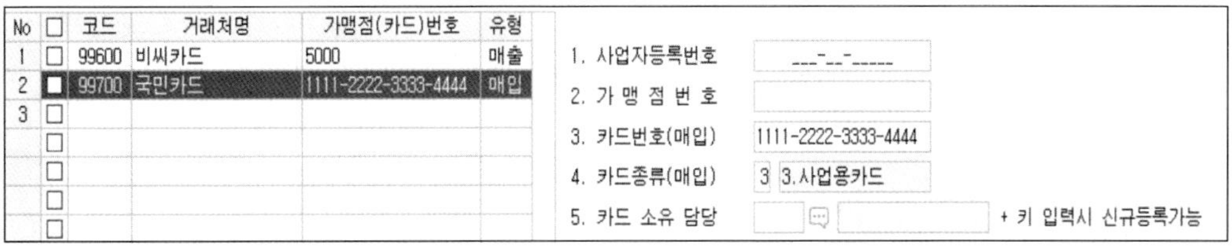
No 코드 거래처명 가맹점(카드)번호 유형
1 99600 비씨카드 5000 매출
2 99700 국민카드 1111-2222-3333-4444 매입
3
1. 사업자등록번호
2. 가 맹 점 번 호
3. 카드번호(매입) 1111-2222-3333-4444
4. 카드종류(매입) 3 3.사업용카드
5. 카드 소유 담당 + 키 입력시 신규등록가능

3 계정과목 및 적요등록

회사에서 많이 사용하는 계정과목과 적요는 이미 프로그램에 입력되어 있다. 그러나 회사의 특성상 자주 사용하는 계정과목이나 적요가 필요한데, 계정과목이나 적요를 추가로 등록하거나 수정할 수 있다.

(1) 적색계정과목

자주 사용하는 계정과목이며, **일반적으로 적색계정과목은 수정하지 않는다.**

☞ *적색계정과목수정은 Ctrl+F2를 동시에 누르면 수정이 가능하다.*

(2) 흑색계정과목

커서를 계정과목명에 위치한 다음 변경할 계정과목을 수정하여 입력한다.

(3) 회사설정계정과목

코드 범위내의 여유계정과목으로 커서를 계정과목명에 위치한 다음 변경할 계정과목으로 수정 입력한다.

(4) 계정성격

해당 계정성격에 맞게 선택한다.

(5) 적요의 수정

적요는 현금적요와 대체적요, 고정적요가 있으며 수정하고자 하는 계정과목에서 커서를 우측 적요란으로 이동한 후 추가 등록할 내용으로 입력한다.(고정적요는 수정불가)

좌측 [계 정 체 계]의 하단 당좌자산, 재고자산 등을 클릭하면 해당 당좌자산, 재고자산 등의 계정과목으로 바로 이동한다.

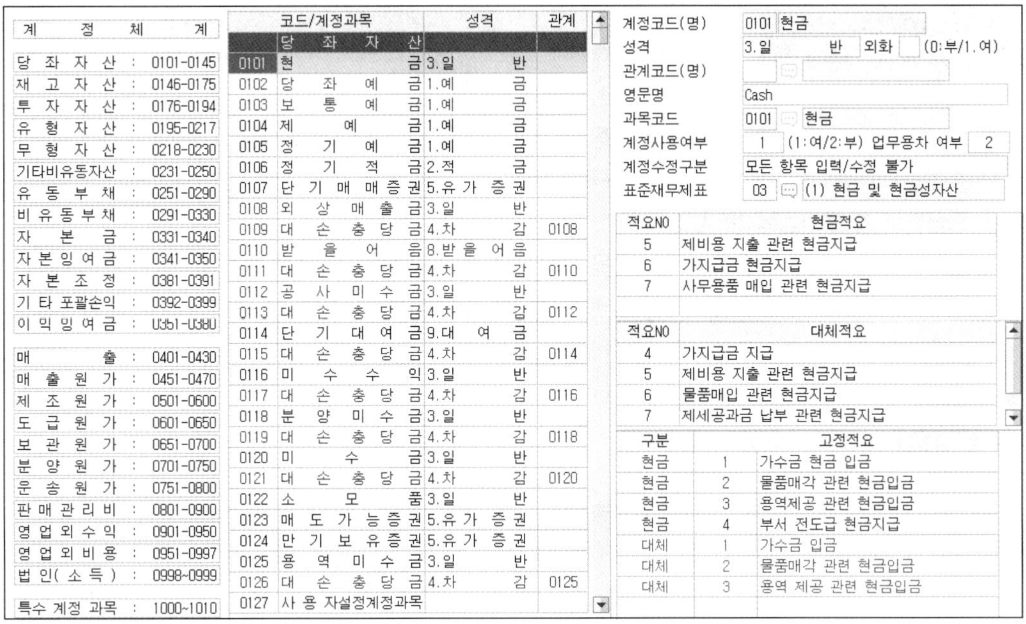

코드에 해당 계정코드번호(원재료 : 153)를 입력하면 해당 계정과목으로 바로 이동하고, 마우스 오른쪽키를 클릭하여 찾기를 클릭하고,

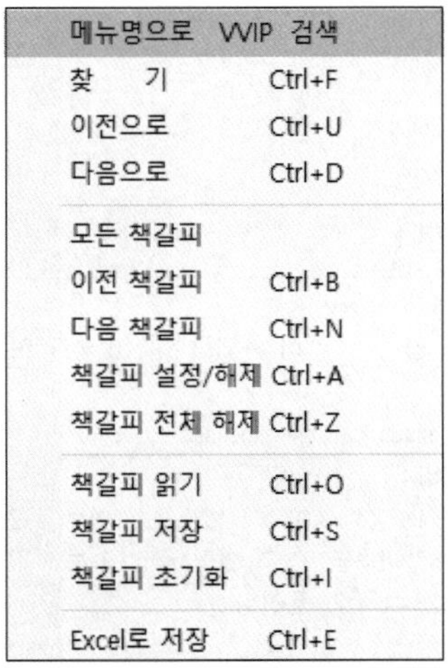

다음화면에 계정과목을 입력(2글자)하면 바로 해당계정과목코드로 이동할 수 있다.

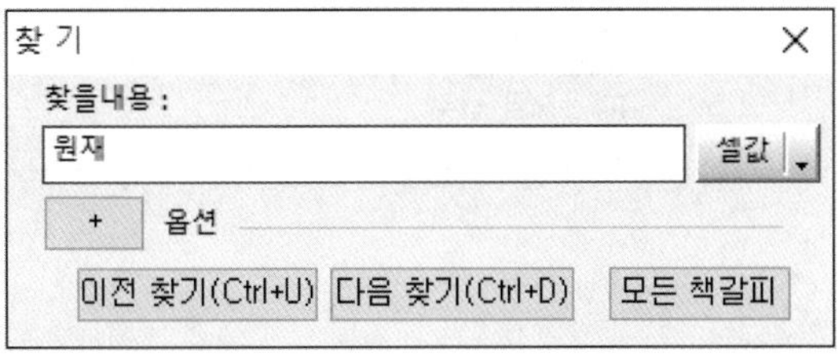

example 예제 따라하기

계정과목 및 적요등록

레고상사(4001)에 대한 다음 자료를 바탕으로 계정과목 및 적요등록을 하시오.

1. 휴대폰 요금을 별도로 관리하고자 판매관리비에 속하는 통신비 계정의 현금적요에 '5.휴대폰 요금납부'를 추가등록 한다.
2. 판매비와 관리비 855번의 계정과목을 "외부강사료"계정으로 추가등록하세요
그리고 현금적요 "1. 영업직사원 강사료지급"과 대체적요 "1.간부워크숍 강사료지급"을 등록하시오.

해답

☑ [기초정보등록]-[계정과목 및 적요등록]

1. 적요 추가등록

- 계 정 체 계 의 판매관리비를 클릭하고 마우스 오른쪽키를 클릭하여 찾기에 통신을 입력하고, 판매비와관리비의 통신비(814)를 찾는다.

마우스로 현금적요란으로 이동하여 현금적요 5번에 적요를 입력한다.

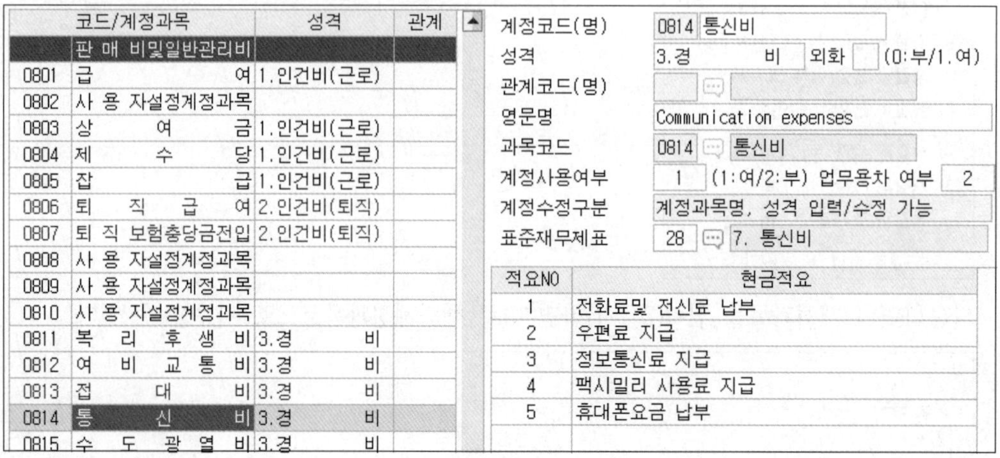

코드/계정과목		성격	관계
	판 매 비및일반관리비		
0801	급 여	1.인건비(근로)	
0802	사 용 자설정계정과목		
0803	상 여 금	1.인건비(근로)	
0804	제 수 당	1.인건비(근로)	
0805	잡 급	1.인건비(근로)	
0806	퇴 직 급 여	2.인건비(퇴직)	
0807	퇴 직 보험충당금전입	2.인건비(퇴직)	
0808	사 용 자설정계정과목		
0809	사 용 자설정계정과목		
0810	사 용 자설정계정과목		
0811	복 리 후 생 비	3.경 비	
0812	여 비 교 통 비	3.경 비	
0813	접 대 비	3.경 비	
0814	통 신 비	3.경 비	
0815	수 도 광 열 비	3.경 비	

계정코드(명) 0814 통신비
성격 3.경 비 외화 (0:부/1.여)
관계코드(명)
영문명 Communication expenses
과목코드 0814 통신비
계정사용여부 1 (1:여/2:부) 업무용차 여부 2
계정수정구분 계정과목명, 성격 입력/수정 가능
표준재무제표 28 7. 통신비

적요NO	현금적요
1	전화료및 전신료 납부
2	우편료 지급
3	정보통신료 지급
4	팩시밀리 사용료 지급
5	휴대폰요금 납부

2. 계정과목 추가등록

① 계정과목 "코드"란에 855번을 입력하고 Enter↵를 치면 해당 계정코드로 이동한다.

② 계정과목수정

우측 계정코드란에 외부강사료를 입력하고 Enter↵를 치면 계정성격란에 3.경비를 선택한다. 성격란은 해당계정과목의 특성을 나타내는 것이므로 계정과목 성격에 맞게 선택하면 된다. 그리고 현금적요와 대체적요를 입력한다.

코드/계정과목		성격	관계
0828	포 장 비	3.경 비	
0829	사 용 자설정계정과목		
0830	소 모 품 비	3.경 비	
0831	수 수 료 비 용	3.경 비	
0832	보 관 료	3.경 비	
0833	광 고 선 전 비	3.경 비	
0834	판 매 촉 진 비	3.경 비	
0835	대 손 상 각 비	3.경 비	
0836	기 밀 비	3.경 비	
0837	건 물 관 리 비	3.경 비	
0838	수 출 제 비 용	3.경 비	
0839	판 매 수 수 료	3.경 비	
0840	무 형 자 산 상 각 비	3.경 비	
0841	환 가 료	3.경 비	
0842	견 본 비	3.경 비	
0843	해 외 접 대 비	3.경 비	
0844	해 외 시 장 개 척 비	3.경 비	
0845	미 분 양 주 택관리비	3.경 비	
0846	수 주 비	3.경 비	
0847	하 자 보수충당금전입	3.경 비	
0848	잡 비	3.경 비	
0849	명 예 퇴 직 금	2.인건비(퇴직)	
0850	퇴 직 연금충당금전입	2.인건비(퇴직)	
0851	대 손 충 당 금 환 입	4.기 타	
0852	퇴직급여충당부채환입	4.기 타	
0853	사 용 자설정계정과목		
0854	사 용 자설정계정과목		
0855	외 부 강 사 료	3.경 비	

계정코드(명) 0855 외부강사료
성격 3.경 비 외화 (0:부/1.여)
관계코드(명)
영문명 User setup accounts
과목코드 0855 외부강사료
계정사용여부 1 (1:여/2:부) 업무용차 여부 2
계정수정구분 계정과목명, 성격 입력/수정 가능
표준재무제표 58 ①

적요NO	현금적요
1	영업직사원 강사료지급

적요NO	대체적요
1	간부워크숍 강사료지급

제2절 전기분 재무제표입력(초기이월)

1. 계정과목입력방법

코드란에 커서를 놓고 F2를 클릭하여 계정과목을 검색하여 입력하거나 계정코드란에 바로 계정과목명 2자리이상을 입력해서 검색하여 입력해도 된다.

2. 차감계정입력방법

대손충당금과 감가상각누계액 코드=해당 계정과목코드+1

3. 금액입력방법

금액을 입력시 컴마(,)없이 입력한다. **키보드 우측에 있는 숫자키 중 +키를 누르면 "0"이 세 개(000) 입력된다.** 금액입력방법은 어디서나 동일한 방법으로 입력하면 된다.

1 전기분 재무상태표

전년도의 재무상태표를 입력하면 되는데, **재무상태표상의 상품의 기말재고 금액은 손익계산서 상품매출원가의 기말상품재고액으로 자동 반영된다.**

example 예제 따라하기 | 전기분 재무상태표

레고상사(4001)의 전기분 재무상태표는 다음과 같다. 다음 자료를 이용하여 전기분 재무상태표를 입력하시오.

전기분 재무상태표

레고상사 제 4기 20×0년 12월 31일 현재 (단위 : 원)

과 목	금 액		과 목	금 액	
Ⅰ. 유 동 자 산		155,000,000	Ⅰ. 유 동 부 채		70,000,000
(1) 당 좌 자 산		95,000,000	외 상 매 입 금		30,000,000
현 금		10,000,000	미 지 급 금		40,000,000
보 통 예 금		20,000,000	Ⅱ. 비 유 동 부 채		60,000,000
외 상 매 출 금	30,000,000		장 기 차 입 금		60,000,000
대 손 충 당 금	(2,000,000)	28,000,000			
받 을 어 음	40,000,000				
대 손 충 당 금	(3,000,000)	37,000,000	부 채 총 계		130,000,000
(2) 재 고 자 산		60,000,000			
상 품		60,000,000			
Ⅱ. 비 유 동 자 산		66,000,000			
(1) 유 형 자 산		56,000,000	Ⅰ. 자 본 금		91,000,000
차 량 운 반 구	60,000,000		자 본 금		91,000,000
감가상각누계액	(4,000,000)	56,000,000	(당기순이익 20,000,000)		
(2) 무 형 자 산		10,000,000	자 본 총 계		91,000,000
특 허 권		10,000,000			
자 산 총 계		221,000,000	부 채 와 자 본 총 계		221,000,000

☑

1. [전기분재무제표등] → [전기분재무상태표]를 클릭한다.

2. 계정과목입력
   코드란에 커서를 놓고 F2를 클릭하여 계정과목을 검색하여 입력하거나 계정코드난에 바로 계정과목명 1자리이상(**계정과목을 확실히 알고 있으면 3글자를 입력**)을 입력해서 검색하여 입력해도 된다.

3. 금액입력

금액을 입력시 컴마(,)없이 입력한다. **키보드 우측에 있는 숫자키 중 +키를 누르면 "0"이 세개(000) 입력된다.**

4. 차감계정입력방법

대손충당금과 감가상각누계액 코드=해당 계정과목코드+1

즉, 외상매출금 계정코드가 108번이기 때문에 외상매출금에 대한 대손충당금 계정코드는 109번을 입력하면 되고, 건물 계정코드가 202번이기 때문에 건물에 대한 감가상각누계액 계정코드는 203번을 입력하면 된다.

5. 계정과목과 금액을 입력하면 우측 화면에 자산 · 부채항목별로 집계되고 또한 하단의 차변, 대변에 집계된다.

그리고 **하단의 자산/자본/부채 총계를 확인하고 대차차액이 "0"이 되어야 정확하게 입력한 것이다.**

6. 작업종료시 방법

Esc를 눌러서 프로그램을 종료시키면 작업한 내용이 저장된다.

[전기재무상태표 입력화면]

자산		
코드	계정과목	금액
0101	현금	10,000,000
0103	보통예금	20,000,000
0108	외상매출금	30,000,000
0109	대손충당금	2,000,000
0110	받을어음	40,000,000
0111	대손충당금	3,000,000
0146	상품	60,000,000
0208	차량운반구	60,000,000
0209	감가상각누계액	4,000,000
0219	특허권	10,000,000
차 변 합 계		221,000,000

부채 및 자본		
코드	계정과목	금액
0251	외상매입금	30,000,000
0253	미지급금	40,000,000
0293	장기차입금	60,000,000
0331	자본금	91,000,000
대 변 합 계		221,000,000

계정별 합계	
1. 유동자산	155,000,000
①당좌자산	95,000,000
②재고자산	60,000,000
2. 비유동자산	66,000,000
①투자자산	
②유형자산	56,000,000
③무형자산	10,000,000
④기타비유동자산	
자산총계(1+2)	221,000,000
3. 유동부채	70,000,000
4. 비유동부채	60,000,000
부채총계(3+4)	130,000,000
5. 자본금	91,000,000
6. 자본잉여금	
7. 자본조정	
8. 기타포괄손익누계액	
9. 이익잉여금	
자본총계(5+6+7+8+9)	91,000,000
부채 및 자본 총계	221,000,000
대 차 차 액	

퇴직급여충당부채(295) :	제 조		도 급		보 관	
	분 양		운 송		판 관 비	
퇴직연금충당부채(329) :	제 조		도 급		보 관	
	분 양		운 송		판 관 비	

2 전기분 손익계산서

전년도의 손익계산서를 입력하면 되는데, 입력방식은 전기분 재무상태표와 거의 유사하다. 전기상품매출원가의 입력방법(전산회계2급 시험에서는 상품매출원가가 나온다)

① 451.상품매출원가를 선택한다.

② **기초상품재고액과 당기상품매입액은 입력하고 기말상품금액은 재무상태표상의 금액이 자동 반영된다.**

example 예제 따라하기 **전기분 손익계산서**

레고상사(4001)의 전기분 손익계산서는 다음과 같다. 다음 자료를 이용하여 전기분 손익계산서를 입력하시오.

전기분 손익계산서

레고상사 제4기 20×0년 1월 1일부터 20×0년 12월 31일까지 (단위 : 원)

과목	금액		과목	금액	
Ⅰ. 매출액		130,000,000	감가상각비	2,000,000	
상품매출	130,000,000				
Ⅱ. 매출원가		70,000,000			
상품매출원가(1+2-3)		70,000,000	Ⅴ. 영업이익		30,000,000
1.기초상품재고액	30,000,000		Ⅵ. 영업외수익		4,000,000
2.당기상품매입액	100,000,000		이자수익	4,000,000	
3.기말상품재고액	60,000,000		Ⅶ. 영업외비용		11,000,000
Ⅲ. 매출총이익		60,000,000	이자비용	5,000,000	
Ⅳ. 판매비와 관리비		30,000,000	기부금	6,000,000	
급여	10,000,000		Ⅷ. 소득세차감전순이익		23,000,000
복리후생비	8,000,000		Ⅸ. 소득세비용		3,000,000
여비교통비	6,000,000		Ⅹ. 당기순이익		20,000,000
기업업무추진비	4,000,000				

☑

1. [전기분재무제표등] → [전기분손익계산서]를 클릭한다.
2. 계정과목과 금액의 입력방법은 동일하다.
3. 상품매출원가를 입력하면, 상품매출원가를 입력하는 보조화면이 나타난다.
   기초상품재고액과 당기상품매입액을 입력한다.
   기말상품재고액은 재무상태표의 상품재고액이 자동 반영된다.

매출원가

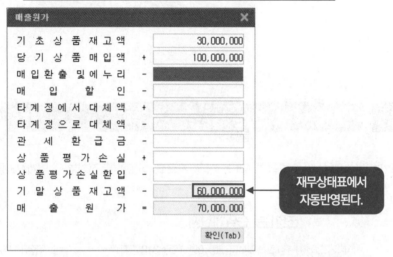

기초상품재고액		30,000,000
당기상품매입액	+	100,000,000
매입환출 및 에누리	-	
매입할인	-	
타계정에서 대체액	+	
타계정으로 대체액	-	
관세환급금	-	
상품평가손실	+	
상품평가손실환입	-	
기말상품재고액	-	60,000,000
매출원가	=	70,000,000

확인(Tab)

재무상태표에서 자동반영된다.

4. 판매비와 관리비, 영업외수익, 영업외비용, 소득세비용을 입력한다.
5. 문제상의 당기순이익과 프로그램 입력 후의 당기순이익과 일치하면 정확하게 입력한 것이다.

코드	계정과목	금액
0401	상품매출	130,000,000
0451	상품매출원가	70,000,000
0801	급여	10,000,000
0811	복리후생비	8,000,000
0812	여비교통비	6,000,000
0813	접대비	4,000,000
0818	감가상각비	2,000,000
0901	이자수익	4,000,000
0951	이자비용	5,000,000
0953	기부금	6,000,000
0999	소득세비용	3,000,000

계정별합계

1.매출	130,000,000
2.매출원가	70,000,000
3.매출총이익(1-2)	60,000,000
4.판매비와관리비	30,000,000
5.영업이익(3-4)	30,000,000
6.영업외수익	4,000,000
7.영업외비용	11,000,000
8.소득세비용차감전순이익(5+6-7)	23,000,000
9.소득세비용	3,000,000
10.당기순이익(8-9)	20,000,000
11.주당이익(10/주식수)	

재무제표간의 상호 연관성

재무상태표상의 기말상품 ⇨ 손익계산서상의 매출원가의 기말상품
손익계산서의 당기순이익 ⇨ 재무상태표의 자본금에 가산

------ 〈재무상태표〉 ------	
자산	
재고자산	
상 품	**60,000,000**
자본금	**자본금에 가산**

------- 〈손익계산서〉 -------	
매출액	②
매출원가(1+2-3)	70,000,000
1. 기초상품재고액	**30,000,000** (화면에 직접입력)
2. 당기상품매입액	**100,000,000**
3. 기말상품재고액	**60,000,000** **B/S에서 자동반영)**
매출총이익	
판매비와관리비	
영업이익	
당기순이익	20,000,000

〈전기분 재무제표 수정 순서〉

1. 수익 또는 비용 누락/수정 (판매비와 관리비, 영업외손익)	1. 손익계산서 : 해당 계정 입력 또는 수정 → 당기순이익 변경 2. 재무상태표 : 당기순이익 추가분을 자본금에 가산
2. 재무상태표(기말상품)수정	1. 재무상태표 : 상품 수정 2. 손익계산서 : 기말상품액 수정 → 매출원가 변경 → 당기순이익 변경 3. 재무상태표 : 당기순이익 추가분을 자본금에 가산
3. 기초상품 수정	1. 손익계산서 : 기초상품 수정 → 매출원가 변경 → 당기순이익 변경 2. 재무상태표 : 당기순이익 추가분을 자본금에 가산
4. 재무상태표수정(재고자산 이외)	재무상태표 : 해당 계정 수정

재무상태표(기말상품) → 손익계산서 → 재무상태표 순으로 수정
☞ **최종적으로 재무상태표의 대차차액이 "0"이 되어야 한다.**

계정과목코드집(재무상태표-전산회계2급)

코드	계정과목	코드	계정과목	코드	계정과목	코드	계정과목
1. 당좌자산		2. 재고자산		5. 무형자산		264	유동성장기부채
101	현금	146	상품	218	영업권	8. 비유동부채	
102	당좌예금	147	매입환출및에누리	219	특허권	291	사채
103	보통예금	148	매입할인	226	개발비	293	장기차입금
105	정기예금	3. 투자자산		227	소프트웨어	294	임대보증금
106	정기적금	176	장기성예금	6. 기타비유동자산		295	퇴직급여충당부채
107	단기매매증권	179	장기대여금	232	임차보증금	9. 자본금	
108	외상매출금	183	투자부동산	7. 유동부채		331	자본금
110	받을어음	4. 유형자산		251	외상매입금		
114	단기대여금	201	토지	252	지급어음		
116	미수수익	202	건물	253	미지급금		
120	미수금	204	구축물	254	예수금		
해당 계정+1	대손충당금	206	기계장치	254	예수금		
		208	차량운반구	257	가수금		
122	소모품	212	비품	259	선수금		
131	선급금	해당 계정+1	감가상각누계액	260	단기차입금		
133	선급비용			262	미지급비용		
134	가지급금			263	선수수익		

계정과목코드집(손익계산서-전산회계2급)

코드	계정과목	코드	계정과목	코드	계정과목	코드	계정과목
1. 매출		817	세금과공과금	4. 영업외수익		960	잡손실
401	상품매출	818	감가상각비	901	이자수익	7. 소득세등	
402	매출환입및에누리	819	임차료	903	배당금수익	999	소득세등
403	매출할인	820	수선비	904	임대료		
2. 매출원가		821	보험료	914	유형자산처분이익		
451	상품매출원가	822	차량유지비	917	자산수증이익		
3. 판관비		824	운반비	918	채무면제이익		
801	급여	825	교육훈련비	930	잡이익		
808	퇴직급여	826	도서인쇄비	5. 영업외비용			
811	복리후생비	829	사무용품비	931	이자비용		
812	여비교통비	830	소모품비	933	기부금		
813	기업업무추진비	831	수수료비용	936	매출채권처분손실		
814	통신비	833	광고선전비	941	재해손실		
815	수도광열비	835	대손상각비	950	유형자산처분손실		

3 거래처별초기이월

채권 · 채무 등 거래처별관리가 필요한 재무상태표 항목에 대하여 [거래처원장]에 "전기이월"로 표기하면서 거래처별 전년도 데이터를 이월받기 위한 메뉴이다.

example 예제 따라하기 **거래처별 초기이월**

레고상사(4001)의 거래처별 초기이월자료를 입력하시오.

계정과목	거래처	금 액	비 고
외 상 매 출 금	오공상사	30,000,000	
받 을 어 음	오공상사	40,000,000	어음번호 : 가123456789 발행일자 : 20x0.12.31. 만기일자 : 20x1.03.31. 전자어음(자수) 지급은행 : 국민은행(두정동)
외 상 매 입 금	우드완구	10,000,000	
	다나와완구	20,000,000	
미 지 급 금	다나와완구	40,000,000	

☞ 자수어음 : 어음발행인(오공상사)이 지급인(레고상사)에게 직접 발행한 어음

해답

1. [전기분재무제표등] → [거래처별초기이월]을 클릭한다.
2. F4(불러오기) 키를 클릭하면 전기분 재무상태표를 불러온다.
   좌측 계정과목을 클릭하고, 우측의 거래처코드를 선택한 후 F2 클릭하면 거래처코드도움 화면이 나타난다. **거래처명 1글자 이상을 입력**하여 해당 거래처를 선택하고 금액을 입력한다. 하단의 차액이 "0"이 되어야 정확하게 입력된 것이다.

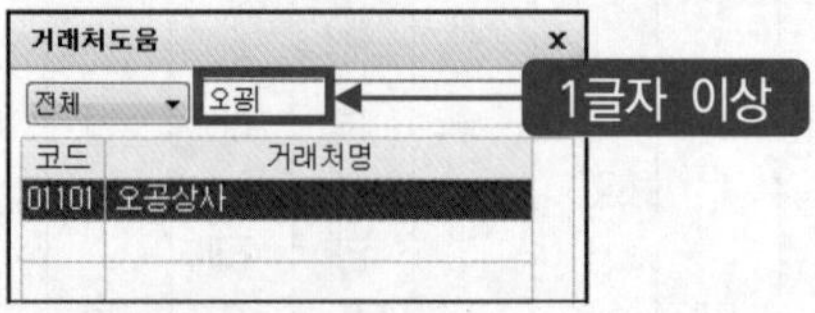

3. 어음/대여금/차입금일 경우 하단에 상세 내용을 입력하면 된다.
   [받을어음] 오공상사 50,000,000원

어음번호	어음금액	잔액	발행일자	만기일자	어음종류	수취구분	발행인		배서인		지급은행		지점
가123456789	50,000,000	50,000,000	20X0-12-31	20X1-03-31	전자어음	자수	01101	오공상시			98000	국민은행	두정동

[거래처별초기이월 입력후 화면]

코드	계정과목	재무상태표금액
0101	현금	10,000,000
0102	당좌예금	20,000,000
0103	보통예금	30,000,000
0108	외상매출금	40,000,000
0109	대손충당금	2,000,000
0110	받을어음	50,000,000
0111	대손충당금	4,000,000
0146	상품	60,000,000
0208	차량운반구	50,000,000
0209	감가상각누계액	5,000,000
0212	비품	40,000,000
0213	감가상각누계액	4,000,000
0219	특허권	10,000,000
0251	외상매입금	30,000,000
0253	미지급금	40,000,000
0260	단기차입금	50,000,000
0293	장기차입금	60,000,000
0331	자본금	115,000,000

코드	거래처	금액
01101	오공상사	50,000,000
	합 계	50,000,000
	차 액	0

어음번호	어음금액	잔액	발행일자	만기일자	어음종류	수취구분	발행인		배서인		지급은행		지점
가123456789	50,000,000	50,000,000	20X0-12-31	20X1-03-31	전자어음	자수	01101	오공상시			98000	국민은행	두정동

상세입력

<필수예제> 기초정보관리

[백데이타 다운로드 및 설치방법]

1 도서출판 어울림 홈페이지(www.aubook.co.kr)에 접속한다.

2 홈페이지 첫화면 왼쪽의 '백데이타 다운로드' 빨간색 배너를 클릭한다.

3 여러 게시글 중 로그인 전산회계2급 백데이터를 선택하여 다운로드한다.

4 데이터를 다운받은 후 실행을 하면, [내컴퓨터 ➜ C:₩KcLepDB ➜ KcLep] 폴더 안에 4자리 숫자폴더로 저장된다.

5 회사등록메뉴 상단 F4(회사코드재생성)을 실행하면 실습회사코드가 생성된다.

이해가 안되시면 도서출판 어울림 홈페이지에 공지사항(81번)
"로그인 케이렙 실습데이타 다운로드 및 회사코드 재생성 관련 동영상"을 참고해주십시오.

1. 다음은 한강문구(4002)의 기초정보등록에 대한 자료이다. 각각의 요구 사항에 답하시오

(1) 다음은 한강문구의 사업자등록증이다. 회사등록메뉴에 입력된 내용을 검토하여 누락된 부분은 추가 입력하고 잘못된 부분은 정정하시오.

사업자등록증

(개인사업자용)

등록번호 : 135-25-45607

1. 상 호 명 : 한강문구
2. 대 표 자 명 : 김미희
3. 개업연월일 : 2013. 7. 10.
4. 주민등록번호 : 651104-1245381
5. 사업장소재지 : 서울시 동작구 동작대로 37
6. 사업의 종류 : [업태] 도,소매 [종목] 문구
7. 교 부 사 유 : 신규
8. 공동사업장 :
9. 주류판매신고번호 :

2013년 7월 10일

동 작 세 무 서 장 (인)

(2) 외상매출금과 관련하여 적요내용이 빈번하게 발생되므로 적요등록에 등록하여 사용하고자 한다. 「외상매출금」 현금적요란 2번에 추가로 등록하시오.

2. 외상매출대금 당좌예금으로 입금

(3) 다음의 거래처를 등록하시오.

매 출 처	매 입 처
회 사 명 : 서울문구(코드 : 1011)	회 사 명 : 하이문구(코드 : 1013)
대 표 자 명 : 김현빈	대 표 자 명 : 이길수
사업자등록번호 : 135-01-61222	사업자등록번호 : 124-31-77153
도로명주소 : 서울 서초 방배로 107	도로명주소 : 경기 수원 경수대로 419
업 태 : 도,소매 종 목 : 문구	업 태 : 도,소매 종 목 : 문구

(4) 다음은 한강문구의 전기분재무상태표이다. 입력되어 있는 자료를 검토하여 오류부분은 정정하고 누락된 부분은 추가 입력하시오.

재 무 상 태 표

회사명 : 한강문구 　　전기 20×0. 12. 31.현재 　　(단위 : 원)

과 목	금 액		과 목	금 액	
현 금		13,000,000	외 상 매 입 금		12,600,000
당 좌 예 금		20,500,000	지 급 어 음		9,800,000
보 통 예 금		6,000,000	미 지 급 금		3,600,000
외 상 매 출 금	9,500,000		단 기 차 입 금		15,000,000
대 손 충 당 금	(123,000)	9,377,000	장 기 차 입 금		2,800,000
받 을 어 음	6,500,000				
대 손 충 당 금	(65,000)	6,435,000			
미 수 금		2,000,000			
단 기 대 여 금		2,500,000	자 본 금		97,712,000
상 품		9,000,000	(당기순이익		
건 물	50,000,000		: 27,705,000)		
감가상각 누계액	(1,000,000)	49,000,000			
차 량 운 반 구	22,000,000				
감가상각 누계액	(4,000,000)	18,000,000			
비 품	7,500,000				
감 가 상 각 누 계 액	(1,800,000)	5,700,000			
자 산 총 계		141,512,000	부채와 자본총계		141,512,000

(5) 한강문구의 전기분손익계산서는 다음과 같다. 해당메뉴를 검토하여 정정 및 추가 입력하시오.

손 익 계 산 서

회사명 : 한강문구 전기 20×0.1.1 ~ 20×0.12.31 (단위 : 원)

과 목	금 액	과 목	금 액
Ⅰ. 매 출 액	**105,600,000**	6. 차 량 유 지 비	1,900,000
1. 상 품 매 출	105,600,000	7. 통 신 비	720,000
Ⅱ. 매 출 원 가	**49,300,000**	8. 대 손 상 각 비	270,000
상 품 매 출 원 가	**49,300,000**	9. 감 가 상 각 비	1,045,000
1. 기초상품재고액	3,300,000	**Ⅴ. 영 업 이 익**	**32,870,000**
2. 당기상품매입액	55,000,000	**Ⅵ. 영 업 외 수 익**	**1,450,000**
3. 기말상품재고액	9,000,000	1. 이 자 수 익	500,000
Ⅲ. 매 출 총 이 익	**56,300,000**	2. 유형자산처분이익	950,000
Ⅳ. 판매비와관리비	**23,430,000**	**Ⅶ. 영 업 외 비 용**	**615,000**
1. 급 여	13,600,000	1. 이 자 비 용	115,000
2. 복 리 후 생 비	3,500,000	2. 기 부 금	500,000
3. 여 비 교 통 비	800,000	**Ⅸ. 소득세차감전이익**	**33,705,000**
4. 기업업무추진비	860,000	**Ⅻ. 소 득 세 등**	**6,000,000**
5. 수 도 광 열 비	735,000	**XⅢ. 당 기 순 이 익**	**27,705,000**

(6) 다음은 한강문구의 전기이월된 계정과목의 거래처별 잔액이다. 해당 메뉴를 확인하여 다음 자료를 입력 또는 정정하시오.

계정과목	거래처명	금 액	계정과목	거래처명	금 액
외상매출금	오피스문구	2,500,000원	외상매입금	영일문구	6,200,000원
	알파문구	3,100,000원		솔로몬문구	2,400,000원
	캐릭터문구	3,900,000원		우드팬시	4,000,000원
소 계		9,500,000원	소 계		12,600,000원
받을어음	영일문구	6,500,000원	지급어음	다나와문구	9,800,000원

2. 다음은 금강문구(4004)의 기초정보등록에 대한 자료이다. 입력되어 있는 자료를 검토하여 전기분 손익계산서와 전기분 재무상태표의 오류부분을 추가 입력하시오.

손 익 계 산 서

회사명 : 금강문구 　　　　 전기 20×0.1.1 ~ 20×0.12.31 　　　　 (단위 : 원)

과 목	금 액	과 목	금 액
Ⅰ. 매 출 액	105,600,000	6. 차 량 유 지 비	1,900,000
1. 상 품 매 출	105,600,000	7. 통 신 비	720,000
Ⅱ. 매 출 원 가	49,300,000	8. 대 손 상 각 비	270,000
상 품 매 출 원 가	49,300,000		
1. 기초상품재고액	3,300,000	Ⅴ. 영 업 이 익	33,915,000
2. 당기상품매입액	55,000,000	Ⅵ. 영 업 외 수 익	1,450,000
3. 기말상품재고액	9,000,000	1. 이 자 수 익	500,000
Ⅲ. 매 출 총 이 익	56,300,000	2. 유형자산처분이익	950,000
Ⅳ. 판 매 비 와 관 리 비	22,385,000	Ⅶ. 영 업 외 비 용	615,000
1. 급 여	13,600,000	1. 이 자 비 용	115,000
2. 복 리 후 생 비	3,500,000	2. 기 부 금	500,000
3. 여 비 교 통 비	800,000	Ⅸ. 소득세차감전이익	34,750,000
4. 기업업무추진비	860,000	Ⅻ. 소 득 세 비 용	6,000,000
5. 수 도 광 열 비	735,000	XIII. 당 기 순 이 익	28,750,000

해답

1. 한강문구(4002)

(1) 사업자등록증 수정

	수 정 전	수 정 후
주 민 등 록 번 호	740605 - 1262515	651104 - 1245381
업 태	제조	도,소매
종 목	스포츠용품	문구
관 할 세 무 서	동수원	동작

(2) 적요등록

[계정과목 및 적요등록]을 클릭하고 외상매출금(108)을 선택하고 현금적요 2번에 추가등록한다.

(3) 거래처등록

[거래처등록]을 클릭하고 [거래처코드] 맨 하단에 거래처를 등록하면 된다.

(4) 전기분재무상태표 수정

	수 정 전	수 정 후
상 품	5,600,000	9,000,000
감가상각누계액(건물)	0	1,000,000(추가입력)
차 량 운 반 구	15,000,000	22,000,000
자 본 금	60,352,000	97,712,000

(5) 전기분손익계산서 수정

	수 정 전	수 정 후
기 초 상 품 재 고 액	20,670,000	3,300,000
당 기 상 품 매 입 액	58,200,000	55,000,000
이 자 수 익	630,000	500,000
소 득 세 비 용	0	6,000,000

(6) 거래처별 초기이월

해당계정과목을 클릭 한 후 차액이 "0"이 될 때까지 수정한다.

잘못된 거래처가 있는 경우에는 상단의 삭제를 선택하여 삭제한다.

2. 금강문구(4004)

① 손익계산서의 기말상품재고액(3,000,000원)을 확인하고 기말상품은 손익계산서에서 수정이 안되므로 재무상태표에서 기말상품재고액을 9,000,000원으로 수정한다.

② 손익계산서 상단의 F12**(조회)**를 클릭하여 기말상품재고액을 반영시킨다. 또한 손익계산서의 기초상품재고액을 3,300,000원으로 수정하면 매출원가가 49,300,000원으로 변경된다. 또한 당기순이익이 28,750,00원으로 변경된 것을 확인한다.

③ 최종적으로 재무상태표의 **대차차액이 없으면 맞게 수정**된 것이다.

재무상태표(기말상품) → 손익계산서 → 재무상태표 순으로 수정

제3절 일반전표입력

전산회계2급 시험은 부가가치세가 없는 **도 · 소매업의 개인기업이 범위**이므로 개인기업의 모든 거래는 [일반전표입력]에 입력한다.

1 일반전표 입력

(1) **부가가치세가 없는 모든 거래를 입력하며, 분개자료는 제 장부 및 재무제표에 자동으로 반영된다.**

(2) **전표입력(출금/입금/대체거래)**

구분	내 용	사 례
입금전표	현금이 수입된 거래	(차) 현 금 ××× (대) 매 출 ×××
출금전표	현금이 지출된 거래	(차) 복리후생비 ××× (대) 현 금 ×××
대체전표	현금의 수입과 지출이 없는 거래	(차) 보 통 예 금 ××× (대) 이자수익 ×××
	현금이 일부 수반되는 거래	(차) 현 금 ××× (대) 매 출 ××× 외상매출금 ×××

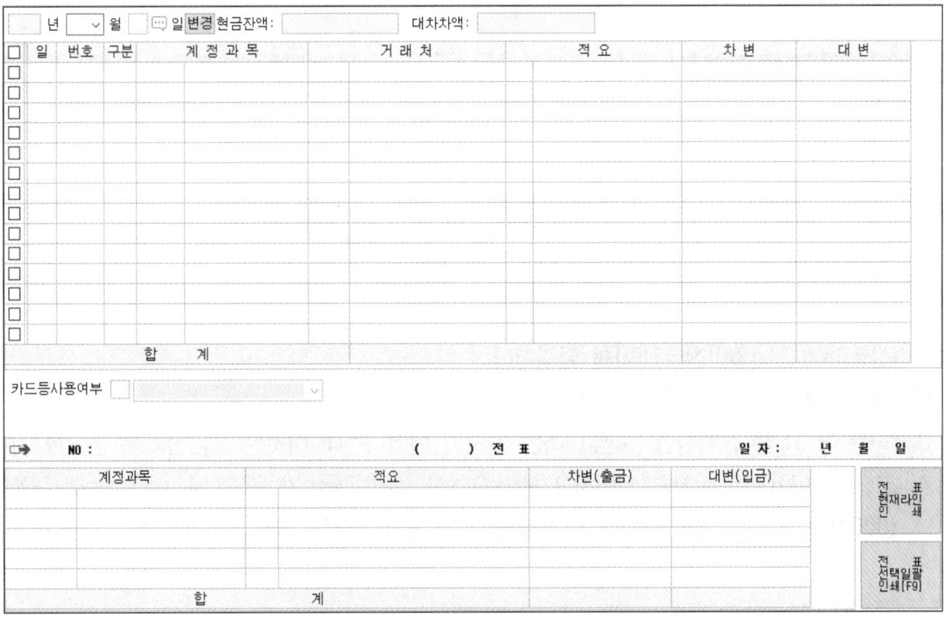

(3) 일반전표입력방법

① 입력할 전표의 월/일을 선택 입력한다.

② 전표번호는 자동 생성된다.
만약, 전표번호를 수정하고자 한다면 상단의 [SF2 번호수정]을 클릭하면 수정할 수 있다.

③ 구분(1 : 출금/2 : 입금/3 : 대체차변/4 : 대체대변/5 : 결산차변/6 : 결산대변)을 입력한다.

> **모든 전표를 대체전표로 입력하고 숙달되면 입금, 출금전표로 입력해도 된다.**

④ 계정과목 코드란에 계정과목 1글자 이상을(보통 2글자 이상) 입력하고 엔터를 치면, 계정코드도움 화면이 나타나고 해당계정과목을 선택한다.

> **전산회계2급 시험에서는 경비선택시 판매비와 관리비인 800번대를 선택하여야 한다.**

⑤ 거래처코드에 거래처명 1글자 이상(보통 2글자 이상)을 입력하고 엔터를 치면 거래처코드도움 화면이 나타나고 해당거래처를 선택한다. 거래처코드를 입력하면 거래처명이 나타난다. **거래처코드가 입력되어야 거래처가 정상적으로 입력된 것이다.**

⑥ 전표의 적요사항을 입력한다(등록된 내용을 선택하거나 등록된 내용을 수정하여 선택할 수 있다). 전산회계2급 시험에서는 적요입력을 생략한다.

⑦ 금액을 입력한다(금액란에 "+"키를 입력하면 "000"이 입력된다).

example 예제 따라하기 | 일반전표 입력

[출금전표 입력]
"1월 14일 레고상사(4001)는 여비교통비 50,000원을 현금으로 지급하였다."

(차) 여비교통비(판)	50,000	(대) 현 금	50,000	→ 출금전표

1. [전표입력] → [일반전표입력]를 클릭한다.
2. 해당 1월을 선택하고 일자를 입력한다.
3. "구분"에 "1"을 선택하면 [출금]이라는 글자가 나타나는데 이것은 출금전표를 선택한 것이다.
4. 코드란 "여비" 두 글자를 입력하고 엔터를 치면 여비교통비가 원가별로 나타나는데, **판매관리비(800번대)를 선택하여 입력**된다. **거래처코드는 원칙적으로 채권/채무계정에만 입력**한다.

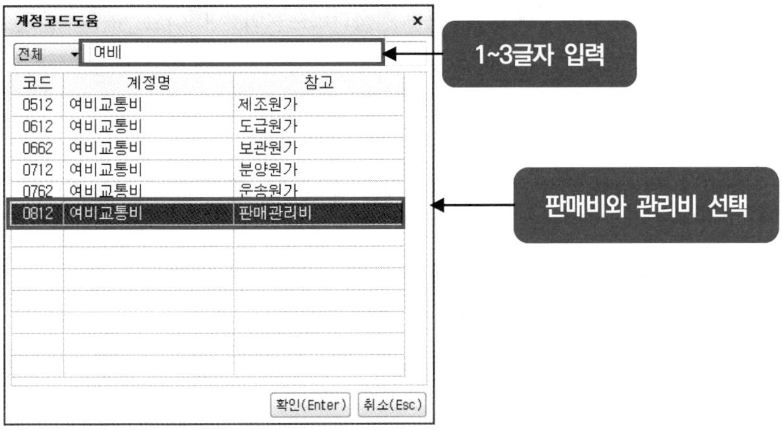

5. 등록된 적요를 선택하거나 “0”을 선택한 후 직접 입력할 수 있다.
6. 차변에 금액을 입력하고 엔터를 치면 라인이 변경되고 해당 거래가 입력이 완료된다.
7. 마우스로 해당전표를 클릭하면 입력한 전표를 확인할 수 있다.

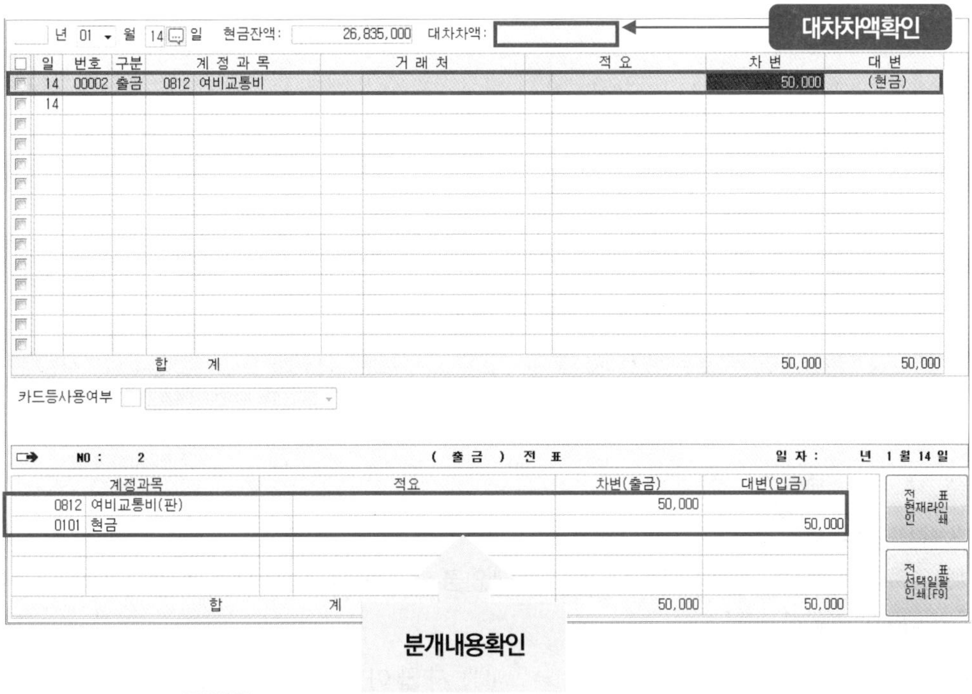

[입금전표 입력]

“1월 15일 레고상사(4001)는 오공상사로부터 외상매출금 17,000,000원을 현금으로 회수하였다.”

(차) 현 금 17,000,000 (대) 외상매출금(오공상사) 17,000,000 → 입금전표

1. 해당 1월을 선택하고 일자를 입력한다.
2. “구분”에 “2”를 선택하면 [입금]이라는 글자가 나타나는데 이것은 입금전표를 선택한 것이다.

3. 코드란 "외상"이란 두 글자를 입력하고 엔터를 치면 계정과목도움이 나타나고, 해당계정인 외상매출금 계정을 선택한다.
4. [코드]는 거래처코드를 의미하므로 F2나 거래처명중 두글자를 입력하면 해당 거래처가 나타나므로 해당 거래처를 선택하여 입력하면 된다.
5. 등록된 적요를 선택하거나 "0"을 선택한 후 직접 입력할 수 있다. 전산회계2급시험에서는 입력을 생략한다.
6. 대변에 금액을 입력한다.
7. 마우스로 해당전표를 클릭하면 입력한 전표를 확인할 수 있다.

하단에 분개내용을 확인할 수 있다.

[대체전표입력]

"1월 16일 레고상사(4001)는 우드완구의 외상매입금 10,000,000원에 대하여 만기 3개월인 어음을 발행하여 지급하였다."

(차) 외상매입금(우드완구) 10,000,000 (대) 지 급 어 음(우드완구) 10,000,000 → 대체전표

1. 해당 1월을 선택하고 일자를 입력한다.
2. "구분"에 "3"을 선택하면 [차변]이라는 글자가 나타나는데 이것은 대체전표 중 차변을 선택한 것이다.
3. 외상매입금 계정코드를 입력하고, 거래처코드와 차변에 금액을 입력한다.

4. 다음 라인 "구분"에 "4"를 선택하면 [대변]이라는 글자가 나타나는데 이것은 대체전표 중 대변을 선택한 것이다.
5. 지급어음 계정코드를 입력하고, 거래처코드와 대변의 자동생성된 금액을 확인하여 수정내용이 있으면 수정한다. **거래처코드(1103)를 직접 입력해도 된다.**
6. 마우스로 해당전표를 클릭하면 입력한 전표를 확인할 수 있다.

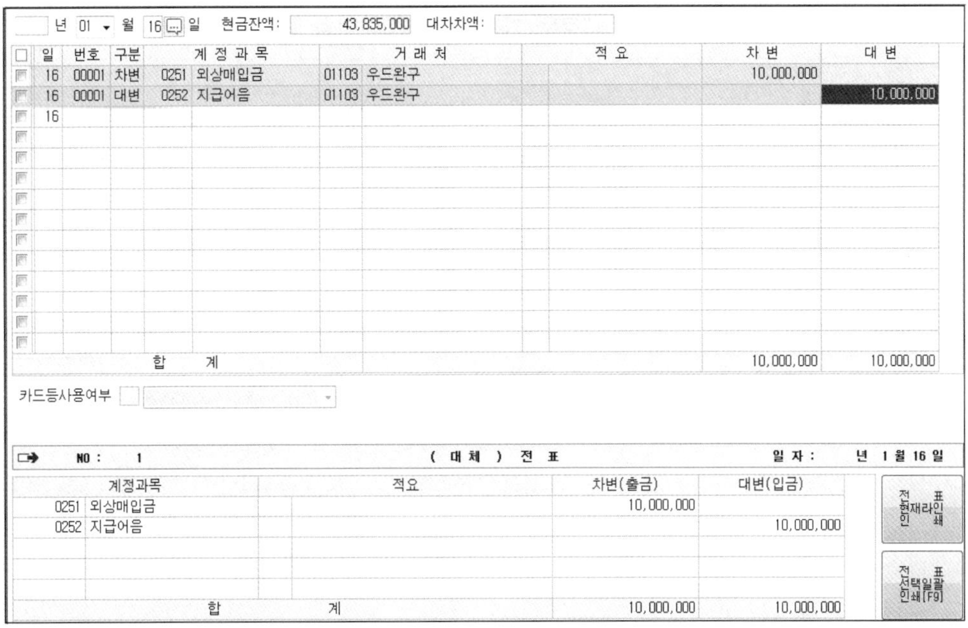

하단에 분개내용을 확인할 수 있다.

[신규거래처등록]

"1월 17일 레고상사(4001)의 영업사원들은 속리가든에서 회식을 하고 회식비 50,000원을 다음달 결제하기로 하다."

거래처를 신규등록하시오.

- 거래처코드 : 5101
- 사업자등록번호 : 210-39-84214
- 대표자성명 : 이속리
- 사업장소재지 : 서울시 서초구 강남대로 475
- 업태 : 서비스
- 종목 : 한식

(차) 복리후생비(판)	50,000	(대) 미지급금(속리가든)	50,000

1. "구분"에 "3"을 선택하고 복리후생비(판관비) 계정과목, 금액을 입력한다.
2. "구분"에 "4"를 선택하고 미지급금계정과목을 입력한다.
3. 거래처코드란에 "00000" 또는 "+"키를 누른 후 거래처명 "속리가든"을 입력하고, 엔터를 치면 거래처등록화면이 나오는데 거래처코드에 코드번호 5101을 입력한다.

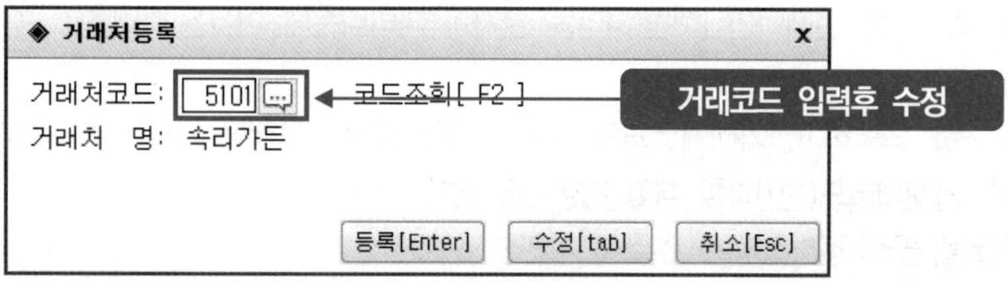

4. **수정을 클릭하고 화면 하단에** 새로운 거래처의 상세내역을 등록할 수 있다.

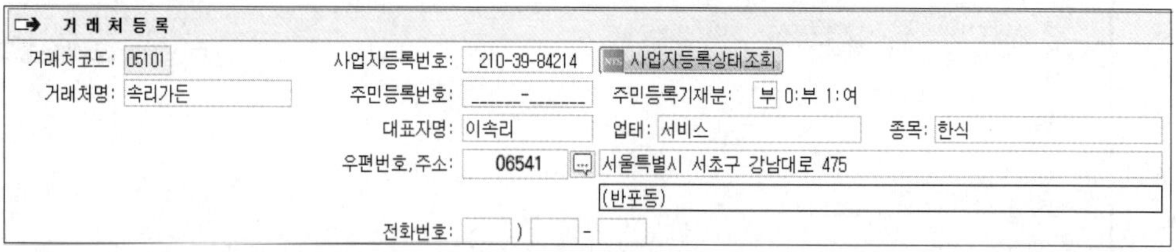

5. 대변의 자동생성된 금액을 확인하여 수정내용이 있으면 수정한다.

6. 만약 거래처코드를 잘못 등록한 경우 [기초정보등록]/[거래처등록]에서 삭제하고 다시 입력한다.

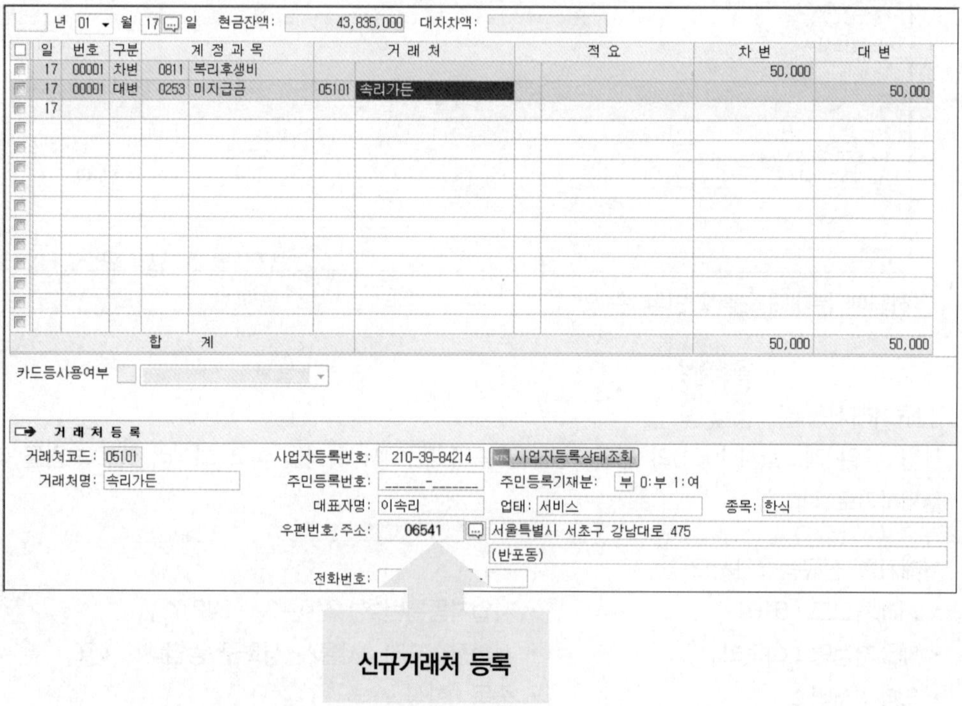

1. 차 · 대변 입력순서는 없습니다. 편하신대로 하시면 됩니다.
2. 입금 · 출금전표를 대체전표로 입력해도 무방합니다.

<필수예제> 일반전표입력1(기본)

<u>회사변경시 상단의 [회사변경]을 이용하여 변경하세요!!</u>

- 입력시 유의사항 -

- **<u>적요의 입력은 생략</u>**한다.
- 부가가치세는 고려하지 않는다.
- **<u>채권 · 채무와 관련된 거래처명은 반드시 기 등록되어 있는 거래처코드를 선택하는 방법</u>**으로 거래처명을 입력한다.
- 회계처리시 계정과목은 등록되어 있는 계정과목 중 가장 적절한 과목으로 한다.

<u>전산회계2급 시험에서는 경비선택시 판매비와 관리비인 800번대를 선택하여야 한다.</u>

한강문구(4002)의 거래내용은 다음과 같다. 다음 자료를 이용하여 일반전표를 입력하시오.

1. 7월 05일 문구용품을 다나와문구에 5,000,000원에 판매하고, 대금의 40%는 어음으로 결제받고 잔액은 외상으로 하다.

2. 7월 05일 한성컴퓨터에서 업무용컴퓨터를 1,500,000원에 구입하고, 다음 달에 지급하기로 하다. 또한 운반비 30,000원은 현금으로 지급하다.

3. 7월 05일 상품운반용으로 사용되던 화물차(취득원가 : 10,000,000원, 감가상각누계액 : 8,500,000원)의 노후로 인하여 한국중고차매매에 2,000,000원에 매각하고 대금은 1개월 후에 받기로 하다.

4. 7월 05일 거래처 알파문구에 문구용품 3,000,000원을 매출하기로 계약하고, 계약대금의 20%를 현금으로 받다.

5. 7월 05일 성우복사기에 사무실 복사기의 유지보수료 50,000원과 소모자재인 복사용지와 토너의 구입대금 100,000원을 월말에 지급하기로 하였다(소모자재는 비용으로 회계처리함).

6. 7월 10일 거래처 캐릭몰의 외상매입금 1,000,000원을 당좌수표 발행하여 지급하다.

7. 7월 10일 하이모리에 문구용품 1,000,000원을 판매하고, 6월 1일 받은 계약금을 차감한 잔액은 동점발행 약속어음(만기일 1년)으로 받다.

8. 7월 10일 수호천사 외상매입금 1,000,000원을 현금으로 무통장 입금하고 타행환 송금수수료 1,000원을 현금으로 지급하다.

9. 7월 10일 거래처 하이테크의 영업부 사원 모친 조의금 100,000원을 현금으로 지급하다.

10. 7월 10일 거래처 우드팬시 상품 5,000,000원을 매입하고, 대금 중 3,000,000원은 당좌수표를 발행하여 지급하고 잔액은 외상으로 하다. 또한 매입시 운반비 30,000원은 현금으로 지급하다.

11. 7월 15일 회사 창립기념일을 맞아 종업원에게 지급할 선물(아이폰) 1,500,000원을 하이테크에서 구입하고 대금은 현금으로 지급하다.

12. 7월 15일 당사 거래은행의 보통예금계좌에 이자 127,000원이 입금됨을 확인하고 회계처리하다.

13. 7월 15일 국민카드사의 청구에 의해 회사의 국민카드 사용금액인 미지급금 500,000원이 당사 보통예금에서 인출되어 지급됨을 인터넷뱅킹을 통해 확인하다.

14. 7월 15일 매출 증대를 위해 다나와문구에서 한 달 동안 문구용품을 판매하기로 하고, 진열대를 임차하면서 다나와문구에 보증금 500,000원과 1개월분 임차료 100,000원을 보통예금계좌에서 이체하다.

15. 7월 15일 당사의 장부기장을 의뢰하고 있는 세무사사무소에 장부기장수수료 200,000원을 보통예금계좌에서 이체하여 지급하다.

16. 7월 20일 현금출납장 잔액 보다 실제 현금잔액이 10,000원 부족하다.

17. 7월 20일 영업부 김수호 과장은 6월 30일 부산 출장 시 지급받은 가지급금 300,000원에 대해 다음과 같이 사용하고 잔액은 현금으로 정산해 주다.

• 숙박비 150,000원	• 왕복항공료 200,000원	• 택시요금 10,000원

18. 7월 20일 상품보관을 위하여 임차하고 있던 창고를 임대인(하늘상사)에게 돌려주고 임차보증 1,000,000원을 보통예금으로 돌려받다.

19. 7월 20일 매장 건물을 신축하기 위하여 토지를 취득하고 그 대금 10,000,000원을 당좌수표를 발행하여 지급하다. 또한 부동산 중개수수료 200,000원과 취득세 300,000원은 현금으로 지급하다.

20. 7월 20일 종업원의 급여를 다음과 같이 현금으로 지급하였다.

사원명	총급여액	원천징수세액		건강보험료	차감지급액
		소득세	지방소득세		
김하늘	2,000,000원	120,000원	12,000원	70,000원	1,798,000원
이강산	1,500,000원	90,000원	9,000원	50,000원	1,351,000원
계	3,500,000원	210,000원	21,000원	120,000원	3,149,000원

해답

1.	(차)	받을어음(다나와문구)	2,000,000	(대)	상품매출	5,000,000
		외상매출금(다나와문구)	3,000,000			
2.	(차)	비 품	1,530,000	(대)	미지급금(한성컴퓨터)	1,500,000
					현 금	30,000
3.	(차)	감가상각누계액(차량)	8,500,000	(대)	차량운반구	10,000,000
		미수금(한국중고차매매)	2,000,000		유형자산처분이익	500,000

☞ 처분손익 = 처분가액 − 장부가액 = 2,000,000 − (10,000,000 − 8,500,000) = 500,000원(처분이익)

4.	(차)	현 금	600,000	(대)	선 수 금(알파문구)	600,000
5.	(차)	수수료비용(판)	50,000	(대)	미지급금(성우복사기)	150,000
		소모품비(판)	100,000			

6.	(차)	외상매입금(캐릭몰)	1,000,000	(대)	당좌예금	1,000,000
7.	(차)	선 수 금(하이모리)	500,000	(대)	상품매출	1,000,000
		받을어음(하이모리)	500,000			
8.	(차)	외상매입금(수호천사)	1,000,000	(대)	현 금	1,001,000
		수수료비용(판)	1,000			
9.	(차)	기업업무추진비(판)	100,000	(대)	현 금	100,000
10.	(차)	상 품	5,030,000	(대)	당좌예금	3,000,000
					외상매입금(우드팬시)	2,000,000
					현 금	30,000
11.	(차)	복리후생비(판)	1,500,000	(대)	현 금	1,500,000
12.	(차)	보통예금	127,000	(대)	이자수익	127,000
13.	(차)	미지급금(국민카드)	500,000	(대)	보통예금	500,000
14.	(차)	임차보증금(다나와문구)	500,000	(대)	보통예금	600,000
		임 차 료(판)	100,000			
15.	(차)	수수료비용(판)	200,000	(대)	보통예금	200,000
16.	(차)	현금과부족	10,000	(대)	현 금	10,000
17.	(차)	여비교통비(판)	360,000	(대)	가지급금(김수호)	300,000
					현 금	60,000
18	(차)	보통예금	1,000,000	(대)	임차보증금(하늘상사)	1,000,000
19.	(차)	토 지	10,500,000	(대)	당좌예금	10,000,000
					현 금	500,000
20.	(차)	급 여(판)	3,500,000	(대)	예 수 금	351,000
					현 금	3,149,000

<필수예제> 일반전표입력2(증빙 활용)

한강문구(4002)의 거래내용은 다음과 같다. 다음 자료를 이용하여 일반전표를 입력하시오.

증빙이란 회계상 거래를 입증하기 위한 서류를 말합니다.
시험에서 이러한 증빙을 제시하고 회계처리를 하기도 합니다.

1. 8월 10일 판매용 문구용품을 오피스문구에서 10,000,000원에 구입하고, 소지하고 있던 영일문구 발행어음을 배서양도하고, 잔액은 보통예금으로 이체하다.

전 자 어 음

한강문구 귀하 00420170819223344112

금 일백오십만원정 1,500,000원

위의 금액을 귀하 또는 귀하의 지시인에게 지급하겠습니다.

지급기일	20x1년 9월 10일	발행일	20x1년 6월 10일
지 급 지	국민은행	발행지 주 소	서울시 강남구 강남대로 476
지급장소	논현지점	발행인	영일문구

2. 8월 10일 거래처에 납품하기 위해 회사 업무용 화물차에 주유하고 그 대금 50,000원을 국민카드로 결제하고 아래의 신용카드 매출전표를 수취하다.

신용카드매출전표

가맹점명 : 스타주유소 (02) *** – ****
사업자번호 : 128 – ** – 355**
대표자명 : 홍 길 동
주 소 : 서울시 동작구 동작대로 1871

국민카드	신용승인
거래일시	20x1 – 8 – 10 오전 11:08:04
카드번호	8456 – 1114 – **** – 35**
유효기간	**/**
가맹점번호	87687393
매입사 :	국민카드(전자서명전표)
판매금액	**50,000원**
합 계	**50,000원**

캐셔 : 032507 차기분

20170816/10062411/00046160

3. 8월 10일 급여지급시 원천징수한 건강보험료 240,000원을 현금 납부하다. 건강보험료의 50%는 급여 지급시 원천징수한 금액이며 50%는 회사 부담분이다.

건강 보험료 20x1 년 7 월 영수증(납부자용)

사업장명	한강문구
사용자	김미희 (서울 동작구 동작대로 37(사당동))

납부자번호	123456789	사업장 관리번호	1352545607

납 부 할 보 험 료 (ⓐ+ⓑ+ⓒ+ⓓ+ⓔ)	240,000 원
납 부 기 한	20x1.8.10 까지

보험료	건 강 ⓐ	240,000 원	연 금 ⓐ	원
	장기요양 ⓑ		고 용 ⓔ	원
	소계(ⓐ+ⓑ)	240,000 원	산 재 ⓔ	원

납기후금액	원	납기후기한	까지

◉ 납부기한까지 납부하지 않으면 연체금이 부과됩니다.

※ 납부장소 : 전 은행, 우체국, 농 · 수협(지역조합 포함), 새마을금고, 신협, 증권사, 산림조합중앙회, 인터넷지로(www.giro.or.kr)

※ 2D코드 : GS25, 세븐일레븐, 미니스톱, 바이더웨이, 씨유에서 납부 시 이용.(우리 · 신한은행 현금카드만 수납가능)

20x1 년 7 월 31 일

국민건강보험공단 이 사 장 (국민건강보험공단)

수납인

자동이체 신청 납부자번호 :

4. 8월 10일 당사 발행 약속어음 1,000,000원이 만기가 되어 당좌예금에서 자동인출되다.

전 자 어 음

메이크문구 귀하 00520200819123442

금 일백만원정 1,000,000원

위의 금액을 귀하 또는 귀하의 지시인에게 지급하겠습니다.

지급기일	20x1년 8월 10일	발행일	20x1년 6월 10일
지 급 지	국민은행	발행지 주 소	서울시 동작구 동작대로 37
지급장소	사당지점		
		발행인	한강문구

5. 8월 10일 영업용 화물차의 타이어를 세진타이어에서 교체하고 250,000원을 현금으로 지급하고 현금영수증을 수취하다(수익적지출로 회계처리하시오.).

** 현금영수증 **
(지출증빙용)

사업자등록번호 : 214-01-45826
사업자명 : 세진타이어
단말기ID : **23-**333-****-65**
가맹점주소 : 서울 동작구 동작대로 187

현금영수증 회원번호
135-25-45607 한강문구
승인번호 : ***7878 (PK)
거래일시 : 20x1년 8월 10일

공 급 금 액 250,000원
부가세금액 0원
총 합 계 250,000원

휴대전화, 카드번호 등록
http://현금영수증.kr
국세청문의(126)
38036925-GCA10106-3870-U490
〈〈〈〈〈〈이용해 주셔서 감사합니다.〉〉〉〉〉〉

6. 8월 20일 솔로몬문구에 다음과 같이 상품을 매출하고, 대금중 100,000원은 현금으로 받고 잔액은 외상으로 하다.

거래명세서 (공급자 보관용)

공급자	등록번호	135-25-45607			공급받는자	등록번호	120-23-33158		
	상 호	한강문구	성명	김미희		상 호	솔로몬문구	성명	임지수
	주 소	서울시 동작구 동작대로 37				주 소	서울시 중구 을지로 1길 10		
	업 태	도·소매업	종사업장번호			업 태	도·소매업	종사업장번호	
	종 목	문구				종 목	문구		

거래일자	미수금액	공급가액	세액	총 합계금액
20x1.8.20.		240,000		240,000

NO	월	일	품목명	규격	수량	단 가	공급가액	세액	합계
1	8	20	노트		100	1,500	150,000		150,000
2	8	20	앨범		10	9,000	90,000		90,000

7. 8월 20일 사무실에서 사용할 소모품을 구입하고 현금으로 지급하다. 비용으로 처리하시오.

영 수 증 (공급받는자용)					
NO			한강문구 귀하		
공급자	사 업 자 등록번호	605-10-25862			
	상 호	짱문구		성명	허지수
	사 업 장 소 재 지	서울시 강남 논현로 209 (도곡동)			
	업 태	도소매		종목	문구
작성일자		공급대가총액			비고
20x1.8.20.		₩ 10,000			
공 급 내 역					
월/일	품명	수량	단가	금액	
8/20	문구			10,000	
합 계		₩10,000			
위 금액을 **영수**(청구)함					

8. 8월 20일 사무실 영업부의 전화요금 청구서에 대하여 현금납부하다.

20x1년 9월 청구서 납부기한 : 20x1.08.20.	
금 액	120,000원
고 객 명	한강문구
이 용 번 호	02-3541-5151
명 세 서 번 호	55928
이 용 기 간	7월1일~7월31일
9 월 이 용 요 금	120,000원
공 급 자 등 록 번 호	121-81-12646
공급받는자 등록번호	135-25-45607
공 급 가 액	120,000원
부 가 가 치 세 (VAT)	원
10원미만 할인요금	0원
입 금 전 용 계 좌	국민은행
	***2-4**-101157
이 청구서는 부가가치세법 시행령 53조 제4항에 따라 발행하는 전자세금계산서입니다. (주)케이티 동작지점(전화국)장	

9. 8월 20일 사무실을 임차하고 아래의 월세계약서를 작성하다. 보증금은 당좌수표를 발행하여 지급하다.

(사 무 실) 월 세 계 약 서

□임대인용
■임차인용
□사무소보관용

부동산의 표시	소재지	서울 강남구 강남대로 484(논현동)				
	구조	철근콘크리트조	용도	사무실	면적	50㎡
월 세 보 증 금		**금 10,000,000원정**		**월세 3,000,000원정**		

제 1 조 위 부동산의 임대인과 임차인의 합의하에 아래와 같이 계약함.
제 2 조 위 부동산의 임대차에 있어 임차인은 보증금을 아래와 같이 지불키로 함.

계약금	없음
중도금	없음
잔 금	10,000,000원정은 20x1년 8월 20일 중개업자 입회하에 지불함.

제 3 조 위 부동산의 명도는 20x1년 8월 20일로 함.
제 4 조 임대차 기간은 20x1년 8월 20일로부터 (24)개월로 함.
제 5 조 **월세금액은 다음달 부터 매월(20)일에 지불**키로 하되 만약 기일 내에 지불치 못할 시에는 보증금액에서 공제키로 함. **(국민은행, 계좌번호 : 801210－**－0783***, 예금주 : 하이모리)**

임대인	주 소	서울특별시 강남구 강남대로 484(논현동)				
	사업자등록번호	312－19－84282	전화번호	02－***－12**	성명	하이모리 ㉞

10. 8월 20일 캐릭몰에서 받아 보관중인 아래의 약속어음 500,000원을 은행에서 할인하고 할인료 50,000원을 차감한 잔액이 보통예금계좌로 입금되다.(매각거래로 처리할 것)

약 속 어 음

한강문구 귀하　　　　다가15668232

금 오십만원정　　　　**500,000원**

위의 금액을 귀하 또는 귀하의 지시인에게 이 약속어음과 상환하여 지급하겠습니다.

지급기일 20x1년 9월 20일
지 급 지 국민은행
지급장소 역삼지점

발행일 20x1년 6월 20일
발행지 주 소 서울 강남구 강남대로 492
발행인 캐릭몰

11. 8월 25일 상품 견본을 거래처 다나와 문구에 발송하고 택배비를 현금 지급하다.

대한민국 KOREA www.ePOST.kr

마음까지 전하는 우체국 택배 신청 및 배달안내 ☎1588-1300

보내는 분						
성명	한강문구	내용물	상품 견본			
전화	HP) 010-7777-7777 ☎02-329-****	※ 안심소포로 접수한 경우에는 표기하신 내용을 가액처 범위에서(300만원 이내) 손해액을 배상받으실 수 있습니다.				
주소	서울 동작구 동작대로 37(사당동)	☑ 소포대금	30,000원	□ 안심(보험)	만원	
		□ 휴일배달	월 일	□ 대 금	만원	

- 고객안내사항 -

• 부패, 변질, 파손(훼손)이 우려되는 내용물은 '특수포장'할 경우에 한하여 접수 가능합니다. 책임 원인이 발송인에게 있는 경우 손해배상에서 제외됩니다.(우편법 39,40조)

※ 냉동·냉장물품은 보냉재(식용얼음 또는 아이스팩 등)을 넣어 포장하되,
① 부패, 변질물은 스티로폼 박스 사용 ② 식품은 진공포장

중지라벨 붙이는 곳
(우체국사용)

받는 분	
성명	다나와문구
전화	HP) 010-5555-***7 ☎041-555-****
주소	충남 천안시 봉정로 14 (우)31152

개인정보 유출방지를 위하여 성명, 전화번호, 주소를 제거 바랍니다.

12. 8월 25일 알파문구에 상품을 매출하기로 하고 계약금을 현금으로 받고 입금표를 발행하다.

NO	입 금 표			(공급자용)
		알파문구 귀하		
공급자	사업자 등록번호	135-25-45607		
	상 호	한강문구	성명	김미희
	사업장 소재지	서울시 동작구 동작대로 37		
	업 태	도·소매업	종목	문구
작성일		공급대가총액		비고
20x1.8.25.		₩100,000		
공 급 내 역				
월/일	품명	수량	단가	금액
8/25	계약금			100,000
합 계		₩100,000		
위 금액을 영수(청구)함				

해답

1.	(차)	상 품	10,000,000	(대)	받을어음(영일문구)	1,500,000
					보통예금	8,500,000
2.	(차)	차량유지비(판)	50,000	(대)	미지급금(국민카드)	50,000
3.	(차)	예 수 금	120,000	(대)	현 금	240,000
		복리후생비(판)	120,000			
4.	(차)	지급어음(메이크문구)	1,000,000	(대)	당좌예금	1,000,000
5.	(차)	차량유지비(판)	250,000	(대)	현 금	250,000
6.	(차)	현 금	100,000	(대)	상품매출	240,000
		외상매출금(솔로몬문구)	140,000			
7.	(차)	소모품비(판)	10,000	(대)	현 금	10,000
8.	(차)	통신비(판)	120,000	(대)	현 금	120,000
9.	(차)	임차보증금(하이모리)	10,000,000	(대)	당좌예금	10,000,000
10.	(차)	보통예금	450,000	(대)	받을어음(캐릭몰)	500,000
		매출채권처분손실	50,000			
11.	(차)	운반비(판)	30,000	(대)	현 금	30,000
12.	(차)	현 금	100,000	(대)	선수금(알파문구)	100,000

<필수예제> 일반전표입력3(오류수정)

한강문구(4002)의 입력된 내용 중 다음과 같은 오류가 발견되었다. 입력된 내용을 확인하여 정정 또는 추가입력하시오.

회계프로그램에서는 입력 후 실행취소기능이 없습니다. **시험시 해당일자를 조회하시고 입력사항을 간략하게 메모 후 수정하시기 바랍니다.**

1. 10월 06일 우드팬시에 상품 매입 800,000원의 출금거래는 하이모리의 외상대금을 지급한 거래로 확인되다.

2. 10월 09일 현금으로 지출한 식대 30,000원은 업무상 서적 구입 대금으로 확인되다.

3. 10월 12일 업무용 차량에 대한 자동차세 50,000원의 현금지급 거래가 잡손실 계정으로 잘못 처리되어 있다.

4. 10월 15일 캐릭터도매의 외상매출금회수액은 9월 30일 상품을 판매하고 1개월 이내에 결제할 경우 5%를 할인해 주기로 하고 받은 것이다.

해답

1. [수정전]

(차)	상 품	800,000	(대)	현 금	800,000

[수정후]

(차)	외상매입금(하이모리)	800,000	(대)	현 금	800,000

2. [수정전]

(차)	복리후생비(판)	30,000	(대)	현 금	30,000

[수정후]

(차)	도서인쇄비(판)	30,000	(대)	현 금	30,000

3. [수정전]

(차)	잡 손 실	50,000	(대)	현 금	50,000

[수정후]

(차)	세금과공과(판)	50,000	(대)	현 금	50,000

4. [수정전]

(차)	당좌예금	950,000	(대)	외상매출금(캐릭터도매)	950,000

[수정후]

(차)	당좌예금	950,000	(대)	외상매출금(캐릭터도매)	1,000,000
	매출할인(상품매출)	50,000			

제4절 결산

1 결산자료 입력하기

한 회계기간동안 발생한 기업의 거래자료에 의하여 당해연도의 경영실적을 확정하고 재무상태표일의 재무상태를 파악하기 위한 결산작업이 필요하다.

프로그램에서의 결산방법은 **수동결산과 자동결산**방법이 있는데,

수동결산을 먼저 입력하고 최종적으로 자동결산을 입력하는 순으로 하면 편리하다.

수동결산 (12월 31일 일반전표입력)	**문제에서 결차, 결대로 입력하라고 제시했으면 반드시 결차, 결대를 사용하여 수동결산을 입력**한다.
자동결산	1. 재고자산의 기말재고액(상품) 2. 유무형자산의 상각비 3. 퇴직급여충당부채 당기 전입액 4. 채권에 대한 대손상각비(보충법) 5. 소득세비용계상 ☞ **전산회계 2급에서 모든 항목에 대해 수동결산으로 입력해도 무방하다.**
순서	수동결산 → 자동결산

(1) 자동결산입력방법

① 결산일자 입력 및 매출원가와 원가경비 선택

㉠ [결산자료입력] 메뉴를 클릭하면 아래 그림이 나타나는데, 결산일자를 **1월부터 12월까지** 기간을 선택한다.

㉡ 전산회계 2급에서는 상품매출원가가 나오므로 **F4(원가설정)을 설정할 필요가 없다. 그냥 확인하고 들어가시면 됩니다.**

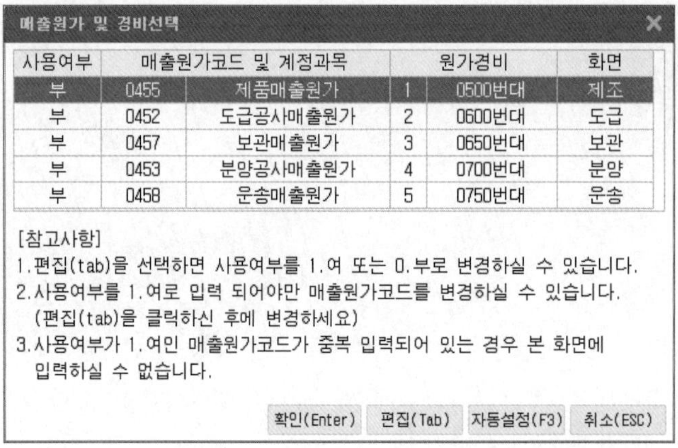
매출원가 및 경비선택

사용여부	매출원가코드 및 계정과목		원가경비		화면
부	0455	제품매출원가	1	0500번대	제조
부	0452	도급공사매출원가	2	0600번대	도급
부	0457	보관매출원가	3	0650번대	보관
부	0453	분양공사매출원가	4	0700번대	분양
부	0458	운송매출원가	5	0750번대	운송

[참고사항]
1.편집(tab)을 선택하면 사용여부를 1.여 또는 0.부로 변경하실 수 있습니다.
2.사용여부를 1.여로 입력 되어야만 매출원가코드를 변경하실 수 있습니다.
(편집(tab)을 클릭하신 후에 변경하세요)
3.사용여부가 1.여인 매출원가코드가 중복 입력되어 있는 경우 본 화면에 입력하실 수 없습니다.

확인(Enter) 편집(Tab) 자동설정(F3) 취소(ESC)

그러면 아래와 같은 **손익계산서양식**이 나타나는데 **자동결산항목의 해당란에 금액을 입력**하면 된다.

[레고상사 - 결산자료입력]

±	코드	과 목	결산분개금액	결산전금액	결산반영금액	결산후금액
		1. 매출액				
		2. 매출원가		60,000,000		60,000,000
	0451	상품매출원가				60,000,000
	0146	① 기초 상품 재고액		60,000,000		60,000,000
	0146	⑩ 기말 상품 재고액				
		3. 매출총이익		-60,000,000		-60,000,000
		4. 판매비와 일반관리비		100,000		100,000
	0818	4). 감가상각비				
	0208	차량운반구				
	0212	비품				
	0835	5). 대손상각				
	0108	외상매출금				
	0110	받을어음				
	0840	6). 무형자산상각비				
	0219	특허권				
		7). 기타비용		100,000		100,000
	0811	복리후생비		50,000		50,000
	0812	여비교통비		50,000		50,000
		5. 영업이익		-60,100,000		-60,100,000
		6. 영업외 수익				
+	0924	2). 준비금 환입				
		7. 영업외 비용				
+	0972	3). 준비금 전입				
+	0977	4). 조특법상 특별상각				
		8. 소득세차감전이익		-60,100,000		-60,100,000
	0999	9. 소득세등				

② 기말상품재고 입력

기말재고액에 상품재고액을 직접 입력하면 된다.

③ 대손상각비 설정

㉠ 상단의 F8**(대손상각)**을 클릭한다.

㉡ 대손율을 입력하면 자동적으로 추가설정액이 계산되어진다.

예를 들어 대손율을 10%로 수정하고, 하단의 결산반영을 클릭하면 자동적으로 결산반영금액에 입력된다.

㉢ 추가설정액에 금액을 직접 입력하여 결산반영해도 된다.

대손상각

대손율(%) 10.00 ← 수정 입력

코드	계정과목명	금액	설정전 충당금 잔액			추가설정액(결산반영) [(금액x대손율)-설정전충당금잔액]	유형
			코드	계정과목명	금액		
0108	외상매출금	23,000,000	0109	대손충당금	2,000,000	300,000	판관
0110	받을어음	50,000,000	0111	대손충당금	4,000,000	1,000,000	판관
	대손상각비 합계					1,300,000	판관

새로불러오기 | 결산반영 | 취소(Esc)

<u>**대손상각비를 결산에 반영 후 기중의 매출채권의 금액을 수정해서는 안된다.**</u>
즉 전산회계시험에서 결산 입력 후 전표입력에서 매출채권 및 대손충당금을 수정하면 추가 설정 대손상각비 금액이 변하므로 다시 추가 설정해야 한다.

④ 퇴직급여충당부채 설정

전산회계 2급에서 나온 적은 없으나 판관비의 퇴직급여란에 직접 입력하면 된다.

⑤ 감가상각비 설정

판관비의 감가상각비(해당 유형자산) 란에 입력하면 된다.

⑥ 소득세등 설정

전산회계 2급에서 나온 적은 없으나 소득세비용란에 직접 입력하면 된다.

⑦ 결산완료 및 수정방법

㉠ 자동결산항목을 모두 입력 후 <u>**상단의 F3(전표추가)를 클릭**</u>하면 일반전표(12/31)에 결산 분개가 자동으로 반영합니다.

12/31일 일반전표를 조회하면 결산분개가 반영된 것을 확인할 수 있습니다.

㉡ 수정은 상단의 SF5 일괄삭제및기타 ▽를 클릭하여 삭제하고 다시 입력 후 F3**(전표추가)**를 하면 된다.

년 12 월 31 일 변경 현금잔액: 26,950,000 대차차액: 결산

□	일	번호	구분	계정과목	거래처	적요	차변	대변
□	31	00002	결차	0451 상품매출원가		1 상품매출원가 대체	60,000,000	
□	31	00002	결대	0146 상품		2 상품 매입 부대비용		60,000,000
□	31	00003	결차	0835 대손상각비			1,300,000	
□	31	00003	결대	0109 대손충당금				300,000
□	31	00003	결대	0111 대손충당금				1,000,000
□	31							

(2) 수동결산입력방법

12월 31일 일반전표에 입력하면 된다.

① 매출채권에 대한 대손상각비(보충법) 설정(자주 기출)

② 상품매출원가 계산(자주 기출)

상품매출원가는 반드시 **합계잔액시산표**의 기말상품잔액을 확인하여 계산한다.
즉, **상품매출원가 = 기말합계잔액시산표상 상품잔액 – 기말상품재고액(문제에서 주어진다.)**
(차) 상품매출원가 ××× (대) 상 품 ×××

③ **감가상각비 계상**

④ 소모품미사용액의 정리

⑤ 가지급금, 가수금의 정리

⑥ 선급비용의 계상(비용의 이연)

⑦ 선수수익의 계상(수익의 이연)

⑧ 미지급비용의 계상(비용의 발생)

⑨ 미수수익의 계상(수익의 발생)

☞ <u>①, ②는 반드시 나오는 문제이므로 숙지하기 바란다.</u>

2 손익계산서

재무제표는 일정한 순서 즉 손익계산서, 재무상태표 순으로 작성해야 한다.

먼저 [결산/재무제표], [손익계산서]를 조회한 후 화면상단의 [CF5 전표추가]를 클릭하여 손익계정을 자본금에 대체하는 분개를 수행한다.

<u>**전산회계 2급 시험에서 전기와 당기를 비교하는 조회문제가 출제됩니다.**</u>

[레고상사 - 손익계산서]

관리용 | 제출용 | 표준용

과 목	제 5(당)기 년1월1일 ~ 년12월31일 금액		제 4(전)기 년1월1일 ~ 년12월31일 금액	
Ⅰ.매출액				130,000,000
상품매출			130,000,000	
Ⅱ.매출원가				70,000,000
상품매출원가				70,000,000
기초상품재고액	60,000,000		30,000,000	
당기상품매입액			100,000,000	
기말상품재고액	60,000,000		60,000,000	
Ⅲ.매출총이익				60,000,000
Ⅳ.판매비와관리비		100,000		30,000,000
급여			10,000,000	
복리후생비	50,000		8,000,000	
여비교통비	50,000		6,000,000	
접대비			4,000,000	
감가상각비			2,000,000	
Ⅴ.영업손실		100,000		-30,000,000
Ⅵ.영업외수익				4,000,000
이자수익			4,000,000	
Ⅶ.영업외비용				11,000,000
이자비용			5,000,000	
기부금			6,000,000	
Ⅷ.소득세차감전손실		100,000		-23,000,000
Ⅸ.소득세등				3,000,000
소득세비용			3,000,000	
Ⅹ.당기순손실		100,000		-20,000,000

3 재무상태표

결산분개, 손익계산서를 확정한 후 최종적으로 재무상태표를 조회 후 확정하면 재무제표 모두를 확정하게 된다.

전산회계 2급 시험에서 전기와 당기를 비교하는 조회문제가 출제됩니다.

[레고상사 - 재무상태표]

관리용 | 제출용 | 표준용

과 목	제 5(당)기 년1월1일 ~ 년12월31일 금액		제 4(전)기 년1월1일 ~ 년12월31일 금액	
자산				
Ⅰ.유동자산		203,950,000		204,000,000
① 당좌자산		143,950,000		144,000,000
현금		26,950,000		10,000,000
당좌예금		20,000,000		20,000,000
보통예금		30,000,000		30,000,000
외상매출금	23,000,000		40,000,000	
대손충당금	2,000,000	21,000,000	2,000,000	38,000,000
받을어음	50,000,000		50,000,000	
대손충당금	4,000,000	46,000,000	4,000,000	46,000,000
② 재고자산		60,000,000		60,000,000
상품		60,000,000		60,000,000
Ⅱ.비유동자산		91,000,000		91,000,000
① 투자자산				
② 유형자산		81,000,000		81,000,000
차량운반구	50,000,000		50,000,000	
감가상각누계액	5,000,000	45,000,000	5,000,000	45,000,000
비품	40,000,000		40,000,000	
감가상각누계액	4,000,000	36,000,000	4,000,000	36,000,000
③ 무형자산		10,000,000		10,000,000
특허권		10,000,000		10,000,000
④ 기타비유동자산				
자산총계		294,950,000		295,000,000
부채				

<필수예제> 결산자료입력

한라문구(4003)의 결산정리사항을 입력하여 결산을 완료하시오.

☞ 결산자료 입력에서 **5.**결산차변, **6.**결산대변으로 입력하라고 문제에서 제시하면 반드시 **5.**결산차변, **6.**결산대변으로 입력하셔야 합니다.

[수동결산]

1. 소모품 미사용액 100,000원을 계상하다(구입시 전액 비용 처리하였음).

2. 화재보험료 중 그 기간이 경과되지 않은 금액 200,000원을 선급비용으로 회계처리하다.

3. 장부상 현금잔액은 3,000,000원이고 실제 현금잔액은 2,700,000원이다. 그 차액의 원인을 알 수 없다.

4. 기말현재 장기대여금에 대한 당기분 이자 미수액 400,000원을 계상하다.

5. 임차료 900,000원은 당기 9월부터 차기 2월분까지이다(월할계산하시오).

6. 11월 1일 현금과부족금액에 대해서 결산일까지 원인을 알 수 없다.

[수동결산/자동결산]

1. 당기분 건물 감가상각비는 800,000원이며, 비품 감가상각비는 400,000원이다.

2. **대손충당금은 매출채권(외상매출금,받을어음) 잔액에 대하여 1%를 보충법으로 설정하다.(자주 기출)**

3. **기말상품재고액은 6,500,000원이다. (자주 기출)**

▶ 수동결산 입력 시 결차, 결대를 사용하셔야 합니다.

해답

[수동결산] 일반전표입력(12/31)

1. (차) 소 모 품 100,000 (대) 소모품비(판) 100,000

2. (차) 선급비용 200,000 (대) 보험료(판) 200,000

3. (차) 잡 손 실 300,000 (대) 현 금 300,000

☞ 현금과부족계정은 임시계정으로 결산 재무상태표에 표시되어서는 안된다. 따라서 현금부족분에 대해서 전액 잡손실로 회계처리하여 한다.

4. (차) 미수수익 400,000 (대) 이자수익 400,000

5. (차) 선급비용 300,000 (대) 임차료(판) 300,000

☞ 선급임차료 : 900,000 × 2개월/6개월=300,000

6. (차) 현금과부족 10,000 (대) 잡이익 10,000

☞ 결산시 현금과부족잔액(차변) ⇒ 잡손실 (대변) ⇒ 잡이익으로 대체된다.

[수동결산/자동결산]

[1] 수동결산

1. (차) 감가상각비(판) 1,200,000 (대) 감가상각누계액(건물) 800,000
감가상각누계액(비품) 400,000

2. (차) 대손상각비(판) 7,490,000 (대) 대손충당금(외상매출금) 4,365,000
대손충당금(받을어음) 3,125,000

계정과목	기말잔액(A)	대손추산액 (B = A×1%)	설정전 대손충당금(C)	당기대손상각비 (B – C)
외상매출금	448,800,000	4,488,000	123,000	4,365,000
받을어음	319,000,000	3,190,000	65,000	3,125,000
계				7,490,000

[합계잔액시산표 조회]

차변		계정과목	대변	
잔액	합계		합계	잔액
448,800,000	566,100,000	외상매출금	117,300,000	
		대손충당금	123,000	123,000
319,000,000	331,500,000	받을어음	12,500,000	
		대손충당금	65,000	65,000

3. (결차) 상품매출원가 284,500,000 (결대) 상 품 284,500,000

☞ 상품매출원가=291,000,000－6,500,000=284,500,000

[합계잔액시산표 조회]

차변 잔액	차변 합계	계정과목	대변 합계	대변 잔액
291,000,000	291,000,000	상 품		
301,000,000	301,000,000	2.비 유 동 자 산	6,800,000	6,800,000

[2] 자동결산

- 기간 : 1~12월
- 매출원가 및 경비선택 : 별도 선택없이 확인(Enter)을 선택한다.

1. 감가상각비 및 대손상각비 입력

① 대손상각비 : F8(대손상각), 대손율 1%, 단기대여금/미수수익/미수금 금액은 삭제 후 결산반영

대손율(%) 1.00

코드	계정과목명	금액	설정전 충당금 잔액 코드	설정전 충당금 잔액 계정과목명	설정전 충당금 잔액 금액	추가설정액(결산반영) [(금액x대손율)-설정전충당금잔액]	유형
0108	외상매출금	448,800,000	0109	대손충당금	123,000	4,365,000	판관
0110	받을어음	319,000,000	0111	대손충당금	65,000	3,125,000	판관
0114	단기대여금	52,500,000	0115	대손충당금		525,000	영업외
0116	미수수익	400,000	0117	대손충당금		4,000	영업외
0120	미수금	2,000,000	0121	대손충당금		20,000	영업외
	대손상각비 합계					7,490,000	판관
	기타의 대손상각비					549,000	영업외

☞ 대손상각비를 직접 입력해도 된다.

② 감가상각비는 직접 입력한다.

	4. 판매비와 일반관리비		264,291,000	8,690,000	272,981,000
	1). 급여 외		67,500,000		67,500,000
0801	급여		67,500,000		67,500,000
0806	2). 퇴직급여(전입액)		50,000,000		50,000,000
0850	3). 퇴직연금충당금전입액				
0818	4). 감가상각비			1,200,000	1,200,000
0202	건물			800,000	800,000
0208	차량운반구				
0212	비품			400,000	400,000
0835	5). 대손상각			7,490,000	7,490,000
0108	외상매출금			4,365,000	4,365,000
0110	받을어음			3,125,000	3,125,000

2. 상품 입력

	2. 매출원가		291,000,000		284,500,000
0451	상품매출원가				284,500,000
0146	① 기초 상품 재고액		9,000,000		9,000,000
0146	② 당기 상품 매입액		282,000,000		282,000,000
0146	⑩ 기말 상품 재고액			6,500,000	6,500,000

3. F3(전표추가)로 결산에 반영한다.

4. 최종확인

① 상품재고 : 6,500,000원

② 매출채권의 잔액 1%가 대손충당금인지 확인

차변		계정과목	대변	
잔액	합계		합계	잔액
1,052,669,000	1,937,270,000	1.유 동 자 산	892,828,000	8,227,000
1,046,169,000	1,646,270,000	<당 좌 자 산>	608,328,000	8,227,000
200,519,000	651,810,000	현 금	451,291,000	
12,450,000	28,950,000	당 좌 예 금	16,500,000	
9,500,000	12,000,000	보 통 예 금	2,500,000	
448,800,000	566,100,000	외 상 매 출 금	117,300,000	
		대 손 충 당 금	4,488,000	4,488,000
319,000,000	331,500,000	받 을 어 음	12,500,000	
		대 손 충 당 금	3,190,000	3,190,000
52,500,000	52,500,000	단 기 대 여 금		
		대 손 충 당 금	525,000	525,000
400,000	400,000	미 수 수 익		
		대 손 충 당 금	4,000	4,000
2,000,000	2,000,000	미 수 금		
		대 손 충 당 금	20,000	20,000
100,000	100,000	소 모 품		
500,000	500,000	선 급 비 용		
400,000	400,000	가 지 급 금		
	10,000	현 금 과 부 족	10,000	
6,500,000	291,000,000	<재 고 자 산>	284,500,000	
6,500,000	291,000,000	상 품	284,500,000	

제5절 장부관리(조회)

1 합계잔액시산표

합계잔액시산표는 각 계정별로 차변과 대변의 합계와 잔액을 표시한다.

조회하고자 하는 월을 입력하면 **해당 월까지 잔액(누계잔액)이 조회**된다.

재무상태표계정은 설립 시부터 해당 월까지 누계잔액이 표시되고,

손익계산서계정은 당기 1월부터 해당 월까지 누계잔액이 표시된다.

월계표/일계표는 조회하고자 하는 월의 발생금액이 나타나는 것이다.

[한라문구 - 합계잔액시산표]

기간 : 년 12 월 31 일

관리용 | 제출용 | 표준용

차변		계정과목	대변	
잔액	합계		합계	잔액
1,336,459,000	1,936,260,000	1.유동자산	599,989,000	188,000
1,045,459,000	1,645,260,000	<당좌자산>	599,989,000	188,000
200,799,000	651,800,000	현금	451,001,000	
12,450,000	28,950,000	당좌예금	16,500,000	
9,500,000	12,000,000	보통예금	2,500,000	
448,800,000	566,100,000	외상매출금	117,300,000	
		대손충당금	123,000	123,000
319,000,000	331,500,000	받을어음	12,500,000	
		대손충당금	65,000	65,000
52,500,000	52,500,000	단기대여금		
2,000,000	2,000,000	미수금		
400,000	400,000	가지급금		
10,000	10,000	현금과부족		
291,000,000	291,000,000	<재고자산>		
291,000,000	291,000,000	상품		
301,000,000	301,000,000	2.비유동자산	6,800,000	6,800,000
20,000,000	20,000,000	<투자자산>		
20,000,000	20,000,000	장기대여금		
231,000,000	231,000,000	<유형자산>	6,800,000	6,800,000
50,000,000	50,000,000	건물		
		감가상각누계액	1,000,000	1,000,000
22,000,000	22,000,000	차량운반구		
1,928,900,000	2,579,701,000	합계	2,579,701,000	1,928,900,000

화면에서 마우스를 더블클릭하면 해당 거래가 나타나고, 해당 전표를 수정할 수 있습니다.

2 전표출력

전표는 [일반전표입력]에 입력된 자료에 의하여 일자별로 조회할 수 있다.

시험에는 출제되지 않습니다.

[3] 분개장

분개장은 일자별로 전계정에 대한 분개내역을 조회할 수 있다.

시험에서 출제된 적이 없습니다.

[4] 세금계산서 현황 및 매입매출장

시험에서 출제된 적이 없습니다.

[5] 총계정원장

총계정원장은 [전표입력]에 입력된 자료에 의하여 계정과목별로 집계현황을 보여준다.
[월별]탭을 클릭하면 계정과목별로 월별 잔액 및 증감내역을 알 수 있다.
[일별]탭을 클릭하면 계정과목별로 일자별로 잔액 및 증감내역을 알 수 있다.

[한라문구 - 총계정원장]

월별 | 일별

기 간 년 01 월 01 일 ~ 년 12 월 31 일
계정과목 0101 현금 ~ 0999 소득세등

코드	계정과목
0101	현금
0102	당좌예금
0103	보통예금
0108	외상매출금
0109	대손충당금
0110	받을어음
0111	대손충당금
0114	단기대여금
0120	미수금
0134	가지급금
0141	현금과부족
0146	상품
0179	장기대여금
0202	건물
0203	감가상각누계액
0208	차량운반구
0209	감가상각누계액
0212	비품
0213	감가상각누계액
0232	임차보증금
0251	외상매입금
0252	지급어음
0253	미지급금

일자	차변	대변	잔액
[전기이월]	13,000,000		13,000,000
01	65,000,000	18,441,000	59,559,000
02	199,800,000	36,075,000	223,284,000
03	50,000,000	179,550,000	93,734,000
04	308,500,000	128,155,000	274,079,000
05		80,750,000	193,329,000
06	15,000,000	6,740,000	201,589,000
07			201,589,000
08	500,000	300,000	201,789,000
09			201,789,000
10		980,000	200,809,000
11		10,000	200,799,000
12			200,799,000
합계	651,800,000	451,001,000	

6 일계표/월계표

[일계표/월계표]는 일자별 또는 월간별로 각 계정별 대체전표 및 현금전표의 내역을 조회할 수 있다.

[한라문구 - 일계표]

일계표 | 월계표

조회기간 : 년 1월 01일 ~ 년 1월 31일

차변			계정과목	대변		
계	대체	현금		현금	대체	계
24,600,000	24,600,000		1.유 동 자 산		1,000,000	1,000,000
4,600,000	4,600,000		<당 좌 자 산>		1,000,000	1,000,000
1,000,000	1,000,000		보 통 예 금		1,000,000	1,000,000
3,600,000	3,600,000		외 상 매 출 금			
20,000,000	20,000,000		<재 고 자 산>			
20,000,000	20,000,000		상 품			
6,000,000	6,000,000		2.유 동 부 채	6,000,000	20,000,000	26,000,000
			외 상 매 입 금		20,000,000	20,000,000
6,000,000	6,000,000		선 수 금	6,000,000		6,000,000
			3.매 출	59,000,000	9,600,000	68,600,000
			상 품 매 출	59,000,000	9,600,000	68,600,000
18,441,000		18,441,000	4.판 매 비및일반관리비			
7,500,000		7,500,000	급 여			
1,100,000		1,100,000	복 리 후 생 비			
350,000		350,000	여 비 교 통 비			
850,000		850,000	접 대 비			
480,000		480,000	통 신 비			
200,000		200,000	수 도 광 열 비			
750,000		750,000	세 금 과 공 과			
558,000		558,000	수 선 비			
800,000		800,000	보 험 료			
49,041,000	30,600,000	18,441,000	금일소계	65,000,000	30,600,000	95,600,000
59,559,000		59,559,000	금일잔고/전일잔고	13,000,000		13,000,000
108,600,000	30,600,000	78,000,000	합계	78,000,000	30,600,000	108,600,000

[대체거래 및 현금거래]

차변			계정과목	대변		
계	대체	현금		현금	대체	계
1,000,000		**1,000,000**	**보통예금**			

현금거래란

(차) 보통예금 1,000,000원 (대) 현 금 1,000,000원을 의미한다.

–	–	–	**상품매출**	**59,000,000**	**9,600,000**	**68,600,000**
현금거래	(차) 현 금		59,000,000원	(대) 상 품 매 출		59,000,000원
대체거래	(차) 외상매출금 받을어음등		9,600,000원	(대) 상 품 매 출		9,600,000원

[한라문구 - 월계표]

일계표 | 월계표

조회기간 : [ ]년 [01]월 ~ [ ]년 [01]월

차변			계정과목	대변		
계	대체	현금		현금	대체	계
24,600,000	24,600,000		1.유 동 자 산		1,000,000	1,000,000
4,600,000	4,600,000		<당 좌 자 산>		1,000,000	1,000,000
1,000,000	1,000,000		보 통 예 금		1,000,000	1,000,000
3,600,000	3,600,000		외 상 매 출 금			
20,000,000	20,000,000		<재 고 자 산>			
20,000,000	20,000,000		상 품			
6,000,000	6,000,000		2.유 동 부 채	6,000,000	20,000,000	26,000,000
			외 상 매 입 금		20,000,000	20,000,000
6,000,000	6,000,000		선 수 금	6,000,000		6,000,000
			3.매 출	59,000,000	9,600,000	68,600,000
			상 품 매 출	59,000,000	9,600,000	68,600,000
18,441,000		18,441,000	4.판 매 비및일반관리비			
7,500,000		7,500,000	급 여			
1,100,000		1,100,000	복 리 후 생 비			
350,000		350,000	여 비 교 통 비			
850,000		850,000	접 대 비			
480,000		480,000	통 신 비			
200,000		200,000	수 도 광 열 비			
750,000		750,000	세 금 과 공 과			
558,000		558,000	수 선 비			
800,000		800,000	보 험 료			
49,041,000	30,600,000	18,441,000	금월소계	65,000,000	30,600,000	95,600,000

7 현금출납장

현금출납장은 현금의 입·출금 내역과 **현금의 장부상 시재액(현재 잔액)을 제공**한다.

[한라문구 - 현금출납장]

전체 | 부서별 | 사원별 | 현장별 | 프로젝트별

기 간 [ ]년 [1]월 [1]일 ~ [ ]년 [1]월 [31]일

일자	코드	적 요	코드	거 래 처	입 금	출 금	잔 액
		[전 기 이 월]			13,000,000		13,000,000
01-01						150,000	
01-01						350,000	
01-01						400,000	12,100,000
01-02						800,000	11,300,000
01-05			00211	영일문구	6,000,000		
01-05						500,000	16,800,000
01-07					20,000,000		36,800,000
01-11						500,000	
01-11						750,000	35,550,000
01-15						853,000	
01-15						850,000	33,847,000
01-20					39,000,000		
01-20						480,000	
01-20						450,000	
01-20						200,000	
01-20						250,000	71,467,000
01-25						158,000	
01-25						7,500,000	
01-25						4,250,000	59,559,000
		[월 계]			65,000,000	18,441,000	
		[누 계]			78,000,000	18,441,000	

⑧ **계정별원장**

계정별원장은 각 계정(**현금계정제외**)의 거래내역을 일자별로 기록한 장부이다.

조회하고자하는 계정과목을 1개 또는 여러 개를 설정할 수 있고, 기간도 일자별로 설정할 수 있다.

[한라문구 – 계정별원장(외상매출금)]

| 계정별 | 부서별 | 사원별 | 현장별 | 전 체 |

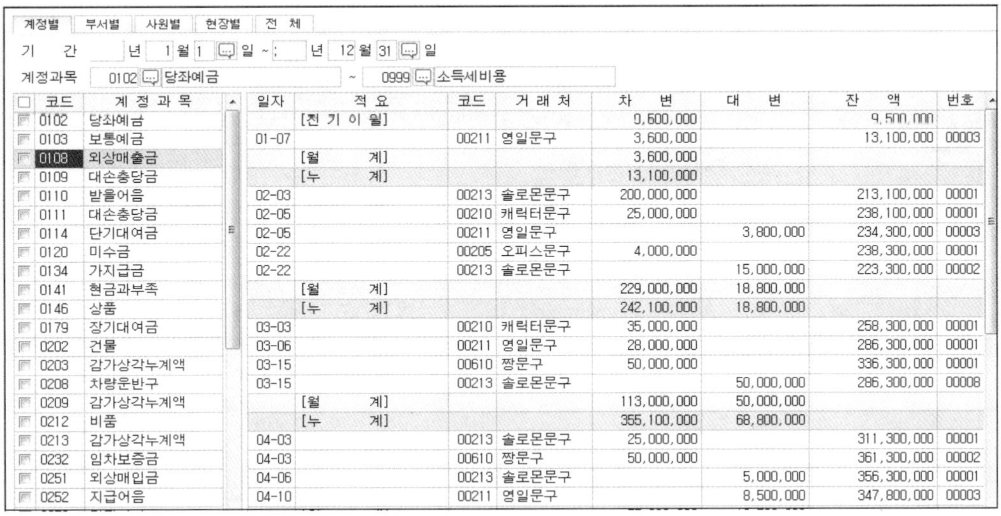

기 간 년 1월 1 □ 일 ~ : 년 12월 31 □ 일
계정과목 0102 □ 당좌예금 ~ 0999 □ 소득세비용

□	코드	계 정 과 목	일자	적 요	코드	거 래 처	차 변	대 변	잔 액	번호
□	0102	당좌예금		[전 기 이 월]			9,600,000		9,500,000	
□	0103	보통예금	01-07		00211	영일문구	3,600,000		13,100,000	00003
□	0108	외상매출금		[월 계]			3,600,000			
□	0109	대손충당금		[누 계]			13,100,000			
□	0110	받을어음	02-03		00213	솔로몬문구	200,000,000		213,100,000	00001
□	0111	대손충당금	02-05		00210	캐릭터문구	25,000,000		238,100,000	00001
□	0114	단기대여금	02-05		00211	영일문구		3,800,000	234,300,000	00003
□	0120	미수금	02-22		00205	오피스문구	4,000,000		238,300,000	00001
□	0134	가지급금	02-22		00213	솔로몬문구		15,000,000	223,300,000	00002
□	0141	현금과부족		[월 계]			229,000,000	18,800,000		
□	0146	상품		[누 계]			242,100,000	18,800,000		
□	0179	장기대여금	03-03		00210	캐릭터문구	35,000,000		258,300,000	00001
□	0202	건물	03-06		00211	영일문구	28,000,000		286,300,000	00001
□	0203	감가상각누계액	03-15		00610	짱문구	50,000,000		336,300,000	00001
□	0208	차량운반구	03-15		00213	솔로몬문구		50,000,000	286,300,000	00008
□	0209	감가상각누계액		[월 계]			113,000,000	50,000,000		
□	0212	비품		[누 계]			355,100,000	68,800,000		
□	0213	감가상각누계액	04-03		00213	솔로몬문구	25,000,000		311,300,000	00001
□	0232	임차보증금	04-03		00610	짱문구	50,000,000		361,300,000	00002
□	0251	외상매입금	04-06		00213	솔로몬문구		5,000,000	356,300,000	00001
□	0252	지급어음	04-10		00211	영일문구		8,500,000	347,800,000	00003

⑨ **거래처원장/거래처별계정과목별원장**

거래처원장은 거래처의 채권·채무관리을 위한 장부로서 전표입력시 채권·채무에 입력한 거래처를 기준으로 작성된다. 즉 거래처 코드를 입력하여야만 거래처원장으로 조회할 수 있다. 거래처원장은 잔액, 내용, 총괄로 구성되어 있다.

[잔액]을 클릭하면 해당 특정 계정과목에 대해 **모든 거래처의 채권·채무 잔액을 조회**한다.

거래처별계정과목별원장은 한 거래처의 모든 거래가 계정과목별로 나타난다.

전산회계2급에서는 거래처원장이 대부분 출제된다.

[한라문구 – 거래처원장 – 잔액(외상매출금 – 캐릭터도매)]

| 잔 액 | 내 용 |

기 간 년 1월 1 □ 일 ~ 년 12월 31 □ 일 계정과목 0108 □ 외상매출금   잔액 0 포함 미등록 포함
거래처분류 □ ~ □ 거 래 처 00102 □ (주)수원캐릭터 ~ 00669 □ 국민카드

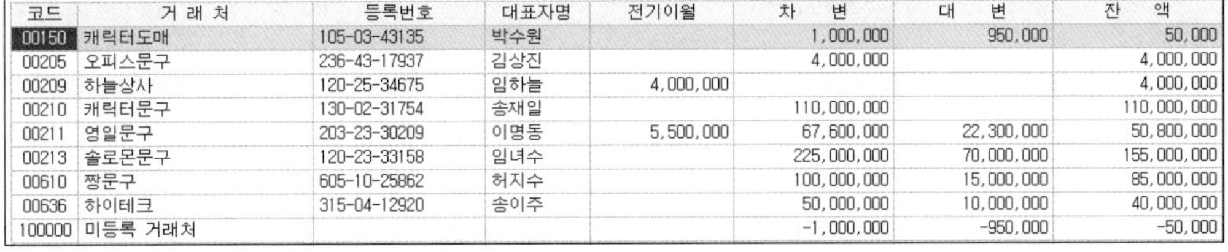

코드	거 래 처	등록번호	대표자명	전기이월	차 변	대 변	잔 액
00150	캐릭터도매	105-03-43135	박수원		1,000,000	950,000	50,000
00205	오피스문구	236-43-17937	김상진		4,000,000		4,000,000
00209	하늘상사	120-25-34675	임하늘	4,000,000			4,000,000
00210	캐릭터문구	130-02-31754	송재일		110,000,000		110,000,000
00211	영일문구	203-23-30209	이명동	5,500,000	67,600,000	22,300,000	50,800,000
00213	솔로몬문구	120-23-33158	임녀수		225,000,000	70,000,000	155,000,000
00610	짱문구	605-10-25862	허지수		100,000,000	15,000,000	85,000,000
00636	하이테크	315-04-12920	송이주		50,000,000	10,000,000	40,000,000
100000	미등록 거래처				-1,000,000	-950,000	-50,000

[내용]을 클릭하면 해당 특정 계정과목에 대해 **거래처별로 거래내용을 구체적으로 조회**하고자 할 때 선택한다.

[한라문구 - 거래처원장 - 내용(영일문구)]

잔액 | 내용

기간 년 1월 1일 ~ 년 12월 31일 계정과목 0108 외상매출금

거래처분류 ~ 거래처 00102 (주)수원캐릭터 ~ 00669 국민카드

<< < 00211:영일문구 > >>

일자	적요	코드	거래처	차변	대변	잔액	번호	코드	부서/사원	코드	현장
	[전기이월]	00211	영일문구	5,500,000		5,500,000					
01-07		00211	영일문구	3,600,000		9,100,000	00003				
	[월계]			3,600,000							
	[누계]			9,100,000							
02-05		00211	영일문구		3,800,000	5,300,000	00003				
	[월계]				3,800,000						
	[누계]			9,100,000	3,800,000						
03-06		00211	영일문구	28,000,000		33,300,000	00001				
	[월계]			28,000,000							
	[누계]			37,100,000	3,800,000						
04-10		00211	영일문구		8,500,000	24,800,000	00003				
	[월계]				8,500,000						
	[누계]			37,100,000	12,300,000						
05-05		00211	영일문구		10,000,000	14,800,000	00001				
05-10		00211	영일문구	36,000,000		50,800,000	00001				
	[월계]			36,000,000	10,000,000						
	[누계]			73,100,000	22,300,000						

[한라문구 - 거래처별계정과목별원장 - 잔액(알파문구)]

잔액 | 잔액상세 | 내용

기간 년 1월 1일 ~ 년 12월 31일 계정과목 0101 현금 ~ 0999 소득세비용

거래처분류 ~ 거래처 00102 (주)수원캐릭터 ~ 00669 국민카드

코드	거래처명	등록번호	대표자명
00103	알파문구	112-81-60125	김상우
00150	캐릭터도매	105-03-43135	박수원
00205	오피스문구	236-43-17937	김상진
00206	다나와문구	113-23-79350	이두강
00207	(주)경인	202-81-00395	강경인
00208	이민상사	120-23-34671	이민
00209	하늘상사	120-25-34675	임하늘
00210	캐릭터문구	130-02-31754	송재일
00211	영일문구	203-23-30209	이명동
00213	솔로몬문구	120-23-33158	임녀수
00301	수호천사	104-25-41233	윤해일
00609	우드팬시	117-42-70158	조민국
00610	짱문구	605-10-25862	허지수
00611	캐릭몰	505-21-21994	이현정
00630	메이크문구	130-03-94931	김현수
00636	하이테크	315-04-12920	송이주
00637	하이모리	312-19-84282	김하리
00668	김수호	620306-1067528	김수호
00669	국민카드	613-02-33989	김카드

코드	계정과목명	전기이월	차변	대변	잔액
0179	장기대여금		20,000,000		20,000,000
0251	외상매입금	12,600,000			12,600,000
		12,600,000	20,000,000		32,600,000

10 일일자금명세(경리일보)

일일자금명세란 하루 동안 지출 및 수입된 자금 내역을 기록하여 보고하기 위한 목적으로 작성하는 문서를 말한다. 일일자금일보에는 매출, 매입, 예금, 차입금 등과 입금액, 출금액, 잔액 등을 상세히 기록하도록 한다.

11 예적금현황

예적금의 변동상황과 잔액을 일별 확인할 수 있고 은행별 원장도 조회가 가능하다.

12 재무제표(재무상태표, 손익계산서)

전기말과 현재 기준월과의 계정과목의 증감을 비교시에는 재무상태표, 손익계산서를 조회한다.

〈조회기간 7월〉

	당 기	전 기
손익계산서(일정기간)	2025.1.1.~2025.7.31.(7개월간)	2024.1.1.~2024.12.31.(1년간)
재무상태표(일정시점)	2025.7.31. 현재	2024.12.31. 현재

13 문제유형에 따라 조회해야 하는 장부

조회문제는 하나의 장부에 답이 있는 게 아니라, 여러 가지 장부를 조회하여 해답을 찾을 수 있습니다.	
1. 계정과목에 대한 월별잔액비교문제	**총계정원장**
2. **기간을 주고 현금지급액 또는 대체거래액**	**일계표(월계표)**
3. 채권/채무거래 중 **거래처별 잔액 비교**	**거래처원장**
4. 일정시점을 주고 계정과목별 금액 비교	합계잔액시산표(누계잔액)
5. 기간을 주고 계정과목별 상세내역	계정별원장
6. 현금의 입출금내역	현금출납장
7. 전기와 당기의 증감액(비교시)	**재무상태표/손익계산서**

<필수예제> 장부조회

한라문구(4003)에 대하여 다음 사항을 조회하시오.

[1] 매입처인 우드팬시의 6월 30일 현재 외상매입금 잔액은 얼마인가?

[2] 상반기(1. 1 ~ 6. 30) 중 기업업무추진비(판) 지출액이 가장 많은 달과 그 금액은 얼마인가?

[3] 6월의 외상매출금 회수거래는 몇 건이며 그 합계금액은 얼마인가? (단 매출환입 및 에누리는 없는 것으로 한다.)

[4] 상반기 상품매출액이 가장 많은 월과 그달의 매출액은 얼마인가?

[5] 5월 31일 현재 외상매출금 잔액이 가장 많은 거래처 코드와 금액은 얼마인가?

[6] 6월(6월 1일 ~ 6월 30일)의 당좌수표 발행액은 얼마인가?

[7] 6월 13일의 현금잔액은 얼마인가?

[8] 1월 1일부터 6월 30일까지 현금으로 지급된 판매비와 관리비는 얼마인가?

[9] 6월 30일 현재 재고조사 결과 상품재고액이 60,000,000원인 경우 6월 30일 현재 상품매출원가는 얼마인가?

[10] 국민카드 신용카드사용액은 매월 25일에 전월 1일에서 말일까지의 사용액이 보통예금으로 자동이체되고 있는데, 6월 25일 결제하여야 할 국민카드대금은 얼마인가? (연체된 금액은 없는 것으로 가정한다.)

[11] 4월부터 6월까지 3개월 동안 발생한 복리후생비의 합계액은 얼마인가?

[12] 3월(3월 1일 ~ 3월 31일) 중 외상 매출(외상매출금) 건수는 몇 건인가?

[13] 1/4분기에서 판매비와 관리비 중 대체거래가 발생한 계정과목의 코드와 금액은 얼마인가?

[14] 1월 31일 현재 전기말과 대비해서 당좌자산의 증가액 얼마인가?

[15] 2월말 현재 상품매출은 전기말과 대비하여 얼마나 증가하였는가?

[16] 3월말 현재 받을어음의 장부가액은 얼마인가?

[17] 3월말 현재 일일자금명세(경리일보) 당좌예금의 잔액은 얼마인가?

[18] 3월말 현재 일일자금명세(경리일보) 받을어음의 잔액은 얼마인가?

해답

[1] 거래처원장 내용/잔액 [15,000,000원]

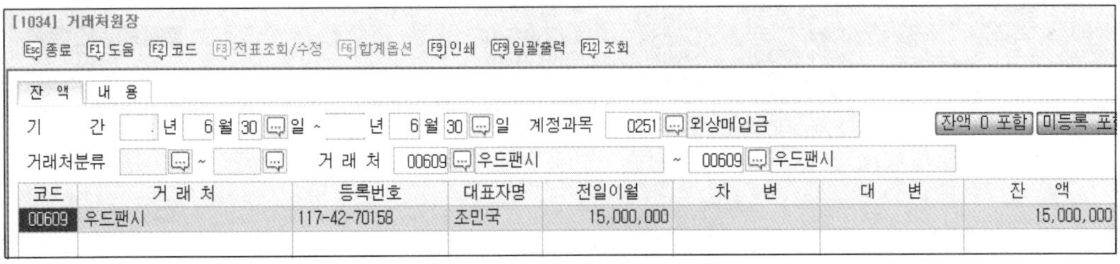
[1034] 거래처원장

Esc 종료 F1 도움 F2 코드 F3 전표조회/수정 F6 합계옵션 F9 인쇄 CF9 일괄출력 F12 조회

잔 액 | 내 용

기 간 년 6 월 30 일 ~ 년 6 월 30 일 계정과목 0251 외상매입금 잔액 0 포함 미등록 포

거래처분류 ~ 거 래 처 00609 우드팬시 ~ 00609 우드팬시

코드	거 래 처	등록번호	대표자명	전일이월	차 변	대 변	잔 액
00609	우드팬시	117-42-70158	조민국	15,000,000			15,000,000

[2] 총계정원장 [3월, 5,550,000원] / 계정별원장

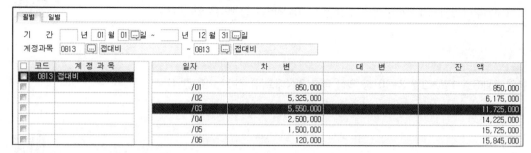

월별 | 일별

기 간 년 01 월 01 일 ~ 년 12 월 31 일

계정과목 0813 접대비 ~ 0813 접대비

코드	계 정 과 목
0813	접대비

일자	차 변	대 변	잔 액
/01	850,000		850,000
/02	5,325,000		6,175,000
/03	5,550,000		11,725,000
/04	2,500,000		14,225,000
/05	1,500,000		15,725,000
/06	120,000		15,845,000

[3] 계정별원장 [2건, 25,000,000원]

계정별 | 부서별 | 사원별 | 현장별 | 전 체

기 간 년 6 월 1 일 ~ 년 6 월 30 일

계정과목 0108 외상매출금 ~ 0108 외상매출금

코드	계 정 과 목
0108	외상매출금

일자	적 요	코드	거 래 처	차 변	대 변	잔 액	번호	
	[전 월 이 월]			566,100,000	92,300,000	473,800,000		
06-15		00610	짱문구		15,000,000	458,800,000	00003	6
06-20		00636	하이테크		10,000,000	448,800,000	00001	3
	[월 계]				25,000,000			
	[누 계]			566,100,000	117,300,000			

[4] 총계정원장 [2월, 410,000,000원] / 계정별원장

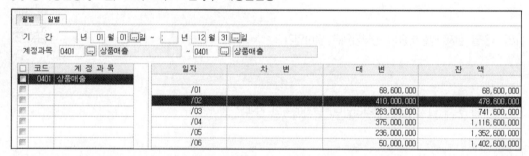

월별 | 일별

기 간 년 01 월 01 일 ~ 년 12 월 31 일

계정과목 0401 상품매출 ~ 0401 상품매출

코드	계 정 과 목
0401	상품매출

일자	차 변	대 변	잔 액
/01		68,600,000	68,600,000
/02		410,000,000	478,600,000
/03		263,000,000	741,600,000
/04		375,000,000	1,116,600,000
/05		236,000,000	1,352,600,000
/06		50,000,000	1,402,600,000

[5] 거래처원장 - 잔액 [00213 솔로몬문구, 155,000,000원]

잔 액 | 내 용

기 간 년 5 월 31 일 ~ 년 5 월 31 일 계정과목 0108 외상매출금 잔액 0 포함 미등록 포함

거래처분류 ~ 거 래 처 00102 (주)수원캐릭터 ~ 00669 국민카드

코드	거 래 처	등록번호	대표자명	전일이월	차 변	대 변	잔 액
00205	오피스문구	236-43-17937	김상진	4,000,000			4,000,000
00209	하늘상사	120-25-34675	임하늘	4,000,000			4,000,000
00210	캐릭터문구	130-02-31754	송재일	110,000,000			110,000,000
00211	영일문구	203-23-30209	이명동	50,800,000			50,800,000
00213	솔로몬문구	120-23-33158	임녀수	155,000,000			155,000,000
00610	짱문구	605-10-25862	허지수	100,000,000			100,000,000
00636	하이테크	315-04-12920	송이주	50,000,000			50,000,000

[6] 총계정원장 [16,500,000원] / 계정별원장 / 월계표

월별 | 일별

기 간 년 01 월 01 일 ~ 년 06 월 30 일

계정과목 0102 당좌예금 ~ 0102 당좌예금

코드	계 정 과 목
0102	당좌예금

일자	차 변	대 변	잔 액
[전기이월]	20,500,000		20,500,000
/01			20,500,000
/02			20,500,000
/03			20,500,000
/04			20,500,000
/05			20,500,000
/06	7,500,000	16,500,000	11,500,000

[7] 현금출납장 [188,329,000원]

전체 | 부서별 | 사원별 | 현장별 | 프로젝트별

기 간 년 6 월 13 일 ~ 년 6 월 13 일

일자	코드	적 요	코드	거 래 처	입 금	출 금	잔 액
		[전 일 이 월]			188,329,000		188,329,000
		[누 계]			636,300,000	447,971,000	

[8] 월계표/일계표 [233,211,000원]

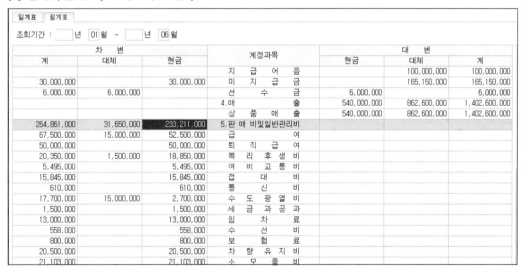

일계표 | 월계표

조회기간 : 년 01 월 ~ 년 06 월

차 변			계정과목	대 변		
계	대체	현금		현금	대체	계
			지 급 어 음		100,000,000	100,000,000
30,000,000		30,000,000	미 지 급 금		165,150,000	165,150,000
6,000,000	6,000,000		선 수 금	6,000,000		6,000,000
			4.매 출	540,000,000	862,600,000	1,402,600,000
			상 품 매 출	540,000,000	862,600,000	1,402,600,000
264,861,000	31,650,000	233,211,000	5.판 매 비및일반관리비			
67,500,000	15,000,000	52,500,000	급 여			
50,000,000		50,000,000	퇴 직 급 여			
20,350,000	1,500,000	18,850,000	복 리 후 생 비			
5,495,000		5,495,000	여 비 교 통 비			
15,845,000		15,845,000	접 대 비			
610,000		610,000	통 신 비			
17,700,000	15,000,000	2,700,000	수 도 광 열 비			
1,500,000		1,500,000	세 금 과 공 과			
13,000,000		13,000,000	임 차 료			
558,000		558,000	수 선 비			
800,000		800,000	보 험 료			
20,500,000		20,500,000	차 량 유 지 비			
21,103,000		21,103,000	소 모 품 비			

[9] 합계잔액시산표 [231,000,000원] / 계정별원장

상품매출원가 = 합계잔액시산표상 상품금액 – 상품재고액(문제에서 주어진)

= 291,000,000원 – 60,000,000원 = 231,000,000원

기간 : 년 06 월 30 일

관리용 | 제출용 | 표준용

차변 잔액	차변 합계	계정과목	대변 합계	대변 잔액
52,500,000	52,500,000	단 기 대 여 금		
2,000,000	2,000,000	미 수 금		
291,000,000	291,000,000	<재 고 자 산>		
291,000,000	291,000,000	상 품		
301,000,000	301,000,000	2.비 유 동 자 산	6,800,000	6,800,000
20,000,000	20,000,000	<투 자 자 산>		
20,000,000	20,000,000	장 기 대 여 금		
231,000,000	231,000,000	<유 형 자 산>	6,800,000	6,800,000
50,000,000	50,000,000	건 물		
		감 가 상 각 누 계 액	1,000,000	1,000,000
22,000,000	22,000,000	차 량 운 반 구		
		감 가 상 각 누 계 액	4,000,000	4,000,000
159,000,000	159,000,000	비 품		
		감 가 상 각 누 계 액	1,800,000	1,800,000

[10] 거래처원장 잔액 [150,000원]

잔 액 | 내 용

기 간 년 5 월 1 일 ~ 년 5 월 31 일 계정과목 0253 미지급금 잔액 0 포함 미등록 포함

거래처분류 ~ 거 래 처 00669 국민카드 ~ 00669 국민카드

코드	거 래 처	등록번호	대표자명	전월이월	차 변	대 변	잔 액
00669	국민카드	613-02-33989	김카드			150,000	150,000

[11] 일계표/월계표 [기간 4월 – 6월, 1,750,000원] / 총계정원장

일계표 | 월계표

조회기간 : 년 04 월 ~ 년 06 월

차변 계	차변 대체	차변 현금	계정과목	대변 현금	대변 대체	대변 계
50,000,000		50,000,000	<기 타 비 유 동 자 산>			
50,000,000		50,000,000	임 차 보 증 금			
45,000,000		45,000,000	3.유 동 부 채		350,150,000	350,150,000
15,000,000		15,000,000	외 상 매 입 금		100,000,000	100,000,000
			지 급 어 음		100,000,000	100,000,000
30,000,000		30,000,000	미 지 급 금		150,150,000	150,150,000
			4.매 출	300,000,000	361,000,000	661,000,000
			상 품 매 출	300,000,000	361,000,000	661,000,000
35,795,000	16,650,000	19,145,000	5.판 매 비및일반관리비			
15,000,000	15,000,000		급 여			
1,750,000	1,500,000	250,000	복 리 후 생 비			
5,145,000		5,145,000	여 비 교 통 비			
4,120,000		4,120,000	접 대 비			
[illegible]		[illegible]	통 신 비			

[12] 계정별원장 [3건]

계정별 | 부서별 | 사원별 | 현장별 | 전 체

기 간 년 3월 1 일 ~ 년 3월 31 일

계정과목 0108 외상매출금 ~ 0108 외상매출금

□	코드	계 정 과 목	일자	적 요	코드	거 래 처	차 변	대 변	잔 액	번호	
■	0108	외상매출금		[전 월 이 월]			242,100,000	18,800,000	223,300,000		
□			03-03		00210	캐릭터문구	35,000,000		258,300,000	00001	1
□			03-06		00211	영일문구	28,000,000		286,300,000	00001	2
□			03-15		00610	짱문구	50,000,000		336,300,000	00001	6
□			03-15		00213	솔로몬문구		50,000,000	286,300,000	00008	1
□				[월 계]			113,000,000	50,000,000			
□				[누 계]			355,100,000	60,000,000			

[13] 월계표 [1~3월, 815(수도광열비), 15,000,000원]

일계표 | 월계표

조회기간 : 년 01월 ~ 년 03월

차 변			계정과목	대 변		
계	대체	현금		현금	대체	계
6,000,000	6,000,000		3.유 동 부 채	6,000,000	72,000,000	78,000,000
			외 상 매 입 금		57,000,000	57,000,000
			미 지 급 금		15,000,000	15,000,000
6,000,000	6,000,000		선 수 금	6,000,000		6,000,000
			4.매 출	240,000,000	501,600,000	741,600,000
			상 품 매 출	240,000,000	501,600,000	741,600,000
229,066,000	15,000,000	214,066,000	5.판 매 비및일반관리비			
52,500,000		52,500,000	급 여			
50,000,000		50,000,000	퇴 직 급 여			
18,600,000		18,600,000	복 리 후 생 비			
350,000		350,000	여 비 교 통 비			
11,725,000		11,725,000	접 대 비			
480,000		480,000	통 신 비			
15,200,000	15,000,000	200,000	수 도 광 열 비			
1,500,000		1,500,000	세 금 과 공 과			
10,000,000		10,000,000	임 차 료			
558,000		558,000	수 선 비			
800,000		800,000	보 험 료			
16,500,000		16,500,000	차 량 유 지 비			
21,103,000		21,103,000	소 모 품 비			
29,750,000		29,750,000	수 수 료 비 용			

[14] 재무상태표 [1월, 109,971,000원 - 59,812,000원 = 50,159,000원]

기간 : 2015 년 01 ▾ 월

관리용 | 제출용 | 표준용

과 목	당기		전기	
	금액		금액	
자산				
Ⅰ.유동자산		138,971,000		68,812,000
① 당좌자산		109,971,000		59,812,000
현금		59,559,000		13,000,000
당좌예금		20,500,000		20,500,000
보통예금		6,000,000		6,000,000
외상매출금	13,100,000		9,500,000	
대손충당금	123,000	12,977,000	123,000	9,377,000
받을어음	6,500,000		6,500,000	

[15] 손익계산서 [2월, 478,600,000원 - 105,600,000원 = 373,000,000원]

기간 : 년 02 월

관리용 | 제출용 | 표준용

과 목	당기 금액		전기 금액	
Ⅰ.매출액		478,600,000		105,600,000
상품매출	478,600,000		105,600,000	
Ⅱ.매출원가				49,300,000
상품매출원가				49,300,000
기초상품재고액	9,000,000		3,300,000	
당기상품매입액	57,000,000		55,000,000	
기말상품재고액	66,000,000		9,000,000	
Ⅲ.매출총이익		478,600,000		56,300,000
Ⅳ.판매비와관리비		54,516,000		23,430,000
급여	32,500,000		13,600,000	
복리후생비	3,600,000		3,500,000	
여비교통비	350,000		800,000	

[16] 재무상태표 [3월, 156,435,000원] /합계잔액시산표

기간 : 년 03 월

관리용 | 제출용 | 표준용

과 목	당기 금액		전기 금액	
자산				
Ⅰ.유동자산		633,346,000		68,812,000
① 당좌자산		567,346,000		59,812,000
현금		93,734,000		13,000,000
당좌예금		20,500,000		20,500,000
보통예금		6,000,000		6,000,000
외상매출금	286,300,000		9,500,000	
대손충당금	123,000	286,177,000	123,000	9,377,000
받을어음	156,500,000		6,500,000	
대손충당금	65,000	156,435,000	65,000	6,435,000
단기대여금		2,500,000		2,500,000
미수금		2,000,000		2,000,000
② 재고자산		66,000,000		9,000,000
상품		66,000,000		9,000,000

[17] 경리일보 [3월, 20,500,000원]

[18] 경리일보 [3월, 156,500,000원]

구분: 1.전체용 조회일자: 년 3 월 31 일 ◀ 전일 후일 ▶

구분	계정과목	현금수입	차변대체	현금지출	대변대체	적요
계	전일현금: 93,734,000					당일현금: 93,734,000
구분	은행명	전일잔액	당일증가	당일감소	당일잔액	한도잔액
당좌예금	초기거래처 미사용	20,500,000			20,500,000	20,500,000
계		20,500,000			20,500,000	
구분	은행명	전일잔액	당일증가	당일감소	당일잔액	한도잔액
계						
구 분	은행명	전일잔액	당일증가	당일감소	당일잔액	개좌개설점
보통예금	초기거래처 미사용	6,000,000			6,000,000	
	거래처 미사용					
계		6,000,000			6,000,000	
<현금등가물>		120,234,000			120,234,000	
구 분	거래처	전일잔액	당일증가	당일감소	당일잔액	어음번호
받을어음	초기거래처 미사용	6,500,000			6,500,000	
	다나와문구	50,000,000			50,000,000	
	하이모리	100,000,000			100,000,000	
계		156,500,000			156,500,000	

Part III

모의고사 (1회~4회)

모의고사 1회

이 론

01. 다음 중 재무제표에 대한 설명 중 틀린 것은?

① 재무상태표의 구성요소인 부채는 유동부채와 비유동부채로 구분한다.
② 손익계산서는 일정기간의 기업의 경영성과를 나타낸다.
③ 재무상태표는 복식부기의 원리에 의하여 작성한다.
④ 재무제표에는 재무상태표, 손익계산서, 합계잔액시산표, 주석 등으로 구성된다.

02. 다음은 4월 1일의 거래 중 재무상태표 관련 계정을 나타낸 것이다. 거래를 잘못 추정한 것은?

차량운반구

기초	4,000,000	4/1 처분	4,000,000

감가상각누계액(차량운반구)

4/1	900,000	기초	600,000
		4/1	300,000

미수금

4/1	2,500,000		

① 차량운반구를 처분하면서 유형자산처분이익 600,000원이 계상된다.
② 차량운반구의 처분가액은 2,500,000원이다.
③ 처분시 차량운반구의 처분시 장부가액은 3,100,000원이다.
④ 처분한 차량운반구의 당기 감가상각비는 300,000원이다.

03. 다음의 매출, 매입관련 내용 중 가장 적합하지 않은 내용은?

① 매출환입이란 판매자가 판매한 상품에 결함이 발견되어 당초의 판매가격을 감액해 주는 것을 말한다.
② 매출할인이란 구매자가 외상매출대금을 조기 결제시에 판매자가 대금을 감액해 주는 것을 말한다.
③ 상품을 매입하는 경우 취득원가는 매입가격과 매입운반비등 취득부대비용을 취득원가에 포함한다.
④ 상품을 매출하는 경우 수익인식은 인도기준에 의하며, 만약 상품운반에 따른 비용을 판매자가 부담시 판매비와 관리비로 회계처리한다.

04. 상품의 매입과 매출에 관련된 자료가 다음과 같을 때 매출총이익은 얼마인가?

• 총매출액	20,000원	• 총매입액	12,000원
• 매입운임	2,000원	• 매입할인	1,000원
• 기초상품재고액	3,000원	• 기말상품재고액	2,000원

① 3,000원 ② 4,000원 ③ 5,000원 ④ 6,000원

05. 당기 10월 1일 업무용 자동차 보험료 600,000원(보험기간 : 당기.10.1~차기. 3. 31)을 현금지급하면서 전액 비용처리하고 당기 12월 31일 결산시에 아무런 회계처리를 하지 않았다. 차기 재무제표에 미치는 영향으로 옳은 것은?

① 손익계산서 순이익이 300,000원 과대계상
② 재무상태표 자산이 300,000원 과소계상
③ 손익계산서 순이익이 300,000원 과소계상
④ 재무상태표 자산이 150,000원 과대계상

06. 다음 중 재무상태표의 자산분류로 틀린 것은? (단, 회사는 도매업을 영위한다)

① 당좌자산 - 장기성예금 ② 재고자산 - 상품
③ 무형자산 - 산업재산권 ④ 유형자산 - 비품

07. 다음 중 회계의 순환과정 순서가 옳게 표시된 것은?

1. 분개장 기록	2. 시산표 작성	3. 총계정원장 기록
4. 손익계산서 작성	5. 재무상태표작성	

① 1 → 2 → 3 → 4 → 5 ② 1 → 2 → 4 → 3 → 5
③ 1 → 3 → 2 → 4 → 5 ④ 1 → 4 → 2 → 3 → 5

08. 다음에서 밑줄 친 (가)와 (나)를 회계 처리한 경우 재무상태표에 통합 표시될 항목으로 옳은 것은?

> 서울상사는 거래처에서 외상대금 500만원을 회수하여 (가)200만원은 6개월 만기 정기예금에 가입하고, (나)잔액은 당좌예금에 입금하다.

① (가) 단기투자자산 (나) 단기투자자산
② (가) 단기투자자산 (나) 현금및현금성자산
③ (가) 현금및현금성자산 (나) 단기투자자산
④ (가) 현금및현금성자산 (나) 현금및현금성자산

09. 그림은 8월 중 갑상품에 대한 내용이다. 월말재고액을 선입선출법으로 계산한 금액으로 옳은 것은?

월초재고		당월 매입		당월 매출
1일 10개 단가 1,000원	⇒	5일 20개 단가 1,100원 10일 30개 단가 1,200원	⇒	20일 40개 단가 2,200원

① 21,000원 ② 22,000원 ③ 23,000원 ④ 24,000원

10. 다음 자료에 의하여 정액법에 의한 4차년도의 감가상각비와 기말감가상각누계액은?

> • 취득원가 1,000,000원 • 잔존가치 100,000원 • 내용연수 4년

① 200,000원, 800,000원 ② 225,000원, 675,000원
③ 225,000원, 800,000원 ④ 225,000원, 900,000원

11. 당해연도말 외상매출금에 대한 추가설정할 대손상각비는 얼마인가?

> • 기초 외상매출금에 대한 대손충당금 잔액은 100,000원이다.
> • 7월 1일 거래처의 파산으로 외상매출금 30,000원이 회수불능되었다.
> • 8월 1일 전기에 대손처리한 외상매출금 10,000원이 현금회수되다.
> • 12월 31일 현재 대손추산액을 150,000원으로 추정하다.

① 70,000원 ② 90,000원 ③ 110,000원 ④ 130,000원

12. 결산의 결과 당기순이익이 100,000원이 발생하였으나 다음과 같은 기말정리사항의 누락이 발견되었다. 수정 후의 정확한 당기순이익을 계산하면?

• 임대료 중 선수분	10,000원
• 보험료 중 기간 미경과분	20,000원
• 단기대여금중 미수이자	30,000원
• 차입금중 이자발생분	40,000원

① 100,000원 ② 90,000원 ③ 120,000원 ④ 110,000원

13. 다음 자료에서 기말자본은?

• 기초자산	400,000원	• 기초부채	100,000원
• 당기수익총액	300,000원	• 당기비용총액	100,000원
• 사업주인출액	100,000원		

① 400,000원 ② 200,000원 ③ 500,000원 ④ 300,000원

14. 다음 자료에 의한 영업이익은?

• 매출총이익	500,000원	• 임대료(수입임대료)	50,000원
• 외환차익	80,000원	• 이자비용	20,000원
• 기부금	40,000원	• 광고선전비	50,000원
• 기업업무추진비	30,000원	• 이자수익	60,000원
• 대손충당금환입 (매출채권에서 발생)	120,000원		

① 420,000원 ② 540,000원 ③ 300,000원 ④ 520,000원

15. 다음은 영업목적으로 상품을 취득하면서 발생한 비용이다. 상품의 취득원가에 포함시킬 수 없는 비용은?

① 수입시 관세 ② 하역비 ③ 매입환출 ④ 매입시 보험료

실 무

계룡문구(4011)는 문구용품을 판매하는 개인기업이다. 당기 회계기간은 20×1.1.1~20×1.12.31이다. 전산세무회계 수험용 프로그램을 이용하여 다음 물음에 답하시오.

문제 1 **다음은 계룡문구의 사업자등록증이다. 회사등록메뉴에 입력된 내용을 검토하여 누락된 부분은 추가입력하고 잘못된 부분은 정정하시오. (6점)**

<u>사업자등록증</u>
(개인사업자용)
등록번호 : 229-02-02767

1. 상 호 : 계룡문구
2. 대 표 자 : 김성길
3. 개 업 연 월 일 : 2013. 5. 16
4. 주민등록번호 : 611113-1350713
5. 사업장소재지 : 서울시 서초구 도구로 118
6. 사업자의 종류 : [업태] 도,소매 [업종] 문구
7. 교 부 사 유 : 신규
8. 주류판매신고번호 :
9. 사업자단위과세여부 : 부

2013. 5. 21
서초세무서장 (인)

문제 2 **계룡문구의 전기분손익계산서는 다음과 같다. 해당메뉴를 검토하여 정정 및 추가 입력하고 관련 재무제표를 수정하시오. (6점)**

손익계산서

계룡문구 전기 20×0. 1. 1 ~ 20×0. 12. 31 (단위 : 원)

과 목	금 액	과 목	금 액
Ⅰ. 매출액	105,600,000	대손상각비	270,000
상품매출	105,600,000	감가상각비	1,045,000
Ⅱ. 매출원가	52,700,000		
기초상품 재고액	3,300,000	Ⅴ. 영업이익	29,470,000
당기상품매입액	55,000,000	Ⅵ. 영업외수익	1,450,000
기말상품 재고액	5,600,000	이자수익	500,000
Ⅲ. 매출총이익	52,900,000	유형자산처분익	950,000
Ⅳ. 판매비와 관리비	23,430,000	Ⅶ. 영업외비용	615,000
급여	13,600,000	이자비용	115,000
복리후생비	3,500,000	기부금	500,000
여비교통비	800,000	Ⅷ. 소득세비용차감전순이익	30,305,000
기업업무추진비	860,000	Ⅸ. 소득세비용	6,000,000
통신비	720,000	Ⅹ. 당기순이익	24,305,000
수도광열비	735,000		
차량유지비	1,900,000		

문제 3 **거래처에 대한 추가등록을 다음과 같이 하시오. (6점)**

거래처명	쌍용문구	두정문구
코드번호	1012	1013
사업자등록번호	213-81-36383	215-06-40377
대표자명	김미숙	손경삼
사업장소재지	경기도 성남시 분당구 불정로 382	충청남도 천안시 서북구 봉정로 321
업태	도매	소매
종목	문구	문구 및 서적

문제 4 **다음 거래자료를 일반전표입력 메뉴에 추가 입력하시오. (24점)**

[1] 7월 10일 종업원 급여지급시 예수하였던 국민연금 종업원 부담분 150,000원과 사업주 부담분 150,000원을 현금으로 납부하였다. (3점)

[2] 7월 12일 사무실의 에어콘을 하이모리에서 1,200,000원에 구입하고, 대금 중 200,000원은 현금으로 지급하고 잔액은 신용카드(비씨카드)로 결제하고, 매출전표를 발급받다.

신용카드매출전표

가맹점명 : 하이모리 (02)765-****
사업자번호 : 312-19-84282
대표자명 : 김 하 리
주 소 : 서울시 동작구 동작대로 187

우리카드	신용승인
거래일시	20x1-7-12 오전 11:08:04
카드번호	8456-1114-****-35**
유효기간	**/**
가맹점번호	87687393
매입사 :	비씨카드(전자서명전표)
판매금액	**1,000,000원**
합 계	**1,000,000원**

캐셔 : 032507 차기분
20170816/10062411/00046160

[3] 7월 15일 하늘상사에서 기계장치 500,000원을 매입하고 대금은 소유하고 있던 알파문구 발행의 약속어음을 배서양도하다. 운반비 30,000원은 현금지급하다. (3점)

[4] 8월 23일 당사는 현대자동차에서 업무용승용차 1대를 25,000,000원에 구입하고, 15,000,000원은 현대캐피탈에서 12개월 무이자할부로 하고, 10,000,000원은 당좌예금으로 지급하다. 그리고 차량구입에 따른 취득세 및 등록면허세는 1,800,000원은 현금으로 지급하다. (3점)

[5] 8월 19일 지방 출장을 마치고 돌아온 영업부 직원 김수호로 부터 8 월 15일에 지급한 출장비 200,000원에 대하여 다음과 같이 지출명세를 받고 차액은 현금으로 회수하다. (3점)

내 역	교통비	숙박비외	거래서와 식사
금 액	100,000원	35,000원	35,000원

[6] 8월 20일 상품 검사 업무를 하는 일용직 근로자에게 일용급여 500,000원을 현금 지급하고 영수증을 수취하다. (3점)

일용직 급여지급 영수증

이름 : 김길동
주민등록번호 : 620305-1111111
주소 : 서울 관악구 관악로 103-12

〈근무내역〉

입 사 일 : 20x1. 07. 1.
근무기간 : 20x1. 07. 1. - 20x1. 07. 31.
수령금액 : 500,000원

본인은 상기 금액을 수령하였음을 확인합니다.
20x1년 08월 20일
수령자 : 김길동 (인)

계룡문구

[7] 8월 25일 사용중인 업무용자동차(취득원가 : 25,000,000원, 처분일까지의 감가상각누계액 : 12,500,000원)를 한국중고차매매에 15,000,000원에 판매하고 대금은 다음달 받기로 하다. (3점)

[8] 9월 27일 거래처 ㈜경인으로부터 외상대금으로 받아 보관중인 약속어음 5,000,000원을 서울은행에서 할인하고, 할인료 100,000원을 차감한 금액을 당사 보통예금에 입금하였다. 당 거래는 매각거래로 간주한다. (3점)

전 자 어 음

계룡문구 귀하 00420170819223344112

금 오백만원정 5,000,000원

위의 금액을 귀하 또는 귀하의 지시인에게 지급하겠습니다.

지급기일	20x1년 10월 31일	발행일	20x1년 7월 1일
지 급 지	서울은행	발행지 주 소	서울시 강남구 강남대로 252
지급장소	가락동지점	발행인	㈜경인

문제 5 일반전표입력 메뉴에 입력된 내용 중 다음과 같은 오류가 발견되었다. 입력된 내용을 확인하여 정정하시오. (6점)

[1] 9월 01일 캐릭터도매에 대한 외상매입금을 결제하기 위해 이체한 금액 103,000원에는 송금수수료 1,000원이 포함되어 있다. (3점)

[2] 7월 26일 수선비 5,000,000원은 건물의 자본적지출 거래로 확인되다. (3점)

문제 6 다음의 결산정리사항을 입력하여 결산을 완료하시오. (9점)

[1] 보험료 900,000원은 당기 11월 1일부터 내년도 4월 30일까지이다(월할계산하시오). (3점)

[2] 대손충당금은 매출채권(외상매출금, 받을어음) 잔액에 대하여 1%를 보충법으로 설정하다. (3점)

[3] 차량운반구에 대한 당기 감가상각비는 1,500,000원이고 기계장치에 대한 당기 감가상각비는 800,000원이다. (3점)

[4] 기말상품재고액은 3,500,000원이다.(단, 전표입력에서 구분으로 5 : 결산차변, 6 : 결산대변을 사용한다.) (3점)

문제 7 **다음 사항을 조회하여 답안을** 이론문제 답안작성 **메뉴에 입력하시오. (10점)**

[1] 1월~3월의 판매비와 관리비의 현금지출액은 얼마인가? (4점)

[2] 4월 30일 현재 외상매출금 잔액이 가장 많은 거래처와 금액은 얼마인가? (3점)

[3] 2월말 현재 당좌자산은 전기말과 대비하여 얼마나 증가하였는가? (3점)

모의고사 1회 답안 및 해설

이 론

1	2	3	4	5	6	7	8	9	10	11	12	13	14	15
④	①	①	④	①	①	③	②	④	④	①	①	①	②	③

01. **합계잔액시산표는 재무제표에서 제외**된다.

02. (처분시)장부가액 = 취득가액 - 감가상각누계액 = 4,000,000 - 900,000 = 3,100,000원

처분손익 = 처분가액 - 장부가액 = 2,500,000 - 3,100,000 = △600,000원(처분손)

4/1 처분시까지 감가상각비 인식

(차) 감가상각비	300,000원	(대) 감가상각누계액	300,000원

4/1 처분시 회계처리

(차) 감가상각누계액	900,000원	(대) 차량운반구	4,000,000원
미 수 금	2,500,000원		
유형자산처분손	600,000원		

03. **매출환입은 결함상품에 대하여 반품되는 것**을 말한다.

04. 상 품

기초상품	3,000	**매출원가**	**14,000**
총매입액	**12,000**		
매입할인	**△1,000**		
매입운임	**2,000**	기말상품	2,000
계	16,000	계	16,000

매출총이익 = 매출액(20,000) - 매출원가(14,000) = 6,000원

05. 당기 회계처리 누락

(차) 선급비용	300,000원	(대) 보 험 료	300,000원

차기 회계처리 누락

(차) 보 험 료	300,000원	(대) 선급비용	300,000원

따라서 차기에는 비용이 300,000원이 과소계상되므로 순이익이 과대계상되나,

차기재무상태표(당기재무상태표에는 자산 300,000원 과소계상)에는 아무런 변화가 없다.

06. 장기성예금은 보고기간말로부터 1년 후에 만기가 도래하는 예금으로 투자자산에 해당한다.

07. **분개 ⇨ 전기 ⇨ 시산표 ⇨ 손익계산서 ⇨ 재무상태표** 순으로 결산이 진행된다.

09. **판매가능수량(60개) - 당월매출수량(40개) = 월말재고수량(20개)**

월말재고수량 20개(10일 구입분) × 단가 1,200 = 월말재고액 24,000

10. 정액법 = (취득가액 - 잔존가치)/내용년수 = (1,000,000 - 100,000)/4 = 225,000원/년
기말감가상각누계액 = 225,000 × 4년 = 900,000원

11. 대손충당금

대 손	30,000	기 초 잔 액	100,000
		회 수	10,000
기 말 잔 액	150,000	**대손상각비(?)**	**70,000**
계	180,000	계	180,000

12.

1. 수정전 당기순이익	100,000	
① 임대료 선수분	-10,000	(차) 임대료(수익) xx (대) 선수수익 xx
② 보험료 선급분	+20,000	(차) 선급비용 xx (대) 보험료(비용) xx
③ 이자 미수분	+30,000	(차) 미수수익 xx (대) 이자수익 xx
④ 이자 발생분	-40,000	(차) 이자비용 xx (대) 미지급비용 xx
2. 수정후 당기순이익	100,000	

13. 기말자본 = 기초자본(기초자산 - 기초부채) + 당기순손익(= 수익총액 - 비용총액)
- 사업주인출액 = [400,000 - 100,000] + [300,000 - 100,000] - 100,000 = 400,000원

14. 영업손익 = 매출총이익(500,000) - 판관비[50,000(광고선전비) + 30,000(기업업무추진비)
- 120,000(대손충당금환입)] = 540,000원

15. **매입환출은 재고자산 취득가액에서 차감하는 항목**이다.

실 무

문제 1 회사등록

1. 대표자명 및 주민등록번호 변경
2. 사업장세무서 수정 : 서초세무서

문제 2 전기분재무제표

☞ **재무상태표(기말상품수정) ⇨ 손익계산서(매출원가) ⇨ 자본금 수정**

1. 매출원가 : 기말상품재고액 5,600,000원 확인
재무상태표 기말상품재고액 : 5,600,000원으로 수정
2. 손익계산서 상품매출원가 확인 : 기말상품재고액 수정여부 확인, 당기순이익 24,305,000원으로 변경
3. 자본금 : 97,712,000원에 3,400,000원 차감한 94,312,000원 입력, 대차차액이 "0"인지 최종확인

문제 3 거래처 등록

주어진 자료대로 입력

문제 4 일반전표입력

[1]	(차)	예수금	150,000	(대)	현 금	300,000
		세금과공과(판)	150,000			
[2]	(차)	비 품	1,200,000	(대)	현 금	200,000
					미지급금(비씨카드)	1,000,000
[3]	(차)	기계장치	530,000	(대)	받을어음(알파문구)	500,000
					현 금	30,000
[4]	(차)	차량운반구	26,800,000	(대)	미지급금(현대캐피탈)	15,000,000
					당좌예금	10,000,000
					현 금	1,800,000
[5]	(차)	여비교통비(판)	135,000	(대)	가지급금(김수호)	200,000
		기업업무추진비(판)	35,000			
		현 금	30,000			
[6]	(차)	잡급(판)	500,000	(대)	현 금	500,000
[7]	(차)	감가상각누계액(차량)	12,500,000	(대)	차량운반구	25,000,000
		미수금(한국중고차매매)	15,000,000	(대)	유형자산처분이익	2,500,000

☞ 처분손익 = 처분가액(15,000,000) – 장부가액(25,000,000 – 12,500,000) = 2,500,000(이익)

[8]	(차)	보통예금	4,900,000	(대)	받을어음((주)경인)	5,000,000
		매출채권처분손실	100,000			

문제 5 오류수정

[1] 〈수정전〉

(차)	외상매입금(캐릭터도매)	103,000	(대)	보통예금	103,000

〈수정후〉

(차)	외상매입금(캐릭터도매)	102,000	(대)	보통예금	103,000
	수수료비용(판)	1,000			

[2] 〈수정전〉

(차) 수선비(판) 5,000,000 (대) 현 금 5,000,000

〈수정후〉

(차) 건 물 5,000,000 (대) 현 금 5,000,000

문제 6 결산

[1] [수동결산]

(차) 선급비용 600,000 (대) 보험료(판) 600,000

☞ 선급비용 : 900,000 × 4개월/6개월 = 600,000원

[2] [수동결산/자동결산]

계정과목	기말잔액(A)	대손추산액 (B = A × 1%)	설정전 대손충당금(C)	당기대손상각비 (B - C)
외상매출금	448,800,000	4,488,000	123,000	4,365,000
받을어음	318,500,000	3,185,000	65,000	3,120,000

(차) 대손상각비(판) 7,435,000 (대) 대손충당금(외상매출금) 4,365,000

대손충당금(받을어음) 3,120,000

[3] [수동결산/자동결산]

(차) 감가상각비(판) 2,300,000 (대) 감가상각누계액(차량) 1,500,000

감가상각누계액(기계) 800,000

[4] [수동결산/자동결산]

합계잔액시산표 '상품' 금액 확인 : 288,360,000 - 3,500,000 = 284,860,000원

(결차) 상품매출원가 284,860,000 (결대) 상 품 284,860,000

☞ 문제에서 결산 차변, 결산 대변을 사용하라고 했으면 반드시 결차, 결대를 사용하셔야 합니다.

문제 7 장부조회

[1] 월계표/일계표 조회 214,066,000원

[2] 거래처원장 잔액조회 솔로몬문구 155,000,000원

[3] 재무상태표 조회

483,896,000(2월말) - 59,812,000(전기말) = 424,084,000원

모의고사 2회

이 론

01. 매출에누리를 당기 총매출액에서 차감하지 않고, 영업외비용으로 처리하였을 경우 손익계산서상 매출총이익, 영업이익과 당기순이익에 미치는 영향으로 옳은 것은?

	매출총이익	영업이익	당기순이익
①	과소계상	과대계상	불변
②	과소계상	불변	과대계상
③	과대계상	과대계상	불변
④	과대계상	과소계상	과소계상

02. 다음의 자료를 토대로 기말 대손상각비로 계상할 금액은 얼마인가?

- 기초 매출채권에 대한 대손충당금 잔액은 200,000원이다.
- 3월 3일 거래처의 파산으로 매출채권 80,000원이 회수불능되었다.
- 기말 매출채권에 대한 대손충당금은 150,000원이다.
- 대손충당금은 보충법을 적용한다.

① 10,000원 ② 20,000원 ③ 30,000원 ④ 40,000원

03. 다음 〈자료〉에 의하여 당기 외상매입액은 얼마인가?

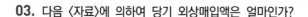

1. 외상매입금 지급액 : 400,000원 2. 기초외상매입금 : 300,000원
3. 기말외상매입금 : 500,000원

① 600,000원 ② 700,000원 ③ 400,000원 ④ 500,000원

04. 다음중 유동성배열법에 의한 재무상태표 작성시 가장 나중에 배열되는 항목은?

① 상품 ② 비품 ③ 정기예금(만기 3년) ④ 임차보증금

05. 재무상태표에 [현금 및 현금성자산]으로 표시되지 않는 것은?

① 자기앞수표 ② 상품권 ③ 가계수표 ④ 타인발행당좌수표

06. 다음 자료에 의하여 기초상품 재고액을 계산하면?

• 당기상품 순매출액	100,000원	• 당기 매출총이익은 매출액의 20%이다.	
• 당기상품 순매입액	60,000원	• 기말상품 재고액	20,000원
• 당기상품 매입운임	10,000원		

① 10,000원 ② 20,000원 ③ 30,000원 ④ 40,000원

07. 재고자산의 평가방법에는 선입선출법, 평균법, 후입선출법 등이 있다. 일반적으로 물가가 상승한다고 가정할 경우 기말재고자산을 가장 크게 평가하는 방법은 무엇인가?

① 선입선출법 ② 총평균법 ③ 이동평균법 ④ 후입선출법

08. 주어진 자료에서 인출금을 정리 후 기말자본금이 650,000원이라고 가정하면 당기순이익은 얼마인가?

인 출 금		자 본 금	
12/15 현금 50,000			1/1 전기이월 400,000

① 100,000원 ② 300,000원 ③ 200,000원 ④ 150,000원

09. 재무상태표와 손익계산서의 작성기준에 대한 설명이다. 다음 중 가장 틀린 것은?

① 자산, 부채는 유동, 비유동으로 구분표시하고 환금성이 늦은 순서로 배열한다.
② 재무상태표와 손익계산서는 원칙적으로 총액주의로 표시한다.
③ 자산과 부채는 보고기간말 현재 1년 또는 정상적인 영업주기를 기준으로 구분표시한다.
④ 손익계산서의 수익과 비용은 발생주의에 따라 인식한다.

10. 다음에서 A, B에 해당하는 계정과목은?

A : 컴퓨터(상품)을 구입에 따른 외상대금 B : 컴퓨터(비품)을 구입에 따른 외상대금

	A	B
①	외상매입금	미지급금
②	미지급금	외상매입금
③	미수금	미지급금
④	미수금	외상매입금

11. 개인기업인 서울상점의 기말자본을 구하면 얼마인가?

• 기초자본금	3,000,000원	• 총수익	5,000,000원
• 기업주인출금	1,000,000원	• 총비용	6,500,000원

① 400,000원　② 500,000원
③ 600,000원　④ 700,000원

12. 다음은 유형자산의 수익적지출을 자본적지출로 처리한 경우(현금지출)에 대한 설명이다. 가장 알맞은 표현은?

① 당기순이익이 증가한다.　② 자본이 감소한다
③ 타인자본이 증가한다.　④ 자산이 감소한다.

13. 다음 중 취득원가에 포함되지 않는 것은?

① 토지 취득시 납부한 취득세
② 차량을 수입시 부담한 통관수수료
③ 상품을 수입해 오는 과정에서 가입한 당사 부담의 운송보험료
④ 차량 구입 후 가입한 자동차보험료

14. 다음 자료에 의하여 당기 중에 외상으로 매출한 상품 대금을 계산하면 얼마인가?

• 외상매출금 기초 잔액 : 60,000원	• 외상매출금 기말잔액 : 80,000원
• 외상매출액 중 에누리액 : 15,000원	• 외상매출액 중 대손액 : 10,000원
• 외상매출액 중 환입액 : 15,000원	• 당기외상매출액 중 회수액 : 500,000원

① 440,000원　② 450,000원
③ 550,000원　④ 560,000원

15. 결산 결과 당기순이익 10,000원이 산출되었으나 다음과 같은 사항이 누락되었다. 수정 후 당기순이익은?

• 보험료 미지급분 : 2,000원	• 임대료 선수분 : 1,000원

① 7,000원　② 11,000원　③ 12,000원　④ 13,000원

실 무

문구나라(4012)는 문구용품을 판매하는 개인기업이다. 당기 회계기간은 20×1.1.1~20×1.12.31이다. 전산세무회계 수험용 프로그램을 이용하여 다음 물음에 답하시오.

문제 1 **다음은 문구나라의 사업자등록증이다. 회사등록메뉴에 입력된 내용을 검토하여 잘못된 부분을 정정하시오. (6점)**

사업자등록증 (개인사업자용) 등록번호 : 621-01-83014
1. 상　호　명 : 문구나라 2. 대 표 자 명 : 최 미 라 3. 개업년월일 : 2013. 2. 25 4. 주민등록번호 : 750321-2356014 5. 사업장소재지 : 서울시 관악구 관천로 109 6. 사업의 종류 : [업태] 도,소매　[종목] 문구 7. 교 부 사 유 : 사업장이전 2013년 3월 12일 동작세무서장 (인)

문제 2 다음은 문구나라의 전기분손익계산서이다. 입력되어 있는 자료를 검토하여 오류부분은 정정하고 누락된 부분은 추가 입력하시오. 재무상태표는 적정하다. (6점)

손익계산서

문구나라 전기 20×0. 1. 1 ~ 20×0. 12. 31 (단위 : 원)

과 목	금 액	과 목	금 액
Ⅰ. 매출액	105,600,000	소모품비	1,000,000
상품매출	105,600,000	잡비	270,000
Ⅱ. 매출원가	59,200,000		
기초상품 재고액	10,000,000	Ⅴ. 영업이익	25,030,000
당기상품매입액	58,200,000	Ⅵ. 영업외수익	1,450,000
기말상품 재고액	9,000,000	이자수익	500,000
Ⅲ. 매출총이익	46,400,000	유형자산처분익	950,000
Ⅳ. 판매비와 관리비	21,370,000	Ⅶ. 영업외비용	615,000
급여	13,600,000	이자비용	115,000
복리후생비	3,500,000	기부금	500,000
여비교통비	1,420,000	Ⅷ. 소득세비용차감전순이익	25,865,000
기업업무추진비	860,000	Ⅸ. 소득세비용	865,000
통신비	720,000	Ⅹ. 당기순이익	25,000,000

문제 3 문구나라의 거래처에 대한 자료를 거래처 등록메뉴에서 추가등록 하시오. (6점)

[1] 신규거래처 등록 : 거래처코드 1450

거래처명	제일문구	사업장소재지	서울 관악 관악로 100
사업자등록번호	122-05-02021	업태	도·소매
대표자명	신성일	종목	문구 및 팬시

[2] 거래처별 초기이월

계 정 과 목	거 래 처 명	금 액	비 고
외상매출금	알파문구	6,300,000원	
	다나와문구	3,200,000원	
단기차입금	서울은행	15,000,000원	

문제 4 다음 거래자료를 일반전표 메뉴에 추가 입력하시오. (24점)

[1] 7월 03일 인사팀에서 사용하던 비품을 성우몰에 5,000,000원에 매각하고 대금은 다음달 받기로 하다(단, 당기 감가상각비는 고려하지 않는다). (3점)

계정과목	취득가액	감가상각누계액	상각방법
비품	10,000,000원	3,000,000원	정률법

[2] 7월 09일 솔로몬문구에서 판매용문구용품 500,000원을 매입하고 대금은 소유하고 있던 알파문구 발행의 약속어음을 배서양도하고, 운반비 30,000원은 자기앞수표로 지급하다. (3점)

[3] 8월 10일 업무용 차량의 주유비를 현금으로 결제하고 현금영수증을 수취하였다. 부가가치세는 고려하지 않는다. (3점)

Hyundai Oilbank
가맹점명, 가맹점주소가 실제와 다른경우 신고안내 [포상금10만원 지급]-매출전표 사본을 첨부하여 우편으로접수

[주]원흥주유소
128-85-123456
경기도 고양시 덕양구

[사업자지출증빙]

거래종류 : 현금[지출증빙]
식별번호 : 11····8953
거래일시 : 20x1/08/10

공급가액 : 45,455원
부 가 세 : 4,545원
합 계 : 50,000원

단가:1227,00원 수량 : 40.750L 경유

승인번호 : 2853
전표번호 : A-0111
매 입 사 : 현대오일뱅크

현금영수증문의:국세청 콜센터
126-2, http://현금영수증.kr

[회원용]

[4] 8월 13일 영업부 과장 김현빈의 급여에서 소득세, 건강보험료와 국민연금을 차감하고 보통예금계좌로 이체하다. (3점)

급여	소득세	국민연금	건강보험료
2,500,000원	30,000원	15,000원	18,000원

[5] 8월 14일 8월 11일 매출계약한 수호천사에 상품 2,000,000원을 매출하고, 대금 중 800,000원은 현금으로 받고, 계약금 200,000원을 차감한 잔액은 동점발행 약속어음(만기일 1년 이내)으로 받다. (3점)

[6] 9월 18일 서울은행의 단기차입금 5,000,000원과 상환시까지의 이자 315,000원을 당사 보통예금 통장에서 인출되었다. 이자 중 200,000원은 전기말 결산시 비용으로 인식하였다. (3점)

[7] 9월 20일 나라문구는 소유한 창고를 성우몰에 임대하는 임대차계약을 아래와 같이 체결하여 임대보증금의 10%를 계약일에 성우몰이 발행한 당좌수표로 받고 잔금은 임대를 개시하는 다음해 1월 1일에 받기로 하였다.(3점)

부동산 임대차 계약서 ■월세 □전세

임대인과 임차인 쌍방은 표기 부동산에 관하여 다음 계약 내용과 같이 임대차계약을 체결한다.

1. 부동산의 표시

소재지	경기도 수원시 영통구 선원로 71 B13					
토 지	지 목	대지			면 적	572㎡
건 물	구 조	창고	용 도	사업용	면 적	176㎡
임대할부분	전체				면 적	572㎡

2.계약내용
제1조(목적) 위 부동산의 임대차에 한하여 임대인과 임차인은 합의에 의하여 임차보증금 및 차임을 아래와 같이 지불하기로 한다.

보증금	金 100,000,000 원정	
계약금	金 10,000,000원정은 계약시에 지불하고 영수함 영수자( )	(인)
중도금	金 원정은 년 월 일에 지불하며	
잔 금	金 90,000,000 원정은 20x2 년 1 월 1일에 지불한다.	
차 임	金 5,000,000 원정은 매월 25 일 (후불)에 지불한다.	

[8] 9월 25일 영업용 화물차의 자동차세 50,000원은 현금납부하고 사장 개인 승용차의 차량유류대금 70,000원을 주유하고 비씨카드로 결제하다(단, 기업주의 개인적 지출 유류대는 인출금 계정으로 처리하시오). (3점)

문제 5 일반전표입력메뉴에 입력된 내용 중 다음과 같은 오류가 발견되었다. 입력된 내용을 확인하여 정정이나 추가입력하시오. (6점)

[1] 8월 23일 상품 1,500,000원을 외상매출한 거래처는 오피스문구이나 수호천사로 잘못 입력됨을 확인하다. (3점)

[2] 8월 27일 거래처와 저녁식사를 하였으나, 영업팀과의 회식으로 잘못 회계처리하였다. (3점)

문제 6 다음의 결산정리사항을 입력하여 결산을 완료하시오. (12점)

[1] 당기말 현재까지 경과된 기간에 대한 이자미수분 1,500,000원을 계상하다. (3점)

[2] 4월 1일에 지급한 선급임차료의 임차계약기간은 4월 1일부터 내년도 3월 31일까지이다(월할 계산할 것). (3점)

[3] 매출채권(외상매출금, 받을어음) 잔액에 대하여 1%의 대손충당금을 보충법으로 설정하다. (3점)

[4] 기말상품재고액은 2,500,000원이다. (단, 전표입력에서 구분으로 5 : 결산차변, 6 : 결산대변을 사용한다.) (3점)

문제 7 다음 사항을 조회하여 답안을 답안저장메뉴에 입력하시오. (10점)

[1] 상반기 중 외상매출금 회수액이 가장 많은 달은 언제이고, 금액은 얼마인가? (4점)

[2] 상반기에 발생한 기업업무추진비는 얼마인가? (3점)

[3] 1~4월 판매비와 관리비 중 대체거래액은 얼마인가? (3점)

모의고사 2회 답안 및 해설

이 론

1	2	3	4	5	6	7	8	9	10	11	12	13	14	15
③	③	①	④	②	③	①	②	①	①	②	①	④	④	①

01. 매출에누리를 매출액에서 차감하지 않았으므로 **매출총이익과 영업이익은 과대계상**되고, 영업외비용으로 처리했으므로 **당기순이익은 불변**이다.

02. 대손충당금

대손	80,000	기 초 잔 액	200,000
기 말 잔 액	**150,000**	*설정(대손상각비)*	*30,000*
계	230,000	계	230,000

03. 외상매입금

지 급	400,000	기 초 잔 액	300,000
기 말 잔 액	500,000	**외상매입(?)**	**600,000**
계	900,000	계	900,000

04. • 상품 : 재고자산 • 비품 : 유형자산 • 정기예금(만기 3년) : 투자자산
• 임차보증금 : 기타비유동자산

05. **상품권은 보유목적에 따라 비용(복리후생비 : 종업원 지급목적)으로 처리**한다.

06. 매출원가 = 매출액의 80% = 100,000×80% = 80,000원

상 품

기초상품(?)	**30,000**	매출원가	80,000
순매입액	60,000		
매입운임	10,000	기말상품	20,000
계	100,000	계	100,000

07. **최근에 구입한 상품이 재고를 구성하는 선입선출법이 기말재고자산을 크게** 한다.

08. 기말자본(650,000) = 기초자본(400,000) + 당기순손익 - 기업주인출금(50,000)
∴ 당기순이익 = 300,000원

09. **자산, 부채는 환금성이 빠른 순서로 배열**한다.

11. **기말자본 = 기초자본 + 당기순손익(총수익 - 총비용) - 기업주인출금**

12. **자산과 이익은 비례관계**이다. 자본적지출로 처리했다고 하는 것은 자산으로 처리했다는 표현이므로 당기순이익이 증가한다.

13. 차량구입 후 가입한 자동차 보험료는 비용으로 처리한다.

14.

외상매출금

기초잔액	60,000	대손액	10,000
		에누리/환입	15,000+15,000
		회수액	500,000
매출(발생액 ?)	**560,000**	기말잔액	80,000
계	620,000	계	620,000

15.

1. 수정전 당기순이익	10,000				
① 보험료미지급분	-2,000	(차)보험료	xx	(대) 미지급비용	xx
② 임대료선수분	-1,000	(차)이자수익	xx	(대) 선수수익	xx
2. 수정후 당기순이익	7,000				

실 무

문제 1 회사등록

개업연월일 수정, 종목수정, 사업장관할세무서 수정

문제 2 전기분재무제표

기초상품재고액,당기상품매입액 수정, 대손상각비를 잡비로 수정, 기부금 500,000원, 소득세비용 865,000원 추가입력

문제 3 거래처별 초기이월외

주어진 자료대로 입력

문제 4 일반전표입력

[1]	(차) 감가상각누계액(비품)	3,000,000	(대) 비 품	10,000,000
	미수금(성우몰)	5,000,000		
	유형자산처분손실	2,000,000		

☞ 처분손익 = 처분가액(5,000,000) − 장부가액(10,000,000 − 3,000,000) = △2,000,000(손실)

[2]	(차) 상 품	530,000	(대) 받을어음(알파문구)	500,000
			현 금	30,000
[3]	(차) 차량유지비(판)	50,000	(대) 현 금	50,000
[4]	(차) 급여(판)	2,500,000	(대) 예수금	63,000
			보통예금	2,437,000
[5]	(차) 현 금	800,000	(대) 상품매출	2,000,000
	선수금(수호천사)	200,000		
	받을어음(수호천사)	1,000,000		
[6]	(차) 단기차입금(서울은행)	5,000,000	(대) 보통예금	5,315,000
	이자비용	115,000		
	미지급비용	200,000		
[7]	(차) 현 금	10,000,000	(대) 선수금(성우몰)	10,000,000
[8]	(차) 세금과공과금(판)	50,000	(대) 현 금	50,000
	인출금	70,000	미지급금(비씨카드)	70,000

문제 5 오류수정

[1] 8월 23일 거래처 '오피스문구'로 수정

[2] 8월 27일 계정과목 '복리후생비' → '기업업무추진비'로 수정

문제 6 결산

[1] [수동결산]

(차) 미수수익 1,500,000 (대) 이자수익 1,500,000

[2] [수동결산]

4월 1일 일반전표 조회

(차) 선급비용 1,200,000 (대) 현 금 1,200,000

☞ 비용의 이연(선급비용) : 1,200,000×3월/12월=300,000원

(차) 임 차 료(판) 900,000 (대) 선급비용 900,000

[3] [수동결산/자동결산]

계정과목	기말잔액(A)	대손추산액 (B = A × 1%)	설정전 대손충당금(C)	당기대손상각비 (B – C)
외상매출금	450,300,000	4,503,000	123,000	4,380,000
받을어음	319,500,000	3,195,000	65,000	3,130,000

(차) 대손상각비(판) 7,510,000 (대) 대손충당금(외상매출금) 4,380,000

대손충당금(받을어음) 3,130,000

[4] [수동결산/자동결산]

합계잔액시산표 '상품' 금액 확인 : 291,530,000 - 2,500,000 = 289,030,000원

(결차) 상품매출원가 289,030,000 (결대) 상 품 289,030,000

☞ <u>문제에서 결산 차변, 결산 대변을 사용하라고 했으면 반드시 결차, 결차를 사용하셔야 합니다.</u>

문제 7 장부조회

[1] 총계정원장/계정별원장 3월 50,000,000원

[2] 합계잔액시산표/계정별원장 15,845,000원

[3] 월계표(1 - 4월) 15,000,000원

모의고사 3회

이 론

01. 회계기간에 관한 설명 중 맞는 것은?

① 회계기간은 원칙적으로 1년을 초과할 수 있다.
② 인위적으로 구분한 기간으로 회계연도라고도 한다.
③ 회계기간은 언제나 1.1 - 12.31이다.
④ 회사의 재무상태를 파악하기 위한 장소적 개념이다.

02. 재무상태표의 작성에 관한 내용 중 맞는 것은?

① 재무상태표 등식은 [자산+부채=자본]이다.
② 일정기간의 기업의 경영성과를 나타내는 회계보고서이다.
③ 외상매입금과 미지급금을 합하여 "매입채무"로 표시한다.
④ 유동, 비유동 구분은 원칙적으로 1년으로 구분한다.

03. 다음 중 재무상태표에만 영향을 주는 거래는?

① 현금을 은행에 예금하다.
② 당월분 전기요금을 현금납부하다.
③ 상품을 외상으로 판매하다.
④ 대여금에 대한 이자를 받다.

04. 주어진 자료에서 영업이익을 계산하면?

• 당기매출액	1,000,000원	• 기초상품재고액	400,000원
• 당기매입액	500,000원	• 기말상품재고액	200,000원
• 급여	200,000원	• 이자비용	20,000원

① 80,000원
② 100,000원
③ 120,000원
④ 140,000원

05. 다음 자산의 올바른 구분은?

• 현금	• 보통예금	• 당좌예금	• 단기매매증권

① 당좌자산 ② 재고자산 ③ 투자자산 ④ 유형자산

06. 「상품 30,000원을 현금으로 매입하고 인수운임 3,000원을 현금으로 지급하다」의 분개내용으로 올바른 것은? (단, 회계처리는 3분법으로 하였음.)

①	(차) 매 입	33,000원	(대) 현 금	33,000원
②	(차) 외상매입금	33,000원	(대) 현 금	33,000원
③	(차) 매 입	30,000원	(대) 현 금	33,000원
	운 반 비	3,000원		
④	(차) 상 품	30,000원	(대) 현 금	33,000원
	운 반 비	3,000원		

07. 다음 중 비유동자산에 속하지 않는 것은?

① 토지 ② 임차보증금 ③ 당좌차월 ④ 장기성매출채권

08. 다음 자료에서 순재산(또는 순자산)은 얼마인가?

• 현금	500,000원	• 건물	50,000원
• 상품	20,000원	• 비품	50,000원
• 매입채무	20,000원	• 단기차입금	50,000원

① 550,000원 ② 500,000원 ③ 530,000원 ④ 480,000원

09. 건물에 대한 감가상각누계액의 성격으로 옳은 것은?

① 자산계정 ② 부채계정 ③ 차감적평가계정 ④ 비용계정

10. 개인기업의 기말 결산시 기업주 인출금을 정리하는 경우 대체되는 계정은?

① 자본금계정 ② 외상매입금계정
③ 당좌예금계정 ④ 미수금계정

11. 백두상회 9월 1일 건물의 1년분 임차료 60,000원을 전액 현금으로 지급하고, 자산계정으로 회계처리하였다. 12월 31일 결산시 재무상태표에 보고되는 선급임차료는?

① 20,000원 ② 25,000원 ③ 30,000원 ④ 40,000원

12. 다음 T계정을 보고 회사가 당기에 수취한 어음의 금액은 얼마인가?

받을어음

전기이월	400,000원	당좌예금	500,000원
상품매출	200,000원	외상매입금	200,000원
선수금	300,000원	차기이월	200,000원
계	900,000원	계	900,000원

① 500,000원 ② 100,000원 ③ 400,000원 ④ 200,000원

13. 다음 자료에 의하여 기말상품재고액을 계산하면 얼마인가?

• 당기매입액	80,000원	• 기초상품재고액	5,000원
• 당기매출액	80,000원	• 매출총이익	15,000원

① 5,000원 ② 10,000원 ③ 15,000원 ④ 20,000원

14. (가)안에 가장 적합한 계정과목은?

(가)

보통예금	400,000원	전기이월	500,000원
차기이월	200,000원	비 품	100,000원
계	600,000원	계	600,000원

① 외상매출금 ② 미수금 ③ 선급금 ④ 미지급금

15. 개인기업의 자본금계정 대변에 기입할 수 없는 내용은?

① 기초자본금 ② 당기순이익 ③ 추가 출자액 ④ 사업주 인출액

실 무

캐릭몰(4013)는 문구를 판매하는 개인 기업이다. 당기 회계기간은 20×1.1.1~20×1.12.31이다. 전산세무회계 수험용 프로그램을 이용하여 다음 물음에 답하시오.

문제 1 **다음은 캐릭몰의 사업자등록증이다. 회사등록메뉴에 입력된 내용을 검토하여 누락된 부분은 추가 입력하고 잘못된 부분은 정정하시오. (6점)**

<u>사업자등록증</u>
(개인사업자용)
등록번호 : 150-02-12519

1. 상 호 명 : 캐릭몰
2. 대 표 자 명 : 이 경 수
3. 개 업 연 월 일 : 2013. 11. 10
4. 주민등록번호 : 660621-1564259
5. 사업장소재지 : 서울 강남구 논현로 842
6. 사업자의 종류 : [업태] 도 · 소매 [종목] 문구
7. 교 부 사 유 : 신규
8. 공 동 사 업 자 :
9. 주류판매 신고번호 :

2013년 11월 10일
강남세무서장 (인)

문제 2 **캐릭몰의 전기분재무상태표는 다음과 같다. 해당메뉴를 검토하여 정정 및 추가 입력하시오. (6점) ※ 단, 손익계산서는 정확하게 입력되어 있음.**

재 무 상 태 표

회사명 : 캐릭몰 　　　　　　　　전기 20x0. 12. 31 현재 　　　　　　　　(단위 : 원)

자 산	금 액		부채 및 자본	금 액	
현 금		16,000,000	외 상 매 입 금		18,600,000
당 좌 예 금		8,000,000	지 급 어 음		8,600,000
보 통 예 금		20,500,000	미 지 급 금		4,600,000
외 상 매 출 금	8,500,000		예 수 금		600,000
대 손 충 당 금	(85,000)	8,415,000	단 기 차 입 금		15,000,000
받 을 어 음	7,200,000		자 본 금		65,343,000
대 손 충 당 금	(72,000)	7,128,000	(당기순이익 :		
미 수 금		3,000,000	15,450,000)		
상 품		6,500,000			
장 기 대 여 금		5,000,000			
임 차 보 증 금		20,000,000			
차 량 운 반 구	15,000,000				
감가상각누계액	(3,000,000)	12,000,000			
비 품	8,100,000				
감가상각누계액	(1,900,000)	6,200,000			
자 산 총 계		112,743,000	부채와 자본 총계		112,743,000

문제 3 **캐릭몰의 거래처를 신규 등록하고, 거래처별 초기이월 메뉴를 검토하여 다음 사항을 정정하거나 추가입력하시오. (6점)**

[1] 신규거래처 등록 : 거래처코드 1450

거 래 처 명	팬시몰	사업장소재지	서울 강남 압구정로 104
사업자등록번호	122-05-02021	업 태	도 · 소매
대 표 자 명	신성일	종 목	타이어

[2] 거래처별 초기이월

계 정 과 목	거 래 처 명	금 액	비 고
외상매출금	솔로몬문구	6,000,000원	
	우드팬시	2,500,000원	
받을어음	성우몰	7,200,000원	- 어음번호 : 12345 - 발행일자 : 전년도 11월 30일 - 만기일자 : 당년도 5월 30일 - 수취구분 : 1.자수

문제 4 **다음 거래 자료를 일반전표입력 메뉴에 추가 입력하시오. (24점)**

[1] 9월 04일 하이모리에서 1,000,000원을 3개월간 차입하기로 하고, 선이자 100,000원을 공제한 잔액이 당사 당좌예금에 계좌이체되었다. (3점)

[2] 9월 09일 은성상사에서 매입계약(8월 27일)한 판매용 문구용품을 인수받고, 계약금 500,000원을 차감한 잔액은 외상으로 하였다. (3점)

1권 2호		**거래명세표**(거래용)				
20x1 년 09 월 09 일	공급자	등록번호	214 - 01 - 45826			
캐릭몰 **귀하**		상 호	은성상사	성명	김세구	㉑
		사업장 소재지	경기도 안산시 단원구 초지로 90			
아래와 같이 계산합니다.		업 태	도소매	종목	가전제품	

합계금액	**오백만 원정 (₩**	**5,000,000**	**)**			
월일	**품 목**	**규 격**	**수량**	**단 가**	**공 급 가 액**	**세 액**
9/9	문구용품		500	10,000원	5,000,000원	
		이하	여백			
	계					
전잔금			**합 계**		**5,000,000원**	
입 금	8/27 계약금 500,000원	**잔 금**	**4,500,000원**	**인수자**	나가수	㉑
비 고						

[3] 10월 11일 솔로몬문구에서 상품 1,000,000원을 매입하고 8월 30일 지급한 계약금을 제외한 금액은 어음(만기 1개월)을 발행하여 지급하였다. (3점)

[4] 10월 15일 신규로 구입한 승용차의 취득세를 국민은행에 현금으로 납부하였다. (3점)

경기도		차량 취득세 (전액)		납부(납입) 서	납세자보관용 영수증
납세자		캐릭몰			
주소		경기도 의정부시 의정로 77 (의정부동)			
납세번호		기관번호 5567991	세목 10101503	납세년월기	과세번호
과세내역	차번	21로 2011	년식 20x1	과 세 표 준 액	
	목적	신규등록(일반등록)	특례 세율특례없음		50,000,000
	차명	카렌스			
	차종	승용자동차	세율 70/1000		
세목		납 부 세 액	납부할 세액 합계	전용계좌로도 편리하게 납부!!	
취 득 세		2,000,000		대구은행	021-08-3703795
가산세		0	2,000,000원	신한은행	661-53-21533
지방교육세		0		기업은행	123-59-33333
농어촌특별세		0	신고납부기한	국민은행	624-24-0142-911
합계세액		2,000,000	20x1.10.31. 까지		
지방세법 제6조~22조, 제30조의 규정에 의하여 위와 3이 신고하고 납부 합니다.				■ 전용계좌 납부안내(뒷면참조)	
담당자		위의 금액을 영수합니다.			수납인
이은아		납부장소 : 전국은행(한국은행제외) 우체국 농협		20x1년 10월 15일	

[5] 11월 19일 하이몰에 상품 3,500,000원을 매출하고, 대금 중 500,000원은 약속어음(만기일 1년이내)으로 받고 잔액은 외상으로 하다. (3점)

[6] 11월 26일 영업용 화물차를 현대자동차에서 7,000,000원에 구입하고, 대금 중 2,000,000원은 현금으로 지급하고 잔액은 6개월 무이자 할부로 하다. 또한 차량취득세 300,000원을 현금지급하다. (3점)

[7] 12월 25일 국민은행과 당좌거래계약을 체결하고 은행발행 자기앞수표 1,000,000원을 당좌예금하다. 또한 당좌차월계약에 의한 당좌차월한도액은 2,500,000원이다. (3점)

[8] 12월 27일 업무용 차량에 대한 제2기분 자동차세를 사업용카드(국민카드)로 납부하고 다음과 같은 영수증을 수령하였다.(3점)

20x1 년분 자동차세 세액 신고납부서					납세자 보관용 영수증
납 세 자	캐릭몰				
주 소	경기도 안양시 동안구 학의로 332				
납세번호	기관번호	제목	납세년월기		과세번호
과세대상	17바 1234 (비영업용, 1998cc)	구 분	자동차세	지방교육세	납부할 세액 합계
		당 초 산 출 세 액	200,000	(자동차세액 × 30%)	260,000 원
		선납공제액(10%)			
과세기간	20x1.07.01. ~20x1.12.31.	요일제감면액(5%)			
		납 부 할 세 액	200,000	60,000	

〈납부장소〉

위의 금액을 영수합니다.

20x1년 12 월 27일

*수납인이 없으면 이 영수증은 무효입니다 *공무원은 현금을 수납하지 않습니다.

문제 5 일반전표입력메뉴에 입력된 내용 중 다음과 같은 오류가 발견되었다. 입력된 내용을 확인하여 정정하시오. (6점)

[1] 8월 24일 부흥신발에서 회수한 약속어음(만기일 1년 이내)을 담당자의 착오로 외상매출금으로 회수한 것으로 잘못 입력하다. (3점)

[2] 7월 04일 복리후생비계정으로 처리한 직원회식비 24,200원은 거래처와 식사한 것으로 확인되었다. (3점)

문제 6 다음의 결산정리사항을 입력하여 결산을 완료하시오. (12점)

[1] 대손충당금은 매출채권(외상매출금, 받을어음) 잔액에 대하여 1%를 보충법으로 설정하다. (3점)

[2] 기말 현재 장부상 현금 잔액보다 실제 현금 보유액이 130,000원 많음을 발견하였으나 내역은 확인할 수 없었다. (3점)

[3] 화재보험료 중 기간이 경과되지 않는 금액은 250,000원이다.

[4] 기말상품재고액은 3,500,000원이다. (3점)

문제 7 다음 사항을 조회하여 답안을 답안저장메뉴에 입력하시오. (10점)

[1] 상반기(1월 – 6월)의 판매비와 관리비중 금액이 가장 큰 계정과목과 그 금액은 얼마인가? (3점)

[2] 1월부터 3월까지 현금지출이 가장 많았던 월은 몇 월이며, 그 금액은? (3점)

[3] 7월말 현재 외상매출금 잔액이 가장 많은 거래처의 코드와 금액은? (4점)

모의고사 3회 답안 및 해설

이 론

1	2	3	4	5	6	7	8	9	10	11	12	13	14	15
②	④	①	②	①	①	③	①	③	①	④	①	④	④	④

02. 일정기간의 기업의 경영성과를 나타내는 회계보고서는 손익계산서이고, 외상매입금과 지급어음을 합쳐 매입채무로 표시한다. <u>**유동, 비유동 구분은 1년(정상적인 영업주기내)로 구분**</u>한다.

03. ① (차) 예 금 ××× (대) 현 금 ×××

04.

상 품

기초상품	400,000	**매출원가**	**700,000**
매입액	500,000	**기말상품**	**200,000**
계	900,000	계	900,000

손익계산서

Ⅰ. 매 출 액	1,000,000
Ⅱ. 매 출 원 가	700,000
Ⅲ. 총매출이익(Ⅰ－Ⅱ)	300,000
Ⅳ. 판관비	
－급여	200,000
<u>Ⅴ. 영업이익(Ⅲ－Ⅳ)</u>	***<u>100,000</u>***

07. 토지는 유형자산, 임차보증금은 기타비유동자산, 당좌차월은 유동부채, 장기성매출채권은 기타비유동자산으로 구분표시한다.

08. 자본(＝순자산)＝자산－부채＝(500,000＋50,000＋20,000＋50,000)－(20,000＋50,000)
＝550,000

11. 1개월분 임차료＝5,000원
선급비용(선급임차료)＝5,000×8개월(차기 1.1~차기 8.31)＝40,000원

12. 받을어음 T계정의 차변증가가 받을어음 수취금액이 된다.

13.

상 품

기초상품	5,000	**매출원가**	**65,000**
총매입액	80,000	***기말상품(?)***	***20,000***
계	85,000	계	85,000

손익계산서

Ⅰ. 매 출 액	80,000
Ⅱ. 매 출 원 가	65,000
Ⅲ. 총매출이익(Ⅰ - Ⅱ)	15,000

14. 전기이월이 대변에 있으므로 부채계정이다. 또한 비품 100,000원을 분개해 보면

(차) 비 품 100,000원 (대) 미지급금 100,000원

실 무

문제 1 회사등록

1. 개업연월일 수정
2. 사업장관할세무서 수정 : 종로 → 강남

문제 2 전기분재무제표

1. 장기대여금 50,000,000원 → 5,000,000원 입력
2. 단기차입금 15,000,000원 입력

문제 3 거래처별 초기이월외

[1] 거래처 등록 : 주어진 자료대로 입력

[2] 거래처별 초기이월에서 입력

받을어음 하단의 어음번호, 어음금액, 발행일자, 만기일자, 수취구분을 입력

문제 4 일반전표입력

[1]	(차)	당좌예금	900,000	(대)	단기차입금(하이모리)	1,000,000
		이자비용	100,000			
[2]	(차)	상 품	5,000,000	(대)	선급금(은성상사)	500,000
					외상매입금(은성상사)	4,500,000
[3]	(차)	상 품	1,000,000	(대)	선급금(솔로몬문구)	300,000
					지급어음(솔로몬문구)	700,000

☞ 8월 30일 일반전표 조회 : 선급금 300,000원 확인

[4]	(차)	차량운반구	2,000,000	(대)	현 금	2,000,000
[5]	(차)	외상매출금(하이몰)	3,000,000	(대)	상품매출	3,500,000
		받을어음(하이몰)	500,000			
[6]	(차)	차량운반구	7,300,000	(대)	현 금	2,300,000
					미지급금(현대자동차)	5,000,000
[7]	(차)	당좌예금	1,000,000	(대)	현 금	1,000,000
[8]	(차)	세금과공과금(판)	260,000	(대)	미지급금(국민카드)	260,000

문제 5 오류수정

[1] 8월 24일 '외상매출금' → '받을어음'으로 수정

[2] 7월 04일 계정과목 '복리후생비' → '기업업무추진비'로 수정

문제 6 결산

[1] [수동결산/자동결산]

외상매출금 : 95,180,000 × 1% - 85,000 = 866,800

받을어음 : 65,200,000 × 1% - 72,000 = 580,000

(차)	대손상각비(판)	1,446,800	(대)	대손충당금(외상매출금)	866,800
				대손충당금(받을어음)	580,000

[2] [수동결산]

(차) 현　금	130,000	(대) 잡 이 익	130,000

[3] [수동결산]

(차) 선급비용	250,000	(대) 보　험　료(판)	250,000

[4] [수동결산/자동결산]

합계잔액시산표 조회 : 상품 130,620,000 - 3,500,000 = 127,120,000원

(차) 상품매출원가	127,120,000	(대) 상　품	127,120,000

문제 7 장부조회

[1] 합계잔액시산표/월계표 조회 급여, 29,965,000원

[2] 현금출납장/총계정원장 조회 3월 36,449,730원

[3] 거래처원장(잔액) 조회 112(부흥신발) 49,100,000원

모의고사 4회

이 론

01. 다음 중 회계의 기본목적을 잘못 설명하고 있는 것은?

① 기업의 재무상태를 파악한다.
② 기업의 경영성과를 파악한다.
③ 재무회계는 기업회계기준에 의거하여 일정한 형식에 따라 작성된다.
④ 재무회계는 내부정보이용자에게 유용한 정보를 제공한다.

02. 은행에 예치한 정기예금에서 이자수익 100만원을 현금으로 수령한 경우 나타나지 않는 거래요소는?

① 비용의 발생 ② 자산의 증가 ③ 자본의 증가 ④ 수익의 증가

03. 회계의 순환과정 순서로 바르게 나타낸 것은?

A : 거래의 발생	B : 분개	C : 전기	D : 시산표	E : 재무제표

① A-B-C-D-E ② E-B-C-D-A
③ B-A-C-D-E ④ E-B-C-A-D

04. 다음 중 결산의 본절차가 아닌 것은?

① 장부마감 ② 재무상태표 작성 ③ 시산표작성 ④ 손익계산서 작성

05. 다음의 외상매입 자료에서 외상매입금 기말잔액은 얼마인가? (단, 모든 거래는 외상거래임)

• 기초잔액	20,000원	• 외상매입액	250,000원
• 지 급 액	100,000원	• 매입환출액	10,000원

① 140,000원 ② 150,000원 ③ 160,000원 ④ 170,000원

06. 다음 중 유형자산에 대한 설명 중 잘못된 것은?

① 영업활동을 사용하는 물리적 실체가 있는 자산이다.
② 1년을 초과하여 사용할 자산을 말한다.
③ 토지, 건물, 투자부동산 등이 유형자산이다
④ 유형자산의 감가상각방법에는 정액법, 정률법 등이 있다.

07. 다음은 감가상각누계액의 변화추이에 따른 감가상각방법을 나타낸 그래프이다. (가)와 (나)에 대한 설명으로 옳은 것을 모두 고른 것은?

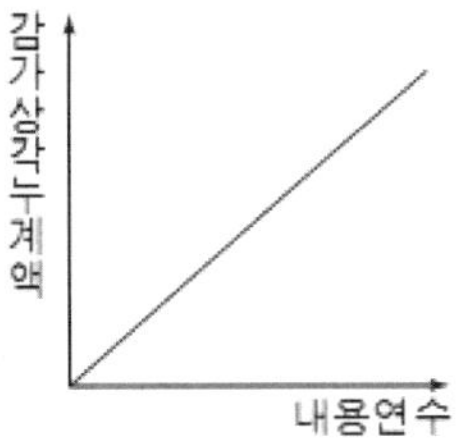

(가)

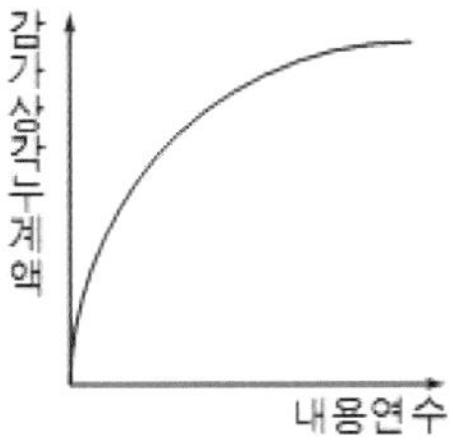

(나)

> ㄱ. (가)는 자산의 예상조업도 혹은 생산량에 근거하여 감가상각액을 인식하는 방법이다.
> ㄴ. (가)는 자산의 내용연수 동안 일정액의 감가상각액을 인식하는 방법이다.
> ㄷ. (나)는 자산의 내용연수 동안 감가상각액이 매기간 감소하는 방법이다.

① ㄱ　　② ㄴ　　③ ㄱ, ㄴ　　④ ㄴ, ㄷ

08. 다음 자료에 의하여 유형자산 처분손익을 계산하면 얼마인가?

• 건물의 취득가액(기초가액)	100,000,000원
• 당해연도 자본적지출액	25,000,000원
• 건물처분 전까지 감가상각누계액	90,000,000원
• 건물의 처분가액	10,000,000원

① 유형자산처분이익 25,000,000원　　② 유형자산처분손실 25,000,000원
③ 유형자산처분이익 10,000,000원　　④ 유형자산처분손실 10,000,000원

09. 다음 자료에 의하여 기초상품재고액을 계산하면 얼마인가?

• 당기총매입액	600,000원	• 매입환출	50,000원
• 매출원가	800,000원	• 기말상품재고액	100,000원

① 350,000원　　② 400,000원　　③ 450,000원　　④ 300,000원

10. 다음은 판매비와 관리비에 대한 설명이다. 옳은 것은?

① 이자비용은 판매비와 관리비에 속한다.
② 판매비와 관리비는 상품의 판매활동과 일반사무와 관련되어 발생하는 비용이다.
③ 개인기업주가 자신의 집에 대하여 재산세를 납부시 세금과공과금 계정으로 처리한다.
④ 외상대금을 조기에 회수함에 따라 발생하는 매출할인은 판매비와 관리비에 속한다.

11. 다음 자료에서 기초자본을 계산하면?

• 총수익	100,000원	• 총비용	50,000원
• 기말자본	250,000원	• 추가출자액	30,000원

① 150,000원　② 170,000원　③ 160,000원　④ 130,000원

12. 공장 건물을 신축하기 위하여 총공사비 10억 중 1억원을 계약금으로 지급하였다. 바르게 분개된 것은?

①	(차) 건설중인자산	1억원	(대) 현　금	1억원
②	(차) 미 수 금	1억원	(대) 현　금	1억원
③	(차) 보 증 금	1억원	(대) 현　금	1억원
④	(차) 건　물	1억원	(대) 현　금	1억원

13. 다음 자료에서 순매출액은 얼마인가?

• 기초재고액	33,000원	• 총매입액	250,000원
• 매입할인	20,000원	• 매입에누리액	10,000원
• 기말재고액	30,000원	• 매출환입	10,000원
• 매출총이익	35,000원	• 매출할인	10,000원

① 258,000원　② 260,000원　③ 262,000원　④ 264,000원

14. 다음 설명 중 옳지 않는 것은?

① 대손충당금 계정은 매출채권에 대한 차감적 평가계정이다.
② 매출채권에서 발생한 대손상각비는 판매비와 관리비 계정이다.
③ 상거래에서 발생된 대손충당금환입계정은 영업외수익계정이다.
④ 미수금, 대여금에도 대손충당금을 설정할 수 있다.

15. 다음은 비용에 대한 설명이다. 잘못된 것은?

① 기부금 : 아무런 대가없이 무상으로 지급하는 금전 등으로 업무와 관련이 있어야 한다.
② 기업업무추진비 : 영업활동과 관련하여 거래처에 대한 경조금, 선물대 등을 말한다.
③ 이자비용 : 타인 자금을 차입하였을 경우 이에 대한 대가로 지급하는 것이다.
④ 채무면제이익 : 채권자 등으로부터 채무를 면제받았을 경우에 발생하는 이익을 처리하는 계정이다.

실 무

G문구(4014)는 문구를 판매하는 개인 기업이다. 당기 회계기간은20×1.1.1~20×1.12.31이다. 전산세무회계 수험용 프로그램을 이용하여 다음 물음에 답하시오.

문제 1 **다음은 G문구의 사업자등록증이다. 회사등록메뉴에 입력된 내용을 검토하여 누락된 부분은 추가 입력하고 잘못된 부분은 정정하시오. (6점)**

사업자등록증
(개인사업자용)
등록번호 : 114-25-80548

1. 상 호 명 : G문구
2. 대 표 자 : 김경규
3. 개 업 연 월 일 : 2013. 1. 10
4. 주민등록번호 : 620829-1386910
5. 사업장소재지 : 충남 천안시 서북구 노태산로 14
6. 사업자의 종류 : [업태] 도·소매 [종목] 문구
7. 교 부 사 유 : 신규
8. 공 동 사 업 자 :
9. 주류판매신고번호 :

2013년 1월 12일
천안세무서장 (인)

문제 2 **G문구의 전기분손익계산서는 다음과 같다. 해당메뉴를 검토하여 정정 및 추가 입력하시오. (6점)**

손익계산서

회사명 : G문구 전기 20x0.1.1 ~ 20x0.12.31 (단위 : 원)

과 목	금 액	과 목	금 액
Ⅰ. 매 출 액	86,500,000	9. 감 가 상 각 비	350,000
1. 상 품 매 출	86,500,000	Ⅴ. 영 업 이 익	18,810,000
Ⅱ. 매 출 원 가	52,300,000	Ⅵ. 영 업 외 수 익	400,000
1. 기 초 상 품 재 고 액	4,100,000	1. 이 자 수 익	400,000
2. 당 기 상 품 매 입 액	51,700,000	Ⅶ. 영 업 외 비 용	2,100,000
3. 기 말 상 품 재 고 액	3,500,000	1. 이 자 비 용	1,400,000
Ⅲ. 매 출 총 이 익	34,200,000	2. 유 형 자 산 처 분 손 실	700,000
Ⅳ. 판 매 비 와 관 리 비	15,390,000	Ⅺ. 소 득 세 차 감 전 이 익	17,110,000
1. 급 여	9,000,000	Ⅻ. 소 득 세 등	0
2. 복 리 후 생 비	2,600,000	XⅢ. 당 기 순 이 익	17,110,000
3. 여 비 교 통 비	750,000		
4. 기 업 업 무 추 진 비	1,200,000		
5. 차 량 유 지 비	600,000		
6. 통 신 비	480,000		
7. 세 금 과 공 과	250,000		
8. 대 손 상 각 비	160,000		

문제 3 **G문구는 아래와 같은 적요를 추가로 등록하여 사용하고자 한다. 추가등록하거나 등록내용을 정정하시오. (6점)**

[1] 계정과목 [포장비]에 대해서 아래의 현금적요와 대체적요를 수정하시오. (3점)

• 현금적요 : 3. 포장용 노끈대금 현금지급 • 대체적요 : 6. 포장용 박스대금 카드결제

[2] 외상매출금과 관련하여 적요내용이 빈번하게 발생되므로 적요등록을 입력하여 사용하고자 한다. 아래의 「외상매출금」 계정과목의 적요란을 다음과 같이 입력하시오. (3점)

• [대체적요 8]를 [외상매출금 당좌예금회수]로 입력 • [현금적요 2]를 [외상매출금의 보통예금입금]로 입력

문제 4 **다음 거래자료를 일반전표입력메뉴에 추가 입력하시오. (24점)**

[1] 10월 03일 방문객들에게 홍보용 포스트잇(100개, 단가 500원)을 다모아광고기획으로부터 구입하고 대금은 당좌수표를 발행하여 지급하다. (3점)

거래명세서 (공급받는자 보관용)

공급자	등록번호	120-25-34675			공급받는자	등록번호	114-25-80548		
	상 호	다모와광고기획	성명	임하늘		상 호	G문구	성명	김경규
	주 소	서울특별시 서초구 사평대로 106				주 소	충남 천안시 서북구 노태산로 14		
	업 태	제조	종사업장번호			업 태	도 · 소매업	종사업장번호	
	종 목	광고물				종 목	문구외		

거래일자	미수금액	공급가액	총당일거래총액
20x1.10.03.		50,000	50,000

NO	월	일	품목명	규격	수량	단 가	공급가액	합계
1	10	03	홍보용 포스트잇		100	500	50,000	50,000

[2] 10월 08일 　난방유를 100,000원을 삼거리주유소에서 구입하고 대금은 현금으로 지급하고 영수증을 수취하다. (3점)

영 수 증 (공급받는자용)				
NO			G문구	귀하
공급자	사업자등록번호	130-02-31754		
	상　호	삼거리주유소	성명	송제일
	사업장소재지	서울시 강남 논현로 209 (도곡동)		
	업　태	도소매	종목	포장박스
작성일자		공급대가총액		비고
20x1.10.08.		₩100,000		
공 급 내 역				
월/일	품명	수량	단가	금액
10/08	경유			100,000
합　계		₩100,000		
위 금액을 **영수**(청구)함				

[3] 10월 10일 　덕진문구에서 상품 5,000,000원을 매입하기로 계약하고, 대금 중 500,000원을 회사가 보관중인 자기앞수표로 먼저 지급하다. (3점)

[4] 11월 10일 　다나와에 상품매입 대금으로 발행해 준 약속어음(1,000,000원)이 만기가 되어, 한일은행의 당사 당좌예금계좌에서 인출되다. (3점)

[5] 11월 11일 　현대설비로부터 본사 건물에 에스컬레이터를 설치하고, 10,000,000원을 다음달 지급하기로 하다(자본적지출로 회계처리하시오). (3점)

[6] 12월 26일 　재고관리프로그램을 구입하고 5,000,000원을 서울소프트웨어(주)에 보통예금통장에서 이체하여 지급하다(무형자산으로 회계처리하시오). (3점)

[7] 11월 13일　거래처 두나상사에 3개월 전에 대여한 금액과 이자 100,000원까지 현금으로 회수하고 다음의 입금표를 발행하다.(3점)

No. 1　　　　　　　　　　　　　　　　　　　　　　　　　　　(공급자보관용)

입　금　표

두나상사 귀하

공급자	사업자등록번호	114-25-80548		
	상　호	G문구	성　명	김장웅 (인)
	사업장소재지	충남 천안시 서북구 노태산로 14		
	업　태	도소매	종　목	문구

작성일			금　액									세　액						
년	월	일	공란수	억	천	백	십	만	천	백	일	천	백	십	만	천	백	일
x1	11	13																

합계	억	천	백	십	만	천	백	십	일
			3	1	0	0	0	0	0

내용 : 대여금 및 이자 현금 입금

위 금액을 영수함

영 수 자　　김 장 웅 (인)

[8] 12월 20일　종업원인 홍길동에게 주택자금 10,000,000원을 대여해 주고 현금차용증을 받았다(상환기간 3년 일시상환). 장기대여금으로 회계처리하시오. (3점)

현 금 차 용 증

채무자　홍　길　동

충남 천안 봉정로 365　　Tel)010-***-1234

채권자　G문구

충남 천안시 서북구 노태산로 14　Tel)041-***-45677

원　　금 : 금 일천만원정(₩10,000,000)

위 금액을 차용하고 아래 내용을 이행할 것을 확인합니다.

1. 이자율은 1%로 하고 이자 지급시기는 매월 30일로 한다.
2. 원금은 20x4년 12월 20일에 상환하기로 한다.
3. 이자의 지급을 1회라도 연체할 경우 채무자는 기한의 이익을 상실한다. 채권자가 상환기일 전이라도 원리금을 청구하면 채무자는 이의없이 상환하기로 한다.
4. 본 채무에 관한 분쟁의 재판관할 법원은 채권자의 주소지를 관할하는 법원으로 한다.

위 계약을 확실히 하기 위해 증서를 작성하고 기명날인하여 각자 1부씩 보관한다.

20x1년 12월 20일

채권자 G문구　　　　　　채무자 홍길동

문제 5 일반전표입력메뉴에 입력된 내용 중 다음과 같은 오류가 발견되었다. 입력된 내용을 확인하여 정정하시오. (6점)

[1] 7월 26일 여비교통비가 두 번 중복입력 되었다. 나중에 입력한 것을 삭제하시오. (3점)

[2] 8월 27일 상품 매입시 지급한 당사 부담의 운반비가 비용인 '운반비'계정으로 잘못 처리되었음을 발견하다. (3점)

문제 6 다음의 결산정리사항을 입력하여 결산을 완료하시오. (12점)

[1] 대손충당금은 매출채권(외상매출금, 받을어음) 잔액에 대하여 1%를 보충법으로 설정하다. (3점)

[2] 당기분 건물 감가상각비는 500,000원이며, 차량운반구 감가상각비는 300,000원이다. (3점)

[3] 소모품으로 계상된 금액 중 기말 현재 사용하고 남은 소모품은 100,000원이다. (3점)

[4] 기말상품재고액은 3,000,000원이다. (3점)

문제 7 다음 사항을 조회하여 답안을 답안저장메뉴에 입력하시오. (10점)

[1] 2/4분기(4월 - 6월)중 상품매출이 가장 많은 월은 몇 월이며, 그 금액은 얼마인가? (3점)

[2] 5월 31일 현재 지급어음 잔액이 가장 많은 거래처의 금액은 얼마인가? (3점)

[3] 3월 중 판매비와 관리비중 현금지출이 가장 많은 계정과목 금액은 얼마인가? (4점)

모의고사 4회 답안 및 해설

이 론

1	2	3	4	5	6	7	8	9	10	11	12	13	14	15
④	①	①	③	③	③	④	②	①	②	②	①	①	③	①

01. 재무회계는 **외부정보이용자들에게 회계정보를 제공**한다.

02. (차) 현 금 1,000,000원 (대) 이자수익 1,000,000원

수익증가 → 자본(순자산)증가

04. 시산표의 작성은 결산의 예비절차에 해당된다.

05.

외상매입금

지 급 액	100,000	기 초	20,000
매입환출액	10,000	**외상매입액**	**250,000**
기말잔액(?)	*160,000*		
계	270,000	계	270,000

06. **투자부동산은 투자자산에 해당**한다.

07. (가)는 정액법에 의한 감가상각방법, (나)는 체감잔액법(정률법)과 연수합계법에 의한 감가상각방법을 의미한다. ㄱ은 생산량비례법에 대한 설명이다.

08. 처분손익 = 처분가액 - 장부가액(기초가액 + 자본적지출액 - 감가상각누계액)

= 10,000,000 - (100,000,000 + 25,000,000 - 90,000,000)

= △25,000,000(유형자산처분손실)

09.

상 품

기초상품(?)	*350,000*	매출원가	800,000
총매입액	600,000		
매입환출	(50,000)	기말상품	100,000
계	900,000	계	900,000

10. 이자비용은 영업외비용, **개인기업주의 재산세는 자본금 또는 인출금(회사의 비용이 아님)**, 매출할인은 총매출액에서 차감한다.

11.

자본금

		기초자본(?)	*170,000*
		추가출자액	30,000
기말자본	**250,000**	당기순이익	50,000
계	250,000	계	250,000

12. 유형자산을 건설하기 위해 지출한 금액으로서 아직 건설이 완료되지 않아 본 계정으로 회계처리할 수 없는 경우 임시적으로 처리하는 계정을 건설중인자산이라 한다.

13.

상 품

기초상품	33,000	**매출원가**	**223,000** ←
총매입액	250,000		
매입환출,에누리	(30,000)	**기말상품**	**30,000**
계	253,000	계	253,000

손익계산서

I. 순 매 출 액(?)	***258,000***
II. 매 출 원 가	223,000 ←
III. 총매출이익(I - II)	35,000

14. **상거래에서 발생된 대손충당금환입계정은 판관비계정**이다.

15. **기부금은 업무와 관련 없는 지출**을 말하고, **업무와 관련이 있으면 기업업무추진비**에 해당한다.

실 무

문제 1 회사등록

1. 사업자 등록번호수정 : 116-21-60543 → 114-25-80548

2. 대표자명 수정 : 김장웅 → 김경규

3. 종 목 수정 : 가구 → 문구

문제 2 전기분재무제표

1. 급여(판) 9,900,000원 → 9,000,000원 입력

2. 대손상각비(판) 160,000원 입력

문제 3 계정과목 및 적요등록

[1] 계정코드 : 828

현금적요 : 3. 포장용 노끈대금 현금지급

대체적요 : 6. 포장용 박스대금 카드결제

[2] [대체적요 8]를 [외상매출금 당좌예금회수]로 입력

[현금적요 2]를 [외상매출금의 보통예금입금]로 입력

문제 4 일반전표입력

[1]	(차)	광고선전비(판)	50,000	(대)	당좌예금	50,000
[2]	(차)	수도광열비(판)	100,000	(대)	현　　금	100,000
[3]	(차)	선급금(덕진완구)	500,000	(대)	현　　금	500,000
[4]	(차)	지급어음(다나와)	1,000,000	(대)	당좌예금	1,000,000
[5]	(차)	건　　물	10,000,000	(대)	미지급금(현대설비)	10,000,000
[6]	(차)	소프트웨어	5,000,000	(대)	보통예금	5,000,000
[7]	(차)	현　　금	3,100,000	(대)	단기대여금(두나상사)	3,000,000
					이자수익	100,000
[8]	(차)	장기대여금(홍길동)	10,000,000	(대)	현　　금	10,000,000

문제 5 오류수정

[1] 7월 26일 '(차) 여비교통비(판) 30,000원 (대) 현금 30,000원' 삭제

[2] 8월 27일 분개 '운반비 50,000원 삭제', '상품 1,550,000원'으로 수정

문제 6 결산

[1] [수동결산/자동결산]

외상매출금 : 96,180,000×1% - 85,000 = 876,800

받을어음 : 66,700,000×1% - 72,000 = 595,000

(차)	대손상각비(판)	1,417,800	(대) 대손충당금(외상매출금)	876,800
			대손충당금(받을어음)	595,000

[2] [수동결산/자동결산]

(차)	감가상각비(판)	800,000	(대) 감가상각누계액(건물)	500,000
			감가상각누계액(차량)	300,000

[3] [수동결산]

합계잔액시산표상 소모품(당좌자산) 금액 1,300,000원 확인

(차) 소모품비(판)	1,200,000	(대) 소 모 품	1,200,000

[4] [수동결산/자동결산]

125,170,000(판매가능재고) - 3,000,00(기말재고) = 122,170,000(상품매출원가)

(차) 상품매출원가	122,170,000	(대) 상 품	122,170,000

문제 7 장부조회

[1] 총계정원장/계정별원장 조회 4월 79,200,000원

[2] 거래처원장(잔액) 조회 솔로몬문구 8,600,000원

[3] 월계표 조회 급여 7,240,000원

Part Ⅳ

기출문제

〈전산회계 2급 출제내역〉

이론	1. 회계원리	30점	객관식 15문항
실무	1. 회사등록	6점	사업자등록증 수정사항 반영
	2. 전기분 재무제표	6점	재무상태표, 손익계산서 수정
	3. 거래처초기이월외	6점	거래처등록, 계정과목 적요등록, 거래처별 초기이월
	4. 일반전표입력	24점	일반전표입력 8문항
	5. 오류정정	6점	일반전표 오류정정
	6. 결산정리사항입력	12점	12월 31일 기말수정분개
	7. 장부조회	10점	각종장부 조회
계		100점	

전산회계 2급 시험문제 중 전표입력(일반전표, 오류수정, 결산전표)의 점수 비중이 40점 이상으로 분개를 못하면 합격할 수 없습니다.

20**년 **월 **일 시행
제**회 전산세무회계자격시험

A형

종목 및 등급 : 전산회계 2급

-제한시간:60분
-페이지수:10p

▶시험시작 전 문제를 풀지 말것◀

① USB 수령	· 감독관으로부터 시험에 필요한 응시종목별 기초백데이타 설치용 USB를 지급받는다. · USB 꼬리표가 **본인 응시종목인지 확인하고, 뒷면에 수험정보**를 정확히 기재한다.
② USB 설치	(1) USB를 컴퓨터에 정확히 꽂은 후, 인식된 해당 USB드라이브로 이동한다. (2) USB드라이브에서 기초백데이타설치프로그램인 'Tax.exe' 파일을 실행시킨다. (3) 설치시작 화면에서 [설치]버튼을 클릭하고, 설치가 완료되면 [확인]버튼 클릭한다. [주의] USB는 처음 설치이후, **시험 중 수험자 임의로 절대 재설치(초기화)하지 말 것.**
③ 수험정보입력	· [수험번호(8자리)] -[성명]을 정확히 입력한다. * 처음 입력한 수험정보는 이후 절대 수정이 불가하니 정확히 입력할 것.
④ 시험지 수령	· 시험지가 본인의 응시종목(급수)인지 여부와 문제유형(A또는B)을 확인한다. · 문제유형(A또는B)을 프로그램에 입력한다. · 시험지의 총 페이지수를 확인한다. · 급수와 페이지수를 확인하지 않은 것에 대한 책임은 수험자에게 있음.
⑤ 시험시작	· 감독관이 불러주는 **'감독관확인번호'**를 정확히 입력하고, 시험에 응시한다.
(시험을 마치면) ⑥ USB 저장	(1) **이론문제의 답**은 메인화면에서 [이론문제 답안작성] 을 클릭하여 입력한다. (2) **실무문제의 답**은 문항별 요구사항을 수험자가 파악하여 각 메뉴에 입력한다. (3) 이론과 실무문제의 **답을 모두입력한 후** [답안저장(USB로 저장)] 을 클릭하여 저장한다. (4) **저장완료** 메시지를 확인한다.
⑦ USB제출	· 답안이 수록된 USB메모리를 빼서, 〈감독관〉에게 제출 후 조용히 퇴실한다.

▶ 본 자격시험은 전산프로그램을 이용한 자격시험입니다. 컴퓨터의 사양에 따라 전산진행속도가 느려질 수도 있으므로 전산프로그램의 진행속도를 고려하여 입력해주시기 바랍니다.
▶ 수험번호나 성명 등을 잘못 입력했거나, 답안을 USB에 저장하지 않음으로써 발생하는 일체의 불이익과 책임은 수험자 본인에게 있습니다.
▶ 타인의 답안을 자신의 답안으로 부정 복사한 경우 해당 관련자는 모두 불합격 처리됩니다.
▶ 타인 및 본인의 답안을 복사하거나 외부로 반출하는 행위는 모두 부정행위 처리됩니다.
▶ PC, 프로그램 등 조작미숙으로 시험이 불가능하다고 판단될 경우 불합격처리 될 수 있습니다.
▶ **시험 진행 중에는 자격검정(KcLep)프로그램을 제외한 일체의 다른 프로그램을 사용할 수 없습니다.**
(예시. 인터넷, 메모장, 윈도우 계산기 등

[이론문제 답안작성] **을 한번도 클릭하지 않으면** [답안저장(USB로 저장)] **을 클릭해도 답안이 저장되지 않습니다.**

한 국 세 무 사 회

제116회 전산회계 2급

합격율	시험년월
51%	2024.10

다음 문제를 보고 알맞은 것을 골라 이론문제 답안작성 메뉴에 입력하시오. (객관식 문항당 2점)

〈 기 본 전 제 〉

문제에서 한국채택국제회계기준을 적용하도록 하는 전제조건이 없는 경우, 일반기업회계기준을 적용한다.

이 론

01. 다음 중 혼합거래에 해당하는 것으로 옳은 것은?

① 임대차 계약을 맺고, 당월 분 임대료 500,000원을 현금으로 받았다.
② 단기대여금 회수금액 300,000원과 그 이자 3,000원을 현금으로 받았다.
③ 단기차입금에 대한 이자 80,000원을 현금으로 지급하였다.
④ 상품 400,000원을 매입하고 대금 중 100,000원은 현금으로, 나머지 잔액은 외상으로 하였다.

02. 다음 중 재고자산의 원가를 결정하는 방법에 해당하는 것은?

① 선입선출법 ② 정률법 ③ 생산량비례법 ④ 정액법

03. 다음 중 결산 재무상태표에 표시할 수 없는 계정과목은 무엇인가?

① 단기차입금 ② 인출금 ③ 임차보증금 ④ 선급비용

04. 다음의 자료를 바탕으로 유형자산 처분손익을 계산하면 얼마인가?

> • 취득가액 : 10,000,000원
> • 처분 시까지의 감가상각누계액 : 8,000,000원
> • 처분가액 : 5,000,000원

① 처분이익 2,000,000원 ② 처분이익 3,000,000원
③ 처분손실 3,000,000원 ④ 처분손실 5,000,000원

05. 개인기업인 신나라상사의 기초자본금이 200,000원일 때, 다음 자료를 통해 알 수 있는 당기순이익은 얼마인가?

> • 기업 경영주의 소득세를 납부 : 50,000원
> • 추가 출자금 : 40,000원
> • 기말자본금 : 350,000원

① 150,000원 ② 160,000원 ③ 210,000원 ④ 290,000원

06. 다음 본오물산의 거래내역을 설명하는 계정과목으로 가장 바르게 짝지어진 것은?

> (가) 공장 부지로 사용하기 위한 토지의 구입 시 발생한 취득세
> (나) 본오물산 직원 급여 지급 시 발생한 소득세 원천징수액

	(가)	(나)
①	세금과공과	예수금
②	토지	예수금
③	세금과공과	세금과공과
④	토지	세금과공과

07. 다음 중 판매비와관리비에 해당하지 않는 것은?

① 이자비용 ② 차량유지비 ③ 통신비 ④ 기업업무추진비

08. 다음 중 정상적인 영업 과정에서 판매를 목적으로 보유하는 재고자산에 대한 예시로 옳은 것은?

① 홍보 목적 전단지　② 접대 목적 선물세트
③ 제품과 상품　④ 기부 목적 쌀

09. 다음은 자본적 지출과 수익적 지출의 예시이다. 각 빈칸에 들어갈 말로 바르게 짝지어진 것은?

- 태풍에 파손된 유리 창문을 교체한 것은 (㉠)적 지출
- 자동차 엔진오일의 교체는 (㉡)적 지출

① ㉠ 자본, ㉡ 수익　② ㉠ 자본, ㉡ 자본
③ ㉠ 수익, ㉡ 자본　④ ㉠ 수익, ㉡ 수익

10. 다음과 같은 결합으로 이루어진 거래로 가장 옳은 것은?

(차) 부채의 감소　(대) 자산의 감소

① 외상매입금 4,000,000원을 보통예금 계좌에서 지급한다.
② 사무실의 전기요금 300,000원을 현금으로 지급한다.
③ 거래처 대표의 자녀 결혼으로 100,000원의 화환을 보낸다.
④ 사무실에서 사용하던 냉장고를 200,000원에 처분한다.

11. 다음 중 계정과목의 분류가 다른 것은?

① 예수금　② 미지급비용　③ 선급비용　④ 선수금

12. 기간 경과 분 이자수익이 당기에 입금되지 않았다. 기말 결산 시 해당 내용을 회계처리 하지 않았을 때 당기 재무제표에 미치는 영향으로 가장 옳은 것은?

① 자산의 과소계상　② 부채의 과대계상　③ 수익의 과대계상　④ 비용의 과소계상

13. 다음의 자료를 이용하여 순매출액을 계산하면 얼마인가?

- 당기 상품 매출액 : 300,000원
- 상품매출과 관련된 부대비용 : 5,000원
- 상품매출 환입액 : 10,000원

① 290,000원 ② 295,000원 ③ 305,000원 ④ 319,000원

14. 다음의 내용이 설명하는 계정과목으로 올바른 것은?

기간이 경과되어 보험료, 이자, 임차료 등의 비용이 발생하였으나 약정된 지급일이 되지 않아 지급하지 아니한 금액에 사용하는 계정과목이다.

① 가지급금 ② 예수금 ③ 미지급비용 ④ 선급금

15. 다음의 자료를 바탕으로 현금및현금성자산의 금액을 계산하면 얼마인가?

- 보통예금 : 500,000원
- 당좌예금 : 700,000원
- 1년 만기 정기예금 : 1,000,000원
- 단기매매증권 : 500,000원

① 1,200,000원 ② 1,500,000원 ③ 1,700,000원 ④ 2,200,000원

실 무

하늘상사(4116)는 유아용 의류를 판매하는 개인기업으로 당기의 회계기간은 20x1.1.1.~20x1.12.31.이다. 전산세무회계 수험용 프로그램을 이용하여 다음 물음에 답하시오.

〈 기 본 전 제 〉

- 문제에서 한국채택국제회계기준을 적용하도록 하는 전제조건이 없는 경우, 일반기업회계기준을 적용하여 회계처리 한다.
- 문제의 풀이와 답안작성은 제시된 문제의 순서대로 진행한다.

문제 1 **다음은 하늘상사의 사업자등록증이다. [회사등록] 메뉴에 입력된 내용을 검토하여 누락분은 추가 입력하고 잘못된 부분을 정정하시오(단, 주소 입력 시 우편번호는 입력하지 않아도 무방함). (6점)**

국세청
nts.go.kr

사 업 자 등 록 증

(일반과세자)

등록번호 : 628-26-01035

상　　　호 : 하늘상사
성　　　명 : 최은우　　　생 년 월 일 : 1988 년 10 월 17 일
개 업 연 월 일 : 2016 년 03 월 01 일
사업장소재지 : 서울특별시 강남구 논현로 56 (개포동 1228-4)
사 업 의 종 류 : 업태 도소매　　　종목 유아용 의류

발 급 사 유 : 신규
공 동 사 업 자 :

사업자 단위 과세 적용사업자 여부 : 여(　) 부(V)
전자세금계산서 전용 전자우편주소 :

2022년 03 월 01 일

삼 성 세 무 서 장

국세청

문제 2 **다음은 하늘상사의 전기분 손익계산서이다. 입력되어 있는 자료를 검토하여 오류 부분은 정정하고 누락된 부분은 추가 입력하시오. (6점)**

손익계산서

회사명 : 하늘상사 전기 : 20x0.1.1.~20x0.12.31. (단위 : 원)

과목	금액	과목	금액
Ⅰ 매출액	665,000,000	Ⅴ 영업이익	129,500,000
상품매출	665,000,000	Ⅵ 영업외수익	240,000
Ⅱ 매출원가	475,000,000	이자수익	210,000
상품매출원가	475,000,000	잡이익	30,000
기초상품재고액	19,000,000	Ⅶ 영업외비용	3,000,000
당기상품매입액	472,000,000	기부금	3,000,000
기말상품재고액	16,000,000	Ⅷ 소득세차감전순이익	126,740,000
Ⅲ 매출총이익	190,000,000	Ⅸ 소득세등	0
Ⅳ 판매비와관리비	60,500,000	Ⅹ 당기순이익	126,740,000
급여	30,000,000		
복리후생비	2,500,000		
기업업무추진비	8,300,000		
통신비	420,000		
감가상각비	5,200,000		
임차료	12,000,000		
차량유지비	1,250,000		
소모품비	830,000		

문제 3 **다음 자료를 이용하여 입력하시오. (6점)**

[1] 다음의 신규 거래처를 [거래처등록] 메뉴에서 추가 입력하시오(단, 우편번호 입력은 생략함). (3점)

코드	거래처명	대표자명	사업자등록번호	유형	사업장소재지	업태	종목
00308	뉴발상사	최은비	113-09-67896	동시	서울 송파구 법원로11길 11	도매및소매업	신발 도매업

[2] 거래처별 초기이월의 올바른 채권과 채무 잔액은 다음과 같다. [거래처별초기이월] 메뉴의 자료를 검토하여 오류가 있으면 올바르게 삭제 또는 수정, 추가 입력을 하시오. (3점)

계정과목	거래처명	금액
외상매출금	스마일상사	20,000,000원
미수금	슈프림상사	10,000,000원
단기차입금	다온상사	23,000,000원

문제 4 [일반전표입력] 메뉴를 이용하여 다음의 거래 자료를 입력하시오. (24점)

〈 입력 시 유의사항 〉

- 적요의 입력은 생략한다.
- 부가가치세는 고려하지 않는다.
- 채권·채무와 관련된 거래는 별도의 요구가 없는 한 반드시 기등록된 거래처코드를 선택하는 방법으로 거래처명을 입력한다.
- 회계처리 시 계정과목은 별도의 제시가 없는 한 등록된 계정과목 중 가장 적절한 과목으로 한다.

[1] 07월 25일 경리부 직원 류선재로부터 아래의 청첩장을 받고 축의금 300,000원을 사규에 따라 현금으로 지급하였다. (3점)

[2] 08월 04일 영동상사로부터 상품 4,000,000원을 매입하고 대금 중 800,000원은 당좌수표로 지급하고, 잔액은 어음을 발행하여 지급하였다. (3점)

[3] 08월 25일 하나상사에 상품 1,500,000원을 판매하는 계약을 하고, 계약금으로 상품 대금의 20%가 보통예금 계좌에 입금되었다. (3점)

[4] 10월 01일 운영자금을 확보하기 위하여 기업은행으로부터 50,000,000원을 5년 후에 상환하는 조건으로 차입하고, 차입금은 보통예금 계좌로 이체받았다. (3점)

[5] 10월 31일 영업부 과장 송해나의 10월분 급여를 보통예금 계좌에서 이체하여 지급하였다(단, 하나의 전표로 처리하되, 공제 항목은 구분하지 않고 하나의 계정과목으로 처리할 것). (3점)

급 여 명 세 서

귀속연월 : 20x1년 10월 지급연월 : 20x1년 10월 31일

성명	송 해 나

세부 내역			
지 급		공 제	
급여 항목	지급액(원)	공제 항목	공제액(원)
기본급	2,717,000	소득세	49,100
		지방소득세	4,910
		국민연금	122,260
		건강보험	96,310
		장기요양보험	12,470
		고용보험	24,450
		공제액 계	309,500
지급액 계	2,717,000	실지급액	2,407,500

계산 방법		
구분	산출식 또는 산출방법	지급금액(원)
기본급	209시간×13,000원/시간	2,717,000

[6] 11월 13일　가나상사에 상품을 판매하고 받은 어음 2,000,000원을 즉시 할인하여 은행으로부터 보통예금 계좌로 입금받았다(단, 매각거래이며, 할인율은 5%로 한다). (3점)

[7] 11월 22일　거래처 한올상사에서 상품 4,000,000원을 외상으로 매입하고 인수 운임 150,000원(당사 부담)은 현금으로 지급하였다(단, 하나의 전표로 입력할 것). (3점)

[8] 12월 15일　다음과 같이 우리컨설팅에서 영업부 서비스교육을 진행하고 교육훈련비 대금 중 500,000원은 보통예금 계좌에서 이체하여 지급하고 잔액은 외상으로 하였다. 단, 원천징수세액은 고려하지 않는다. (3점)

권	호	거래명세표(거래용)			
20x1년 12월 15일					
하늘상사 귀하	공급자	사업자등록번호	109-02-*****		
		상호	우리컨설팅	성명	김우리 ㉐
		사업장소재지	서울특별시 양천구 신정중앙로 86		
아래와 같이 계산합니다.		업태	서비스	종목	컨설팅,강의
합계금액		일백만 원정 (₩ 1,000,000)			

월 일	품목	규격	수량	단가	공급대가
12월 15일	영업부 서비스 교육		1	1,000,000원	1,000,000원
계					1,000,000원
전잔금	없음		합계		1,000,000원
입 금	500,000원	잔 금	500,000원		
비 고					

문제 5 [일반전표입력] 메뉴에 입력된 내용 중 다음의 오류가 발견되었다. 입력된 내용을 검토하고 수정 또는 삭제, 추가 입력하여 올바르게 정정하시오. (6점)

〈 입력 시 유의사항 〉

- 적요의 입력은 생략한다.
- 부가가치세는 고려하지 않는다.
- 채권·채무와 관련된 거래는 별도의 요구가 없는 한 반드시 기등록된 거래처코드를 선택하는 방법으로 거래처명을 입력한다.
- 회계처리 시 계정과목은 별도의 제시가 없는 한 등록된 계정과목 중 가장 적절한 과목으로 한다.

[1] 08월 22일 만중상사로부터 보통예금 4,000,000원이 입금되어 선수금으로 처리한 내용은 전기에 대손 처리하였던 만중상사의 외상매출금 4,000,000원이 회수된 것이다. (3점)

[2] 09월 15일 광고선전비로 계상한 130,000원은 거래처의 창립기념일 축하를 위한 화환 대금이다. (3점)

문제 6 다음의 결산정리사항을 입력하여 결산을 완료하시오. (12점)

〈 입력 시 유의사항 〉

- 적요의 입력은 생략한다.
- 부가가치세는 고려하지 않는다.
- 채권·채무와 관련된 거래는 별도의 요구가 없는 한 반드시 기등록된 거래처코드를 선택하는 방법으로 거래처명을 입력한다.
- 회계처리 시 계정과목은 별도의 제시가 없는 한 등록된 계정과목 중 가장 적절한 과목으로 한다.

[1] 회사의 자금 사정으로 인하여 영업부의 12월분 전기요금 1,000,000원을 다음 달에 납부하기로 하였다. (3점)

[2] 기말 현재 현금과부족 30,000원은 영업부 컴퓨터 수리비를 지급한 것으로 밝혀졌다. (3점)

[3] 12월 1일에 국민은행으로부터 100,000,000원을 연 이자율 12%로 차입하였다(차입기간 : 20x1.12.01.~2029.11.30.). 매월 이자는 다음 달 5일에 지급하기로 하고, 원금은 만기 시에 상환한다. 기말수정분개를 하시오(단, 월할 계산할 것). (3점)

[4] 결산을 위해 재고자산을 실사한 결과 기말상품재고액은 15,000,000원이었다. (3점)

문제 7 다음 사항을 조회하여 알맞은 답안을 [이론문제 답안작성] 메뉴에 입력하시오. (10점)

[1] 상반기(1월~6월) 중 기업업무추진비(판매비와일반관리비)를 가장 많이 지출한 월(月)과 그 금액은 얼마인가? (3점)

[2] 5월까지의 직원급여 총 지급액은 얼마인가? (3점)

[3] 6월 말 현재 외상매출금 잔액이 가장 많은 거래처의 상호와 그 외상매출금 잔액은 얼마인가? (4점)

이론과 실무문제의 답을 모두 입력한 후 [답안저장 (USB로 저장)]을 클릭하여 저장하고,
USB메모리를 제출하시기 바랍니다.

제116회 전산회계2급 답안 및 해설

이 론

1	2	3	4	5	6	7	8	9	10	11	12	13	14	15
②	①	②	②	②	②	①	③	④	①	③	①	①	③	①

01.

①	(차) 현금	××	(대)	임대료	××	손익거래
②	(차) 현금	××	(대)	단기대여금 이자수익	×× ××	혼합거래
③	(차) 이자비용	××	(대)	현금	××	손익거래
④	(차) 상품	××	(대)	현금 외상매입금	×× ××	교환거래

02. **정률법, 생산량비례법, 정액법은 유형자산의 감가상각방법**이다.

03. 결산 재무상태표에서는 **미결산항목인 가수금, 가지급금, 현금과부족, 인출금**을 다른 계정과목으로 처리한다.

04. 장부가액 = 취득가액(10,000,000) - 감가상각누계액(8,000,000) = 2,000,000원
처분손익 = 처분가액(5,000,000) - 장부가액(2,000,000) = 3,000,000원(이익)

05. 기초자본금(200,000) + 당기순이익(??) - 인출금(50,000) + 추가출자금(40,000)
= 기말자본금 (350,000) ∴ 당기순이익 = 160,000원

06. 토지 구입 시 발생한 **취득세는 토지의 취득원가에 포함**시키고, 급여 지급 시 발생한 소득세 **원천징수액은 예수금**으로 처리한다.

07. 이자비용은 영업외비용에 해당한다.

08. 재고자산이란 **정상적인 영업 과정에서 판매를 위하여 보유하는 상품과 제품** 등이다.

09. 파손된 유리의 대체, 자동차 엔진오일의 교체는 수익적 지출에 해당한다.

10.

①	(차) 외상매입금(부채)	××	(대)	보통예금(자산)	××
②	(차) 수도광열비(비용)	××	(대)	현금(자산)	×× ××
③	(차) 기업업무추진비(비용)	××	(대)	현금등(자산)	××
④	(차) 현금등(자산)	××	(대)	비품(자산)	××

11. 선급비용은 당좌자산에 해당하고, 예수금, 미지급비용, 선수금은 유동부채에 해당한다.

12. 회계처리를 안 했을 때의 영향은 수익(이자수익)의 과소계상과 자산(미수수익)의 과소계상이다.

13. 순매출액 = 총매출액(300,000) - 매출환입(10,000) = 290,000원
매출할 때 발생한 부대비용은 별도의 계정(비용)으로 처리한다.

15. 현금및현금성자산 = 보통예금(500.000) + 당좌예금(700,000) = 1,200,000원
정기예금은 단기금융상품으로 분류되며, 단기매매증권은 단기투자증권으로 분류된다.

실 무

문제 1 회사등록

- 사업자등록번호 : 628-26-01132 → 628-26-01035
- 종목 : 컴퓨터 부품 → 유아용 의류
- 사업장관할세무서 : 212.강동 → 120.삼성

문제 2 전기분손익계산서

- 상품매출 : 656,000,000원 → 665,000,000원으로 수정
- 기업업무추진비 : 8,100,000원 → 8,300,000원으로 수정
- 임차료 : 12,000,000원 추가 입력

문제 3 거래처별 초기이월외

[1] 거래처등록

- 거래처코드 : 00308
- 거래처명 : 뉴발상사
- 등록번호 : 113-09-67896
- 유형 : 3.동시
- 대표자 : 최은비
- 업태 : 도매및소매업
- 종목 : 신발 도매업
- 사업장주소 : 서울 송파구 법원로11길 11

[2] 거래처별초기이월

>외상매출금	>• 온컴상사 → 스마일상사로 거래처명 수정 >(※ 또는 온컴상사를 삭제하고 스마일상사 20,000,000원 추가)
>미수금	>• 슈프림상사 : 1,000,000원 → 10,000,000원으로 금액 수정
>단기차입금	>• 다온상사 : 23,000,000원 추가 입력

문제 4 일반전표입력

[1] 일반전표입력(7/25)

(차)	복리후생비(판)	300,000원	(대) 현금	300,000원

[2] 일반전표입력(8/04)

(차)	상품	4,000,000원	(대) 당좌예금	800,000원
			지급어음(영동상사)	3,200,000원

[3] 일반전표입력(8/25)

(차)	보통예금	300,000원	(대) 선수금(하나상사)	300,000원

[4] 일반전표입력(10/01)

(차)	보통예금	50,000,000원	(대) 장기차입금(기업은행)	50,000,000원

[5] 일반전표입력(10/31)

(차)	급여(판)	2,717,000원	(대) 예수금	309,500원
			보통예금	2,407,500원

[6] 일반전표입력(11/13)

(차)	보통예금	1,900,000원	(대) 받을어음(가나상사)	2,000,000원
	매출채권처분손실	100,000원		

[7] 일반전표입력(11/22)

(차)	상품	4,150,000원	(대) 외상매입금(한울상사)	4,000,000원
			현금	150,000원

[8] 일반전표입력(12/15)

(차)	교육훈련비(판)	1,000,000원	(대) 보통예금	500,000원
			미지급금(우리컨설팅)	500,000원

문제 5 오류수정

[1] 일반전표입력(8/22)

• 수정 전 :	(차) 보통예금	4,000,000원	(대) 선수금(만중상사)	4,000,000원
• 수정 후 :	(차) 보통예금	4,000,000원	(대) 대손충당금(109)	4,000,000원

[2] 일반전표입력(9/15)

• 수정 전 :	(차) 광고선전비(판)	130,000원	(대) 보통예금	130,000원
• 수정 후 :	(차) 기업업무추진비(판)	130,000원	(대) 보통예금	130,000원

문제 6 결산

[1] 〈수동결산〉

(차) 수도광열비(판) 1,000,000원 (대) 미지급금 1,000,000원

[2] 〈수동결산〉

(차) 수선비(판) 30,000원 (대) 현금과부족 30,000원

[3] 〈수동결산〉

(차) 이자비용 1,000,000원 (대) 미지급비용(국민은행) 1,000,000원

☞이자비용 = 차입금(100,000,000) × 연이자율(12%) ÷ 12개월 = 1,000,000원

[4] 〈자동/수동결산〉

1. [결산자료입력]

>기간 : 20x1년 1월~20x1년 12월

>2.매출원가 >상품매출원가 >⑩ 기말 상품 재고액 15,000,000원 입력>F3 전표추가

2. 또는 일반전표입력

(결차) 상품매출원가 180,950,000원 (결대) 상품 180,950,000원

☞전산회계시험에서는 (차변)(대변)을 사용한 전표는 정답으로 인정하지 않습니다.

문제 7 장부조회

[1] 2월, 1,520,000원

• 총계정원장>기간 : 20x1년 1월 1일~20x1년 6월 30일>계정과목 : 813.기업업무추진비 조회

[2] 27,000,000원

• [손익계산서]〉기간 : 20x1년 05월〉계정과목 : 801.급여

[3] 다주상사, 46,300,000원

• [거래처원장]>기간 : 20x1년 1월 1일~20x1년 6월 30일>계정과목 : 108.외상매출금

제114회 전산회계 2급

합격율	시험년월
53%	2024.6

이 론

01. 다음은 계정의 기록 방법에 대한 설명이다. 아래의 (가)와 (나)에 각각 들어갈 내용으로 옳게 짝지어진 것은?

> • 부채의 감소는 (가)에 기록한다.
> • 수익의 증가는 (나)에 기록한다.

	(가)	(나)
①	대변	대변
②	차변	차변
③	차변	대변
④	대변	차변

02. 다음은 한국상점(회계기간 : 매년 1월 1일~12월 31일)의 현금 관련 자료이다. 아래의 (가)에 들어갈 계정과목으로 옳은 것은?

> • 01월 30일 - 장부상 현금 잔액 400,000원
> - 실제 현금 잔액 500,000원
> • 12월 31일 - 결산 시까지 현금과부족 계정 잔액의 원인이 밝혀지지 않음.

현금과부족

7/1	이자수익	70,000원	1/30	현금	100,000원
	(가)	30,000원			
		100,000원			100,000원

① 잡손실 ② 잡이익 ③ 현금과부족 ④ 현금

03. 다음 중 거래의 결과로 인식할 비용의 분류가 나머지와 다른 것은?

① 영업부 사원의 당월분 급여 2,000,000원을 현금으로 지급하다.
② 화재로 인하여 창고에 보관하던 상품 500,000원이 소실되다.
③ 영업부 사무실 건물에 대한 월세 200,000원을 현금으로 지급하다.
④ 종업원의 단합을 위해 체육대회행사비 50,000원을 현금으로 지급하다.

04. 다음의 자료를 이용하여 계산한 당기 중 외상으로 매출한 금액(에누리하기 전의 금액)은 얼마인가?

- 외상매출금 기초잔액 : 400,000원
- 외상매출금 중 에누리액 : 100,000원
- 외상매출금 당기 회수액 : 600,000원
- 외상매출금 기말잔액 : 300,000원

① 300,000원 ② 400,000원 ③ 500,000원 ④ 600,000원

05. 다음 중 아래의 자료에서 설명하는 특징을 가진 재고자산의 단가 결정방법으로 옳은 것은?

- 실제 재고자산의 물량 흐름과 괴리가 발생하는 경우가 많다.
- 일반적으로 기말재고액이 과소 계상되는 특징이 있다.

① 개별법 ② 가중평균법 ③ 선입선출법 ④ 후입선출법

06. 다음은 한국제조가 당기 중 처분한 기계장치 관련 자료이다. 기계장치의 취득가액은 얼마인가?

- 유형자산처분이익 : 7,000,000원
- 처분가액 : 12,000,000원
- 감가상각누계액 : 5,000,000원

① 7,000,000원 ② 8,000,000원 ③ 9,000,000원 ④ 10,000,000원

07. 다음의 자료를 참고하여 기말자본을 구하시오.

- 당기총수익 2,000,000원
- 당기총비용 1,500,000원
- 기초자산 1,700,000원
- 기초자본 1,300,000원

① 1,200,000원 ② 1,500,000원 ③ 1,800,000원 ④ 2,000,000원

08. 다음 중 손익의 이연을 처리하기 위해 사용하는 계정과목을 모두 고른 것은?

가. 선급비용	나. 선수수익	다. 대손충당금	라. 잡손실

① 가, 나　② 가, 다　③ 나, 다　④ 다, 라

09. 다음 중 재고자산의 종류에 해당하지 않는 것은?

① 상품　② 재공품　③ 반제품　④ 비품

10. 다음 중 아래의 (가)와 (나)에 각각 들어갈 부채 항목의 계정과목으로 옳게 짝지어진 것은?

- 현금 등 대가를 미리 받았으나 수익이 실현되는 시점이 차기 이후에 속하는 경우 (가)(으)로 처리한다.
- 일반적인 상거래 외의 거래와 관련하여 발생한 현금 수령액 중 임시로 보관하였다가 곧 제3자에게 다시 지급해야 하는 경우 (나)(으)로 처리한다.

	(가)	(나)
①	선급금	예수금
②	선수수익	예수금
③	선수수익	미수수익
④	선급금	미수수익

11. 다음 중 회계상 거래에 해당하는 것은?

① 직원 1명을 신규 채용하고 근로계약서를 작성했다.
② 매장 임차료를 종전 대비 5% 인상하기로 임대인과 구두 협의했다.
③ 제품 100개를 주문한 고객으로부터 제품 50개 추가 주문을 받았다.
④ 사업자금으로 차입한 대출금에 대한 1개월분 대출이자가 발생하였다.

12. 다음 중 아래의 회계처리에 대한 설명으로 가장 적절한 것은?

(차)	현금	10,000원	(대)	외상매출금	10,000원

① 상품을 판매하고 현금 10,000원을 수령하였다.
② 지난달에 판매한 상품이 환불되어 현금 10,000원을 환불하였다.
③ 지난달에 판매한 상품에 대한 대금 10,000원을 수령하였다.
④ 상품을 판매하고 대금 10,000원을 다음달에 받기로 하였다.

13. 다음 중 일반기업회계기준에서 규정하고 있는 재무제표의 종류로 올바르지 않은 것은?

① 시산표 ② 손익계산서 ③ 자본변동표 ④ 현금흐름표

14. ㈜서울은 직접 판매와 수탁자를 통한 위탁판매도 하고 있다. 기말 현재 재고자산의 현황이 아래와 같을 때, 기말 재고자산 가액은 얼마인가?

- ㈜서울의 창고에 보관 중인 재고자산 가액 : 500,000원
- 수탁자에게 위탁판매를 요청하여 수탁자 창고에 보관 중인 재고자산 가액 : 100,000원
- 수탁자의 당기 위탁판매 실적에 따라 ㈜서울에 청구한 위탁판매수수료 : 30,000원

① 400,000원 ② 470,000원 ③ 570,000원 ④ 600,000원

15. 다음 자료를 이용하여 당기 매출총이익을 구하시오.

- 기초 재고자산 : 200,000원
- 재고자산 당기 매입액 : 1,000,000원
- 기말 재고자산 : 300,000원
- 당기 매출액 : 2,000,000원
- 판매 사원에 대한 당기 급여 총지급액 : 400,000원

① 600,000원 ② 700,000원 ③ 1,000,000원 ④ 1,100,000원

실 무

두일상사(4114)는 사무용가구를 판매하는 개인기업으로 당기 회계기간은 20x1.1.1.~20x1.12.31.이다. 전산세무회계 수험용 프로그램을 이용하여 다음 물음에 답하시오.

문제 1 **다음은 두일상사의 사업자등록증이다. [회사등록] 메뉴에 입력된 내용을 검토하여 누락분은 추가입력하고 잘못된 부분은 정정하시오(단, 우편번호 입력은 생략할 것). (6점)**

사 업 자 등 록 증

(일반과세자)

등록번호 : 118-08-70123

상 호 : 두일상사

성 명 : 이두일 생 년 월 일 : 1963 년 10 월 20 일

개업 년월일 : 2014 년 01 월 24 일

사업장소재지 : 대전광역시 동구 갱이길 2 (가양동)

사업의 종류 업태 도소매 종목 사무용가구

교 부 사 유 : 신규

공동 사업자 :

사업자 단위 과세 적용사업자 여부 : 여( ) 부(V)

전자세금계산서 전용 전자우편주소 :

2014 년 01 월 24 일

국세청

대 전 세 무 서 장 대전세무서장의인

문제 2 **다음은 두일상사의 전기분 재무상태표이다. 입력되어 있는 자료를 검토하여 오류 부분은 정정하고 누락된 부분은 추가 입력하시오. (6점)**

재 무 상 태 표

회사명 : 두일상사　　　　전기 20x0.12.31. 현재　　　　(단위 : 원)

과 목	금	액	과 목	금	액
현 금		60,000,000	외 상 매 입 금		55,400,000
당 좌 예 금		45,000,000	지 급 어 음		90,000,000
보 통 예 금		53,000,000	미 지 급 금		78,500,000
외 상 매 출 금	90,000,000		단 기 차 입 금		45,000,000
대 손 충 당 금	900,000	89,100,000	장 기 차 입 금		116,350,000
받 을 어 음	65,000,000		자 본 금		156,950,000
대 손 충 당 금	650,000	64,350,000	(당기순이익 :		
단 기 대 여 금		50,000,000	46,600,000)		
상 품		3,000,000			
소 모 품		500,000			
토 지		100,000,000			
차 량 운 반 구	64,500,000				
감가상각누계액	10,750,000	53,750,000			
비 품	29,500,000				
감가상각누계액	6,000,000	23,500,000			
자 산 총 계		542,200,000	부채와자본총계		542,200,000

문제 3 **다음 자료를 이용하여 입력하시오. (6점)**

[1] 다음의 자료를 이용하여 기초정보관리의 [거래처등록] 메뉴를 거래처(금융기관)를 추가로 등록하시오 (단, 주어진 자료 외의 다른 항목은 입력할 필요 없음). (3점)

• 코드 : 98100	• 거래처명 : 케이뱅크 적금	• 유형 : 정기적금
• 계좌번호 : 1234 - 5678 - 1234	• 계좌개설은행 : 케이뱅크	• 계좌개설일 : 20x1년 7월 1일

[2] 외상매출금과 단기차입금의 거래처별 초기이월 채권과 채무의 잔액은 다음과 같다. 입력된 자료를 검토하여 잘못된 부분은 수정 또는 삭제, 추가 입력하여 주어진 자료에 맞게 정정하시오. (3점)

계정과목	거래처명	잔액	계
외상매출금	태양마트	34,000,000원	90,000,000원
	㈜애옹전자	56,000,000원	
단기차입금	은산상사	20,000,000원	45,000,000원
	세연상사	22,000,000원	

문제 4 **[일반전표입력] 메뉴를 이용하여 다음의 거래 자료를 입력하시오. (24점)**

[1] 07월 03일 거래처 대전상사로부터 차입한 단기차입금 8,000,000원의 상환기일이 도래하여 당좌수표를 발행하여 상환하다. (3점)

[2] 07월 10일 관리부 직원들이 시내 출장용으로 사용하는 교통카드를 충전하고, 대금은 현금으로 지급하였다. (3점)

Seoul Metro
서울메트로

[교통카드 충전영수증]

역 사 명 : 평촌역
장 비 번 호 : 163
카 드 번 호 : 5089-3466-5253-6694
결 제 방 식 : 현금
충 전 일 시 : 20x1.07.10.

충전전잔액 : 500원
충 전 금 액 : 50,000원
충전후잔액 : 50,500원

대표자명 이춘덕
사업자번호 108-12-16395
주소 서울특별시 서초구 반포대로 21

[3] 08월 05일 능곡가구의 파산으로 인하여 외상매출금 5,000,000원이 회수할 수 없는 것으로 판명되어 대손처리하기로 하였다. 단, 8월 5일 현재 대손충당금 잔액은 900,000원이다. (3점)

[4] 08월 13일 사업용 부지로 사용하기 위한 토지를 매입하면서 발생한 부동산중개수수료를 현금으로 지급하고 아래의 현금영수증을 발급받았다. (3점)

유성부동산

305-42-23567 김유성
대전광역시 유성구 노은동로 104 TEL : 1577-0000

현금영수증(지출증빙용)

구매 20x1/08/13 거래번호 : 12341234-123

상품명	수량	단가	금액
중개수수료		1,000,000원	1,000,000원
		공 급 대 가	1,000,000원
		합 계	1,000,000원
		받 은 금 액	1,000,000원

[5] 09월 25일 임대인에게 800,000원(영업부 사무실 임차료 750,000원 및 건물관리비 50,000원)을 보통예금 계좌에서 이체하여 지급하였다(단, 하나의 전표로 입력할 것). (3점)

[6] 10월 24일 정풍상사에 판매하기 위한 상품의 상차작업을 위해 일용직 근로자를 고용하고 일당 100,000원을 현금으로 지급하였다. (3점)

[7] 11월 15일 아린상사에서 상품을 45,000,000원에 매입하기로 계약하고, 계약금은 당좌수표를 발행하여 지급하였다. 계약금은 매입 금액의 10%이다. (3점)

[8] 11월 23일 영업부에서 사용할 차량을 구입하고, 대금은 국민카드(신용카드)로 결제하였다. (3점)

신용카드매출전표

20x1.11.23. 17:20:11

20,000,000원

정상승인 | 일시불

결제정보

카드	국민카드(7890-4321-1000-2949)
거래유형	신용승인
승인번호	75611061
이용구분	일시불
은행확인	KB국민은행

가맹점 정보

가맹점명	오지자동차
사업자등록번호	203-71-61019
대표자명	박미래

본 매출표는 신용카드 이용에 따른 증빙용으로 국민카드사에서 발급한 것임을 확인합니다.

문제 5 [일반전표입력] 메뉴에 입력된 내용 중 다음의 오류가 발견되었다. 입력된 내용을 검토하고 수정 또는 삭제, 추가 입력하여 올바르게 정정하시오. (6점)

[1] 08월 16일 보통예금 계좌에서 출금된 1,000,000원은 임차료(판)가 아닌 경의상사에 지급한 임차보증금으로 확인되었다. (3점)

[2] 09월 30일 사업용 토지에 부과된 재산세 300,000원을 보통예금 계좌에서 이체하여 납부하고, 이를 토지의 취득가액으로 회계처리한 것으로 확인되었다. (3점)

문제 6 다음의 결산정리사항을 입력하여 결산을 완료하시오. (12점)

[1] 포스상사로부터 차입한 단기차입금에 대한 기간경과분 당기 발생 이자는 360,000원이다. 필요한 회계처리를 하시오. (3점)

[2] 기말 현재 가지급금 잔액 500,000원은 ㈜디자인가구의 외상매입금 지급액으로 판명되었다. (3점)

[3] 영업부의 당기 소모품 내역이 다음과 같다. 결산일에 필요한 회계처리를 하시오(단, 소모품 구입 시 전액 자산으로 처리하였다). (3점)

소모품 기초잔액	소모품 당기구입액	소모품 기말잔액
500,000원	200,000원	300,000원

[4] 매출채권(외상매출금 및 받을어음) 잔액에 대하여만 2%의 대손충당금을 보충법으로 설정하시오(단, 기타 채권에 대하여는 대손충당금을 설정하지 않는다). (3점)

문제 7 다음 사항을 조회하여 알맞은 답안을 이론문제 답안작성 메뉴에 입력하시오. (10점)

[1] 4월 말 현재 지급어음 잔액은 얼마인가? (3점)

[2] 5월 1일부터 5월 31일까지 기간의 외상매출금 회수액은 모두 얼마인가? (3점)

[3] 상반기(1월~6월) 중 복리후생비(판)의 지출이 가장 적은 월(月)과 그 월(月)의 복리후생비(판) 금액은 얼마인가? (4점)

제114회 전산회계2급 답안 및 해설

이 론

1	2	3	4	5	6	7	8	9	10	11	12	13	14	15
③	②	②	④	④	④	③	①	④	②	④	③	①	④	④

01. 부채의 감소는 차변, 수익의 증가는 대변에 기록한다.

02.
- 01월 30일 : (차) 현금 100,000원 (대) 현금과부족 100,000원
- 07월 01일 : (차) 현금과부족 70,000원 (대) 이자수익 70,000원
- 12월 31일 : (차) 현금과부족 30,000원 (대) *잡이익* 30,000원

03. 화재나 사고로 손실이 발생한 경우 영업외비용 항목인 재해손실 계정으로 처리한다.
- 급여(①), 임차료(③), 복리후생비(④)는 모두 판매비와관리비 항목에 해당한다.

04.

외상매출금

기초잔액	400,000	회수액	600,000
		에누리	100,000
외상매출액	*600,000*	기말잔액	300,000
계	1,000,000	계	1,000,000

05. 후입선출법의 특징을 설명한 자료들이다.

06. 유형자산분이익(7,000,000) = 처분가액(12,000,000) - 장부가액(5,000,000)
장부가액(5,000,000) = 취득가액(?) - 감가상각누계액(5,000,000)
∴ 취득가액 = 10,000,000원

07. 당기순이익 = 당기총수익(2,000,000) - 당기총비용(1,500,000) = 500,000원
기말자본 = 기초자본(1,300,000) + 당기순이익(500,000) = 1,800,000원

08. 손익을 이연하기 위한 계정과목은 선급비용과 선수수익이 있다.

09. 비품은 유형자산에 해당한다.

10. (가) 선수수익, (나) 예수금

11. 이자비용 발생에 해당하며 영업외비용으로 인식한다.

12. 현금이 증가하고 외상매출금이 감소하는 분개로서 매출대금을 판매 즉시 수령하지 않고 외상으로 처리한 후, 외상매출금을 현금으로 수령한 시점에 발생한 분개이다.

13. 시산표는 결산을 확정하기 전에 분개장으로부터 총계정원장의 각 계정으로 정확하게 전기되었는지를 확인하기 위해서 대차평균의 원리를 이용하여 작성하는 집계표로 재무제표에 해당하지 않는다,

14. 기말재고자산 가액 = 창고 보관 재고액(500,000) + 위탁 재고자산(100,000) = 600,000원
수탁자에게 보내고 판매 후 남은 적송품도 회사의 재고자산이며, **위수탁판매 수수료는 판매관리비에 해당**한다.

15.

재고자산

기초	200,000	**매출원가**	**900,000**
매입액	1,000,000	기말	300,000
계	1,200,000	계	1,200,000

매출총이익 = 매출액(2,000,000) - 매출원가(900,000) = 1,100,000원
판매사원에 대한 급여는 판매관리비로 분류한다.

실 무

문제 1 회사등록

- 대표자명 정정 : 안병남 → 이두일
- 개업연월일 수정 : 2016년 10월 05일 → 2014년 01월 24일
- 관할세무서 수정 : 508.안동 → 305.대전

문제 2 전기분재무상태표

- 받을어음 : 69,300,000원 → 65,000,000원으로 수정
- 감가상각누계액(209) : 11,750,000원 → 10,750,000원으로 수정
- 장기차입금 116,350,000원 추가 입력

문제 3 거래처별 초기이월외

[1] 거래처등록 [금융기관] 탭

- 코드 : 98100
- 거래처명 : 케이뱅크 적금
- 유형 : 3.정기적금
- 계좌번호 : 1234 - 5678 - 1234
- 계좌개설은행 : 089.케이뱅크
- 계좌개설일 : 20x1 - 07 - 01

[2] 거래처별초기이월

- 외상매출금>• 태양마트 : 15,000,000원 → 34,000,000원으로 수정
- 단기차입금>• 은산상사 : 35,000,000원 → 20,000,000원으로 수정
  - 종로상사 5,000,000원 삭제 → 일류상사 3,000,000원 추가

문제 4 일반전표입력

[1]	(차)	단기차입금(대전상사)	8,000,000	(대)	당좌예금	8,000,000
[2]	(차)	여비교통비(판)	50,000	(대)	현금	50,000
[3]	(차)	대손충당금(109)	900,000	(대)	외상매출금(능곡가구)	5,000,000
		대손상각비	4,100,000			

☞대손충당금을 우선 상계한다.

[4]	(차)	토지	1,000,000	(대)	현금	1,000,000

☞사업용 자산의 취득을 위해 발생하는 각종 수수료 등의 부대비용은 자산의 취득원가에 포함된다.

[5]	(차)	임차료(판)	750,000	(대)	보통예금	800,000
		건물관리비(판)	50,000			
[6]	(차)	잡급(판)	100,000	(대)	현금	100,000
[7]	(차)	선급금(아린상사)	4,500,000	(대)	당좌예금	4,500,000
[8]	(차)	차량운반구	20,000,000	(대)	미지급금(국민카드)	20,000,000

문제 5 오류수정

[1] 일반전표입력(8/16)

• 수정 전 :	(차)	임차료(판)	1,000,000원	(대)	보통예금	1,000,000원
• 수정 후 :	(차)	임차보증금(경의상사)	1,000,000원	(대)	보통예금	1,000,000원

[2] 일반전표입력(9/30)

• 수정 전 :	(차)	토지	300,000원	(대)	보통예금	300,000원
• 수정 후 :	(차)	세금과공과(판)	300,000원	(대)	보통예금	300,000원

문제 6 결산

[1] [수동결산]

(차)	이자비용	360,000원	(대)	미지급비용	360,000원

[2] [수동결산]

(차)	외상매입금(㈜디자인가구)	500,000원	(대)	가지급금	500,000원

[3] [수동결산]

(차)	소모품비(판)	400,000원	(대)	소모품	400,000원

☞ 소모품비 = 기초(500,000) + 당기구입(200,000) - 기말잔액(300,000) = 400,000원

[4] [수동 및 자동결산]

1. [결산자료입력] > F8대손상각 > 추가설정액 > • 108.외상매출금3,081,400원 입력 > 결산반영 > F3전표추가
   • 110.받을어음 : 1,350,000원 입력
2. 또는 [결산자료입력] > 4.판매비와일반관리비 > 5).대손상각 > • 외상매출금 3,081,400원 입력 > F3전표추가
   • 받을어음 1,350,000원 입력
3. 또는 일반전표입력

(차)	대손상각비(판)	4,431,400원	(대)	대손충당금(109)	3,081,400원
				대손충당금(111)	1,350,000원

☞ 대손충당금(109) : 외상매출금 154,070,000원 × 2% - 0원 = 3,081,400원
대손충당금(111) : 받을어음 100,000,000원 × 2% - 650,000원 = 1,350,000원

문제 7 장부조회

[1] 130,000,000원

• [재무상태표] > 기간 : 20x1년 04월 > 계정과목 : 252.지급어음 금액 확인

[2] 60,000,000원

• [일계표] > 기간 : 5월1일~5월31일 > 계정과목 : 108.외상매출금 대변 조회

[3] 5월, 300,000원

• [총계정원장] > 기간 : 1월 1일~6월 30일 > 계정과목 : 복리후생비(811) > 월별 차변 금액 확인

제113회 전산회계 2급

합격율	시험년월
59%	2024.4

이 론

01. 다음의 거래 내용을 보고 결합관계를 적절하게 나타낸 것은?

> 전화요금 50,000원이 보통예금 계좌에서 자동이체되다.

	차변	대변
①	자산의 증가	자산의 감소
②	부채의 감소	수익의 발생
③	자본의 감소	부채의 증가
④	비용의 발생	자산의 감소

02. 다음 중 총계정원장의 잔액이 항상 대변에 나타나는 계정과목은 무엇인가?

① 임대료수입 ② 보통예금 ③ 수수료비용 ④ 외상매출금

03. 다음 중 기말상품재고액 30,000원을 50,000원으로 잘못 회계처리한 경우 재무제표에 미치는 영향으로 옳은 것은?

① 재고자산이 과소 계상된다.
② 매출원가가 과소 계상된다.
③ 매출총이익이 과소 계상된다.
④ 당기순이익이 과소 계상된다.

04. 다음 중 유동성배열법에 의하여 나열할 경우 재무상태표상 가장 위쪽(상단)에 표시되는 계정과목은 무엇인가?

① 영업권　　② 장기대여금
③ 단기대여금　　④ 영업활동에 사용하는 건물

05. 다음 중 감기상각을 해야 하는 자산으로만 짝지은 것은 무엇인가?

① 건물, 토지
② 차량운반구, 기계장치
③ 단기매매증권, 구축물
④ 재고자산, 건설중인자산

06. 회사의 재산 상태가 다음과 같은 경우 순자산(자본)은 얼마인가?

• 현금 300,000원	• 선급금 200,000원	• 매입채무 100,000원
• 대여금 100,000원	• 재고자산 800,000원	• 사채 300,000원

① 1,000,000원　② 1,100,000원　③ 1,200,000원　④ 1,600,000원

07. 다음 중 일정 시점의 재무상태를 나타내는 재무보고서의 계정과목으로만 연결된 것은?

① 선급비용, 급여　　② 현금, 선급비용
③ 매출원가, 선수금　　④ 매출채권, 이자비용

08. 다음 중 현금및현금성자산 계정과목으로 처리할 수 없는 것은?

① 보통예금　② 우편환증서　③ 자기앞수표　④ 우표

09. 다음 자료에 의한 매출채권의 기말 대손충당금 잔액은 얼마인가?

> • 기초 매출채권 : 500,000원
> • 당기 매출액 : 2,000,000원 (판매시점에 전액 외상으로 판매함)
> • 당기 중 회수한 매출채권 : 1,500,000원
> • 기말 매출채권 잔액에 대하여 1%의 대손충당금을 설정하기로 한다.

① 0원　② 5,000원　③ 10,000원　④ 15,000원

10. 다음 자료에서 부채의 합계액은 얼마인가?

> • 직원에게 빌려준 금전 : 150,000원
> • 선급비용 : 50,000원
> • 선지급금 : 120,000원
> • 선수수익 : 30,000원
> • 선수금 : 70,000원

① 100,000원　② 120,000원　③ 150,000원　④ 180,000원

11. 다음 자료는 회계의 순환과정의 일부이다. (가), (나), (다)의 순서로 옳은 것은?

> 거래 발생 → (가) → 전기 → 수정 전 시산표 작성 → (나) → 수정 후 시산표 작성 → (다) → 결산보고서 작성

	(가)	(나)	(다)
①	분개	각종 장부 마감	결산 정리 분개
②	분개	결산 정리 분개	각종 장부 마감
③	각종 장부 마감	분개	결산 정리 분개
④	결산 정리 분개	각종 장부 마감	분개

12. 다음 중 재고자산의 취득원가를 구할 때 차감하는 계정과목이 아닌 것은?

① 매입할인　② 매입환출　③ 매입에누리　④ 매입부대비용

13. 다음 중 영업외비용에 해당하지 않는 것은?

① 보험료　② 기부금　③ 이자비용　④ 유형자산처분손실

14. 다음 재고자산의 단가결정방법 중 선입선출법에 대한 설명으로 적절하지 않은 것은?

① 물가상승 시 이익이 과대계상된다.
② 물량흐름과 원가흐름이 대체로 일치한다.
③ 물가상승 시 기말재고자산이 과소평가된다.
④ 기말재고자산이 현행원가에 가깝게 표시된다.

15. 다음과 같이 사업에 사용할 토지를 무상으로 취득한 경우, 토지의 취득가액은 얼마인가?

- 무상으로 취득한 토지의 공정가치 : 1,000,000원
- 토지 취득 시 발생한 취득세 : 40,000원

① 0원　② 40,000원　③ 1,000,000원　④ 1,040,000원

실 무

엔시상사(4113)는 문구 및 잡화를 판매하는 개인기업으로 당기 회계기간은 20x1.1.1.~20x1.12.31.이다. 전산세무회계 수험용 프로그램을 이용하여 다음 물음에 답하시오.

문제 1 **다음은 엔시상사의 사업자등록증이다. [회사등록] 메뉴에 입력된 내용을 검토하여 누락분은 추가입력하고 잘못된 부분은 정정하시오(단, 우편번호 입력은 생략할 것). (6점)**

사 업 자 등 록 증

(일반과세자)

등록번호 : 304-25-70134

상 호 : 엔시상사

성 명 : 정성찬 생 년 월 일 : 1980 년 09 월 21 일

개업 년월일 : 2018 년 04 월 08 일

사업장소재지 : 경기도 성남시 중원구 광명로 6 (성남동)

사업의 종류 업태 도소매 종목 문구 및 잡화

교 부 사 유 : 신규

공동 사업자 :

사업자 단위 과세 적용사업자 여부 : 여( ) 부(∨)

전자세금계산서 전용 전자우편주소 :

2018 년 04 월 08 일

성 남 세 무 서 장 성남세무서장의인

국세청

문제 2 **다음은 엔시상사의 전기분 손익계산서이다. 입력되어 있는 자료를 검토하여 오류 부분은 정정하고 누락된 부분은 추가 입력하시오. (6점)**

손익계산서

회사명 : 엔시상사 전기 20x0.1.1.~20x0.12.31. (단위 : 원)

과목	금액	과목	금액
Ⅰ. 매출액	100,000,000	Ⅴ. 영업이익	10,890,000
상품매출	100,000,000	Ⅵ. 영업외수익	610,000
Ⅱ. 매출원가	60,210,000	이자수익	610,000
상품매출원가	60,210,000	Ⅶ. 영업외비용	2,000,000
기초상품재고액	26,000,000	이자비용	2,000,000
당기상품매입액	38,210,000	Ⅷ. 소득세차감전순이익	9,500,000
기말상품재고액	4,000,000	Ⅸ. 소득세등	0
Ⅲ. 매출총이익	39,790,000	Ⅹ. 당기순이익	9,500,000
Ⅳ. 판매비와관리비	28,900,000		
급여	20,000,000		
복리후생비	4,900,000		
여비교통비	1,000,000		
임차료	2,300,000		
운반비	400,000		
소모품비	300,000		

문제 3 **다음 자료를 이용하여 입력하시오. (6점)**

[1] 다음 자료를 이용하여 [계정과목및적요등록] 메뉴에서 재고자산 항목의 상품 계정에 적요를 추가로 등록하시오. (3점)

현금적요 3. 수출용 상품 매입

[2] 외상매입금과 지급어음에 대한 거래처별 초기이월 자료는 다음과 같다. 주어진 자료를 검토하여 누락된 부분을 수정 및 추가 입력하시오. (3점)

계정과목	거래처	잔액
외상매입금	엘리상사	3,000,000원
	동오상사	10,000,000원
지급어음	디오상사	3,500,000원
	망도상사	3,000,000원

문제 4 [일반전표입력] 메뉴를 이용하여 다음의 거래 자료를 입력하시오. (24점)

[1] 08월 10일 매출거래처 수민상회에 대한 외상매출금을 현금으로 회수하고, 아래의 입금표를 발행하여 교부하였다. (3점)

입 금 표
(공급자 보관용)

작성일 : 20x1년 08월 10일 지급일 : 20x1년 08월 10일

공급자 (수령인)	상 호	엔시상사			대 표 자 명		정성찬			
	사업자등록번호	304-25-70134								
	사업장소재지	경기도 성남시 중원구 광명로 6								
공급받는자 (지급인)	상 호	수민상회			대 표 자 명		이수민			
	사업자등록번호	307-02-67153								
	사업장소재지	대구광역시 북구 칠성시장로7길 17-18								
금액	십	억	천	백	십	만	천	백	십	일
				2	4	0	0	0	0	0

(내용)
외상매출금 현금 입금

위 금액을 정히 영수합니다.

[2] 08월 25일 거래처 대표로부터 아래와 같은 모바일 청첩장을 받고, 축의금 200,000원을 현금으로 지급하였다. (3점)

[3] 09월 02일 영업부 직원의 고용보험료 220,000원을 보통예금 계좌에서 납부하였다. 납부한 금액 중 100,000원은 직원부담분이고, 나머지는 회사부담분으로 직원부담분은 직원의 8월 귀속 급여에서 공제한 상태이다(단, 하나의 전표로 처리하고 회사부담분은 복리후생비 계정으로 처리할 것). (3점)

[4] 09월 20일 유형자산인 토지에 대한 재산세 500,000원을 현금으로 납부하였다. (3점)

20x1년09월(토지분) 재산세 도시지역분 지방교육세 고지서

전자납부번호
11500-1-12452-124234

구 분	납기 내 금액	납기 후 금액
합 계	500,000	515,000
납부기한	20x1.09.30.까지	20x1.10.31.까지

납 세 자	엔시상사
주 소 지	경기도 성남시 중원구 광명로 6
과세대상	경기도 성남시 중원구 성남동 1357

※이 영수증은 과세증명서로 사용 가능

위의 금액을 납부하시기 바랍니다.

20x1년 9월 10일

[5] 09월 25일 상품 매입대금으로 가은상사에 발행하여 지급한 약속어음 3,500,000원의 만기가 도래하여 보통예금 계좌에서 이체하여 상환하다. (3점)

[6] 10월 05일 다음과 같이 상품을 판매하고 대금 중 4,000,000원은 자기앞수표로 받고 잔액은 외상으로 하였다. (3점)

5권	10호	거래명세표(보관용)				
20x1년 10월 05일		공급자	사업자등록번호	304-25-70134		
한능협 귀하			상호	엔시상사	성명	정성찬 ㊞
			사업장소재지	경기도 성남시 중원구 광명로 6		
아래와 같이 계산합니다.			업태	도소매	종목	문구및잡화
합계금액	일천만 원정 (₩ 10,000,000)					

월일	품목	규격	수량	단가	공급대가
10/05	만년필		4	2,500,000원	10,000,000원
계					10,000,000원

전잔금	없음		합계		10,000,000원
입 금	4,000,000원	잔 금	6,000,000원	인수자	강아영 ㊞
비 고					

[7] 10월 20일 영업부 사무실의 10월분 수도요금 30,000원과 소모품비 100,000원을 삼성카드로 결제하였다. (3점)

[8] 11월 10일 정기예금 이자 100,000원이 발생하여 원천징수세액을 차감한 금액이 보통예금으로 입금되었으며, 다음과 같이 원천징수영수증을 받았다(단, 원천징수세액은 선납세금 계정을 이용하고 하나의 전표로 입력할 것). (3점)

※관리번호		이자소득 원천징수영수증		∨소득자 보관용 □발행자 보관용 □발행자 보고용		
징 수 의 무 자	법인명(상호)	농협은행				
소 득 자	성명(상호)		사업자등록번호		계좌번호	
	정성찬(엔시상사)		304-25-70134		904-480-511166	
	주소	경기도 성남시 중원구 광명로 6				
지급일	이자율	지급액 (소득금액)	세율	원천징수세액		
				소득세	지방소득세	계
20x1/11/10	1%	100,000원	14%	14,000원	1,400원	15,400원

위의 원천징수세액)수입금액)을 정히 영수(지급)합니다.

20x1년 11월 10일

징수(보고)의무자 농협은행

문제 5 **[일반전표입력] 메뉴에 입력된 내용 중 다음의 오류가 발견되었다. 입력된 내용을 검토하고 수정 또는 삭제, 추가 입력하여 올바르게 정정하시오. (6점)**

[1] 08월 06일 보통예금 계좌에서 이체한 6,000,000원은 사업용카드 중 신한카드의 미지급금을 결제한 것으로 회계처리 하였으나 하나카드의 미지급금을 결제한 것으로 확인되었다. (3점)

[2] 10월 25일 구매부 직원의 10월분 급여 지급액에 대한 회계처리 시 공제 항목에 대한 회계처리를 하지 않고 급여액 총액을 보통예금 계좌에서 이체하여 지급한 것으로 잘못 회계처리 하였다(단, 하나의 전표로 처리하되, 공제 항목은 항목별로 구분하지 않는다). (3점)

20x1년 10월분 급여명세서			
사 원 명 : 박민정		부 서 : 구매부	
입 사 일 : 2020.10.25.		직 급 : 대리	
지급내역	지급액	공제내역	공제액
기본급여	4,200,000원	국민연금	189,000원
직책수당	0원	건강보험	146,790원
상여금	0원	고용보험	37,800원
특별수당	0원	소득세	237,660원
자가운전보조금	0원	지방소득세	23,760원
교육지원수당	0원	기타공제	0원
지급액계	4,200,000원	공제액계	635,010원
귀하의 노고에 감사드립니다.		차인지급액	3,564,990원

문제 6 다음의 결산정리사항을 입력하여 결산을 완료하시오. (12점)

[1] 4월 1일에 영업부 사무실의 12개월분 임차료(임차기간 : 20x1.4.1.~20x2.3.31.) 24,000,000원을 보통예금 계좌에서 이체하여 지급하고 전액 자산계정인 선급비용으로 회계처리하였다. 기말수정분개를 하시오(단, 월할 계산할 것). (3점)

[2] 기말 외상매출금 중 미국 BRIZ사의 외상매출금 20,000,000원(미화 $20,000)이 포함되어 있다. 결산일 현재 기준환율은 1$당 1,100원이다. (3점)

[3] 기말 현재 현금과부족 중 15,000원은 판매 관련 등록면허세를 현금으로 납부한 것으로 밝혀졌다. (3점)

[4] 결산을 위하여 창고의 재고자산을 실사한 결과, 기말상품재고액은 4,500,000원이다. (3점)

문제 7 **다음 사항을 조회하여 알맞은 답안을** 이론문제 답안작성 **메뉴에 입력하시오. (10점)**

[1] 상반기(1월~6월) 중 어룡상사에 대한 외상매입금 지급액은 얼마인가? (3점)

[2] 상반기(1월~6월) 동안 지출한 복리후생비(판) 금액은 모두 얼마인가? (3점)

[3] 6월 말 현재 유동자산과 유동부채의 차액은 얼마인가? (4점)

제113회 전산회계2급 답안 및 해설

이 론

1	2	3	4	5	6	7	8	9	10	11	12	13	14	15
④	①	②	③	②	①	②	④	③	①	②	④	①	③	④

01. (차) 통신비 50,000원(비용의 발생) (대) 보통예금 50,000원(자산의 감소)

02. 대변에 잔액이 남는 계정은 부채계정, 자본계정, 수익계정이다.

03. 자산과 이익은 비례관계이고, 이익과 원가는 반비례관계이다. 따라서 기말상품재고액이 과다계상되면 이익은 과다계상되고 매출원가는 과소계상된다.

04. 재무상태표는 유동성배열법에 의하여 작성된다.
단기대여금(당좌자산), 장기대여금(투자자산), 영업권(무형자산), 건물(유형자산)순으로 배열한다,

05. 유형자산 중 토지와 건설중인자산은 감가상각을 하지 않는다.

06. 자산 = 현금(300,000) + 대여금(100,000) + 선급금(200,000) + 재고자산(800,000) = 1,400,000원
부채 = 매입채무(100,000) + 사채(300,000) = 400,000원
순자산(자본) = 자산(1,400,000) - 부채(400,000) = 1,000,000원

07. 일정 시점의 기업이 보유하고 있는 자산, 부채, 자본에 대한 정보를 제공하는 재무보고서는 재무상태표이다. 보기 중 매출원가, 이자비용, 급여는 일정 기간 동안의 기업 경영 성과에 대한 정보를 제공하는 손익계산서를 구성하는 계정과목이다.

08. 우표는 비용에 해당하며, 통신비 계정으로 처리한다.

09. 기말대손충당금 = 기말 매출채권(1,000,000) × 대손 추정률(1%) = 10,000원

매출채권

기초잔액	500,000	회수액	1,500,000
외상매출액	2,000,000	**기말잔액**	**1,000,000**
계	2,500,000	계	2,500,000

10. 부채 = 선수금(70,000) + 선수수익(30,000) = 100,000원

11. 거래 발생 → 분개(가) → 전기 → 수정 전 시산표 작성 → 결산 정리 분개(나) → 수정 후 시산표 작성 → 각종 장부 마감(다) → 결산보고서 작성

12. 매입부대비용은 재고자산 취득원가에 가산하는 계정이다.

13. 보험료는 판매비와관리비로 영업외비용에 해당하지 않는다.

14. 물가상승시(10→20→30) 선입선출법으로 2개가 판매되었다고 가정하면 기말재고자산은 30원이므로 기말재고자산이 과대평가된다.

15. 토지의 취득가액 = 토지(1,000,000) + 취득세(40,000) = 1,040,000원
무상으로 취득한 자산의 취득가액은 공정가치로 하며, 취득 과정에서 발생한 취득세, 수수료 등은 취득원가에 가산한다.

실 무

문제 1 회사등록

• 대표자명 : 최연제 → 정성찬 수정
• 종목 : 스포츠 용품 → 문구 및 잡화 수정
• 개업연월일 : 2018 - 07 - 14 → 2018 - 04 - 08 수정

문제 2 전기분손익계산서

• 급여 10,000,000원 → 20,000,000원으로 수정
• 임차료 2,100,000원 → 2,300,000원으로 수정
• 통신비 400,000원 → 운반비 400,000원으로 수정

문제 3 거래처별 초기이월외

[1] [계정과목및적요등록]

146.상품>현금적요>• 적요No : 3 • 적요 : 수출용 상품 매입

[2] [거래처별 초기이월]

• 외상매입금>동오상사 10,000,000원 추가 입력

• 지급어음>• 디오상사 3,000,000원 → 3,500,000원으로 수정
• 망도상사 3,000,000원 추가 입력

문제 4 일반전표입력

[1]	(차)	현금	2,400,000	(대)	외상매출금(수민상회)	2,400,000
[2]	(차)	기업업무추진비(판)	200,000	(대)	현금	200,000
[3]	(차)	예수금	100,000	(대)	보통예금	220,000
		복리후생비(판)	120,000			
[4]	(차)	세금과공과(판)	500,000	(대)	현금	500,000
[5]	(차)	지급어음(가은상사)	3,500,000	(대)	보통예금	3,500,000
[6]	(차)	현금	4,000,000	(대)	상품매출	10,000,000
		외상매출금(한능협)	6,000,000			
[7]	(차)	수도광열비(판)	30,000	(대)	미지급금(삼성카드)	130,000
		소모품비(판)	100,000			
[8]	(차)	선납세금	15,400	(대)	이자수익	100,000
		보통예금	84,600			

문제 5 오류수정

[1] 일반전표입력(8/06)

• 수정 전	(차) 미지급금(신한카드)	6,000,000원	(대) 보통예금		6,000,000원
• 수정 후	(차) 미지급금(하나카드)	6,000,000원	(대) 보통예금		6,000,000원

[2] 일반전표입력(10/25)

• 수정 전	(차) 급여	4,200,000원	(대) 보통예금	4,200,000원
• 수정 후	(차) 급여	4,200,000원	(대) 예수금	635,010원
			보통예금	3,564,990원

문제 6 결산

[1] [수동결산]

(차) 임차료(판) 18,000,000원 (대) 선급비용 18,000,000원

☞ 당기비용 = 12개월분 임차료(24,000,000) × 9개월/12개월 = 18,000,000원

[2] [수동결산]

(차) 외상매출금(미국 BRIZ사) 2,000,000원 (대) 외화환산이익 2,000,000원

☞ 외화환산손익 = 공정가액(1,100원 × $20,000) - 장부가액(20,000,000) = 2,000,000원(이익)

[3] [수동결산]

(차) 세금과공과(판) 15,000원 (대) 현금과부족 15,000원

☞ 현금과부족금액을 조회 후 제거하는 분개를 하여야 한다.

[4] [자동/수동결산]

1. [결산자료입력] > 기간 : 20x1년 01월~20x1년 12월

   > 2. 매출원가

   > ⑩ 기말 상품 재고액 결산반영금액란 4,500,000원 입력 > F3전표추가

2. 또는 일반전표입력

(결차) 상품매출원가 129,100,000원 (결대) 상품 129,100,000원

- 매출원가 = 기초상품재고액(4,000,000) + 당기상품매입액(129,600,000)

  - 기말상품재고액(4,500,000) = 129,100,000원

문제 7 장부조회

[1] 4,060,000원

- [거래처원장] > 기간 : 20x1년 1월 1일~20x1년 6월 30일 > 계정과목 : 0251.외상매입금

  > 거래처 : 00120.어룡상사 차변 합계

[2] 4,984,300원

- [총계정원장] > [월별] 탭 > 기간 : 20x1년 01월 01일~20x1년 06월 30일

  > 계정과목 : 0811.복리후생비(판) 차변 합계

[3] 86,188,000원 = 유동자산(280,188,000)원 - 유동부채 194,000,000원

- [재무상태표] > 기간 : 20x1년 06월 조회

제111회 전산회계2급

합격률	시험년월
48%	2023.12

이 론

01. 다음 중 복식부기와 관련된 설명이 아닌 것은?

① 차변과 대변이라는 개념이 존재한다.
② 대차평균의 원리가 적용된다.
③ 모든 거래에 대해 이중으로 기록하여 자기검증기능이 있다.
④ 재산 등의 증감변화에 대해 개별 항목의 변동만 기록한다.

02. 다음의 내용이 설명하는 계정과목으로 옳은 것은?

> 재화의 생산, 용역의 제공, 타인에 대한 임대 또는 자체적으로 사용할 목적으로 보유하는 물리적 형체가 있는 자산으로서, 1년을 초과하여 사용할 것이 예상되는 자산을 말한다.

① 건물　　② 사채　　③ 보험차익　　④ 퇴직급여

03. 다음 괄호 안에 들어갈 내용으로 올바른 것은?

> 현금및현금성자산은 취득 당시 만기가 (　　　　　　　) 이내에 도래하는 금융상품을 말한다.

① 1개월　　② 3개월　　③ 6개월　　④ 1년

04. 다음 중 일반기업회계기준에 의한 회계의 특징으로 볼 수 없는 것은?

① 복식회계　　② 영리회계　　③ 재무회계　　④ 단식회계

05. 다음 중 재고자산에 대한 설명으로 틀린 것은?

① 판매를 위하여 보유하고 있는 상품 또는 제품은 재고자산에 해당한다.
② 판매와 관련하여 발생한 수수료는 판매비와관리비로 비용처리 한다.
③ 판매되지 않은 재고자산은 매입한 시점에 즉시 당기 비용으로 인식한다.
④ 개별법은 가장 정확하게 매출원가와 기말재고액을 결정하는 방법이다.

06. 다음의 자료가 설명하는 내용의 계정과목으로 올바른 것은?

금전을 수취하였으나 그 내용이 확정되지 않은 경우에 임시로 사용하는 계정과목이다.

① 미지급비용　　② 미지급금　　③ 가수금　　④ 외상매입금

07. 다음은 영업활동 목적으로 거래처 직원과 함께 식사하고 받은 현금영수증이다. 이를 회계처리할 경우 차변에 기재할 계정과목으로 옳은 것은?

EasyCheck KICC
가맹점명, 가맹점주소가 실제와 다른 경우 신고안내 (포상금 10만원 지급)
여신금융협회 : 02-2011-0777

현금영수증

가맹점명 :	망향비빔국수	대표자 :	이명환
사업자번호 :	145-54-45245	전화번호 :	031-542-4524
주소 :	경기도 안양시 만안구		

거래유형 :	지출증빙
거래종류 :	승인거래
식별번호 :	855-12-01853
취소시 원거래일자 :	
거래일시 :	20x1/06/29
공급가액 :	20,000원
부가세 :	2,000원
봉사료 :	
합계 :	22,000원
승인번호 :	1245345225

현금영수증 문의(국세청) : 126
http://현금영수증.kr

① 기부금　　② 기업업무추진비　　③ 복리후생비　　④ 세금과공과

08. 재고자산은 그 평가방법에 따라 금액이 달라질 수 있다. 다음 중 평가방법에 따른 기말재고자산 금액의 변동이 매출원가와 매출총이익에 미치는 영향으로 옳은 것은?

① 기말재고자산 금액이 감소하면 매출원가도 감소한다.
② 기말재고자산 금액이 감소하면 매출총이익은 증가한다.
③ 기말재고자산 금액이 증가하면 매출원가도 증가한다.
④ 기말재고자산 금액이 증가하면 매출총이익이 증가한다.

09. 다음 중 판매비와관리비에 해당하는 계정과목은 모두 몇 개인가?

• 기부금	• 세금과공과	• 이자비용	• 보험료
• 미수금	• 미지급비용	• 선급비용	

① 1개 ② 2개 ③ 3개 ④ 4개

10. 다음 중 아래의 잔액시산표에 대한 설명으로 옳은 것은?

잔액시산표

일산상사 20x1.1.1.~20x1.12.31. (단위 : 원)

차변	원면	계정과목	대변
220,000	1	현금	
700,000	2	건물	
	3	외상매입금	90,000
	4	자본금	820,000
	5	이자수익	60,000
50,000	6	급여	
970,000			970,000

① 당기의 기말자본금은 820,000원이다.
② 유동자산의 총합계액은 900,000원이다.
③ 판매비와관리비는 130,000원이다.
④ 당기순이익은 10,000원이다.

11. 다음 중 회계상 거래와 관련하여 자산의 증가와 자산의 감소가 동시에 발생하는 거래로 옳은 것은?

① 영업용 차량을 현금 1,000,000원을 주고 구입하였다.
② 사무실 월세 1,000,000원을 현금으로 지급하였다.
③ 정기예금 이자 1,000,000원을 현금으로 수령하였다.
④ 상품을 1,000,000원에 외상으로 구입하였다.

12. 다음은 서울상사의 수익적 지출 및 자본적 지출에 관한 내용이다. 다음 중 성격이 나머지와 다른 하나는 무엇인가?

① 사무실 유리창이 깨져서 새로운 유리창을 구입하여 교체하였다.
② 기계장치의 경미한 수준의 부속품이 마모되어 해당 부속품을 교체하였다.
③ 상가 건물의 편의성을 높이기 위해 엘리베이터를 설치하였다.
④ 사업장의 벽지가 찢어져서 외주업체를 통하여 다시 도배하였다.

13. 다음은 합격물산의 세금 납부내역이다. 이에 대한 회계처리 시 (A)와 (B)의 차변 계정과목으로 주어진 자료에서 가장 바르게 짝지은 것은?

(A) 합격물산 대표자의 소득세 납부	(B) 합격물산 사옥에 대한 건물분 재산세 납부

	(A)	(B)
①	세금과공과	세금과공과
②	세금과공과	인출금
③	인출금	세금과공과
④	인출금	건물

14. 다음은 합격물산의 당기 말 부채계정 잔액의 일부이다. 재무상태표에 표시될 매입채무는 얼마인가?

• 선수금 10,000원	• 지급어음 20,000원	• 외상매입금 30,000원
• 단기차입금 40,000원	• 미지급금 50,000원	

① 50,000원 ② 60,000원 ③ 100,000원 ④ 110,000원

15. 다음의 자료에서 기초자본은 얼마인가?

• 기초자본 (?)	• 총수익 100,000원	• 기말자본 200,000원	• 총비용 80,000원

① 170,000원 ② 180,000원 ③ 190,000원 ④ 200,000원

실 무

파라상사(4111)는 문구 및 잡화를 판매하는 개인기업으로 당기의 회계기간은 20x1.1.1.~20x1.12.31.이다. 전산세무회계 수험용 프로그램을 이용하여 다음 물음에 답하시오.

문제 1 **다음은 파라상사의 사업자등록증이다. [회사등록] 메뉴에 입력된 내용을 검토하여 누락분은 추가입력하고 잘못된 부분은 정정하시오(주소 입력 시 우편번호는 입력하지 않아도 무방함). (6점)**

국세청 nts.go.kr

사 업 자 등 록 증

(일반과세자)

등록번호 : 855-12-01853

상 호 : 파라상사

성 명 : 박연원 생 년 월 일 : 1966 년 07 월 22 일

개 업 연 월 일 : 2012 년 02 월 02 일

사 업 장 소 재 지 : 경기도 안양시 동안구 귀인로 237 (평촌동)

사 업 의 종 류 : 업태 도소매 종목 문구 및 잡화

발 급 사 유 : 신규

공 동 사 업 자 :

사업자 단위 과세 적용사업자 여부 : 여( ) 부(∨)

전자세금계산서 전용 전자우편주소 :

2012년 02 월 02 일

동 안 양 세 무 서 장

국세청

문제 2 **다음은 파라상사의 전기분 재무상태표이다. 입력되어 있는 자료를 검토하여 오류부분은 정정하고 누락된 부분은 추가 입력하시오. (6점)**

재무상태표

회사명 : 파라상사 잔기 20x0.12.31. 현재 (단위 : 원)

과목	금액		과목	금액	
현금		2,500,000	외상매입금		50,000,000
당좌예금		43,000,000	지급어음		8,100,000
보통예금		50,000,000	미지급금		29,000,000
외상매출금	20,000,000		단기차입금		5,000,000
대손충당금	900,000	19,100,000	장기차입금		10,000,000
받을어음	4,900,000		자본금		49,757,000
대손충당금	43,000	4,857,000	(당기순이익		
미수금		600,000	: 8,090,000)		
상품		7,000,000			
장기대여금		2,000,000			
차량운반구	10,000,000				
감가상각누계액	2,000,000	8,000,000			
비품	7,600,000				
감가상각누계액	2,800,000	4,800,000			
임차보증금		10,000,000			
자산총계		151,857,000	부채와 자본총계		151,857,000

문제 3 다음 자료를 이용하여 입력하시오. (6점)

[1] 파라상사의 외상매입금과 미지급금에 대한 거래처별 초기이월 잔액은 다음과 같다. 입력된 자료를 검토하여 잘못된 부분은 삭제 또는 수정, 추가 입력하여 주어진 자료에 맞게 정정하시오. (3점)

계정과목	거래처	잔액
외상매입금	고래전자	12,000,000원
	건우상사	11,000,000원
	석류상사	27,000,000원
미지급금	앨리스상사	25,000,000원
	용구상사	4,000,000원

[2] 다음의 내용을 [계정과목및적요등록] 메뉴를 이용하여 보통예금 계정과목에 현금적요를 등록하시오. (3점)

현금적요 : 적요No.5, 미수금 보통예금 입금

문제 4 [일반전표입력] 메뉴를 이용하여 다음의 거래 자료를 입력하시오. (24점)

[1] 07월 13일 전기에 대손 처리하였던 나마상사의 외상매출금 2,000,000원이 회수되어 보통예금 계좌로 입금되었다. (3점)

[2] 08월 01일 남선상사에 대한 외상매입금 2,000,000원을 지급하기 위하여 오름상사로부터 상품판매 대금으로 받은 약속어음을 배서양도하였다. (3점)

[3] 08월 31일　창고가 필요하여 다음과 같이 임대차계약을 체결하고 임차보증금을 보통예금 계좌에서 이체하여 지급하였다(단, 보증금의 거래처를 기재할 것). (3점)

부동산 월세 계약서

본 부동산에 대하여 임대인과 임차인 쌍방은 다음과 같이 합의하여 임대차계약을 체결한다.

1. 부동산의 표시

소재지	부산광역시 동래구 금강로73번길 6 (온천동)					
건물	구조	철근콘크리트	용도	창고	면적	50㎡
임대부분	상동 소재지 전부					

2. 계약내용

제 1 조　위 부동산의 임대차계약에 있어 임차인은 보증금 및 차임을 아래와 같이 지불하기로 한다.

보증금	일금 이천만원 원정(₩ 20,000,000원) (보증금은 20x1년 8월 31일에 지급하기로 한다.)
차 임	일금 삼십만원 원정(₩ 300,000원)은 익월 10일에 지불한다.

제 2 조　임대인은 위 부동산을 임대차 목적대로 사용·수익할 수 있는 상태로 하여 20x1년 08월 31일까지 임차인에게 인도하며, 임대차기간은 인도일로부터 2025년 08월 30일까지 24 개월로 한다.

...중략...

(갑) 임대인 : 온천상가 대표 김온천 (인)

(을) 임차인 : 파라상사 대표 박연원 (인)

[4] 09월 02일 대표자가 개인적인 용도로 사용할 목적으로 컴퓨터를 구입하고 사업용카드(삼성카드)로 결제하였다. (3점)

웅장컴퓨터
1,500,000원

카드종류	신용카드
카드번호	1351-1234-5050-9990
거래일자	20x1.09.02. 11:11:34
일시불/할부	일시불
승인번호	48556494

[상품명]	[금액]
컴퓨터	1,500,000원
합 계 액	1,500,000원
받은금액	1,500,000원

가맹점정보

가맹점명	웅장컴퓨터
사업자등록번호	105-21-32549
가맹점번호	23721275
대표자명	진영기
전화번호	02-351-0000

이용해주셔서 감사합니다.
교환/환불은 영수증을 지참하여 일주일 이내 가능합니다.

삼성카드

[5] 09월 16일 만안상사에 당사가 보유하고 있던 차량운반구(취득원가 10,000,000원, 처분시까지의 감가상각누계액 2,000,000원)를 9,000,000원에 매각하고 대금은 만안상사 발행 자기앞수표로 받았다. (3점)

[6] 09월 30일 기업 운영자금을 확보하기 위하여 10,000,000원을 우리은행으로부터 2년 후에 상환하는 조건으로 차입하고, 차입금은 보통예금 계좌로 이체받았다. (3점)

[7] 10월 02일 거래처 포스코상사로부터 상품을 2,000,000원에 외상으로 매입하고, 상품 매입과정 중에 발생한 운반비 200,000원(당사가 부담)은 현금으로 지급하였다. (3점)

[8] 10월 29일 신규 채용한 영업부 신입사원들이 사용할 컴퓨터 5대를 주문하고, 견적서 금액의 10%를 계약금으로 보통예금 계좌에서 송금하였다. (3점)

견 적 서

공급자	사업자번호	206-13-30738			견적번호 : 효은-01112 아래와 같이 견적서를 발송 20x1년 10월 29일
	상 호	효은상사	대 표 자	김효은 (인)	
	소 재 지	서울시 성동구 행당로 133 (행당동)			
	업 태	도소매	종 목	컴퓨터	
	담 당 자	한슬기	전화번호	1599-7700	

품명	규격	수량(개)	단가(원)	금액(원)	비고
삼성 센스 시리즈	S-7	5	2,000,000	10,000,000	
	이하 여백				
합 계 금 액				10,000,000	

유효기간 : 견적 유효기간은 발행 후 15일
납 기 : 발주 후 3일
결제방법 : 현금결제 및 카드결제 가능
송금계좌 : KB국민은행 / 666-12-90238
기 타 : 운반비 별도

문제 5 [일반전표입력] 메뉴에 입력된 내용 중 다음의 오류가 발견되었다. 입력된 내용을 검토하고 수정 또는 삭제, 추가 입력하여 올바르게 정정하시오. (6점)

[1] 10월 05일 자본적지출로 회계처리해야 할 영업점 건물 방화문 설치비 13,000,000원을 수익적지출로 회계처리하였다. (3점)

[2] 10월 13일 사업용 신용카드(삼성카드)로 결제한 복리후생비 400,000원은 영업부의 부서 회식대가 아니라 영업부의 매출거래처 기업업무추진목적으로 지출한 것으로 확인되었다. (3점)

문제 6 다음 사항을 조회하여 알맞은 답안을 [이론문제 답안작성] 메뉴에 입력하시오. (9점)

[1] 기말 결산일 현재까지 기간 경과분에 대한 미수이자 1,500,000원 발생하였는데 이와 관련하여 어떠한 회계처리도 되어있지 아니한 상태이다. (3점)

[2] 당기에 납부하고 전액 비용으로 처리한 영업부의 보험료 중 선급액 120,000원에 대한 결산분개를 하시오. (3점)

[3] 당기 중에 단기운용목적으로 ㈜기유의 발행주식 1,000주(1주당 액면금액 1,000원)를 1주당 1,500원에 취득하였으며, 기말 현재 공정가치는 1주당 1,600원이다. 단, 취득 후 주식의 처분은 없었다. (3점)

[4] 기말 매출채권(외상매출금, 받을어음) 잔액에 대하여만 1%를 보충법에 따라 대손충당금을 설정하시오. (3점)

문제 7 다음 사항을 조회하여 알맞은 답안을 [이론문제 답안작성] 메뉴에 입력하시오. (10점)

[1] 3월(3월 1일~3월 31일) 중 외상 매출 건수는 총 몇 건인가? (3점)

[2] 6월 말 현재 거래처 자담상사에 대한 선급금 잔액은 얼마인가? (3점)

[3] 현금과 관련하여 상반기(1~6월) 중 입금액이 가장 많은 달의 그 입금액과 출금액이 가장 많은 달의 그 출금액과의 차액은 얼마인가? (단, 음수로 입력하지 말 것) (4점)

제111회 전산회계2급 답안 및 해설

이 론

1	2	3	4	5	6	7	8	9	10	11	12	13	14	15
④	①	②	④	③	③	②	④	②	④	①	③	③	①	②

01. ①②③은 복식부기에 관련된 설명이고 ④는 단식부기에 대한 설명이다.

02. '유형자산'은 재화의 생산, 용역의 제공, 타인에 대한 임대 또는 자체적으로 사용할 목적으로 보유하는 **물리적 형체가 있는 자산으로서, 1년을 초과하여 사용할 것이 예상되는 자산**을 말한다.

03. 현금및현금성자산은 통화 및 타인발행수표 등 통화대용증권과 당좌예금, 보통예금 및 큰 거래비용 없이 현금으로 전환이 용이하고 이자율 변동에 따른 가치변동의 위험이 경미한 금융상품으로서 **취득 당시 만기일(또는 상환일)이 3개월 이내인 것**을 말한다.

04. 단식회계는 현금흐름을 발생순서에 따라 모든 거래를 수입 또는 지출로 기록하는 회계를 말한다.
복식회계 : 일정한 원칙에 따라 재화의 증감과 손익을 계상하는 회계
영리회계 : 영리를 목적으로 손익을 계상하는 회계
재무회계 : 기업 외부의 이해관계자들에게 유용한 정보를 제공하기 위한 회계
일반기업회계기준은 복식회계, 재무회계, 영리법인을 주목적으로 하는 회계기준이다.

05. **판매되지 않는 재고자산은 자산으로 인식**하고, 판매하여 수익을 인식한 기간에 매출원가(비용)로 인식한다.

07. 기업업무추진비는 거래처와의 교제 등을 위하여 지출한 금액이다.
기부금 : 업무와 관련 없이 비영리법인(사회단체나 종교단체) 등에 납부한 성금 등
복리후생비 : 종업원의 복리후생을 위하여 지출하는 비용
세금과공과 : 재산세, 자동차세, 면허세, 상공회의소회비 등

08. **자산과 이익은 비례관계이고, 이익과 비용은 반비례관계**이다.
기말재고자산 금액이 증가하면 매출원가가 감소하고, 매출총이익은 증가한다.

09. 판매비와 관리비 : 보험료, 세금과공과
유동자산항목 : 미수금, 선급비용, 유동부채 : 미지급비용, 영업외비용 : 이자비용, 기부금

10. 당기순이익 = 이자수익(60,000) - 급여(50,000) = 10,000원
기말자본금 = 기초자본금(820,000) + 당기순이익(10,000) = 830,000원
유동자산(현금) = 220,000원 판매비와 관리비(급여) = 50,000원

11. ① (차) 차량운반구 1,000,000원(자산 증가) (대) 현금 1,000,000원(자산 감소)
② (차) 임차료 1,000,000원(비용 발생) (대) 현금 1,000,000원(자산 감소)
③ (차) 현금 1,000,000원(자산 증가) (대) 이자수익 1,000,000원(수익 발생)
④ (차) 상품 1,000,000원(자산 증가) (대) 외상매입금 1,000,000원(부채 증가)

12. 엘리베이터 설치는 건물의 자산가치를 증가시키므로 자본적지출에 해당한다.
①, ②, ④은 수익적지출에 해당한다.

13. **개인기업의 대표자 소득세 납부는 인출금**으로, 사옥 건물에 대한 재산세는 세금과공과로 처리한다.

14. 매입채무 = 지급어음(20,000) + 외상매입금(30,000) = 50,000원

15. 총수익(100,000) - 총비용(80,000) = 20,000원(이익)
기초자본(??) + 이익(20,000) = 기말자본(200,000)
∴ 기초자본 = 180,000원

실 무

문제 1 회사등록

[기본사항] 탭>• 대표자명 수정 : 이기호 → 박연원 • 업태 수정 : 제조 → 도소매
• 개업연월일 수정 : 2017.08.02. → 2012.02.02.

문제 2 전기분재무상태표

• 미수금 600,000원 추가입력
• 지급어음 810,000원 → 8,100,000원으로 수정
• 단기차입금 500,000원 → 5,000,000원으로 수정

문제 3 거래처별 초기이월외

[1] [거래처별초기이월]>
• 외상매입금>• 고래전자 10,000,000원→12,000,000원으로 수정
• 석류상사 27,000,000원 추가입력
• 미지급금>• 앨리스상사 2,500,000원→25,000,000원으로 수정

[2] [계정과목및적요등록]
103.보통예금>현금적요No.5 : 미수금 보통예금 입금

문제 4 일반전표입력

[1]	(차) 보통예금	2,000,000	(대)	대손충당금(109)	2,000,000
[2]	(차) 외상매입금(남선상사)	2,000,000	(대)	받을어음(오름상사)	2,000,000
[3]	(차) 임차보증금(온천상가)	20,000,000	(대)	보통예금	20,000,000
[4]	(차) 인출금	1,500,000	(대)	미지급금(삼성카드)	1,500,000

☞ 기중에는 인출금 계정을 사용하고 결산시 자본금으로 대체한다.

[5]	(차) 현금	9,000,000	(대)	차량운반구	10,000,000
	감가상각누계액(209)	2,000,000		유형자산처분이익	1,000,000

☞ 처분손익 = 처분가액(9,000,000) - 장부가액(10,000,000 - 2,000,000) = 1,000,000원(이익)

[6]	(차) 보통예금	10,000,000	(대)	장기차입금(우리은행)	10,000,000
[7]	(차) 상품	2,200,000	(대)	외상매입금(포스코상사)	2,000,000
				현금	200,000
[8]	(차) 선급금(효은상사)	1,000,000	(대)	보통예금	1,000,000

문제 5 오류수정

[1] 〈수정전〉

(차) 수선비(판)	1,300,000	(대)	현금	1,300,000

〈수정후〉

(차) 건물	13,000,000	(대)	현금	13,000,000

[2] 〈수정전〉

(차) 복리후생비(판)	400,000	(대)	미지급금(삼성카드)	400,000

〈수정후〉

(차) 기업업무추진비(판)	400,000	(대)	미지급금(삼성카드)	400,000

문제 6 결산

[1] 〈수동결산〉

(차) 미수수익	1,500,000	(대) 이자수익	1,500,000

[2] 〈수동결산〉

(차) 선급비용	120,000	(대) 보험료(판)	120,000

[3] 〈수동결산〉

(차) 단기매매증권	100,000	(대) 단기매매증권평가이익	100,000

☞ 평가손익(단기매매증권) = [공정가치(1,600) − 취득원가(1,500)]) × 1,000주 = 100,000원(이익)

[4] 〈수동/자동결산〉

(차) 대손상각비	563,500	(대) 대손충당금(외상매출금)	323,500
		대손충당금(받을어음)	240,000

- 대손충당금(외상) = 322,350,000원 × 1% − 2,900,000원 = 323,500원
- 대손충당금(받을어음) = 28,300,000원 × 1% − 43,000원 = 240,000원

[결산자료입력] > F8대손상각 > • 외상매출금 323,500원, 받을어음 240,000원 입력
> 결산반영 후 F3전표추가

문제 7 장부조회

[1] 3건 또는 4건

[계정별원장] > 기간 : 03월 01일~03월 31일 > 계정과목 : 108.외상매출금 조회 > 차변 3건
> 계정과목 : 110.받을어음 조회 > 차변 1건

☞ 문제에서 외상매출건수라고 제시하였으므로 받을어음을 포함한 것도 정답으로 인용

[2] 5,200,000원

- [거래처원장] > 기간 : 01월 01일~06월 30일 > 계정과목 : 131.선급금 > 거래처 : 1010.자담상사 > 잔액 확인

[3] 23,400,000원 = 5월 입금액(44,000,000) − 2월 출금액(20,600,000)

- [총계정원장] > 기간 : 01월 01일~06월 30일 > 계정과목 : 101.현금 조회
- 월별 입금액 및 월별 출금액 확인 : 입금액 5월 44,000,000원 − 출금액 2월 20,600,000원

제108회 전산회계2급

합격율	시험년월
53%	2023.06

이 론

01. 다음 중 일정기간의 회계정보를 제공하는 재무제표가 아닌 것은?

① 현금흐름표 ② 손익계산서 ③ 재무상태표 ④ 자본변동표

02. 다음 중 계정의 잔액 표시가 잘못된 것을 고르시오.

①

받을어음	
1,500,000원	

②

미지급금	
	1,500,000원

③

자본금	
	1,500,000원

④

임대료	
1,500,000원	

03. 다음은 당기의 재고자산 관련 자료이다. 당기의 상품 매출원가는 얼마인가?

• 기초상품재고액	10,000원	• 당기상품매입액	30,000원
• 상품매입에누리	1,000원	• 기말상품재고액	5,000원

① 34,000원 ② 35,000원 ③ 39,000원 ④ 40,000원

04. 12월 말 결산법인의 당기 취득 기계장치 관련 자료가 다음과 같다. 이를 바탕으로 당기 손익계산서에 반영될 당기의 감가상각비는 얼마인가?

> • 7월 1일 기계장치를 1,000,000원에 취득하였다.
> • 7월 1일 기계장치 취득 즉시 수익적지출 100,000원이 발생하였다.
> • 위 기계장치의 잔존가치는 0원, 내용연수는 5년, 상각방법은 정액법이다.
> 단, 월할상각할 것.

① 100,000원 ② 110,000원 ③ 200,000원 ④ 220,000원

05. 다음 자료에서 당기말 재무제표에 계상될 보험료는 얼마인가? 단, 회계연도는 매년 1월 1일부터 12월 31일까지이다.

> • 11월 1일 화재보험에 가입하고, 보험료 600,000원을 현금으로 지급하였다.
> • 보험기간은 가입시점부터 1년이며, 기간계산은 월할로 한다.
> • 이외 보험료는 없는 것으로 한다.

① 50,000원 ② 100,000원 ③ 300,000원 ④ 600,000원

06. 다음 중 재무상태표에 표시되는 매입채무 계정에 해당하는 것으로만 짝지어진 것은?

① 미수금, 미지급금 ② 가수금, 가지급금
③ 외상매출금, 받을어음 ④ 외상매입금, 지급어음

07. 다음 중 계정과목의 분류가 올바른 것은?

① 유동자산 : 차량운반구 ② 비유동자산 : 당좌예금
③ 유동부채 : 단기차입금 ④ 비유동부채 : 선수수익

08. 다음 중 현금및현금성자산에 포함되지 않는 것은?

① 우편환증서 ② 배당금지급통지서
③ 당좌차월 ④ 자기앞수표

09. 다음 중 상품 매입계약에 따른 계약금을 미리 지급한 경우에 사용하는 계정과목으로 옳은 것은?

① 가지급금 ② 선급금 ③ 미지급금 ④ 지급어음

10. 다음 자료에서 부채의 합계액은 얼마인가?

• 외상매입금	3,000,000원	• 선수수익	500,000원	• 단기대여금	4,000,000원
• 미지급비용	2,000,000원	• 선급비용	1,500,000원	• 미수수익	1,000,000원

① 5,500,000원 ② 6,000,000원 ③ 6,500,000원 ④ 12,000,000원

11. 다음 중 아래 빈칸에 들어갈 내용으로 적절한 것은?

> 유동자산은 보고기간종료일로부터 ( )년 이내에 현금화 또는 실현될 것으로 예상되는 자산을 의미한다.

① 1 ② 2 ③ 3 ④ 5

12. 다음 자료에서 당기 외상매출금 기말잔액은 얼마인가?

• 외상매출금 기초잔액	3,000,000원	• 외상매출금 당기 발생액	7,000,000원
• 외상매출금 당기 회수액	1,000,000원		

① 0원 ② 3,000,000원 ③ 5,000,000원 ④ 9,000,000원

13. 다음 중 재고자산에 대한 설명으로 적절하지 않은 것은?

① 재고자산은 정상적인 영업과정에서 판매를 위하여 보유하거나 생산과정에 있는 자산 및 생산 또는 서비스 제공과정에 투입될 원재료나 소모품의 형태로 존재하는 자산을 말한다.
② 재고자산의 취득원가는 취득과 직접적으로 관련되어 있으며 정상적으로 발생되는 기타원가를 포함한다.
③ 선입선출법은 먼저 구입한 상품이 먼저 판매된다는 가정하에 매출원가 및 기말재고액을 구하는 방법이다.
④ 개별법은 상호 교환될 수 있는 재고자산 항목인 경우에만 사용 가능하다.

14. 다음 중 수익의 이연에 해당하는 계정과목으로 옳은 것은?

① 선급비용 ② 미지급비용 ③ 선수수익 ④ 미수수익

15. 다음 중 기말재고자산을 과대평가하였을 때 나타나는 현상으로 옳은 것은?

	매출원가	당기순이익		매출원가	당기순이익
①	과대계상	과소계상	②	과소계상	과대계상
③	과대계상	과대계상	④	과소계상	과소계상

실 무

지우상사(4108)는 사무기기를 판매하는 개인기업으로 당기 회계기간은 20x1.1.1.~20x1.12.31.이다. 전산세무회계 수험용 프로그램을 이용하여 다음 물음에 답하시오.

문제 1 **다음은 지우상사의 사업자등록증이다. [회사등록] 메뉴에 입력된 내용을 검토하여 누락분은 추가입력하고 잘못된 부분은 정정하시오(주소 입력 시 우편번호는 입력하지 않아도 무방함). (6점)**

국세청 mts.go.kr

사 업 자 등 록 증

(일반과세자)

등록번호 : 210-21-68451

상　　　호 : 지우상사

성　　　명 : 한세무　　　생 년 월 일 : 1965 년 12 월 01 일

개 업 연 월 일 : 2011 년 02 월 01 일

사업장소재지 : 경기도 부천시 가로공원로 20-1

사업의 종류 : 업태 도소매　　종목 사무기기

발 급 사 유 : 신규

공 동 사 업 자 :

사업자 단위 과세 적용사업자 여부 : 여(　) 부(∨)

전자세금계산서 전용 전자우편주소 :

2011 년 02 월 01 일

부 천 세 무 서 장

국세청 National Tax Service

문제 2 **지우상사의 전기분 손익계산서는 다음과 같다. 입력되어 있는 자료를 검토하여 오류부분은 정정하고 누락된 부분은 추가 입력하시오. (6점)**

손 익 계 산 서

회사명 : 지우상사　　전기 20x0년 1월 1일부터 20x0년 12월 31일까지　　(단위 : 원)

과 목	금 액	과 목	금 액
Ⅰ. 매출액	**125,500,000**	**Ⅴ. 영업이익**	**11,850,000**
1. 상품매출	125,500,000	**Ⅵ. 영업외수익**	**500,000**
Ⅱ. 매출원가	**88,800,000**	1. 이자수익	500,000
상품매출원가	88,800,000	**Ⅶ. 영업외비용**	**1,200,000**
1. 기초상품재고액	12,300,000	1. 이자비용	1,200,000
2. 당기상품매입액	79,000,000	**Ⅷ. 소득세차감전이익**	**11,150,000**
3. 기말상품재고액	2,500,000	**Ⅸ. 소득세등**	**0**
Ⅲ. 매출총이익	**36,700,000**	**Ⅹ. 당기순이익**	**11,150,000**
Ⅳ. 판매비와관리비	**24,850,000**		
1. 급여	14,500,000		
2. 복리후생비	1,200,000		
3. 여비교통비	800,000		
4. 기업업무추진비	750,000		
5. 수도광열비	1,100,000		
6. 감가상각비	3,950,000		
7. 임차료	1,200,000		
8. 차량유지비	550,000		
9. 수수료비용	300,000		
10. 광고선전비	500,000		

문제 3 다음 자료를 이용하여 입력하시오.(6점)

[1] 다음 자료를 이용하여 [계정과목및적요등록] 메뉴에서 판매비및일반관리비 항목의 여비교통비 계정과목에 적요를 추가로 등록하시오. (3점)

대체적요 NO. 3 : 직원의 국내출장비 예금 인출

[2] [거래처별초기이월] 메뉴의 계정과목별 잔액은 다음과 같다. 주어진 자료를 검토하여 잘못된 부분은 오류를 정정하고, 누락된 부분은 추가 입력하시오. (3점)

계정과목	거래처명	금액
외상매입금	라라무역	23,200,000원
	양산상사	35,800,000원
단기차입금	㈜굿맨	36,000,000원

문제 4 다음 거래 자료를 일반전표입력 메뉴에 추가 입력하시오.(24점)

[1] 07월 15일 태영상사에 상품을 4,000,000원에 판매하고 판매대금 중 20%는 태영상사가 발행한 6개월 만기 약속어음으로 받았으며, 나머지 판매대금은 8월 말에 받기로 하였다. (3점)

[2] 08월 25일 큰손은행으로부터 아래와 같이 사업확장을 위한 자금을 차입하고 보통예금 계좌로 송금받았다. (3점)

차입금액	자금용도	연이자율	차입기간	이자 지급 방법
15,000,000원	시설자금	7%	3년	만기 일시 지급

[3] 09월 05일 영업부 사무실의 8월분 인터넷이용료 50,000원과 수도요금 40,000원을 삼성카드로 결제하였다. (3점)

[4] 10월 05일 명절을 맞이하여 과일세트 30박스를 싱싱과일에서 구입하여 매출거래처에 선물하였고, 아래와 같이 영수증을 받았다. (3점)

영수증

싱싱과일 105-91-3*****
대표자 김민정
경기도 부천시 중동 *** 1층

품목	수량	단가	금액
과일세트	30	10,000	300,000
합계금액		₩	300,000

결제구분	금액
현 금	300,000원
받 은 금 액	300,000원
미 수 금	-

감사합니다

[5] 10월 24일 새로운 창고를 건축하기 위하여 토지를 50,000,000원에 취득하면서 취득세 2,300,000원을 포함한 총 52,300,000원을 현금으로 지급하였다. (3점)

[6] 11월 02일 온나라상사의 파산으로 인하여 외상매출금을 회수할 수 없게 됨에 따라 온나라상사의 외상매출금 3,000,000원 전액을 대손처리하기로 하다. 11월 2일 현재 대손충당금 잔액은 900,000원이다. (3점)

[7] 11월 30일 영업부 대리 김민정의 11월분 급여를 보통예금 계좌에서 이체하여 지급하였다(단, 하나의 전표로 처리하되, 공제항목은 구분하지 않고 하나의 계정과목으로 처리할 것). (3점)

20x1년 11월분 급여명세서

사 원 명 : 김민정		부 서 : 영업부	
입 사 일 : 20x0.10.01.		직 급 : 대리	
지급내역	지급액	공제내역	공제액
기 본 급 여	4,200,000원	국 민 연 금	189,000원
직 책 수 당	0원	건 강 보 험	146,790원
상 여 금	0원	고 용 보 험	37,800원
특 별 수 당	0원	소 득 세	237,660원
자가운전보조금	0원	지 방 소 득 세	23,760원
교육지원수당	0원	기 타 공 제	0원
지급액 계	4,200,000원	공제액 계	635,010원
귀하의 노고에 감사드립니다.		차인지급액	3,564,990원

[8] 12월 15일 대한상사의 외상매입금 7,000,000원 중 2,000,000원은 현금으로 지급하고 잔액은 보통예금 계좌에서 이체하였다. (3점)

문제 5 일반전표입력메뉴에 입력된 내용 중 다음과 같은 오류가 발견되었다. 입력된 내용을 확인하여 정정하시오.(6점)

[1] 08월 20일 두리상사에서 상품을 35,000,000원에 매입하기로 계약하고 현금으로 지급한 계약금 3,500,000원을 선수금으로 입금 처리하였음이 확인되다.(3점)

[2] 09월 16일 보통예금 계좌에서 나라은행으로 이체한 4,000,000원은 이자비용을 지급한 것이 아니라 단기차입금을 상환한 것이다. (3점)

문제 6 **다음의 결산정리사항을 입력하여 결산을 완료하시오.(12점)**

[1] 20x1년 4월 1일에 하나은행으로부터 30,000,000원을 12개월간 차입하고, 이자는 차입금 상환시점에 원금과 함께 일시 지급하기로 하였다. 적용이율은 연 5%이며, 차입기간은 20x1.04.01.~20x2.03.31. 이다. 관련된 결산분개를 하시오(단 이자는 월할계산할 것). (3점)

[2] 결산일 현재 예금에 대한 기간경과분 발생이자는 15,000원이다. (3점)

[3] 기말 현재 영업부의 비품에 대한 20x1년 당기분 감가상각비는 1,700,000원이다. (3점)

[4] 결산을 위하여 창고의 재고자산을 실사한 결과 기말상품재고액은 6,500,000원이다. (3점)

문제 7 **다음 사항을 조회하여 답안을** 이론문제 답안작성 **메뉴에 입력하시오.(10점)**

[1] 2분기(4월~6월)에 수석상사에 발행하여 교부한 지급어음의 총 합계액은 얼마인가? (단, 전기이월 금액은 제외할 것) (3점)

[2] 상반기(1월~6월)의 보통예금 입금액은 총 얼마인가? (단, 전기이월 금액은 제외할 것) (3점)

[3] 상반기(1월~6월) 중 기업업무추진비(판매비와일반관리비)를 가장 적게 지출한 월(月)과 그 금액은 얼마인가? (4점)

제108회 전산회계2급 답안 및 해설

이 론

1	2	3	4	5	6	7	8	9	10	11	12	13	14	15
③	④	①	①	②	④	③	③	②	①	①	④	④	③	②

01. **재무상태표는 일정시점의 재무상태를 나타내는 재무제표**이다.

02. 자산 항목과 비용 항목은 잔액이 차변에 발생하고, 부채 항목 및 자본 항목과 수익 항목의 잔액은 대변에 기록된다. **임대료는 수익 계정이므로 잔액이 대변에 발생**한다.

03.

상 품

기초상품	10,000	*매출원가(?)*	*34,000*
총매입액	30,000		
(매입에누리)	(1,000)	기말상품	5,000
계	39,000	계	39,000

04. 감가상각비(정액법) = [취득가액(1,000,000) - 잔존가치(0)] ÷ 내용연수(5년) = 200,000원/년
감가상각비(7.1~12.31) = 200,000원/년 ÷ 12개월 × 6개월 = 100,000원
수익적지출은 감가상각대상금액이 아니다.

05. 당기보험료(2개월) = 600,000 ÷ 12개월 × 2개월 = 100,000원

06. 매입채무는 외상매입금과 지급어음의 통합계정이다.

07. 업무에 사용하기 위한 차량운반구는 유형자산으로 비유동자산에 해당한다.
당좌예금은 당좌자산으로 유동자산에 해당한다.
선수수익은 유동부채에 해당한다.

08. 당좌차월은 기말에 단기차입금으로 대체된다.

10. 부채 = 외상매입금(3,000,000) + 선수수익(500,000) + 미지급비용(2,000,000) = 5,500,000원

11. 보고기간 종료일로부터 **1년 이내에 현금화 또는 실현될 것으로 예상되는 자산**을 유동자산으로 분류한다.

12.

외상매출금

기초잔액	3,000,000	회수액	1,000,000
발생액	7,000,000	*기말잔액*	*9,000,000*
계	10,000,000	계	10,000,000

13. 개별법은 통상적으로 **상호 교환될 수 없는 재고자산(고가품) 항목의 원가**를 계산할 때 사용한다.

14. 선수수익은 수익의 이연, 미수수익은 수익의 계상, 선급비용은 비용의 이연, 미지급비용은 비용의 계상에 해당한다.

15. **<u>자산과 이익은 비례관계</u>**이다. 따라서 자산이 과대평가시 당기순이익은 과대계상된다. 또한 **<u>이익과 원가는 반비례관계</u>**이다. 원가가 과소계상되면 이익은 과대계상된다.

실 무

문제 1 회사등록

- 업태 수정입력 : 제조 → 도소매
- 종목 수정입력 : 의약품 → 사무기기
- 사업장관할세무서 수정입력 : 621.금정 → 130.부천

문제 2 전기분 손익계산서

- 기업업무추진비 수정입력 : 800,000원 → 750,000원
- 819.임차료 1,200,000원 추가입력
- 951.이자비용 1,200,000원 추가입력

문제 3 거래처별 초기이월외

[1] [계정과목및적요등록]

812.여비교통비> · 적요NO. 3 · 대체적요 : 직원의 국내출장비 예금 인출

[2] [거래처별초기이월]

- 외상매입금 : 라라무역 2,320,000원 → 23,200,000원으로 수정입력
- 외상매입금 : 양산상사 35,800,000원 추가입력
- 단기차입금 : ㈜굿맨 36,000,000원 추가입력

문제 4 일반전표입력

[1]	(차)	받을어음(태영상사)	800,000	(대)	상품매출	4,000,000
		외상매출금(태영상사)	3,200,000			
[2]	(차)	보통예금	15,000,000	(대)	장기차입금(큰손은행)	15,000,000
[3]	(차)	통신비(판)	50,000	(대)	미지급금(삼성카드)	90,000
		수도광열비(판)	40,000			

[4]	(차)	기업업무추진비(판)	300,000	(대)	현금	300,000
[5]	(차)	토지	52,300,000	(대)	현금	52,300,000
[6]	(차)	대손충당금(109)	900,000	(대)	외상매출금(온나라상사)	3,000,000
		대손상각비(판)	2,100,000			
[7]	(차)	급여(판)	4,200,000	(대)	예수금	635,010
					보통예금	3,564,990
[8]	(차)	외상매입금(대한상사)	7,000,000	(대)	보통예금	5,000,000
					현금	2,000,000

문제 5 오류수정

[1] 〈수정전〉

(차) 현금	3,500,000	(대)	선수금(두리상사)	3,500,000

〈수정후〉

(차) 선급금(두리상사)	3,500,000	(대)	현금	3,500,000

[2] 〈수정전〉

(차) 이자비용	4,000,000	(대)	보통예금	4,000,000

〈수정후〉

(차) 단기차입금(나라은행)	4,000,000	(대)	보통예금	4,000,000

문제 6 결산

[1] 〈수동결산〉

(차) 이자비용	1,125,000	(대)	미지급비용	1,125,000

☞이자비용=30,000,000×5%(연이자율)÷12개월×9개월=1,125,000원

[2] 〈수동결산〉

(차) 미수수익	15,000	(대)	이자수익	15,000

[3] 〈수동/자동결산〉

(차) 감가상각비(판)	1,700,000	(대)	감가상각누계액(213)	1,700,000

[결산자료입력]>기간 : 20x1년 01월~20x1년 12월>4. 판매비와 일반관리비
>4). 감가상각비>비품 결산반영금액란 1,700,000원 입력>F3 전표추가

[4] 〈수동/자동결산〉

[결산자료입력]>기간 : 20x1년 01월~20x1년 12월 >2. 매출원가

>⑩ 기말 상품 재고액 결산반영금액란 6,500,000원 입력>F3 전표추가

(결차) 상품매출원가 187,920,000 (결대) 상품 187,920,000

☞매출원가=기초상품재고액(2,500,000)+당기상품매입액(191,920,000)−기말상품재고액 (6,500,000원)
=187,920,000원

문제 7 장부조회

[1] 30,000,000원

- 거래처원장>기간 : 20x1년 4월 1일~20x1년 6월 30일>계정과목 : 252.지급어음
  >수석상사 대변 합계액

[2] 86,562,000원

- 총계정원장(또는 계정별원장)>기간 : 20x1년 1월 1일~20x1년 6월 30일
  >계정과목 : 103.보통예금
  >차변 합계액 - 전기이월 35,000,000원

[3] 3월, 272,000원

- 총계정원장>기간 : 20x1년 1월 1일~20x1년 6월 30일>계정과목 : 813.기업업무추진비 조회

제106회 전산회계2급

합격율	시험년월
53%	2023.02

이 론

01. 다음 중 일반기업회계기준상 회계의 목적에 대한 설명으로 가장 거리가 먼 것은?

① 미래 자금흐름 예측에 유용한 회계 외 비화폐적 정보의 제공
② 경영자의 수탁책임 평가에 유용한 정보의 제공
③ 투자 및 신용의사결정에 유용한 정보의 제공
④ 재무상태, 경영성과, 현금흐름 및 자본변동에 관한 정보의 제공

02. 다음 중 보기의 거래에 대한 분개로 틀린 것은?

① 차용증서를 발행하고 현금 1,000,000원을 단기차입하다.
(차) 현금 1,000,000원 (대) 단기차입금 1,000,000원
② 비품 1,000,000원을 외상으로 구입하다.
(차) 비품 1,000,000원 (대) 외상매입금 1,000,000원
③ 상품매출 계약금으로 현금 1,000,000원을 수령하다.
(차) 현금 1,000,000원 (대) 선수금 1,000,000원
④ 직원부담분 건강보험료와 국민연금 1,000,000원을 현금으로 납부하다.
(차) 예수금 1,000,000원 (대) 현금 1,000,000원

03. 다음 중 일정기간 동안 기업의 경영성과를 나타내는 재무보고서의 계정과목으로만 짝지어진 것은?

① 매출원가, 외상매입금 ② 매출액, 미수수익
③ 매출원가, 기부금 ④ 선급비용, 기부금

04. 다음 중 거래의 8요소와 그 예시가 적절한 것을 모두 고른 것은?

가. 자산증가/자산감소 : 기계장치 100,000원을 구입하고, 대금은 보통예금으로 지급하다.
나. 자산증가/자본증가 : 현금 100,000원을 출자하여 회사를 설립하다.
다. 자산증가/부채증가 : 은행으로부터 100,000원을 차입하고 즉시 보통예금으로 수령하다.
라. 부채감소/자산감소 : 외상매입금 100,000원을 현금으로 지급하다.

① 가, 나　② 가, 나, 다　③ 가, 다, 라　④ 가, 나, 다, 라

05. 다음의 잔액시산표에서 (가), (나)에 각각 들어갈 금액으로 옳은 것은?

잔액시산표

안산㈜　20x1.12.31.　단위 : 원

차변	계정과목	대변
100,000	현　금	
700,000	건　물	
	외 상 매 입 금	90,000
	자 본 금	(나)
	이 자 수 익	40,000
50,000	급　여	
(가)		(가)

	(가)	(나)
①	140,000원	740,000원
②	850,000원	740,000원
③	140,000원	720,000원
④	850,000원	720,000원

06. 다음 중 결산 시 손익으로 계정을 마감하는 계정과목에 해당하는 것은?

① 이자수익　② 자본금　③ 미지급금　④ 외상매출금

07. 다음과 같은 특징을 가진 자산이 아닌 것은?

• 보고기간 종료일로부터 1년 이상 장기간 사용 가능한 자산 • 타인에 대한 임대 또는 자체적으로 사용할 목적의 자산 • 물리적 형태가 있는 자산

① 상품 판매 및 전시를 위한 상가
② 상품 판매를 위한 재고자산
③ 상품 운반을 위한 차량운반구
④ 상품 판매를 위한 상가에 설치한 시스템에어컨

08. 다음은 ㈜무릉의 재무제표 정보이다. 이를 이용하여 20x1 회계연도 말 부채합계를 구하면 얼마인가?

구분	20x0년 12월 31일	20x1년 12월 31일
자산합계	8,500,000원	11,000,000원
부채합계	4,000,000원	?
20x1 회계연도 중 자본변동내역	당기순이익 800,000원	

① 3,700,000원　② 4,700,000원　③ 5,700,000원　④ 6,200,000원

09. 다음 중 재고자산과 관련된 지출 금액으로서 재고자산의 취득원가에서 차감하는 것은?

① 매입운임　② 매출운반비　③ 매입할인　④ 급여

10. 20x1년 1월 1일 취득한 건물(내용연수 10년)을 정액법에 의하여 기말에 감가상각한 결과, 당기 감가상각비는 9,000원이었다. 건물의 잔존가치가 5,000원이라고 할 때 취득원가는 얼마인가?

① 100,000원　② 95,000원　③ 90,000원　④ 85,000원

11. 다음 중 유동자산에 속하지 않는 것은?

① 외상매출금　② 선급비용　③ 기계장치　④ 상품

12. 다음 자료에서 당기 기말손익계산서에 계상되는 임대료는 얼마인가?

- 당기 임대료로 3,600,000원을 현금으로 받다.
- 당기에 받은 임대료 중 차기에 속하는 금액은 900,000원이다.

① 900,000원　② 2,700,000원　③ 3,600,000원　④ 4,500,000원

13. 급여 지급 시 총급여 300,000원 중 근로소득세 10,000원을 차감하고 290,000원을 현금으로 지급하였다. 이 거래에서 나타날 유동부채 계정으로 적합한 것은?

① 예수금　② 미수금　③ 가수금　④ 선수금

14. 다음의 결산일 현재 계정별원장 중 자본금 원장에 대한 설명으로 옳지 않은 것은?

자본금

12/31 차기이월	2,900,000원	01/01 전기이월	2,000,000원
		12/31 손익	900,000원

① 기초자본금은 2,000,000원이다.
② 당기순이익 900,000원이 발생되었다.
③ 차기의 기초자본금은 2,900,000원이다.
④ 결산일 자본금 원장은 손익 2,000,000원으로 마감되었다.

15. 다음 중 세금과공과 계정을 사용하여 회계처리하는 거래는 무엇인가?

① 본사 업무용 건물의 재산세를 현금으로 납부하다.
② 급여 지급 시 근로소득세를 원천징수 후 잔액을 현금으로 지급하다.
③ 차량운반구를 취득하면서 취득세를 현금으로 지급하다.
④ 회사 대표자의 소득세를 현금으로 납부하다.

실 무

백제상사(4106)는 사무용품을 판매하는 개인기업이다. 당기의 회계기간은 20x1.1.1.~20x1.12.31. 이다. 전산세무회계 수험용 프로그램을 이용하여 다음 물음에 답하시오.

문제 1 **다음은 백제상사의 사업자등록증이다. [회사등록] 메뉴에 입력된 내용을 검토하여 누락분은 추가입력하고 잘못된 부분은 정정하시오(주소 입력 시 우편번호는 입력하지 않아도 무방함). (6점)**

국세청 nts.go.kr

사 업 자 등 록 증

(일반과세자)

등록번호 : 305-52-36547

상　　　호 : 백제상사

성　　　명 : 최인승　　　생 년 월 일 : 1965 년 05 월 05 일

개 업 연 월 일 : 2012 년 03 월 14 일

사업장소재지 : 대전광역시 중구 대전천서로 7(옥계동)

사업의 종류 : 업태 도소매　　　종목 문구 및 잡화

발 급 사 유 : 신규

공 동 사 업 자 :

사업자 단위 과세 적용사업자 여부 : 여(　) 부(∨)

전자세금계산서 전용 전자우편주소 :

2012 년 03 월 14 일

대 전 세 무 서 장

국세청

문제 2 **다음은 백제상사의 [전기분재무상태표]이다. 입력되어 있는 자료를 검토하여 오류 부분은 정정하고 누락된 부분은 추가 입력하시오. (6점)**

재 무 상 태 표

회사명 : 백제상사 　　　　전기 20x0.12.31. 현재 　　　　(단위 : 원)

과 목	금 액		과 목	금 액	
현 금		45,000,000	외 상 매 입 금		58,000,000
당 좌 예 금		30,000,000	지 급 어 음		70,000,000
보 통 예 금		23,000,000	미 지 급 금		49,000,000
외 상 매 출 금	40,000,000		단 기 차 입 금		80,000,000
대 손 충 당 금	400,000	39,600,000	장 기 차 입 금		17,500,000
받 을 어 음	60,000,000		자 본 금		418,871,290
대 손 충 당 금	520,000	59,480,000	(당기순이익 :		
단 기 대 여 금		10,000,000	10,000,000)		
상 품		90,000,000			
토 지		274,791,290			
건 물	30,000,000				
감가상각누계액	2,500,000	27,500,000			
차 량 운 반 구	50,000,000				
감가상각누계액	14,000,000	36,000,000			
비 품	60,000,000				
감가상각누계액	2,000,000	58,000,000			
자 산 총 계		693,371,290	부채와자본총계		693,371,290

문제 3 **다음 자료를 이용하여 입력하시오.(6점)**

[1] 거래처의 사업자등록증이 다음과 같이 정정되었다. 확인하여 변경하시오. (3점)

고구려상사 (코드 : 01111)	• 대표자명 : 이재천 　• 사업자등록번호 : 365-35-12574 • 업태 : 도소매 　• 종목 : 잡화 　• 유형 : 동시 • 사업장소재지 : 경기도 남양주시 진접읍 장현로 83

[2] 백제상사의 거래처별 초기이월 자료는 다음과 같다. 주어진 자료를 검토하여 잘못된 부분은 오류를 정정하고, 누락된 부분은 추가하여 입력하시오. (3점)

계정과목	거래처명	금액(원)	계정과목	거래처명	금액(원)
외상매출금	고려상사	18,000,000원	외상매입금	조선상사	22,000,000원
	부여상사	9,000,000원		신라상사	17,000,000원
	발해상사	13,000,000원		가야상사	19,000,000원

문제 4 다음 거래 자료를 일반전표입력 메뉴에 추가 입력하시오.(24점)

[1] 07월 09일 영업부에서 사용할 차량 45,000,000원을 구입하고 당좌수표를 발행하여 지급하다. (3점)

[2] 07월 10일 진영상사로부터 상품 1,000,000원(1,000개, 1개당 1,000원)을 매입하기로 계약하고, 계약금으로 상품 대금의 10%를 보통예금 계좌에서 이체하여 지급하다. (3점)

[3] 07월 25일 광주상사에 대한 상품 외상매입금 900,000원을 약정기일보다 빠르게 현금 지급하고, 외상매입금의 1%를 할인받다(단, 할인금액은 매입할인으로 처리한다). (3점)

[4] 08월 25일 보유하고 있던 건물(취득원가 30,000,000원)을 하나상사에 29,000,000원에 매각하다. 대금 중 10,000,000원은 보통예금 계좌로 받고, 잔액은 다음 달 10일에 수령하기로 하다. 단, 8월 25일까지 해당 건물의 감가상각누계액은 2,500,000원이다. (3점)

[5] 10월 13일 발해상사에 상품을 2,300,000원에 판매하고 대금 중 1,200,000원은 동점 발행 약속어음을 수령하였으며, 잔액은 2개월 후에 받기로 하다. (3점)

[6] 10월 30일 직원의 결혼식에 보내기 위한 축하화환을 멜리꽃집에서 주문하고 대금은 현금으로 지급하면서 아래와 같은 현금영수증을 수령하다. (3점)

현금영수증

승인번호	구매자 발행번호	발행방법
G54782245	305-52-36547	지출증빙
신청구분	발행일자	취소일자
사업자번호	20x1.10.30.	-
상품명		
축하3단화환		
구분	주문번호	상품주문번호
일반상품	2022103054897	2022103085414

판매자 정보

판매자상호	대표자명
멜리꽃집	김나리
사업자등록번호	판매자전화번호
201-17-45670	032-459-8751
판매자사업장주소	
인천시 계양구 방축로 106, 75-3	

금액

공급가액			1	0	0	0	0	0
부가세액								
봉사료								
승인금액			1	0	0	0	0	0

[7] 10월 31일 거래처 가야상사 직원인 정가야 씨의 결혼식 모바일 청첩장을 문자메시지로 받고 축의금 200,000원을 보통예금 계좌에서 지급하다. (3점)

김금관 ♡ 정가야
결혼식에 초대합니다.

20x1년 11월 6일 오후 13시
경북 대가야웨딩홀 3층

마음 전하실 곳
가야저축은행 100-200-300 정가야

[8] 11월 10일 회사의 사내 게시판에 부착할 사진을 우주사진관에서 현상하고, 대금은 현대카드로 결제하다. (3점)

카드매출전표
카드종류 : 현대카드 카드번호 : 1234-4512-20**-9965 거래일시 : 20x1.11.10. 09:30:51 거래유형 : 신용승인 금　　액 : 30,000원 결제방법 : 일시불 승인번호 : 12345539 은행확인 : 신한은행
가맹점명 : 우주사진관 – 이하생략 –

문제 5 일반전표입력메뉴에 입력된 내용 중 다음과 같은 오류가 발견되었다. 입력된 내용을 확인하여 정정하시오.(6점)

[1] 09월 08일 거래처 신라상사의 단기차입금 25,000,000원을 보통예금 계좌에서 이체하여 상환한 것으로 회계처리하였으나 실제로는 거래처 조선상사에 대한 외상매입금 25,000,000원을 보통예금 계좌에서 이체하여 지급한 것으로 확인되었다. (3점)

[2] 11월 21일 당사가 현금으로 지급한 축의금 200,000원은 매출거래처 직원의 축의금이 아니라 대표자 개인이 부담해야 할 대표자 동창의 결혼축의금으로 판명되었다. (3점)

문제 6 다음의 결산정리사항을 입력하여 결산을 완료하시오.(12점)

[1] 기말 외상매입금 중에는 미국 ABC사의 외상매입금 11,000,000원(미화 $10,000)이 포함되어 있는데, 결산일 현재의 적용환율은 미화 1$당 1,250원이다. (3점)

[2] 결산일 현재 실제 현금 보관액이 장부가액보다 66,000원 많음을 발견하였으나, 그 원인을 알 수 없다. (3점)

[3] 기말 현재 단기차입금에 대한 이자 미지급액 125,000원을 계상하다. (3점)

[4] 당기분 비품 감가상각비는 250,000원, 차량운반구 감가상각비는 1,200,000원이다. 모두 영업부서에서 사용한다. (3점)

문제 7 다음 사항을 조회하여 답안을 이론문제 답안작성 메뉴에 입력하시오.(10점)

[1] 6월 말 현재 외상매출금 잔액이 가장 많은 거래처와 금액은 얼마인가? (4점)

[2] 1월부터 3월까지의 판매비와관리비 중 소모품비 지출액이 가장 많은 월의 금액과 가장 적은 월의 금액을 합산하면 얼마인가? (3점)

[3] 6월 말 현재 받을어음의 회수가능금액은 얼마인가? (3점)

제106회 전산회계2급 답안 및 해설

이 론

1	2	3	4	5	6	7	8	9	10	11	12	13	14	15
①	②	③	④	④	①	②	③	③	②	③	②	①	④	①

01. 재무보고의 목적
- 투자 및 신용의사결정에 유용한 정보의 제공
- **미래 현금흐름 예측에 유용한 (화폐적)정보의 제공**
- 재무상태, 경영성과, 현금흐름 및 자본변동에 관한 정보의 제공
- 경영자의 수탁책임 평가에 유용한 정보의 제공

02. 주된 영업활동(상품 매매 등)이 아닌 비품을 외상으로 구입한 경우에는 미지급금 계정을 사용한다.

(차) 비품	1,000,000원	(대) 미지급금	1,000,000원

03. 일정기간 동안 기업의 경영성과에 대한 정보를 제공하는 재무보고서는 손익계산서로, **매출원가는 영업비용이고, 기부금은 영업외비용**이다.

04. 모두 옳다.

가. (차)	기계장치	100,000원(자산증가)	(대)	보통예금	100,000원(자산감소)
나. (차)	현금	100,000원(자산증가)	(대)	자본금	100,000원(자본증가)
다. (차)	보통예금	100,000원(자산증가)	(대)	차입금	100,000원(부채증가)
라. (차)	외상매입금	100,000원(부채감소)	(대)	현금	100,000원(자산감소)

05. 잔액시산표 등식에 따라 기말자산과 총비용은 차변에 기말부채, 기초자본, 총수익은 대변에 잔액을 기재한다.

(가) = 100,000 + 700,000 + 50,000 = 850,000원

(나) = 850,000 - 90,000 - 40,000 = 720,000원

06. 결산 시 **비용 계정과 수익 계정은 손익 계정으로 마감**한다.

07. 회사가 판매를 위하여 보유하고 있는 자산은 재고자산(상품)이다.
유형자산은 재화의 생산, 용역의 제공, 타인에 대한 임대 또는 자체적으로 사용할 목적으로 보유하는 물리적 형체가 있는 자산으로서, 1년을 초과하여 사용할 것이 예상되는 자산을 말한다.

08. 기초자본 = 기초자산(8,500,000) - 기초부채(4,000,000) = 4,500,000원
기말자본 = 기초자본(4,500,000) + 당기순이익(800,000) = 5,300,000원
기말부채 = 기말자산(11,000,000) - 기말자본(5,300,000) = 5,700,000원

09. **매입할인은 재고자산의 취득원가에서 차감**한다.

10. 감가상각비 = (취득가액-잔존가치) ÷ 내용연수
취득가액 = 감가상각비(9,000) × 내용연수(10) + 잔존가치(5,000) = 95,000원

11. 기계장치는 비유동자산인 유형자산에 속한다.

12. 임대료(당기수익) = 임대료 수령액(3,600,000) - 선수수익(900,000) = 2,700,000원

• 수령시점 :	(차)	현금	3,600,000원	(대)	임대료	3,600,000원
• 기말결산 :	(차)	임대료	900,000원	(대)	선수수익	900,000원

13. 급여 지급 시 종업원이 부담해야 할 소득세 등을 회사가 일시적으로 받아두는 경우 예수금 계정을 사용한다.

• 회계처리 :	(차)	급여	300,000원	(대)	예수금(유동부채)	10,000원
					현금	290,000원

14. 결산일 자본금 원장의 손익(당기순이익)은 900,000원이며, 마감되는 차기이월액(차기 기초자본금)은 2,900,000원이다.

15.

①	(차)	세금과공과	×××	(대)	현금	×××
②	(차)	급여	×××	(대)	예수금	×××
		현금	×××			
③	(차)	차량운반구	×××	(대)	현금	×××
④	(차)	인출금(또는 자본금)	×××	(대)	현금	×××

실 무

문제 1 회사등록

• 사업장주소 : 대전광역시 서구 둔산동 86→대전광역시 중구 대전천서로 7(옥계동)
• 사업자등록번호 정정 : 350-22-28322 → 305-52-36547
• 종목 정정 : 의류 → 문구 및 잡화

문제 2 전기분재무상태표

• 외상매출금 : 4,000,000원 → 40,000,000원
• 감가상각누계액(213) : 200,000원 → 2,000,000원
• 토지 : 추가 입력 274,791,290원

문제 3 거래처별 초기이월외

[1] [거래처등록]/[일반거래처]

- 유형 수정 : 매출→동시
- 종목 수정 : 전자제품 → 잡화
- 주소 수정 : 서울 마포구 마포대로 33(도화동)→ 경기도 남양주시 진접읍 장현로 83

[2] [거래처별초기이월]

- 외상매출금> · 발해상사 10,000,000원 → 13,000,000원
- 외상매입금> · 신라상사 7,000,000원 → 17,000,000원
  · 가야상사 5,000,000원 → 19,000,000원

문제 4 일반전표입력

[1]	(차)	차량운반구	45,000,000	(대)	당좌예금	45,000,000
[2]	(차)	선급금(진영상사)	100,000	(대)	보통예금	100,000
[3]	(차)	외상매입금(광주상사)	900,000	(대)	현금	891,000
					매입할인(148)	9,000

☞ 매입할인(900,000×1%)은 상품의 매입할인을 선택한다.

[4]	(차)	감가상각누계액(203)	2,500,000	(대)	건물	30,000,000
		보통예금	10,000,000		유형자산처분이익	1,500,000
		미수금(하나상사)	19,000,000			

☞ 처분손익=처분가액(29,000,000)−장부가액(30,000,000−2,500,000)=1,500,000원(처분이익)

[5]	(차)	받을어음(발해상사)	1,200,000	(대)	상품매출	2,300,000
		외상매출금(발해상사)	1,100,000			
[6]	(차)	복리후생비(판)	100,000	(대)	현금	100,000
[7]	(차)	접대비(판)	200,000	(대)	보통예금	200,000
[8]	(차)	도서인쇄비(판)	30,000	(대)	미지급금(현대카드)	30,000

문제 5 오류수정

[1] 〈수정전〉

(차) 단기차입금(신라상사) 25,000,000 (대) 보통예금 25,000,000

〈수정후〉

(차) 외상매입금(조선상사) 25,000,000 (대) 보통예금 25,000,000

[2] 〈수정전〉

(차) 접대비(판) 200,000 (대) 현금 200,000

〈수정후〉

(차) 인출금(또는 자본금) 200,000 (대) 현금 200,000

☞ 기중에는 인출금계정을 사용하다가 결산시 자본금계정으로 대체하는 것이 일반적이다.

문제 6 결산

[1] 〈수동결산〉

(차) 외화환산손실 1,500,000 (대) 외상매입금(미국 ABC사) 1,500,000

☞환산손익(부채)=기말공정가액(1,250원×$10,000)−장부가액(11,000,000)=+1,500,000원(손실)

[2] 〈수동결산〉

(차) 현금 66,000 (대) 잡이익 66,000

☞기중에는 현금과부족계정을 사용하나, 결산일에는 바로 손익으로 처리한다.

[3] 〈수동결산〉

(차) 이자비용 125,000 (대) 미지급비용 125,000

☞지급시기가 도래하지 않았으므로 미지급비용을 사용한다.

[4] 〈수동/자동결산〉

(차) 감가상각비(판) 1,450,000 (대) 감가상각누계액(209) 1,200,000

감가상각누계액(213) 250,000

[결산자료입력]>4.판매비와일반관리비>4).감가상각비>

· 차량운반구 1,200,000원, 비품 250,000원 입력>F3전표추가

문제 7 장부조회

[1] 우리상사, 35,500,000원

- [거래처원장]>기간 : 1월 1일~6월 30일>계정과목 : 외상매출금(108)>조회 후 거래처별 잔액 비교

[2] 361,650원 = 1월(316,650) + 2월(45,000)

- [총계정원장]>기간 : 1월 1일~3월 31일>계정과목 : 소모품비(830) 조회

[3] 72,880,000원 = 받을어음(73,400,000) - 대손충당금(520,000)

- [재무상태표]>기간 : 6월>받을어음 73,400,000원에서 받을어음 대손충당금 520,000원 차감

제105회 전산회계2급

합격율	시험년월
55%	2022.12

이 론

01. 다음 중 일반기업회계기준에서 규정하고 있는 재무제표가 아닌 것은?

① 합계잔액시산표 ② 재무상태표 ③ 손익계산서 ④ 주석

02. 다음 중 일정 시점의 재무상태를 나타내는 재무보고서의 계정과목으로만 짝지어진 것이 아닌 것은?

① 보통예금, 현금 ② 선급비용, 선수수익
③ 미수수익, 미지급비용 ④ 감가상각비, 급여

03. 다음 거래요소의 결합관계와 거래의 종류에 맞는 거래내용은?

거래요소 결합관계	거래의 종류
자산의 증가 - 부채의 증가	교환거래

① 업무용 컴퓨터 1,500,000원을 구입하고 대금은 나중에 지급하기로 하다.
② 거래처로부터 외상매출금 500,000원을 현금으로 받다.
③ 거래처에 외상매입금 1,000,000원을 현금으로 지급하다.
④ 이자비용 150,000원을 현금으로 지급하다.

04. 아래의 괄호 안에 각각 들어갈 계정과목으로 옳은 것은?

〈거래〉
• 05월 10일 ㈜무릉으로부터 상품 350,000원을 매입하고, 대금은 당좌수표를 발행하여 지급하다.
• 05월 20일 ㈜금강에 상품 500,000원을 공급하고, 대금은 매입처 발행 당좌수표로 받다.
〈분개〉

5월 10일	(차) 상품	350,000원	(대) [㉠]	350,000원
5월 20일	(차) [㉡]	500,000원	(대) 상품매출	500,000원

	㉠	㉡
①	당좌예금	당좌예금
②	당좌예금	현금
③	현금	현금
④	현금	당좌예금

05. 다음 자료를 이용하여 당기 외상 매출액을 계산하면 얼마인가?

• 외상매출금 기초잔액 300,000원 • 외상매출금 기말잔액 400,000원
• 당기 외상매출금 회수액 700,000원

① 300,000원 ② 700,000원
③ 800,000원 ④ 1,200,000원

06. 다음의 자산 항목을 유동성이 높은 순서대로 바르게 나열한 것은?

• 상품 • 토지 • 개발비 • 미수금

① 미수금 - 개발비 - 상품 - 토지 ② 미수금 - 상품 - 토지 - 개발비
③ 상품 - 토지 - 미수금 - 개발비 ④ 상품 - 미수금 - 개발비 - 토지

07. 다음의 회계정보를 이용하여 기말의 상품매출총이익을 계산하면 얼마인가?

• 기초상품재고액 4,000,000원 • 기말상품재고액 6,000,000원
• 당기상품매입액 10,000,000원 • 매입에누리 100,000원
• 당기상품매출액 11,000,000원

① 3,100,000원 ② 4,100,000원
③ 7,900,000원 ④ 9,100,000원

08. 다음의 회계자료에 의한 당기총수익은 얼마인가?

• 기초자산	800,000원	• 기초자본	600,000원
• 당기총비용	1,100,000원	• 기말자본	1,000,000원

① 1,200,000원 ② 1,300,000원 ③ 1,400,000원 ④ 1,500,000원

09. 다음 중 유동자산이 아닌 것은?

① 당좌예금 ② 현금 ③ 영업권 ④ 상품

10. 다음 중 상품의 매입원가에 가산하지 않는 것은?

① 상품을 100,000원에 매입하다.
② 상품 매입 시 발생한 하역비 100,000원을 지급하다.
③ 상품 매입 시 발생한 운임 100,000원을 지급하다.
④ 매입한 상품에 하자가 있어 100,000원에 해당하는 상품을 반품하다.

11. 건물 일부 파손으로 인해 유리창 교체 작업(수익적지출)을 하고, 아래와 같이 회계처리한 경우 발생하는 효과로 다음 중 옳은 것은?

(차) 건물	6,000,000원	(대) 보통예금	6,000,000원

① 부채의 과대계상 ② 자산의 과소계상
③ 순이익의 과대계상 ④ 비용의 과대계상

12. 다음 중 잔액시산표에서 그 대칭 관계가 옳지 않은 것은?

	차변	대변		차변	대변
①	대여금	차입금	②	임대보증금	임차보증금
③	선급금	선수금	④	미수금	미지급금

13. 다음 거래에서 개인기업의 자본금계정에 영향을 미치지 않는 거래는?

① 현금 1,000,000원을 거래처에 단기대여하다.
② 사업주가 단기대여금 1,000,000원을 회수하여 사업주 개인 용도로 사용하다.
③ 결산 시 인출금 계정의 차변 잔액 1,000,000원을 정리하다.
④ 사업주의 자택에서 사용할 에어컨 1,000,000원을 회사 자금으로 구입하다.

14. 다음 중 손익계산서상의 판매비와일반관리비 항목에 속하지 않는 계정과목은?

① 접대비(기업업무추진비) ② 세금과공과
③ 임차료 ④ 이자비용

15. 다음 중 영업손익과 관련이 없는 거래는 무엇인가?

① 영업부 급여 500,000원을 현금으로 지급하다.
② 상품광고를 위하여 250,000원을 보통예금으로 지급하다.
③ 수재민을 위하여 100,000원을 현금으로 기부하다.
④ 사무실 전기요금 150,000원을 현금으로 지급하다.

실 무

무한상사(4105)는 가전제품을 판매하는 개인기업으로 당기 회계기간은 20x1.1.1.~20x1.12.31.이다. 전산세무회계 수험용 프로그램을 이용하여 다음 물음에 답하시오.

문제 1 **다음은 무한상사의 사업자등록증이다. [회사등록] 메뉴에 입력된 내용을 검토하여 누락분은 추가입력하고 잘못된 부분은 정정하시오(주소 입력 시 우편번호는 입력하지 않아도 무방함). (6점)**

국세청 nts.go.kr

사 업 자 등 록 증

(일반과세자)

등록번호 : 130-47-50505

상 호 : 무한상사

성 명 : 이학주 생년월일 : 1968 년 07 월 20 일

개 업 연 월 일 : 2011 년 05 월 23 일

사업장소재지 : 경기도 구리시 경춘로 10(교문동)

사업의 종류 : 업태 도소매 종목 가전제품

발 급 사 유 : 신규

공 동 사 업 자 :

사업자 단위 과세 적용사업자 여부 : 여( ) 부(V)

전자세금계산서 전용 전자우편주소 :

2011 년 05 월 23 일

구 리 세 무 서 장

국세청

문제 2 **다음은 무한상사의 전기분 손익계산서이다. 입력되어 있는 자료를 검토하여 오류 부분은 정정하고 누락된 부분은 추가 입력하시오. (6점)**

손 익 계 산 서

회사명 : 무한상사 　　　　전기 20x0.1.1.~20x0.12.31. 　　　　(단위 : 원)

과 목	금 액	과 목	금 액
매 출 액	300,000,000	**영 업 이 익**	44,200,000
상 품 매 출	300,000,000	**영 업 외 수 익**	5,800,000
매 출 원 가	191,200,000	이 자 수 익	2,200,000
상 품 매 출 원 가	191,200,000	임 대 료	3,600,000
기 초 상 품 재 고 액	13,000,000	**영 업 외 비 용**	7,500,000
당 기 상 품 매 입 액	180,000,000	이 자 비 용	4,500,000
기 말 상 품 재 고 액	1,800,000	기 부 금	3,000,000
매 출 총 이 익	108,800,000	**소득세차감전순이익**	42,500,000
판 매 비 와 관 리 비	64,600,000	**소 득 세 등**	0
급 여	34,300,000	**당 기 순 이 익**	42,500,000
복 리 후 생 비	5,700,000		
여 비 교 통 비	2,440,000		
임 차 료	12,000,000		
차 량 유 지 비	3,500,000		
소 모 품 비	3,400,000		
광 고 선 전 비	3,260,000		

문제 3 **다음 자료를 이용하여 입력하시오.(6점)**

[1] 무한상사의 거래처별 초기이월 채권과 채무의 잔액은 다음과 같다. 주어진 자료를 검토하여 잘못된 부분을 정정하거나 추가 입력하시오(거래처코드를 사용할 것). (3점)

계정과목	거래처명	금액
외상매출금	월평상사	45,000,000원
지급어음	도륜상사	150,000,000원
단기차입금	선익상사	80,000,000원

[2] 다음 자료를 이용하여 [기초정보관리]의 [거래처등록] 메뉴에서 신용카드를 추가로 등록하시오(주어진 자료 외의 다른 항목은 입력할 필요 없음). (3점)

• 코드 : 99871	• 거래처명 : 씨엔제이카드	• 유형 : 매입
• 카드번호 : 1234-5678-9012-3452	• 카드종류(매입) : 3.사업용카드	

문제 4 다음 거래 자료를 일반전표입력 메뉴에 추가 입력하시오.(24점)

[1] 07월 02일 성심상사로부터 상품을 6,000,000원에 매입하고, 매입대금 중 5,500,000원은 어음(만기일 12월 31일)을 발행하여 지급하고, 나머지는 현금 지급하였다. (3점)

[2] 08월 05일 토지를 매각처분하면서 발생한 부동산중개수수료를 대전부동산에 현금으로 지급하고 아래의 현금영수증을 받다. (3점)

대전부동산

305-42-23567 김승환
대전광역시 유성구 노은동 63 TEL : 1577-5974

현금영수증(지출증빙용)

구매 20x1/08/05/13:25 거래번호 : 11106011-114

상품명	수량	단가	금액
수수료		3,500,000원	3,500,000원
202208051325001			
	공 급 대 가		3,500,000원
	합 계		3,500,000원
	받 은 금 액		3,500,000원

[3] 08월 19일 탄방상사에서 단기 차입한 20,000,000원 및 단기차입금 이자 600,000원을 보통예금으로 지급하다(단, 하나의 전표로 입력할 것). (3점)

[4] 08월 20일 판매용 노트북 15,000,000원과 업무용 노트북 1,000,000원을 다복상사에서 구입하였다. 대금은 모두 보통예금으로 지급하였다(단, 하나의 전표로 입력할 것). (3점)

[5] 08월 23일 4월 1일 내용을 알 수 없는 출금 500,000원이 발견되어 가지급금으로 처리하였는데, 이는 거래처 소리상사에게 지급한 외상대금으로 판명되었다(가지급금 거래처는 입력하지 않아도 무방함). (3점)

[6] 10월 10일 고구려상사에서 매입하기로 계약한 상품 3,000,000원을 인수하고, 10월 1일에 지급한 계약금 300,000원을 차감한 잔액은 외상으로 하다(단, 하나의 전표로 입력할 것). (3점)

[7] 11월 18일 영업부가 사용하는 업무용 차량의 유류를 현금으로 구입하고, 다음의 영수증을 받다. (3점)

NO. **영수증**(공급받는자용)

무한상사 귀하

공급자	사업자등록번호	126-01-18454		
	상호	SK주유소	성명	김중수
	사업장소재지	경기도 구리시 동구릉로 100		
	업태	도소매업	종목	주유소

작성일자	금액합계	비고
20x1.11.18.	30,000원	

공급내역

월/일	품명	수량	단가	금액
11/18	일반휘발유	15L	2,000원	30,000원
합계				30,000원

위 금액을 **영수**함

[8] 12월 20일　영업부 업무용 차량에 대한 아래의 공과금을 현대카드로 납부하였다. (3점)

	20x1-2기 년분 자동차세 세액 신고납부서				납세자 보관용 영수증
납 세 자	무한상사				
주 소	경기도 구리시 경춘로 10				
납세번호	기관번호	제목	납세년월기		과세번호
과세대상	45조4079 (비영업용, 1998cc)	구 분	자동차세	지방교육세	납부할 세액 합계
		당초산출세액	199.800	59,940 (자동차세액× 30%)	259,740 원
과세기간	20x1.07.01. ~20x1.12.31.	선납공제액(10%)			
		요일제감면액(5%)			
		납부할세액	199,800	59,940	
〈납부장소〉			위의 금액을 영수합니다. 20x1 년　12 월　20 일		
		*수납인이 없으면 이 영수증은 무효입니다		*공무원은 현금을 수납하지 않습니다.	

문제 5　일반전표입력메뉴에 입력된 내용 중 다음과 같은 오류가 발견되었다. 입력된 내용을 확인하여 정정하시오.(6점)

[1] 11월 05일　영업부 직원의 10월분 급여에서 원천징수하였던 근로소득세 110,000원을 보통예금으로 납부하면서 세금과공과로 회계처리 하였음이 확인되다. (3점)

[2] 11월 28일　상품 매입 시 당사가 부담한 것으로 회계처리한 운반비 35,000원은 판매자인 양촌상사가 부담한 것으로 판명되다. (3점)

문제 6 다음의 결산정리사항을 입력하여 결산을 완료하시오.(12점)

[1] 회사의 자금사정으로 인하여 영업부의 12월분 급여 1,000,000원을 다음 달 5일에 지급하기로 하였다. (3점)

[2] 결산일 현재 영업부에서 사용한 소모품비는 200,000원이다(단, 소모품 구입 시 전액 자산으로 처리하였다). (3점)

[3] 기말 현재 현금과부족 70,000원은 단기차입금에 대한 이자 지급액으로 판명되었다. (3점)

[4] 2022년 1월 1일에 취득하였던 비품에 대한 당기분 감가상각비를 계상하다(취득원가 65,500,000원, 잔존가액 15,500,000원, 내용연수 10년, 정액법). (3점)

문제 7 다음 사항을 조회하여 답안을 이론문제 답안작성 메뉴에 입력하시오.(10점)

[1] 5월 말 현재 외상매입금의 잔액이 가장 많은 거래처와 금액은 얼마인가? (3점)

[2] 전기 말과 비교하여 당기 6월 말 현재 외상매출금의 대손충당금 증감액은 얼마인가?
(단, 증가 또는 감소 여부를 기재할 것) (3점)

[3] 6월 말 현재 유동자산과 유동부채의 차액은 얼마인가? (단, 음수로 기재하지 말 것) (4점)

제105회 전산회계2급 답안 및 해설

이 론

1	2	3	4	5	6	7	8	9	10	11	12	13	14	15
①	④	①	②	③	②	①	④	③	④	③	②	①	④	③

01. 재무제표는 **재무상태표, 손익계산서, 현금흐름표, 자본변동표로 구성되며, 주석을 포함**한다.

02. **일정 시점 현재 기업이 보유하고 있는 경제적 자원인 자산과 경제적 의무인 부채, 그리고 자본에 대한 정보를 제공하는 재무보고서**는 재무상태표이다. 감가상각비와 급여는 손익계산서 계정과목으로 나머지 계정과목은 재무상태표 계정과목이다.

03.

①	**(차)**	**비품(자산증가)**	**xx**	**(대)**	**미지급금(부채증가)**	**xx**	**교환**
②	(차)	현금(자산증가)	xx	(대)	외상매출금(자산감소)	xx	교환
③	(차)	외상매입금(부채감소)	xx	(대)	현금(자산감소)	xx	교환
④	(차)	이자비용(비용발생)	xx	(대)	현금(자산감소)	xx	손익

05.

외상매출금

기초잔액	300,000	회수액	700,000
외상매출액	***800,000***	기말잔액	400,000
계	1,100,000	계	1,100,000

06. 유동성이 높은 항목부터 배열하면 **당좌자산(미수금) - 재고자산(상품) - 유형자산(토지) - 무형자산(개발비) 순으로 나열**한다.

07.

상 품

기초상품	4,000,000	*매출원가*	*7,900,000*
총매입액	10,000,000		
(매입에누리)	(100,000)	기말상품	6,000,000
계	13,900,000	계	13,900,000

매출총이익 = 상품매출액(11,000,000) - 상품매출원가(7,900,000) = 3,100,000원

08. 당기순이익 = 기말자본(1,000,000) - 기초자본(600,000) = 400,000원

당기총수익(?) - 당기총비용(1,100,000) = 당기순이익(400,000)

∴ 당기총수익 = 1,500,000원

09. 무형자산인 영업권은 비유동자산이다.

10. 재고자산의 매입원가는 매입금액에 **매입운임, 하역료 및 보험료 등 취득과정에서 정상적으로 발생한 부대원가를 가산한 금액**이다. 매입환출은 매입원가에서 차감한다.

11. 수익적지출(수선비)로 처리해야 할 것을 자본적지출(건물)로 회계처리한 경우 **비용의 과소계상과 자산의 과대계상으로 인해 당기순이익이 과대계상**된다.

12. 임대보증금(부채)과 임차보증금(자산)이 서로 바뀌었다.

13.

① (차) 단기대여금	1,000,000원	(대) 현금	1,000,000원
② (차) 자본금(인출금)	1,000,000원	(대) 단기대여금	1,000,000원
③ (차) 자본금	1,000,000원	(대) 인출금	1,000,000원
④ (차) 자본금(인출금)	1,000,000원	(대) 현금	1,000,000원

14. 이자비용은 영업외비용에 속한다.

15. **기부금은 영업외비용으로 영업손익과 관련이 없다.**

실 무

문제 1 회사등록

- 대표자명 정정 : 김지술 → 이학주
- 사업자등록번호 정정 : 135-27-40377 → 130-47-50505
- 개업연월일 정정 : 2007.03.20. → 2011.05.23.

문제 2 전기분 손익계산서

- 차량유지비 정정 : 50,500,000원 → 3,500,000원
- 이자수익 정정 : 2,500,000원 → 2,200,000원
- 기부금 추가 입력 : 3,000,000원

문제 3 거래처별 초기이월외

[1] [거래처별초기이월]

- 외상매출금 : 월평상사 35,000,000원 → 45,000,000원으로 수정입력
- 지급어음 : 도륜상사 100,000,000원 → 150,000,000원으로 수정입력
- 단기차입금 : 선익상사 80,000,000원 추가 입력

[2] [거래처등록] 〉 [신용카드] 탭 〉
- 코드 : 99871
- 거래처명 : 씨엔제이카드
- 유형 : 2.매입
- 카드번호 : 1234-5678-9012-3452
- 카드종류(매입) : 3.사업용카드

문제 4 일반전표입력

[1]	(차)	상품	6,000,000	(대)	지급어음(성심상사)	5,500,000
					현금	500,000
[2]	(차)	수수료비용(판)	3,500,000	(대)	현금	3,500,000

☞ 부동산처분시 발생한 수수료는 처분가액에 차감되므로 유형자산처분손실에 반영된다.

[3]	(차)	단기차입금(탄방상사)	20,000,000	(대)	보통예금	20,600,000
		이자비용	600,000			
[4]	(차)	상품	15,000,000	(대)	보통예금	16,000,000
		비품	1,000,000			

☞ 판매용 노트북은 재고자산(상품), 업무용 노트북은 유형자산(비품)으로 처리한다.

[5]	(차)	외상매입금(소리상사)	500,000	(대)	가지급금	500,000
[6]	(차)	상품	3,000,000	(대)	선급금(고구려상사)	300,000
					외상매입금(고구려상사)	2,700,000
[7]	(차)	차량유지비(판)	30,000	(대)	현금	30,000
[8]	(차)	세금과공과(판)	259,740	(대)	미지급금(현대카드)	259,740

문제 5 오류수정

[1] 〈수정전〉 11월 5일 일반전표

(차)	세금과공과(판)	110,000	(대)	보통예금	110,000

〈수정후〉

(차)	예수금	110,000	(대)	보통예금	110,000

[2] 〈수정전〉 11월 28일 일반전표

(차) 상품	7,535,000	(대)	외상매입금(양촌상사)	7,500,000
			미지급금	35,000

〈수정후〉

(차) 상품	7,500,000	(대)	외상매입금(양촌상사)	7,500,000

문제 6 결산

[1] 〈수동결산〉

(차) 급여(판)	1,000,000	(대)	미지급비용	1,000,000

[2] 〈수동결산〉

(차) 소모품비(판)	200,000	(대)	소모품	200,000

[3] 〈수동결산〉

(차) 이자비용	70,000	(대)	현금과부족	70,000

[4] 〈수동/자동결산〉

(차) 감가상각비(판)	5,000,000	(대)	감가상각누계액(비품)	5,000,000

[결산자료입력] 〉 4. 판매비와일반관리비>4). 감가상각비>비품>결산반영금액란 5,000,000원 입력>F3 전표추가

☞감가상각비=[취득원가(65,500,000)－잔존가치(15,500,000)]÷10년=5,000,000원/년

문제 7 장부조회

[1] 갈마상사, 76,300,000원

- [거래처원장]>조회기간 : 1월 1일~5월 31일>계정과목 : 251.외상매입금 >거래처별 외상매입금 잔액 조회

[2] 1,500,000원 증가=6월말 잔액(2,000,000) - 전기말잔액(500,000)

- [재무상태표]>조회일자 : 6월 >현재 외상매출금 대손충당금과 전기말 외상매출금 대손충당금 비교

[1] 116,633,300원=유동자산 합계액(463,769,900) - 유동부채 합계액(347,136,600)

- [재무상태표]>조회일자 : 6월>유동자산과 유동부채의 차액 확인

제104회 전산회계2급

합격율	시험년월
31%	2022.10

이 론

01. 다음 중 혼합거래에 속하는 것은?

① 보험료 40,000원을 현금으로 지급하다.
② 비품 40,000원을 구입하고 대금은 신용카드로 결제하다.
③ 현금 10,000,000원을 출자하여 영업을 개시하다.
④ 단기대여금 1,000,000원과 이자 20,000원을 현금으로 받다.

02. 다음 중 거래의 결합관계에서 동시에 나타날 수 없는 것은?

① 비용의 발생과 자산의 감소
② 자산의 증가와 부채의 증가
③ 자본의 증가와 부채의 증가
④ 자산의 증가와 수익의 발생

03. 다음 중 기업 결산일의 경영성과를 나타내는 재무보고서의 계정과목에 해당하는 것은?

① 예수금 ② 기부금 ③ 선급비용 ④ 미지급비용

04. 다음 중 재무상태표에 대한 설명으로 옳지 않은 것은?

① 일정한 시점의 재무상태를 나타내는 보고서이다.
② 기초자본과 기말자본을 비교하여 당기순손익을 산출한다.
③ 재무상태표 등식은 '자산=부채+자본'이다.
④ 자산과 부채는 유동성이 낮은 순서로 기록한다.

05. 다음 자료에 의한 기말 현재 대손충당금 잔액은 얼마인가?

- 기초 대손충당금 : 150,000원
- 전년도에 대손충당금과 상계하였던 거래처 찬희상사의 외상매출금 200,000원을 회수하였다.
- 기초 매출채권 : 15,000,000원
- 기말 매출채권 : 10,000,000원
- 기말 매출채권 잔액에 대하여 1%의 대손충당금을 설정하기로 한다.

① 100,000원　② 240,000원　③ 250,000원　④ 300,000원

06. 다음 중 재고자산에 대한 설명으로 틀린 것은?

① 재고자산의 취득원가에는 매입가액 뿐만 아니라, 매입운임 등 매입부대비용까지 포함한다.
② 선입선출법은 먼저 구매한 상품이 먼저 판매된다는 가정하에 매출원가 및 기말재고액을 구하는 방법이다.
③ 후입선출법은 나중에 구매한 상품이 나중에 판매된다는 가정하에 매출원가 및 기말재고액을 구하는 방법이다.
④ 개별법은 매입단가를 개별적으로 파악하여 매출원가와 기말재고액을 결정하는 방법이다.

07. 당해연도 기말재고액이 1,000원만큼 과대계상될 경우, 이 오류가 미치는 영향으로 옳지 않은 것은?

① 당해연도 매출총이익이 1,000원만큼 과대계상된다.
② 당해연도 기말재고자산이 1,000원만큼 과대계상된다.
③ 다음연도 기초재고자산이 1,000원만큼 과대계상된다.
④ 당해연도 매출원가가 1,000원만큼 과대계상된다.

08. 다음 중 아래 자료의 (가)와 (나)에 들어갈 내용으로 옳은 것은?

자동차를 판매용으로 취득하면 (가)으로, 영업에 사용할 목적으로 취득하면 (나)으로 처리한다.

	(가)	(나)
①	재고자산	투자자산
②	투자자산	재고자산
③	재고자산	유형자산
④	유형자산	재고자산

09. 다음 중 일반기업회계기준상 유형자산의 감가상각방법으로 인정되지 않는 것은?

① 정액법 ② 정률법 ③ 평균법 ④ 연수합계법

10. 외상매입금을 조기 지급하여 매입할인을 받은 경우, 당기 손익계산서에 미치는 영향으로 가장 옳은 것은?

① 순매입액의 감소 ② 순매입액의 증가
③ 매출총이익의 감소 ④ 영업이익의 감소

11. 결산 시 선수이자에 대한 결산정리분개를 누락한 경우, 기말 재무제표에 미치는 영향으로 옳은 것은?

① 부채의 과소계상 ② 수익의 과소계상
③ 자산의 과대계상 ④ 비용의 과소계상

12. 다음 중 자본구성 내역을 자본거래와 손익거래 결과로 구분할 때, 그 구분이 다른 것은?

① 자본금 ② 자본조정 ③ 이익잉여금 ④ 자본잉여금

13. 다음과 같은 자료만으로 알 수 있는 당기의 추가출자액은 얼마인가?

- 당기에 현금 50,000,000원을 출자하여 영업을 개시하다.
- 사업주가 개인사용을 목적으로 인출한 금액은 5,000,000원이다.
- 당기의 기말자본금은 70,000,000원이다.
- 당기 기말결산의 당기순이익은 10,000,000원이다.

① 5,000,000원 ② 9,000,000원 ③ 15,000,000원 ④ 20,000,000원

14. 다음 중 손익계산서의 영업이익에 영향을 미치는 것은?

① 기부금
② 차입금에 대한 이자 지급액
③ 판매촉진 목적으로 광고, 홍보, 선전 등을 위하여 지급한 금액
④ 유형자산을 장부가액보다 낮은 가격으로 처분하여 발생한 손실 금액

15. 다음 중 자산에 속하는 계정과목이 아닌 것은?

① 구축물 ② 개발비 ③ 임대보증금 ④ 단기금융상품

실 무

가온상사(4104)는 문구 및 잡화를 판매하는 개인기업이다. 당기의 회계기간은 20x1.1.1.~20x1.12.31.이다. 전산세무회계 수험용 프로그램을 이용하여 다음 물음에 답하시오.

문제 1 **다음은 가온상사의 사업자등록증이다. 회사등록메뉴에 입력된 내용을 검토하여 누락분은 추가 입력하고 잘못된 부분은 정정하시오.(주소 입력시 우편번호는 입력하지 않아도 무방함)(6점)**

국세청 nts.go.kr

사 업 자 등 록 증

(일반과세자)

등록번호 : 113-25-00916

상 호 : 가온상사
성 명 : 조형오 생 년 월 일 : 1970 년 10 월 11 일
개 업 연 월 일 : 2015 년 03 월 09 일
사업장소재지 : 경기도 안산시 단원구 신길로 20(신길동)

사 업 의 종 류 : 업태 도소매 종목 문구 및 잡화

발 급 사 유 : 신규
공 동 사 업 자 :

사업자 단위 과세 적용사업자 여부 : 여( ) 부(V)
전자세금계산서 전용 전자우편주소 :

2015 년 03 월 09 일

안 산 세 무 서 장

국세청 National Tax Service

문제 2 **다음은 가온상사의 전기분 재무상태표이다. 입력되어 있는 자료를 검토하여 오류부분은 정정하고 누락된 부분은 추가 입력하시오. (6점)**

재 무 상 태 표

회사명 : 가온상사　　　　전기 20×0.12.31. 현재　　　　(단위 : 원)

과목	금액		과목	금액	
현금		50,000,000	외상매입금		45,000,000
보통예금		30,000,000	지급어음		20,000,000
정기예금		20,000,000	선수금		20,000,000
외상매출금	50,000,000		단기차입금		40,000,000
대손충당금	500,000	49,500,000	자본금		212,200,000
받을어음	30,000,000		(당기순이익		
대손충당금	300,000	29,700,000	: 15,000,000)		
단기대여금		10,000,000			
미수금		20,000,000			
상품		80,000,000			
차량운반구	52,000,000				
감가상각누계액	23,000,000	29,000,000			
비품	20,000,000				
감가상각누계액	1,000,000	19,000,000			
자산총계		337,200,000	부채와 자본총계		337,200,000

문제 3 **다음 자료를 이용하여 입력하시오. (6점)**

[1] 가온상사는 상품을 매입하고 상품매입대금을 어음으로 지급하는 금액이 커지고 있다. 146.상품 계정과목에 다음의 적요를 추가 등록하시오. (3점)

대체적요 : NO. 5 상품 어음 매입

[2] 다음은 가온상사의 신규거래처이다. 아래의 자료를 이용하여 [거래처등록] 메뉴에 추가등록하시오(주어진 자료 외의 다른 항목은 입력할 필요 없음). (3점)

• 상호 : 모닝문구	• 회사코드 : 1001
• 대표자명 : 최민혜	• 사업자등록번호 : 305-24-63212
• 업태 : 도소매	• 종목 : 문구 및 잡화
• 유형 : 매출	• 사업장소재지 : 대전광역시 대덕구 한밭대로 1000(오정동) ※ 주소입력 시 우편번호는 입력하지 않아도 무방함.

문제 4 **다음의 거래 자료를 [일반전표입력] 메뉴를 이용하여 입력하시오. (24점)**

[1] 07월 15일 대전중앙신협에서 사업운영자금으로 50,000,000원을 차입하여 즉시 보통예금 계좌에 입금하다(1년 만기, 만기일 20x2년 7월 14일, 이자율 연 4%, 이자 지급은 만기 시 일괄 지급한다). (3점)

[2] 07월 16일 다음은 로뎀문구에서 상품을 매입하고 받은 거래명세표이다. 7월 5일 지급한 계약금을 제외하고, 당좌수표를 발행하여 잔금 5,940,000원을 지급하다. (3점)

권	호	거래명세표(거래용)				
20×1년 7월 16일						
가온상사 귀하		공급자	사업자등록번호	220-34-00176		
			상호	로뎀문구	성명	최한대 ㊞
			사업장소재지	경기도 안산시 상록구 반석로 44		
아래와 같이 계산합니다.			업태	도소매	종목	문구 및 잡화
합계금액	육백육십만 원정 (₩ 6,600,000)					
월일	품목	규격	수량	단가	공급대가	
7월 16일	문구		1,000개	6,600원	6,600,000원	
계					6,600,000원	
전잔금	없음		합계		6,600,000원	
입금	660,000원	잔금	5,940,000원	인수자	조형오 ㊞	
비고	입금 660,000원은 계약금으로, 7월 5일 공급대가의 10%를 현금으로 수령한 것임.					

[3] 07월 28일 영업부 사원의 출장경비 중 신한카드(사업용카드)로 지급한 영수증을 받다(출장경비는 여비교통비로 처리할 것). (3점)

시설물 이용 영수증(주차비)	
명 칭	유성주차장
주 소	대전광역시 유성구 궁동 220
사업자번호	305-35-65424
사 업 자 명	이진식
발 행 일 자	20x1-7-28
차 량 번 호	54거3478
지 불 방 법	신한카드
승 인 번 호	20006721
카 드 번 호	54322362****3564
입 차 일 시	20x1-7-28 13:22:22
출 차 일 시	20x1-7-28 14:52:22
주 차 시 간	1시간 30분
정 산 요 금	5,000원
이용해 주셔서 감사합니다.	

[4] 08월 28일 씨엔제이상사에 상품을 판매하고 발급한 거래명세표이다. 판매대금 중 20,000,000원은 당좌수표로 받고, 잔액은 6개월 만기 동점 발행 약속어음으로 받았다. (3점)

권	호	거래명세표(보관용)			
20x1년 8월 28일					
씨엔제이상사 귀하	공급자	사업자등록번호	113-25-00916		
		상 호	가온상사	성 명	조형오 ㊞
		사 업 장 소 재 지	경기도 안산시 단원구 신길로 20		
아래와 같이 계산합니다.		업 태	도소매	종 목	문구 및 잡화

합계금액	이천오백만 원정 (₩ 25,000,000)				
월 일	품 목	규 격	수 량	단 가	공 급 대 가
8월 28일	문구류		100	250,000원	25,000,000원
계					25,000,000원

전잔금	없음			합 계	25,000,000원
입 금	20,000,000원	잔 금	5,000,000원	인수자	최찬희 ㊞
비 고	당좌수표 수령, 잔금은 6개월 만기 약속어음으로 수령				

[5] 09월 20일 반월상사에 외상으로 9월 3일에 판매하였던 상품 3,000,000원이 견본과 다르다는 이유로 반품되었다. 반품액은 매출환입및에누리로 처리한다(단, 음수로 회계처리하지 말 것). (3점)

[6] 10월 15일 조선상사에 대한 외상매입금 1,300,000원을 지급하기 위하여 발해상사로부터 매출대금으로 받은 약속어음 1,200,000원을 배서양도하고 나머지는 현금으로 지급하다. (3점)

[7] 11월 27일 거래처인 비전상사의 미지급금 12,500,000원 중 10,000,000원은 당좌수표를 발행하여 지급하고, 나머지는 면제받았다(단, 매입할인은 아님). (3점)

[8] 12월 30일 신규 취득한 업무용 차량에 대한 취득세를 현금으로 납부하고, 다음과 같은 영수증을 수령하였다. (3점)

인천광역시	차량취득세납부영수증		납부(납입)서	납세자보관용 영수증
납세자	가온상사			
주소	경기도 안산시 단원구 신길로 20			
납세번호	기관번호 3806904	제목 10101502	납세년월기 20x111	과세번호 0001070

과세내역					과세표준액
과세내역	차번	45조4079	년식	20x1	37,683,000
	목적	신규등록(일반등록)	특례	세율특례없음	
	차명	그랜져			
	차종	승용자동차	세율	70/1000	

세목	납부세액	납부할 세액 합계
취득세	2,637,810	2,637,810 원
가산세	0	
지방교육세	0	
농어촌특별세	0	신고납부기한
합계세액	2,637,810	20x1 . 12. 30. 까지

지방세법 제6조~22조, 제30조의 규정에 의하여 위와 같이 신고하고 납부 합니다.

전용계좌로도 편리하게 납부!!	
우리은행	620-441829-64-125
신한은행	563-04433-245814
하나은행	117-865254-74125
국민은행	4205-84-28179245
기업은행	528-774145-58-247

■ 전용계좌 납부안내(뒷면참조)

담당자	위의 금액을 영수합니다.		수납인
권유리	납부장소 : 전국은행(한국은행제외) 우체국 농협	20x1년 12월 30일	

문제 5 **[일반전표입력] 메뉴에 입력된 내용 중 다음의 오류가 발견되었다. 입력된 내용을 검토하고 수정 또는 삭제, 추가 입력하여 올바르게 정정하시오. (6점)**

[1] 09월 15일 거래처 월평문구로부터 외상매출금을 현금으로 회수하고 회계처리한 100,000원이 실제로는 월평문구와 상품 추가 판매계약을 맺고 계약금으로 현금 100,000원을 받은 것으로 확인되었다. (3점)

[2] 12월 18일 영업부의 문서 출력용 프린터를 구입하면서 소모품인 A4용지 100,000원을 포함하여 비품으로 처리하였다(단, 소모품은 비용으로 처리할 것). (3점)

문제 6 **다음의 결산정리사항을 입력하여 결산을 완료하시오. (12점)**

[1] A사무실을 임대료 6,000,000원(임대기간 20x1년 7월 1일~20x2년 6월 30일)에 임대하는 것으로 계약하고, 임대료는 임대계약기간 종료일에 전액 수령하기로 하였다(단, 월할 계산할 것). (3점)

[2] 3개월 전 단기투자목적으로 양촌㈜의 주식 100주(액면금액 @5,000원)를 주당 25,000원에 취득하였으며, 기말 현재 이 주식의 공정가치는 주당 30,000원이다. (3점)

[3] 10월 1일에 보통예금 계좌에서 이체하여 납부한 사업장의 화재보험료 120,000원(보험기간 20x1년 10월 1일~20x2년 9월 30일)은 차기분이 포함된 보험료이다(단, 보험료는 월할계산할 것). (3점)

[4] 매출채권 잔액에 대하여 1%의 대손충당금을 보충법으로 설정하시오. (3점)

문제 7 **다음 사항을 조회하여 알맞은 답안을** 이론문제 답안작성 **메뉴에 입력하시오. (10점)**

[1] 상반기(1월~6월) 중 상품매출액이 가장 적은 달(月)의 상품매출액은 얼마인가? (3점)

[2] 3월 말 현재 비품의 장부가액은 얼마인가? (3점)

[3] 6월 말 현재 거래처별 선급금 잔액 중 가장 큰 금액과 가장 적은 금액의 차액은 얼마인가? (단, 음수로 입력하지 말 것) (4점)

제104회 전산회계2급 답안 및 해설

이 론

1	2	3	4	5	6	7	8	9	10	11	12	13	14	15
④	③	②	④	①	③	④	③	③	①	①	③	③	③	③

01. 혼합거래는 차변이나 대변의 한쪽 금액 일부가 수익 또는 비용이 나타나는 거래를 의미한다.

① (차) 보험료	xx	(대) 현금	xx	손익
② (차) 비품	xx	(대) 미지급금	xx	교환
③ (차) 현금	xx	(대) 자본금	xx	교환
④ (차) 현금	xx	(대) 단기대여금	xx	***혼합***
		이자수익	xx	

02. **자본의 증가와 부채의 증가는 모두 대변에 기입되는 거래**로 동시에 나타날 수 없다.

03. **기부금은 경영성과를 나타내는 손익계산서의 영업외비용 계정과목**이다.

04. 자산과 부채는 **유동성이 높은 항목부터 배열하는 것을 원칙**으로 한다.

05. 기말대손충당금 = 기말 매출채권(10,000,000) × 대손추정율(1%) = 100,000원

06. 후입선출법은 **나중에 구매한 상품이 먼저 판매된다는 가정**하에 매출원가 및 기말재고액을 구하는 방법이다.

07. **자산과 이익은 비례관계**이다. 따라서 자산과 비용은 반비례관계이다.
기말재고액이 과대계상될 경우, 매출원가는 과소계상된다.

08. 판매 목적의 취득은 재고자산으로 **영업활동 목적의 취득은 유형자산으로 처리**한다.

09. 유형자산의 감가상각방법에는 정액법, 체감잔액법(예를 들면, 정률법 등), 연수합계법, 생산량비례법 등이 있다.

10. 순매입액 = 총매입액 - 매입할인 등 따라서 매입할인을 받는 경우 순매입액이 감소된다.
순매입액이 감소하면, 매출원가가 감소되므로, 매출총이익과 영업이익은 증가한다.

11. '(차) 이자수익 (대) 선수이자'의 누락으로 부채의 과소계상, 수익의 과대계상이 나타난다.

12. **이익잉여금은 손익거래 결과**이며, 나머지는 자본거래 결과이다.

13. 기말자본금(70,000,000) = 기초자본금(50,000,000) + 당기순이익(10,000,000)
- 인출액(5,000,000) + 추가출자액(A)

∴ 추가출자액(A) = 15,000,000원

14. **판매촉진 목적으로 광고, 홍보, 선전 등을 위하여 지급한 금액은 광고선전비**로 판매비와관리비에 해당하며, 영업이익을 감소시킨다.

15. 임대보증금은 부채계정이다.

실 무

문제 1 회사등록

- 종목 수정 : 컴퓨터 부품 → 문구 및 잡화
- 개업연월일 수정 : 2015년 01월 05일 → 2015년 03월 09일
- 관할세무서 수정 : 145.관악 → 134.안산

문제 2 전기분재무상태표

· 정기예금 수정 : 2,000,000원 → 20,000,000원
· 차량운반구 감가상각누계액 수정 : 13,000,000원 → 23,000,000원
· 외상매입금 수정 : 17,000,000원 → 45,000,000원

문제 3 거래처 등록외

[1] [계정과목및적요등록]>146.상품>대체적요 : 적요NO. 5, 상품 어음 매입

[2] [거래처등록]>[일반거래처] 탭>
- 거래처코드 : 1001 • 거래처명 : 모닝문구 • 유형 : 1.매출
- 사업자등록번호 : 305 - 24 - 63212 • 대표자명 : 최민혜 • 업태 : 도소매
- 종목 : 문구 및 잡화 • 주소 : 대전광역시 대덕구 한밭대로 1000(오정동)

문제 4 일반전표입력

[1]	(차) 보통예금	50,000,000	(대)	단기차입금(대전중앙신협)	50,000,000
[2]	(차) 상품	6,600,000	(대)	선급금(로뎀문구)	660,000
				당좌예금	5,940,000
[3]	(차) 여비교통비(판)	5,000	(대)	미지급금(신한카드)	5,000

[4]	(차) 현금	20,000,000	(대) 상품매출	25,000,000
	받을어음(씨엔제이상사)	5,000,000		

[5]	(차) 매출환입및에누리(402)	3,000,000	(대) 외상매출금(반월상사)	3,000,000

[6]	(차) 외상매입금(조선상사)	1,300,000	(대) 받을어음(발해상사)	1,200,000
			현금	100,000

[7]	(차) 미지급금(비전상사)	12,500,000	(대) 당좌예금	10,000,000
			채무면제이익	2,500,000

[8]	(차) 차량운반구	2,637,810	(대) 현금	2,637,810

문제 5 오류수정

[1] 9월 15일 일반전표〈수정전〉

(차) 현금	100,000	(대) 외상매출금(월평문구)	100,000

〈수정후〉

(차) 현금	100,000	(대) 선수금(월평문구)	100,000

[2] 12월 18일 일반전표〈수정전〉

(차) 비품	1,100,000	(대) 현금	1,100,000

〈수정후〉

(차) 비품	1,000,000	(대) 현금	1,100,000
소모품비(판)	100,000		

문제 6 결산

[1] 〈수동결산〉

(차) 미수수익	3,000,000	(대) 임대료(904)	3,000,000

☞월 임대료=6,000,000원÷12개월=500,000원
당기분 임대료=월 임대료(500,000)×6개월(.7.1.~.12.31.)=3,000,000원

[2] 〈수동결산〉

(차) 단기매매증권	500,000	(대) 단기매매증권평가이익	500,000

☞평가손익=(기말 공정가치 30,000원－취득가액 25,000원)×100주=500,000원(이익)

[3] 〈수동결산〉

(차) 선급비용 90,000 (대) 보험료(판) 90,000

☞월 보험료=120,000원÷12개월=10,000원
내년도 보험료(선급비용)=월 보험료(10,000)×9개월(차기 1.1.~09.30.)=90,000원

[4] 〈수동/자동결산〉

(차) 대손상각비(판) 3,343,300 (대) 대손충당금(109) 3,021,300
대손충당금(111) 322,000

[결산자료입력]>5). 대손상각>• 외상매출금 : 3,021,300원
• 받을어음 : 322,000원 입력>F3전표추가
• 외상매출금 기말 잔액 352,130,000원×1%-500,000원=3,021,300원
• 받을어음 기말 잔액 62,200,000원×1%-300,000원=322,000원

문제 7 장부조회

[1] 2,800,000원
• [총계정원장]>[월별] 탭
>기간 : 20x1년 01월 01일~20x1년 06월 30일
>계정과목 : 401.상품매출 조회
>상품매출액이 가장 적은 달(月)의 금액 확인 : 2,800,000원(1월)

[2] 34,000,000원=비품(35,000,000)-비품 감가상각누계액(1,000,000)
• [재무상태표]>기간 : 3월 조회>비품 계정 및 비품감가상각누계액 계정 금액 확인

[3] 1,638,000원=1,770,000원(광진상사)-132,000원(우림상사)
• [거래처원장]>기간 : 1월 1일~6월 30일>계정과목 : 131.선급금 조회

제99회 전산회계2급

합격율	시험년월
45%	2021.12

이 론

01. 다음 중 회계상 거래가 아닌 것은?

① 종합소득세와 개인지방소득세 5백만원을 보통예금으로 납부하였다.
② 회사의 영업력을 강화하기 위하여 영업이사를 연봉 1억원에 스카우트하기로 구두계약하였다.
③ 커피전문점을 창업하고자 상가를 임대하기로 하고 계약금 1천만원을 현금으로 지급하였다.
④ 사업 운영자금 목적으로 은행에서 2천만원을 현금으로 차입하였다.

02. 다음 중 일정 시점의 재무상태를 나타내는 재무보고서의 계정과목으로만 짝지어진 것이 아닌 것은?

① 미수금, 미지급금
② 선급비용, 선수수익
③ 미수수익, 미지급비용
④ 상여금, 기부금

03. 다음 중 유동자산이 아닌 것은?

① 당좌예금
② 받을어음
③ 예수금
④ 상품

04. 다음의 거래를 거래의 8요소로 분석한 것으로 옳은 것은?

차입금 1,000,000원과 이자 60,000원을 현금으로 지급하였다

① (차) 비용의 발생 (대) 자산의 감소와 수익의 발생
② (차) 자산의 증가 (대) 자산의 감소와 수익의 발생
③ (차) 부채의 감소와 비용의 발생 (대) 자산의 감소
④ (차) 자산의 증가와 비용의 발생 (대) 자산의 감소

05. 다음 자료를 통해 알 수 있는 외상매출금 기말잔액은 얼마인가?

• 외상매출금 기초잔액	80,000원	• 당기 외상 매출액	400,000원
• 외상매출금 중 매출할인액	20,000원	• 외상매출금 당기 회수액	240,000원
• 당기 외상 매입액	200,000원		

① 180,000원 ② 200,000원 ③ 220,000원 ④ 240,000원

06. 다음 중 매출원가의 계산에 영향을 미치지 않는 것은?

① 상품 매입운반비 ② 매출환입 및 에누리
③ 매입환출 및 에누리 ④ 당기 상품 외상 매입액

07. 다음 중 재고자산에 대한 설명으로 가장 틀린 것은?

① 정상적인 영업 과정에서 판매를 위하여 보유하거나 생산과정에 있는 자산을 말한다.
② 자동차대리점에서 보유하고 있는 판매용 차량은 재고자산에 해당한다.
③ 재고자산은 감가상각을 통하여 비용으로 인식한다.
④ 재고자산의 단가결정방법에는 개별법, 선입선출법, 후입선출법, 평균법 등이 있다.

08. 다음 중 유형자산에 해당하지 않는 것은?

① 본사 사옥으로 사용하기 위한 현재 완공 전의 건설중인자산
② 공장에서 사용하는 기계장치
③ 사무실에서 사용하는 비품
④ 투자 목적으로 구입한 건물

09. 다음 중 손익계산서의 영업이익에 영향을 미치는 것은?

① 단기매매증권을 장부가액보다 낮게 처분하여 발생한 손실 금액
② 차입금에 대한 이자 지급 금액
③ 판매촉진 목적으로 광고, 홍보, 선전 등을 위하여 지급한 금액
④ 유형자산을 장부가액보다 낮은 가격으로 처분하여 발생한 손실 금액

10. 다음 중 비용에 속하지 않는 것은?

① 판매원 급여 ② 미지급비용 ③ 법인세비용 ④ 외환차손

11. 다음 자료를 이용하여 영업이익을 계산하면 얼마인가?

• 매출총이익 1,200,000원	• 급여 100,000원	• 이자수익 80,000원
• 복리후생비 130,000원	• 기부금 50,000원	• 대손상각비 110,000원

① 800,000원 ② 860,000원 ③ 950,000원 ④ 1,120,000원

12. 다음 중 회계의 8요소 간 결합이 불가능한 것은?

① 자산 증가 : 자산 감소 ② 자산 증가 : 부채 증가
③ 자산 증가 : 자본 감소 ④ 부채 감소 : 자산 감소

13. 다음 중 개인기업의 자본금계정에 영향을 미치는 거래가 아닌 것은?

① 영업용 비품을 1,000,000원에 구입하고 대금은 현금으로 지급하다.
② 당기 중에 현금 5,000,000원을 추가 출자하다.
③ 기말 결산 시 인출금 3,000,000원을 자본금으로 대체하다.
④ 기말 결산 시 당기순이익 300,000원을 자본금계정으로 대체하다.

14. 다음 중 아래의 빈칸에 각각 들어갈 내용으로 적합한 것은?

> 선급비용이 (㉠)되어 있다면 당기순이익은 과대계상된다
> 미수수익이 (㉡)되어 있다면 당기순이익은 과대계상된다.

	㉠	㉡
①	과대계상	과소계상
②	과소계상	과소계상
③	과소계상	과대계상
④	과대계상	과대계상

15. 다음은 ㈜공유(회계기간 : 1월 1일~12월 31일)의 계정별원장 일부이다. 다음의 자료를 토대로 당기 이자비용의 거래내역을 바르게 설명한 것은?

이자비용

10/31 보통예금	300,000원	12/31 집합손익	500,000원
12/31 미지급비용	200,000원		
	500,000원		500,000원

① 당기에 현금으로 지급한 이자금액은 300,000원이다.
② 당기에 발생한 이자비용이지만 아직 지급하지 않은 금액은 500,000원이다.
③ 당기분 이자비용은 500,000원이다.
④ 차기로 이월되는 이자비용은 500,000원이다.

실 무

달빛전자(4099)는 전자제품을 판매하는 개인기업으로, 당기 회계기간은 20x1.1.1.~20x1.12.31.이다. 전산세무회계 수험용 프로그램을 이용하여 다음 물음에 답하시오.

문제 1 **다음은 달빛전자의 사업자등록증이다. 회사등록 메뉴에 입력된 내용을 검토하여 잘못된 부분은 정정하시오. (주소 입력 시 우편번호는 입력하지 않아도 무방함) (6점)**

국세청

사 업 자 등 록 증

(일반과세자)

등록번호 256-32-41532

상호명 : 달빛전자

대표자명 : 이민영

개업연월일 : 2014. 2. 15.

사업장소재지 : 인천광역시 서구 가남로291번길 2(석남동)

사업자의 종류 : 업태 도소매 종목 전자제품

교부사유 : 신규

사업자 단위 과세 적용사업자 여부 : 여( ) 부(√)

전자세금계산서 전용 전자우편 주소 :

2014년 2월 15일

서인천세무서장

NTS 국세청 NATIONAL TAX SERVICE

문제 2 **다음은 달빛전자의 전기분손익계산서이다. 입력된 자료를 검토하여 오류 부분은 정정하고 누락된 부분은 추가 입력하시오. (6점)**

손익계산서

회사명 : 달빛전자 전기 20x01.1. ~ 20x0.12.31 (단위 : 원)

과목	금액	과목	금액
Ⅰ. 매출액	85,000,000	Ⅱ. 영업이익	13,190,000
상품매출	85,000,000	Ⅲ. 영업외수익	1,800,000
Ⅳ. 매출원가	60,000,000	이자수익	300,000
상품매출원가	60,000,000	임대료	1,500,000
기초상품재고액	15,000,000	Ⅴ. 영업외비용	3,800,000
당기상품매입액	51,000,000	이자비용	3,800,000
기말상품재고액	6,000,000	Ⅵ. 소득세차감전순이익	11,190,000
Ⅶ. 매출총이익	25,000,000	Ⅷ. 소득세등	0
Ⅸ. 판매비와관리비	11,810,000	Ⅹ. 당기순이익	11,190,000
급여	9,200,000		
복리후생비	2,000,000		
여비교통비	120,000		
차량유지비	200,000		
소모품비	130,000		
광고선전비	160,000		

문제 3 **다음 자료를 이용하여 입력하시오.(6점)**

[1] 달빛전자의 거래처별 초기이월 채권과 채무의 잔액은 다음과 같다. 주어진 자료를 검토하여 잘못된 부분을 정정하거나 추가 입력하시오. (거래처코드를 사용할 것) (3점)

계정과목	거래처명	금액(원)
외상매출금	백두상사	26,000,000
받을어음	기장전자	9,000,000
외상매입금	우동부품	25,000,000
지급어음	좌동케미칼	15,000,000
단기차입금	반송은행	10,000,000

[2] 다음 자료를 이용하여 기초정보관리의 거래처등록 메뉴에서 거래처(금융기관)를 추가로 등록하시오. (단, 주어진 자료 외의 다른 항목은 입력할 필요 없음.) (3점)

- 거래처코드 : 98003
- 거래처명 : 신나은행
- 유형 : 보통예금
- 계좌번호 : 1203 - 4562 - 48571
- 예금종류 : 보통예금
- 사업용계좌 : 여

문제 4 다음 거래 자료를 일반전표입력 메뉴에 추가 입력하시오.(24점)

[1] 07월 14일 6개월 전 거래처 화성상사에 대여하였던 대여금 700,000원과 그에 대한 이자 40,000원을 현금으로 받아 즉시 당좌예금에 입금하였다. (3점)

[2] 07월 15일 상품 2,500,000원을 매입하고 대금은 전액 현금으로 지급하였으며 현금영수증을 다음과 같이 수취하였다. (3점)

부산상사		
131-11-67806		부산임
부산 강서구 가락대로 1021		TEL : 557-4223
현금(지출증빙)		
구매일시 20x1/07/15/15:26	거래번호 : 0127-0111	
상품명	수량	금액
전자제품 1043756100001	100	2,500,000원
	합 계	2,500,000원
	받은금액	2,500,000원

[3] 07월 28일 대표자가 사업과 관련 없이 개인적으로 사용하는 차량에 부과된 과태료 50,000원을 현금으로 납부하였다. (3점)

[4] 08월 02일 다음의 거래명세표와 같이 상품을 판매하고 대금은 10일 후에 전액 받기로 하다. (3점)

권	호	거래명세표(거래용)				
20 21 년 8 월 2 일	공급자	등록번호	256-32-41532			
백두상사 귀하		상호	달빛전자	성명	이민영 ㉾	
아래와 같이 계산합니다.		사업장소재지	인천광역시 서구 가남로 291번길2(석남동)			
		업태	도·소매	종목	전자제품	

합계금액			오십만 원정 (₩ 500,000)			
월일	품 목	규 격	수량	단 가	공 급 가 액	세 액
8월2일	잡화		100개	5,000원	500,000원	
계			100개		500,000원	
전잔금			합 계			500,000원
입 금		잔 금	500,000원	인수자	김학겸 ㉾	
비 고						

[5] 08월 25일 마법상점에서 구입한 상품에 대한 외상매입금 3,000,000원을 조기에 지급하여 2% 할인을 받고, 그 잔액을 당좌수표를 발행하여 지급하다. (3점)

[6] 09월 10일 8월분 급여에 대한 소득세 및 지방소득세 110,000원을 중앙은행에 현금으로 납부하다. (3점)

[7] 10월 01일 영업부에서 사용할 문구류(사무용품비)를 문구점에서 구매하고 일부는 현금으로 결제하고 나머지 금액은 신용카드(농협카드)로 결제하였다. (3점)

영수증

****

문구점 130-47-5****

홍길동

경기도 부천시 중동 **** 1층

****

품목	수량	단가	금액
문구류	3		120,000
합계금액	₩		120,000

* 거래일시 : 20x1. 10. 01. 13:30

결제 구분	금액
현금	30,000
신용카드등	90,000
받은 금액	120,000
미수금	0

*** 감사합니다. ***

[8] 10월 14일 지난 10월 3일 출장 갔던 영업부 직원 김성실이 출장에서 돌아와 출장비를 정산하였다. 제출한 여비 정산서는 다음과 같고, 초과하여 지출한 금액 70,000원은 당좌수표를 발행하여 지급하였다. 미리 출장비로 지급했던 금액은 가지급금으로 처리하였고, 거래처를 입력하시오. (3점)

소속	영업부		직위	사원	성명	김성실
출장 일정	일시	20x1.10.03.~20x1.10.13				
	출장지	부산광역시 동래구 충렬대로 128길 22				
출장비	지급액	200,000원	실제 사용액	270,000원	추가 지급액	70,000원
지출 내역	숙박비	150,000원	식비	70,000원	교통비	50,000원

문제 5 일반전표입력메뉴에 입력된 내용 중 다음과 같은 오류가 발견되었다. 입력된 내용을 확인하여 정정 또는 추가입력 하시오.(6점)

[1] 10월 22일 상품인 전자제품 1,200,000원(원가)을 서울시청에 기증하였으나 이월유통에 외상 판매한 것으로 잘못 처리하였다. (관련된 적요도 함께 수정 입력할 것, 거래처코드 및 거래처명은 입력하지 않아도 무방함) (3점)

[2] 12월 07일 보통예금에서 출금된 5,000,000원은 임차료(판)가 아닌 ㈜세원에 지급한 임차보증금으로 확인되었다. (3점)

문제 6 다음의 결산정리사항을 입력하여 결산을 완료하시오.(12점)

[1] 결산일 현재 반송은행의 단기차입금에 대한 이자비용 미지급액 중 당기 귀속분은 400,000원이다. (3점)

[2] 결산일 현재 농협은행의 3년 만기 정기예금에 대한 이자수익 미수금액 중 당기 귀속분은 15,000원이다. (3점)

[3] 외상매출금과 받을어음의 기말잔액에 대하여 1%의 대손충당금을 보충법으로 설정하다. (3점)

[4] 영업부에서 사용하기 위하여 20x0년 5월 초에 취득한 비품의 당기분 감가상각비를 계상하다. (취득원가 8,000,000원, 잔존가액 2,000,000원, 내용연수 5년, 정액법) (3점)

문제 7 **다음 사항을 조회하여 답안을** 이론문제 답안작성 **메뉴에 입력하시오.(10점)**

[1] 1월부터 6월까지의 보통예금에서 출금된 금액은 총 얼마인가? (3점)

[2] 4월부터 6월까지의 상품매출액은 얼마인가? (3점)

[3] 1월부터 6월까지의 판매비와관리비 중 기업업무추진비 지출액이 가장 많은 월의 금액과 가장 적은 월의 금액을 합산하면 얼마인가? (4점)

제99회 전산회계2급 답안 및 해설

이 론

1	2	3	4	5	6	7	8	9	10	11	12	13	14	15
②	④	③	③	③	②	③	④	③	②	②	③	①	④	③

01. 회계상 거래란 **기업의 재무상태와 경영성과에 영향을 줄 뿐만 아니라 그 영향이 화폐단위로 측정이 가능하여 재무제표에 공식적으로 기록될 수 있는 거래**를 말한다. 영업이사를 스카우트하기로 한 구두계약만으로는 회사에 어떠한 권리나 의무가 발생하지 않으므로 이로 인한 회사의 자산 또는 부채의 증감을 신뢰성 있게 측정할 수 없다.

02. 일정 시점 현재 기업이 보유하고 있는 경제적 자원인 자산과 경제적 의무인 부채, 그리고 자본에 대한 정보를 제공하는 재무보고서는 재무상태표로, 상여금과 기부금은 손익계산서 계정과목이다. 나머지 계정은 재무상태표 계정과목이다.

03. 예수금은 부채이다.

04. (차) 차입금(부채) 1,000,000원 (대) 현금(자산) 1,060,000원
이자비용(비용) 60,000원

05.

외상매출금

기초잔액	80,000	할인	20,000
		회수액	240,000
매출(발생액)	400,000	*기말잔액*	*220,000*
계	480,000	계	480,000

06. 매출환입 및 에누리는 순매출액 계산 시 사용한다.

07. 재고자산은 판매된 부분에 대하여 **수량(계속기록법, 실지재고조사법 등)과 단가(개별법, 선입선출법, 후입선출법, 평균법 등)를 산정**하여 매출원가로 인식한다.

08. **투자 목적으로 구입한 건물은 투자부동산**으로 이는 투자자산에 해당한다.
건설중인자산, 기계장치, 비품은 모두 유형자산에 해당한다.

09. 판매촉진 목적으로 광고, 홍보, 선전 등을 위하여 지급한 금액은 광고선전비로 판매비와관리비에 해당하며, 영업이익을 감소시킨다. **단기매매증권처분손실, 이자비용, 유형자산처분손실은 영업외비용에 해당**한다.

10. 미지급비용은 유동부채항목이다.

11. 판매비와관리비 = 급여(100,000) + 복리후생비(130,000) + 대손상각비(110,000) = 340,000원
영업이익 = 매출총이익(1,200,000) - 판매비와관리비(340,000) = 860,000원

12. **<u>자산의 증가와 자본의 감소는 모두 재무상태표의 차변에 작성되므로 결합될 수 없다.</u>**

13. ① (차) 비품 1,000,000원 (대) 현금 1,000,000원
② (차) 현금 5,000,000원 (대) 자본금 5,000,000원
③ (차) 자본금 3,000,000원 (대) 인출금 3,000,000원
④ (차) 손익 300,000원 (대) 자본금 300,000원

14. **<u>자산과 이익은 비례관계이다.</u>**
선급비용(자산)이 과대계상되면 당기순이익이 과대계상된다.
미수수익(자산)이 과대계상되면 당기순이익이 과대계상된다.

15. ① 현금으로 지급한 이자금액은 0이다.
② 지급하지 않는(미지급)이자비용은 200,000원이다.
④ **<u>이자비용은 손익계정으로 차기로 이월되지 않는다.</u>**

10.31	(차) 이자비용	300,000원	(대) 보통예금①	300,000원
12.31	(차) 이자비용	200,000원	(대) 미지급비용②	200,000원
12.31	(차) 집합손익③	500,000원	(대) 이자비용	500,000원

실 무

문제 1 회사등록

1. 사업자등록번호 : 266-31-41554 → 256-32-41532
2. 종목 : 문구및잡화 → 전자제품
3. 사업장 관할세무서 : 남인천 → 서인천

문제 2 전기분손익계산서

1. 오류수정
   - 상품매출 : 58,000,000원 → 85,000,000원으로 수정
   - 급여 : 2,900,000원 → 9,200,000원으로 수정
2. 추가 입력 : 이자비용 3,800,000원 추가 입력

문제 3 거래처별 초기이월외

[1] 거래처별 초기이월

1. 오류수정
   - 받을어음 : 기장전자 6,500,000원 → 9,000,000원으로 수정
   - 지급어음 : 좌동케미칼 60,000,000원 → 15,000,000원으로 수정
2. 추가 입력 : 단기차입금 반송은행 10,000,000원을 추가 입력

[2] 거래처(금융기관)등록

[기초정보관리]>[거래처등록]>[금융기관] 탭에서 거래처코드를 [98003]으로 지정하여 등록하고, 위 자료에서 제시한 나머지 항목을 모두 입력할 것

문제 4 일반전표입력

[1]	(차)	당좌예금	740,000	(대)	단기대여금(화성상사)	700,000
					이자수익	40,000
[2]	(차)	상품	2,500,000	(대)	현금	2,500,000
[3]	(차)	자본금/인출금	50,000	(대)	현금	50,000
[4]	(차)	외상매출금(백두상사)	500,000	(대)	상품매출	500,000
[5]	(차)	외상매입금(마법상점)	3,000,000	(대)	당좌예금	2,940,000
					매입할인(148)	60,000
[6]	(차)	예수금	110,000	(대)	현금	110,000
[7]	(차)	사무용품비(판)	120,000	(대)	현금	30,000
					미지급금(농협카드)	90,000
[8]	(차)	여비교통비(판)	270,000	(대)	가지급금(김성실)	200,000
					당좌예금	70,000

문제 5 오류수정

[1] 〈수정전〉 10월 22일 일반전표 입력

(차)	외상매출금(이월유통)	1,200,000	(대)	상품매출	1,200,000

〈수정후〉

(차)	기부금	1,200,000	(대)	상품(8.타계정)	1,200,000

[2] 〈수정전〉 12월 07일 일반전표입력

(차)	임차료(판)	5,000,000	(대)	보통예금	5,000,000

〈수정후〉

(차)	임차보증금((주)세원)	5,000,000	(대)	보통예금	5,000,000

문제 6 결산

[1] 〈수동결산〉

(차)	이자비용	400,000	(대)	미지급비용(반송은행)	400,000

☞미지급비용,미수수익도 채권 · 채무계정이므로 거래처를 입력하는 것이 정확한 답안이다.

[2] 〈수동결산〉

(차)	미수수익(농협은행)	15,000	(대)	이자수익	15,000

[3] 〈수동/자동결산〉

(차)	대손상각비	1,001,300	(대)	대손충당금(외상)	568,300
				대손충당금(받을어음)	433,000

☞ 외상매출금 : (82,830,000원×1%)－260,000원＝568,300원
받을어음 : (52,300,000원×1%)－90,000원＝433,000원

[4] 〈수동/자동결산〉

(차)	감가상각비(판)	1,200,000	(대)	감가상각누계액(비품)	1,200,000

또는 결산자료입력의 결산반영금액란에 감가상각비 비품 1,200,000원을 입력 후 전표추가

문제 7 장부조회

[1] 27,616,000원

• 총계정원장 또는 계정별원장 1월~6월 → 보통예금 계정 대변 합계액 검색

[2] 93,400,000원

• 월계표에서 4월부터 6월까지의 상품매출액 합계액을 조회

[3] 2,148,000원

• 총계정원장 조회 1,548,000원(1월)+600,000원(2월)

제98회 전산회계2급

합격율	시험년월
45%	2021.10

이 론

01. 다음 중 재무제표에 사용되는 계정과목에 대한 설명으로 가장 잘못된 것은?

① 현금 : 통화(주화, 지폐), 타인발행수표, 우편환증서 등
② 매도가능증권 : 시장성이 있는 유가증권으로서 단기간 내의 매매차익을 얻을 목적으로 취득하고, 매수와 매도가 적극적이고 빈번하게 이루어지는 주식, 국채, 공채, 사채
③ 미수금 : 일반적인 상거래 외의 거래에서 발생된 채권
④ 상품 : 판매를 목적으로 구입한 완제품

02. 차기 회계연도로 잔액이 이월되지 않는 계정과목은?

① 이익잉여금　　② 소모품비
③ 미지급비용　　④ 선수수익

03. 다음 중 손익계산서상의 판매비와 일반관리비에 속하지 않는 항목은?

① 영업사원 여비교통비
② 영업사원 급여
③ 영업용승용차 감가상각비
④ 영업용승용차 처분손실

04. 다음 거래에 대한 결산시 (A), (B)의 회계처리로 맞는 것은?

> (A) 당기 발생하였으나 아직 지급되지 않은 사무실임차료 400,000원
> (B) 당기 지급된 비용 중 차기로 이월되는 보험료 100,000원

①	(A)	(차) 임차료	400,000원	(대) 미지급비용	400,000원
	(B)	(차) 선급비용	100,000원	(대) 보험료	100,000원
②	(A)	(차) 미지급비용	400,000원	(대) 임차료	400,000원
	(B)	(차) 보험료	100,000원	(대) 선급비용	100,000원
③	(A)	(차) 임차료	400,000원	(대) 선급비용	400,000원
	(B)	(차) 미지급비용	100,000원	(대) 보험료	100,000원
④	(A)	(차) 선급비용	400,000원	(대) 임차료	400,000원
	(B)	(차) 보험료	100,000원	(대) 미지급비용	100,000원

05. 다음 중 거래의 결합관계 종류가 다른 하나는?

① 현금 100,000원을 당좌예금 계좌에 입금하다.
② 비품 50,000원을 구입하고, 대금은 외상으로 하다.
③ 단기차입금에 대한 이자 50,000원을 현금으로 지급하다.
④ 상품 100,000원을 구입하고, 그 대금과 운반비 5,000원은 나중에 지급하기로 하다.

06. 다음 자료에 따라 유형자산처분이익(손실)을 계산하면 얼마인가?

> • 유형자산 기초 자산가액 10,000,000원 • 유형자산 처분금액 6,000,000원
> • 당기중 자본적 지출금액 2,000,000원 • 감가상각누계액 5,000,000원

① 처분손실 6,000,000원 ② 처분손실 4,000,000원
③ 처분손실 1,000,000원 ④ 처분이익 1,000,000원

07. 다음 중 비유동부채에 해당하는 계정과목은?

① 매입채무 ② 선수금
③ 미지급비용 ④ 장기차입금

08. 다음 중 받을어음 계정이 차변에 기재되는 거래에 해당하는 것은?

① 상품을 30,000원에 매입하고 대금으로 소지하고 있던 거래처 발행 약속어음으로 지급하다.
② 상품을 50,000원에 매출하고 그 대금으로 동점 발행 약속어음으로 받다.
③ 비품을 30,000원에 매입하고 대금으로 2개월 만기 약속어음을 발행하여 지급하다.
④ 비품을 50,000원(장부금액 50,000원)에 매각하고 그 대금으로 동점 발행 약속어음으로 받다.

09. 다음 자료에서 부채 금액은 얼마인가?

• 외상매입금 : 3,000,000원	• 미지급비용 : 700,000원	• 선수금 : 1,000,000원
• 단기차입금 : 2,000,000원	• 임차보증금 : 1,000,000원	• 예수금 : 300,000원

① 8,000,000원　② 7,000,000원
③ 6,700,000원　④ 6,300,000원

10. 아래의 거래내용과 가장 관련이 없는 계정과목은?

업무에 사용하기 위하여 업무용 노트북을 1,500,000원(배송비 2,500원 별도)에 구매하고 현금으로 택배기사에게 지급한 배송비를 제외한 나머지를 카드로 결제하였다.

① 비품　② 현금　③ 복리후생비　④ 미지급금

11. 기말자본금이 1,200,000원일 때, 다음 자료에서 알 수 있는 기초자본금은 얼마인가?

• 인출금 : 150,000원	• 추가출자액 : 250,000원
• 총수익 : 700,000원	• 총 비 용 : 580,000원

① 980,000원　② 1,080,000원
③ 1,130,000원　④ 1,380,000원

12. 기초상품재고액이 5,300,000원, 기말상품재고액이 7,600,000원, 당기상품매입액이 67,000,000원, 매출총이익이 4,700,000원이라면 상품매출액은?

① 60,000,000원　② 69,400,000원
③ 75,200,000원　④ 79,900,000원

13. 당기 기말재무상태표에 계상되어 있는 미지급임차료는 20,000원이고, 당기 손익계산서에 계상되는 임차료는 120,000원인 경우 당기에 지급한 임차료는 얼마인가?
(단, 전기이월 미지급임차료는 없음)

① 20,000원 ② 80,000원 ③ 100,000원 ④ 120,000원

14. 재고자산과 관련된 지출 금액 중 취득원가에서 차감되는 것은?

① 매입운임 ② 매출운반비 ③ 매입할인 ④ 매입수수료비용

15. 아래의 결산회계처리가 재무상태표상 자산과 손익계산서에 미치는 영향으로 가장 적절한 것은?

결산과정에서 당초 현금과부족으로 처리했던 현금부족액 100만원의 원인이 판명되지 않아서 잡손실 계정으로 처리하였다.

① 재무상태표상 자산 - 영향 없음, 손익계산서 - 영향 없음
② 재무상태표상 자산 - 영향 없음, 손익계산서 - 당기순이익 증가
③ 재무상태표상 자산 - 자산 증가, 손익계산서 - 당기순이익 증가
④ 재무상태표상 자산 - 자산 감소, 손익계산서 - 당기순이익 감소

실 무

장산문구(4098)는 문구 및 잡화를 판매하는 개인기업이다. 당기 회계기간은 20x1.1.1.~20x1.12.31.이다. 전산세무회계 수험용 프로그램을 이용하여 다음 물음에 답하시오.

문제 1 **다음은 장산문구의 사업자등록증이다. 회사등록메뉴에 입력된 내용을 검토하여 누락분은 추가입력하고 잘못된 부분은 정정하시오.(주소 입력 시 우편번호는 입력하지 않아도 무방함.)(6점)**

사 업 자 등 록 증

(일반과세자)

등록번호 623-14-01167

상 호 명 : 장산문구
대 표 자 명 : 김문기
개 업 연 월 일 : 2012. 3. 15.
사업장소재지 : 부산광역시 해운대구 해운대로 1138, 106호(송정동)
사업자의 종류 : 업태 도소매 종목 문구 및 잡화
교 부 사 유 : 신규

사업자 단위 과세 적용사업자 여부 : 여( ) 부(√)
전자세금계산서 전용 전자우편 주소 :

2012년 3월 15일

해운대세무서장

NTS 국세청 NATIONAL TAX SERVICE

문제 2 **다음은 장산문구의 전기분 재무상태표이다. 입력되어 있는 자료를 검토하여 오류 부분은 정정하고 누락된 부분은 추가 입력하시오.(6점)**

재 무 상 태 표

회사명 : 장산문구　　　　　전기 20x0. 12. 31.　　　　　(단위 : 원)

과 목	금 액		과 목	금 액	
현 금		30,000,000	외 상 매 입 금		20,000,000
당 좌 예 금		15,000,000	지 급 어 음		11,000,000
보 통 예 금		10,000,000	미 지 급 금		8,000,000
외 상 매 출 금	25,000,000		단 기 차 입 금		22,000,000
대 손 충 당 금	300,000	24,700,000	장 기 차 입 금		30,000,000
받 을 어 음	8,000,000		자 본 금		73,920,000
대 손 충 당 금	80,000	7,920,000	(당기순이익 :		
단 기 대 여 금		10,000,000	10,000,000원)		
미 수 금		4,000,000			
선 급 금		3,000,000			
상 품		16,000,000			
건 물	35,000,000				
감 가 상 각 누 계 액	1,500,000	33,500,000			
차 량 운 반 구	7,000,000				
감 가 상 각 누 계 액	2,500,000	4,500,000			
비 품	7,000,000				
감 가 상 각 누 계 액	700,000	6,300,000			
자산총계		164,920,000	부채 및 자본총계		164,920,000

문제 3 **다음 자료를 이용하여 입력하시오.(6점)**

[1] 장산문구의 거래처별 초기이월 채권과 채무잔액은 다음과 같다. 자료에 맞게 추가입력이나 정정 및 삭제하시오.(3점)

계정과목	거래처	잔액	계
단기대여금	석동상사	1,500,000원	10,000,000원
	충남상회	5,000,000원	
	남서상사	3,500,000원	
단기차입금	기업은행	10,000,000원	22,000,000원
	하나은행	2,000,000원	
	영광상사	10,000,000원	

[2] 신규거래처인 시티공업㈜와 조이력정공㈜를 거래처등록메뉴에 추가등록 하시오. (단, 사업장 소재지 입력 시 우편번호 입력은 생략하고 직접 입력할 것)(3점)

시티공업㈜ (코드 : 3100)	• 대표자명 : 이보람 • 사업자등록번호 : 126 - 81 - 50039 • 거래처유형 : 매입 • 업태/종목 : 도매/금속광물 • 사업장소재지 : 경기도 구리시 체육관로 94 (교문동)
조이력정공㈜ (코드 : 4210)	• 대표자명 : 안진홍 • 사업자등록번호 : 130 - 86 - 00120 • 거래처유형 : 매출 • 업태/종목 : 제조/금속가구 • 사업장소재지 : 경기도 시흥시 바산로 104(조남동)

문제 4 다음 거래 자료를 일반전표입력 메뉴에 추가 입력하시오.(24점)

[1] 7월 2일 전기에 대손처리한 핑크상사의 외상매출금 중 100,000원이 당좌예금에 입금되었다.(3점)

[2] 7월 24일 당점은 보유하고 있던 차량운반구(취득가액 7,000,000원, 감가상각누계액 2,500,000원)를 백두중고자동차에 5,000,000원에 매각하고 대금은 1주일 후 받기로 하다.(3점)

[3] 7월 25일 기업 운영자금을 확보하기 위해서 10,000,000원을 제주은행으로부터 2년 후 상환조건으로 차입하고 차입금은 보통예금 계좌로 이체 받았다. (3점)

[4] 8월 5일 영업사원 김진희의 7월 급여를 다음과 같이 당사 보통예금통장에서 이체하다.(3점)

장산문구 20x1년 7월 급여내역

(단위 : 원)

이 름	김진희	지 급 일	20x1년 8월 5일
기본급	1,800,000원	소 득 세	88,000원
직책수당		지방소득세	8,800원
상 여 금		고용보험	20,200원
특별수당		국민연금	81,000원
차량유지		건강보험	54,000원
급 여 계	1,800,000원	공제합계	252,000원
노고에 감사드립니다.		지급총액	1,548,000원

[5] 8월 28일 사업장 이전을 위하여 새롭게 세진상사와 임대차계약을 맺고 계약금을 보통예금에서 지급하였다.(3점)

〈임대차계약서일부〉

상가임대차계약서				
임대물건	경기도 부천시 조마루로248번길 52, 408호 전체 (중동, 네이버시티)			
임대면적	33㎡	임대용도	사무실	
임대조건				
임대개시일	20x1. 09. 11.	임대종료일	20x2. 09. 10.	
임대보증금	10,000,000원	월 임차료	500,000원	(매월 11일, 선불)
대금 지급조건				
구분	금액	지급일	비고	
계약금	1,000,000원	계약일 당일		
잔금	9,000,000원	20x1. 09. 11.		
계약일 : 20x1. 08. 28.				

[6] 9월 8일 영업부 직원들의 단합을 위해 은하수 식당에서 회식을 하고, 회식비를 아래와 같이 국민카드로 결제하다.(3점)

단말기번호		
9452362154	1254789653245	
카드종류		
국민카드	신용승인	
회원번호	4625-5897-4211-5552	
승인일	20x1/09/08 14:56:28	
일반		
일시불	금액	100,000
은행확인	세금	10,000
국민		
판매자	봉사료	0
	합계	110,000
대표자	김정용	
사업자등록번호	107-25-44563	
가맹점명	은하수식당	
가맹점주소	서울 양천구 신정3동 123	
	서명	
		Leesunna

[7] 9월 12일 영업부사원 최영업으로부터 9월 10일부터 9월 11일까지 대전 출장시 지급받은 200,000원(지급시 가지급금으로 회계처리 하였고 거래처 입력은 생략한다.)의 출장비용에 대하여 다음과 같이 출장비 사용 내역을 보고 받고 차액은 현금으로 지급하다. (3점)

〈출장비 사용 내역서〉
교통비 : 50,000원 숙박비 : 100,000원 식사비 : 60,000원

[8] 11월 16일 당사 상품을 구매한 고객에게 한진퀵서비스를 통해 상품을 퀵으로 보냈다. 상품 운송비용은 현금으로 지급하고 영수증을 수취하였다.(3점)

<table>
<tr><th colspan="6">영수증</th></tr>
<tr><td rowspan="4">공급자</td><td>사업자등록번호</td><td colspan="4">111-**-*****</td></tr>
<tr><td>상호</td><td>한진퀵서비스</td><td colspan="2">대표자</td><td>김세무</td></tr>
<tr><td>사업장
소재지</td><td colspan="4">경기도 부천시</td></tr>
<tr><td>업태</td><td colspan="2">서비스 운수</td><td>종목</td><td>퀵, 운송사업</td></tr>
<tr><td colspan="2">작성년월일</td><td colspan="3">공급가액 총액</td><td>인수자</td></tr>
<tr><td colspan="2">20x1년 11월 16일</td><td colspan="3">25,000 원</td><td>홍길동</td></tr>
<tr><td colspan="2">출발지</td><td colspan="2">도착지</td><td colspan="2">도착예상시간</td></tr>
<tr><td colspan="2">부천</td><td colspan="2">마포구</td><td colspan="2">50분</td></tr>
</table>

문제 5 일반전표입력메뉴에 입력된 내용 중 다음과 같은 오류가 발견되었다. 입력된 내용을 확인하여 정정 또는 추가입력 하시오.(6점)

[1] 9월 20일 거래처 재송문구로부터 상품매출 계약금으로 당좌수표 5,000,000원을 받은 회계처리는 실제로는 재송문구의 외상매출금 5,000,000원이 재송문구가 발행한 당좌수표로 회수되었던 것으로 확인되다.(3점)

[2] 11월 29일 본사 건물 엘리베이터 설치대금 30,000,000원을 현금으로 지급하면서, 자본적지출로 처리해야 할 것을 수익적지출로 잘못 처리하였다.(3점)

문제 6 다음의 결산정리사항을 입력하여 결산을 완료하시오.(12점)

[1] 우리은행의 장기차입금에 대한 12월분 이자 120,000원은 차기 1월 2일에 지급할 예정이다.(거래처입력은 생략한다.)(3점)

[2] 결산일에 현금의 실제가액이 장부가액보다 50,000원 많음을 발견하였다. 그 원인은 알 수 없다.(3점)

[3] 기말 매출채권(외상매출금, 받을어음)잔액에 대하여 1%의 대손충당금을 보충법으로 설정하다.(3점)

[4] 기말상품재고액은 4,000,000원이다.(단, 전표입력에서 구분으로 5 : 결산차변, 6 : 결산대변을 사용한다.) (3점)

문제 7 다음 사항을 조회하여 답안을 이론문제 답안작성 메뉴에 입력하시오.(10점)

[1] 5월 31일 현재 매입처 ㈜코스모스의 외상매입금 잔액은 얼마인가?(3점)

[2] 당기 6월 말 현재 상품매출액은 전기말과 비교하여 얼마나 증가하였는가?(3점)

[3] 4월 말 외상매출금 잔액이 가장 많은 거래처 상호와 금액은 얼마인가?(4점)

제98회 전산회계2급 답안 및 해설

이 론

1	2	3	4	5	6	7	8	9	10	11	12	13	14	15
②	②	④	①	③	③	④	②	②	③	①	②	③	③	④

01. 단기매매증권에 대한 설명이다. **매도가능증권이란 만기보유증권이나 단기매매증권으로 분류되지 않는 주식, 국채, 공채, 사채**이다.

02. **수익과 비용 계정은 임시계정**으로 차기 연도로 이월시키지 않고 **영구계정인 자산, 부채, 자본 계정**만 이월시킨다. 이익잉여금(자본), 미지급비용(부채), 선수수익(부채)은 영구계정이다.

03. 유형자산처분손실은 영업외비용에 속한다.

04. 미지급비용은 결산시 손익의 정리에서 비용의 예상이다. 선급비용은 결산시 손익의 정리에서 비용의 이연이다.

05.

①	(차)	당좌예금	xx	(대)	현금	xx	교환
②	(차)	비품	xx	(대)	미지급금	xx	교환
③	(차)	이자비용	xx	(대)	현금	xx	손익
④	(차)	상품(운반비포함)	xx	(대)	외상매입금	xx	교환

06. 장부가액 = 기초가액(10,000,000) + 자본적(2,000,000) - 감가상각누계액(5,000,000) = 7,000,000원
처분손익 = 처분금액(6,000,000) - 장부가액(7,000,000) = △1,000,000원(손실)

07. 재무상태표의 부채는 유동부채와 비유동부채로 분류하여 공시하며 **분류기준은 결산일로부터 1년 이내에 상환 또는 지급 여부**이다. 장기차입금은 비유동부채에 해당한다.

08.

② **(차) 받을어음**	**50,000원**	(대) 상품매출	50,000원
① (차) 상 품	30,000원	(대) 받을어음	30,000원
③ (차) 비 품	30,000원	(대) 미지급금	30,000원
④ (차) 미 수 금	50,000원	(대) 비 품	50,000원

☞ 상품거래(상거래)에만 받을어음을 사용할 수 있다.

09. 부채 = 외상매입금(3,000,000) + 미지급비용(700,000) + 선수금(1,000,000)
+ 단기차입금(2,000,000) + 예수금(300,000) = 7,000,000원
임차보증금은 자산(비유동자산)계정이다.

10. 복리후생비와 관련된 내용은 제시되지 않았다.

(차) 비품	1,502,500	(대) 미지급금	1,500,000
		현금	2,500

11. 총수익(700,000) - 총비용(580,000) = 당기순이익(120,000)

기초자본금 + 추가출자(250,000) - 인출금(150,000) + 순이익(120,000) = 기말자본금(1,200,000)

∴ 기초자본금 = 980,000원

12.

상 품

기초상품	5,300,000	매출원가	64,700,000
순매입액	67,000,000	기말상품	7,600,000
계	72,300,000	계	72,300,000

매출액 - 매출원가(64,700,000) = 매출총이익(4,700,000) ∴ 매출액 = 69,400,000원

13.

미지급임차료(비용)

지급	*100,000*	기초	0
기말	20,000	임차료	120,000
계	120,000	계	120,000

14. 매입할인은 재고자산의 취득원가에서 차감한다.

상품 매출 시 운반비는 자산으로 처리하지 않고 비용(운반비)으로 처리한다.

15. 손익계산서 비용(잡손실) 증가 → 당기순이익 감소/재무상태표 자산(현금과부족) 감소

- 현금부족액 처리시

(차) 현금과부족	1,000,000	(대) 현금	1,000,000

- 결산시 현금출금원인 확인

(차) 잡손실(**비용 발생**)	1,000,000	(대) 현금과부족(**자산감소**)	1,000,000

실 무

문제 1 회사등록

1. 사업자등록번호 : 624-14-01166 → 623-14-01167

2. 사업장주소 : 부산광역시 해운대구 중동 777 → 부산광역시 해운대구 해운대로 1138, 106호(송정동)

3. 종목 : 신발 의류 잡화 → 문구 및 잡화

문제 2 전기분재무상태표

1. 보통예금 : 1,500,000원을 10,000,000원으로 수정입력
2. 감가상각누계액(건물) 1,500,000원을 추가입력
3. 지급어음 8,000,000원을 11,000,000원으로 수정입력

문제 3 거래처별 초기이월외

[1] 거래처별 초기이월

1. 거래처별초기이월 메뉴에서 114.단기대여금의 김형상사를 남서상사로 거래처 수정
2. 260.단기차입금의 영광상사 1,000,000원을 10,000,000원으로 금액 수정

[2] 거래처등록

시티공업㈜와 조이럭정공㈜를 제시한 대로 입력할 것

문제 4 일반전표입력

[1]	(차)	당좌예금	100,000	(대)	대손충당금(외상)	100,000
[2]	(차)	미수금(백두중고자동차)	5,000,000	(대)	차량운반구	7,000,000
		감가상각누계액(차량)	2,500,000		유형자산처분이익	500,000

☞ 처분손익＝처분가액(5,000,000)－장부가액(7,000,000－2,500,000)＝＋500,000원(이익)

[3]	(차)	보통예금	10,000,000	(대)	장기차입금(제주은행)	10,000,000
[4]	(차)	급여(판)	1,800,000	(대)	예수금	252,000
					보통예금	1,548,000
[5]	(차)	선급금(세진상사)	1,000,000	(대)	보통예금	1,000,000
[6]	(차)	복리후생비(판)	110,000	(대)	미지급금(국민카드)	110,000
[7]	(차)	여비교통비(판)	210,000	(대)	가지급금	200,000
					현금	10,000
[8]	(차)	운반비(판)	25,000	(대)	현금	25,000

문제 5 오류수정

[1] 〈수정전〉 9월 20일 일반전표 입력

(차) 현 금 5,000,000 (대) 선수금(재송문구) 5,000,000

〈수정후〉

(차) 현 금 5,000,000 (대) 외상매출금(재송문구) 5,000,000

[2] 〈수정전〉 11월 29일 일반전표입력

(차) 수선비(판) 30,000,000 (대) 현 금 30,000,000

〈수정후〉

(차) 건 물 30,000,000 (대) 현 금 30,000,000

문제 6 결산

[1] 〈수동결산〉

(차) 이자비용 120,000 (대) 미지급비용 120,000

[2] 〈수동결산〉

(차) 현 금 50,000 (대) 잡이익 50,000

☞결산일(12/31) 분개이므로 대변에 현금과부족으로 처리하면 오답이 됩니다.

[3] 〈수동/자동결산〉

(차) 대손상각비(판) 657,000 (대) 대손충당금(외상) 398,000

대손충당금(받을어음) 259,000

〈재무상태표 조회〉

대손충당금(외상매출금) : 79,850,000원 × 1% - 400,000원 = 398,500원

대손충당금(받을어음) : 33,900,000원 × 1% - 80,000원 = 259,000원

또는, 결산자료입력의 결산반영금액란에 대손상각 외상매출금 398,500원

대손상각 받을어음 259,000원을 입력 후 전표추가한다.

[4] 〈수동/자동결산〉

(결차) 상품매출원가 121,663,400 (결대) 상 품 121,663,400

상품매출원가 = 재무상태표 상품 잔액(125,663,400) - 기말상품(4,000,000) = 121,663,400원

또는 결산자료입력의 결산반영금액란에 기말상품재고액 4,000,000원을 입력 후 전표추가

문제 7 장부조회

[1] 1,850,000원(거래처원장 외상매입금 조회)

[2] 156,060,000원(6월 손익계산서 조회)

☞ 당기 상품매출액(186,060,000) - 전기 상품매출액(30,000,000) = 156,060,000원

[3] 해왕성상사, 13,500,000원(거래처원장 1월~4월 → 거래처별 외상매출금 잔액 조회)

저자약력

■ **김영철 세무사**

· 고려대학교 공과대학 산업공학과
· 한국방송통신대학 경영대학원 회계세무전공
· (전)POSCO 광양제철소 생산관리부
· (전)삼성 SDI 천안(사) 경리/관리과장
· (전)강원랜드 회계팀장
· (전)코스닥상장법인CFO(ERP, ISO추진팀장)
· (전)농업진흥청/농어촌공사/소상공인지원센타 세법 · 회계강사

로그인 전산회계 2급

13판발행 : 2025년 1월 5일
저 자 : 김 영 철
발 행 인 : 허 병 관
발 행 처 : 도서출판 어울림
주 소 : 서울시 영등포구 양산로 57-5, 1301호 (양평동3가)
전 화 : 02-2232-8607, 8602
팩 스 : 02-2232-8608
등 록 : 제2-4071호
Homepage : http://www.aubook.co.kr

저자와의 협의하에 인지생략

ISBN 978-89-6239-949-3 13320 정 가 : 22,000원